高等职业教育大数据与会计专业数智化教学改革教材
浙江省高职院校"十四五"首批重点教材
普通高等教育大数据与会计专业应用型人才培养新形态一体化教材
全国会计专业技术资格考试（初级）"书证融通"教材

初级会计实务

CHUJI KUAIJI SHIWU

主编◎沈应仙　周彩亚

副主编◎赵金凤　王燕洁　许建荣

立信会计 出版社
LIXIN ACCOUNTING PUBLISHING HOUSE

图书在版编目(CIP)数据

初级会计实务 / 沈应仙，周彩亚主编. —上海：立信会计出版社，2024.6
ISBN 978-7-5429-7582-9

Ⅰ.①初… Ⅱ.①沈… ②周… Ⅲ.①会计实务-高等职业教育-教材 Ⅳ.①F233

中国国家版本馆 CIP 数据核字(2024)第 111374 号

策划编辑　孙　勇
责任编辑　郭　光
助理编辑　张若凡
美术编辑　北京任燕飞工作室

初级会计实务
CHUJI KUAIJI SHIWU

出版发行	立信会计出版社		
地　　址	上海市中山西路 2230 号	邮政编码	200235
电　　话	(021)64411389	传　真	(021)64411325
网　　址	www.lixinaph.com	电子邮箱	lixinaph2019@126.com
网上书店	http://lixin.jd.com		http://lxkjcbs.tmall.com
经　　销	各地新华书店		
印　　刷	常熟市人民印刷有限公司		
开　　本	787 毫米×1092 毫米　1/16		
印　　张	21.25		
字　　数	518 千字		
版　　次	2024 年 6 月第 1 版		
印　　次	2024 年 6 月第 1 次		
书　　号	ISBN 978-7-5429-7582-9/F		
定　　价	49.00 元		

如有印订差错，请与本社联系调换

前 言

本教材以企业会计准则和财税法规为编写依据,将浙江省省级课程思政建设项目"初级会计实务"的经验、全国初级会计专业技术资格考试大纲的要求及职业技能等级证书考核的内容融入其中,是"书证融通"教材。本教材以"爱国敬业、诚信严谨、廉洁守法、技能工匠"为课程思政主线,以"夯实会计知识、锤炼会计实务技能、培养学生会计职业素养、形成会计综合职业能力"为宗旨,以"坚持诚信,守法奉公;坚持准则,守责敬业;坚持学习,守正创新"为原则,按照"理实一体"的设计理念,将理论知识、实务技能及职业素养教育融为一体。

本教材主要具有以下特点:

(1) 内容简明,与时俱进。本教材结合全国初级会计专业技术资格考试大纲的要求、会计人员职业道德、会计智能化要求编写,简明清晰,与时俱进。

(2) 理实一体,学做合一。本教材紧贴会计各核算岗位能力要求,以"项目导向、任务驱动"为原则设计体例,安排教学内容。本教材配套的在线课程及题库更新及时,易于实现"做中学、做中教"。

(3) 体例新颖,图文并茂。本教材是针对高职院校学生群体编写的,难度适中,与实际生活联系。各项目设有"项目导读",导读内容贴近生活实际;各任务设有"学习导读""学习提示""知识拓展""实务案例"等栏目。本教材中的例题贴切实际,具有典型性,体例新颖,方便学生巩固所学。

(4) 资源丰富,利教便学。本教材配有浙江省省级在线精品课程"初级会计实务"(https://www.zjooc.cn),为学生自主学习、自我训练、扩充性学习和学习交流提供了平台。

本教材由杭州万向职业技术学院联合中企华会计师事务所共同开发;杭州万向职业技术学院沈应仙和周彩亚担任主编,负责总体设计和总纂;赵金凤、王燕洁、许建荣担任副主编。本教材具体编写分工如下:项目一初级会计实务认知由沈应仙、王萍科共同编写;项目二流动资产核算、项目三非流动资产核算由周彩亚编写;项目四负债核算由周彩亚、王燕洁共同编写;项目五所有者权益核算由庄莹编写;项目六收入、费用和利润核算,项目七财务报告编制由沈应仙编写;项目八产品成本核算由赵金凤编写;项目九政府会计基础由何谐编写。沈应仙教授和中企华会计师事务所所长、中国注册会计师、高级会计师许建荣负责本教材的最终审定工作。

本教材的编写与"初级会计实务"课程改革和浙江省高等学校在线开放课程的建设同步,体现了编者在教学中形成的一些思考和达成的一些共识,倾注了全体编写人员的心血。同时,我们向为本教材的编写提供指导帮助的东奥会计在线表示由衷的感谢!在教材编写过程中,我们参考和引用了他人的一些成果,在此一并表示衷心感谢!

由于高等职业院校会计专业的课程改革还在不断地推进,大家对课程的理解和认识还存在差异,书中如有疏漏和不足之处,敬请广大读者和同仁们不吝赐教,以便日后进一步修改完善。

编者
2024年6月

目　录

项目一　初级会计实务认知 ·· 1
　　任务一　会计认知 ·· 2
　　任务二　会计职业道德和会计准则制度体系 ···························· 18
　　任务三　会计信息化基础 ·· 24

项目二　流动资产核算 ·· 28
　　任务一　货币资金核算 ·· 29
　　任务二　交易性金融资产核算 ·· 38
　　任务三　应收及预付款项核算 ·· 46
　　任务四　存货核算 ·· 58

项目三　非流动资产核算 ·· 89
　　任务一　长期股权投资核算 ·· 90
　　任务二　投资性房地产核算 ·· 97
　　任务三　固定资产核算 ··· 104
　　任务四　无形资产和长期待摊费用核算 ······························ 126

项目四　负债核算 ··· 136
　　任务一　短期借款核算 ··· 137
　　任务二　应付及预收款项核算 ······································· 139
　　任务三　应付职工薪酬核算 ··· 146
　　任务四　应交税费核算 ··· 154
　　任务五　非流动负债核算 ··· 172

项目五　所有者权益核算 ··· 177
　　任务一　实收资本或股本核算 ······································· 178
　　任务二　资本公积与其他综合收益核算 ······························ 185
　　任务三　留存收益核算 ··· 191

项目六　收入、费用和利润核算 · · · · · · 196
任务一　收入核算 · · · · · · 197
任务二　费用核算 · · · · · · 209
任务三　利润核算 · · · · · · 218

项目七　财务报告编制 · · · · · · 228
任务一　财务报告认知 · · · · · · 229
任务二　资产负债表 · · · · · · 230
任务三　利润表 · · · · · · 245
任务四　现金流量表 · · · · · · 253
任务五　所有者权益变动表 · · · · · · 267
任务六　财务报表附注及财务报告信息披露要求 · · · · · · 284

项目八　产品成本核算 · · · · · · 288
任务一　成本核算概述 · · · · · · 289
任务二　产品成本的归集和分配 · · · · · · 292
任务三　产品成本计算方法 · · · · · · 309

项目九　政府会计基础 · · · · · · 315
任务一　政府会计概述 · · · · · · 316
任务二　行政事业单位常见业务的会计核算 · · · · · · 319
任务三　政府决算报告和财务报告编制 · · · · · · 331

参考文献 · · · · · · 334

项目一
初级会计实务认知

学习目标

◇ **知识目标**
1. 掌握会计的概念、会计职能、会计目标。
2. 理解会计核算的基础,理解会计信息质量要求。
3. 熟悉六大会计要素及确认计量的条件。
4. 掌握会计职业特征和会计职业道德规范,了解会计准则制度体系。
5. 理解信息化环境下的会计账务处理原理。

◇ **能力目标**
1. 能对如何实现会计基本职能,怎样实现会计目标有设想和思考。
2. 能正确地识别资产负债表要素和利润表要素。
3. 能合理地应用会计计量属性对会计要素进行计量。

◇ **素养目标**
1. 培养爱国敬业精神,培育和践行社会主义核心价值观。
2. 培养遵纪守法意识,自觉遵守会计法律法规和会计职业道德规范。
3. 培养"坚持诚信,守法奉公;坚持准则,守责敬业;坚持学习,守正创新"的会计人员基本素养。
4. 初步养成会计人员严谨细致、诚实守信的职业品格,具有与他人合作的团队意识。

项目导读

各位会计初学者应该看过由赵丽颖、欧豪、李光洁主演的《风吹半夏》,这部剧展现了20世纪90年代一些中小企业在时代浪潮当中生存和发展的困难。主要描写以许半夏为首的一群有志之士在改革开放的大潮中积极探索、不断创新的故事。剧中主角许半夏注册了滨海半夏钢铁有限公司。公司为许半夏配置的商务用车蓝色桑塔纳是那个时代标配。假设您是滨海半夏钢铁有限公司的会计,应将此车归为哪类会计要素?该车是否需要计提折旧?折旧基于何种假设?入账价值如何确定?公司给童骁骑购买运输卡车的费用是否应作为公司本期费用?带着这些问题,开始本项目的学习吧。

经济越发展,会计越重要。在现代市场经济和现代企业制度环境下,会计在保护财产和产权安全、落实经管责任、有效配置经济资源、合理分配经济利益等方面发挥越来越重要的作用。本项目介绍了会计认知(会计的概念及基本特征、会计职能、会计目标、会计基本假设、会计基础、会计信息质量要求、会计要素及其确认条件、会计要素计量属性及其应用原则),从会计职业道德和会计准则制度体系两方面简述保障会计工作质量的制度安排和措施,同时对会计信息化作初步的介绍。

任务一 会计认知

1-1 课程思政:康美药业财务舞弊案例分析

学习导读:电视剧《都挺好》里面的苏父苏大强把家庭对子女的开支详细作了记录,3个孩子——苏明哲、苏明成、苏明玉,每人一本账,这可以理解为会计的核算职能。后来苏明玉、苏明成和朱丽核对苏父记录的账本,这可以理解为会计的监督职能。本任务将带领大家学习会计认知的有关内容。

一、会计的概念及基本特征

(一)会计的概念

会计是以货币为主要计量单位,采用专门的方法和程序,对企业和行政、事业单位的经济活动过程及其结果进行准确完整、连续、系统地核算和监督,以如实反映受托责任履行情况和提供有用经济信息为主要目的的经济管理活动。本项目未特别说明时,均以企业会计为对象进行介绍。

会计已经成为现代企业一项重要的管理工作。企业的会计工作主要是通过一系列会计程序,运用一系列专门的技术方法,对企业的经济活动和财务收支进行全面、综合、连续、系统地核算和监督,反映企业财务状况、经营成果和现金流量,反映企业管理层受托责任履行情况,为会计信息使用者提供决策有用的信息,并积极参与经营管理决策,提高企业经济效益,促进市场经济的健康有序发展。

(二)会计的基本特征

会计的基本特征表现为以货币为主要计量单位和准确完整性、连续系统性。

1. 以货币为主要计量单位

对经济社会生产、分配、交换和消费过程及其结果进行计量的尺度通常包括实物计量尺度、劳动计量尺度、时间计量尺度和货币计量尺度等。其中,货币计量尺度由货币为一般等价物的性质所决定,具有全面性、综合性等特征,是衡量一般商品价值的共同尺度。因此,以货币为主要计量单位,以其他计量尺度为辅助性补充是会计的一项基本特征。

2. 准确完整性、连续系统性

会计产生于人们对经济活动过程中生产耗费、生产成果的观察、计量、记录和比较的需要,会计记录的真实完整、会计计量的准确完整是经济社会对会计的基本要求,是会计的本质特征。从宏观经济角度而言,生产、分配、交换和消费是一个连续系统的过程;从微观企业单位而言,经济活动或业务活动也是一个连续系统的过程,这决定了会计核算和监督的过程也必然是一个连续系统的过程。同时,会计履行核算和监督职能是一项十分复杂、缜密的有机整体性工作,其所采用的各种专门方法和程序之间也形成了一个科学系统,会计凭证、会计账簿和会计报表是一个有机整体。因此,连续系统性是会计的又一项基本特征。

学习提示:为了反映和监督会计对象,会计工作需要一系列用于确认、计量和报告的专门方法。会计方法一般包括会计核算方法、会计分析方法和会计检查方法。

二、会计职能

会计职能是指会计在经济活动及其管理过程中所具有的功能。会计作为经济活动"过程的控制和观念的总结",具有会计核算和会计监督2项基本职能,还具有预测经济前景、参与经济决策、评价经营业绩等拓展职能。

(一)会计核算

会计核算是指会计以货币为主要计量单位,对特定主体的经济活动进行确认、计量、记录和报告。会计核算贯穿于经济活动的全过程,是会计最基本的职能。

会计确认是指依据一定的标准,核实、辨认经济交易或事项的实质,确定应予以记录的会计对象的要素项目,并进一步确定已记录和加工的会计资料是否应列入财务报告和如何列入财务报告的过程。会计确认包括2个环节:初始确认和再确认。初始确认是指对交易或事项的实质和会计要素的认定,以确定是否应该被记录及应在何时、应以何种会计要素记录的过程。再确认是指在初始确认基础上,进一步确定已记录和加工的会计资料是否应填列及如何填列会计报表的过程。

会计计量是指主要以货币为计量单位对各项经济交易或事项及其结果进行计量的过程。会计计量包括计量属性的选择和计量单位的确定。

会计记录是指对经过会计初始确认、会计计量的经济交易或事项,采用一定方法填制会计凭证、登记会计账簿的过程。

会计报告是指以会计账簿记录的资料为依据,采用表格和文字等形式,把会计凭证和会计账簿记录的会计资料进一步进行系统性加工,汇总整理形成财务状况、经营成果和现金流量等的结构性表述的过程。

会计核算的内容主要包括:①款项和有价证券的收付。②财物的收发、增减和使用。③债权、债务的发生和结算。④资本、基金的增减。⑤收入、支出、费用、成本的计算。⑥财务成果的计算和处理。⑦需要办理会计手续、进行会计核算的其他事项。

(二)会计监督

会计监督可分为3部分,即单位内部监督、国家监督和社会监督,三者共同构成了"三位一体"的会计监督体系。

会计的单位内部监督是指会计机构、会计人员对其特定主体经济活动和相关会计核算的真实性、完整性、合法性和合理性进行审查,使之达到预期经济活动和会计核算目标的功能。真实性审查是指检查各项会计核算是否根据实际发生的经济业务进行,是否如实反映经济交易或事项的真实状况;完整性审查是指检查各项会计核算的范围和内容是否全面,是否有遗漏等不完整的情况;合法性审查是指检查各项经济交易或事项及其会计核算是否符合国家有关法律法规、遵守财经纪律、执行国家各项方针政策,以杜绝违法乱纪行为;合理性审查是指检查各项财务收支是否符合客观经济规律及经营管理方面的要求,保证各项财务收支符合特定的财务收支计划,实现预算目标,保持会计核算的准确性和科学性。

会计的国家监督是指财政、审计、税务、人民银行、证券监管、保险监管等部门依照有关法律、行政法规规定对各有关单位会计资料的真实性、完整性、合法性等实施的监督检查。

会计的社会监督是指以注册会计师为主体的社会中介机构等实施的监督活动。

会计监督的主要依据有：①财经法律、法规、规章。②会计法律、法规和国家统一会计制度。③各省、自治区、直辖市财政厅（局）及县级财政部门和国务院业务主管部门根据《中华人民共和国会计法》（以下简称《会计法》）和国家统一会计制度制定的具体实施办法或补充规定。④各单位根据《会计法》和国家统一会计制度制定的单位内部会计管理制度。⑤各单位内部的预算、财务计划、经济计划、业务计划等。

会计监督的主要内容有：①对原始凭证进行审核和监督。②对假造、变造、故意毁灭会计账簿或账外设账行为，应当制止和纠正。③对实物、款项进行监督，督促建立并严格执行财产清查制度。④对指使、强令编造、篡改财务报告行为，应当制止和纠正。⑤对财务收支进行监督。⑥对违反单位内部会计管理制度的经济活动，应当制止和纠正。⑦对单位制定的预算、财务计划、经济计划、业务计划的执行情况进行监督等。

（三）会计核算与会计监督的关系

会计核算与会计监督是相辅相成、辩证统一的。会计核算是会计监督的基础，没有核算提供的各种系统性会计资料，监督就失去了依据；会计监督又是会计核算质量的保障，只有核算没有监督，就难以保证核算提供信息的质量。

（四）会计的拓展职能

会计的拓展职能是会计基本职能的延伸与拓展。

（1）预测经济前景。预测经济前景是指根据财务报告等提供的信息资料，定量、定性地判断和推测经济活动的发展变化规律，以指导和调节经济活动，提高经济效益。

（2）参与经济决策。参与经济决策是指根据财务报告等提供的信息资料，运用定量分析和定性分析方法，对备选方案进行经济可行性分析，为企业经营管理等提供与决策相关的信息。

（3）评价经营业绩。评价经营业绩是指利用财务报告等提供的信息资料，采用适当的方法，对企业一定经营期间的资产运营、经济效益等经营成果，对照相应的评价标准，进行定量及定性对比分析并作出综合评价。

三、会计目标

（一）会计目标的概念

会计目标是指要求会计工作完成的任务或达到的标准。会计的基本目标是向财务报告使用者提供企业财务状况、经营成果和现金流量等有关的会计资料和信息，反映企业管理层受托责任履行情况，有助于财务报告使用者作出经济决策，达到不断提高企业、事业单位乃至经济社会整体的经济效益和效率的目的和要求。从更高层面看，会计的目标还包括规范会计行为，保证会计资料真实、完整，加强经济管理和财务管理，提高经济效益，维护社会主义市场经济秩序，为市场在资源配置中起决定性作用和更好发挥政府作用提供基础性保障，实现经济高质量发展。会计目标的实现状况及其结果主要表现为会计的经济后果，即反映受托责任的履行情况和有助于作出经济决策、维护经济秩序、提高经济效益等所产生的影响及其经济结果。

(二) 会计资料和会计信息的概念

会计资料是指会计凭证和会计账簿记录及进一步进行系统性加工汇总整理形成财务状况、经营成果和现金流量等结构性表述的会计核算专业资料,是企业尚未对外报告或披露的会计处理结果的资料,其存在或储存形式可以是纸质资料,也可以是电子文档资料。会计资料通常被企业内部保管与使用。

会计信息是指由会计凭证、会计账簿、财务会计报告和其他相关资料等构成的综合反映企业财务状况、经营成果、现金流量和所有者权益变动等内容的财务信息的总称。会计信息除财务信息外,还包括必要的非财务信息。会计资料是会计信息的基础。

(三) 会计资料及会计信息的使用者

会计资料及会计信息的使用者既包括企业的内部使用者,又包括外部使用者,其使用者主要有投资者、债权人、政府及其有关部门和社会公众等。满足投资者的信息需要是企业财务报告编制的出发点,企业编制财务报告、提供会计信息必须与投资者的决策密切相关。因此,财务报告提供的信息应当如实反映企业拥有或控制的经济资源、对经济资源的要求权,以及经济资源及其要求权的变化情况;如实反映企业的各项收入、费用和利润的金额及其变动情况;如实反映企业各项经营活动、投资活动和筹资活动等所形成的现金流入和现金流出情况等,从而有助于会计信息使用者正确、合理地评价企业的资产质量、偿债能力、盈利能力和营运效率等,进而作出理性的投资、授信等决策;有助于投资者根据相关会计信息作出理性的投资决策;有助于投资者评估与投资有关的未来现金流量的金额、时间和风险等。除投资者以外,企业财务报告的使用者还有债权人、政府及其有关部门、社会公众等。由于投资者是企业资本的主要提供者,如果财务报告能够满足这一群体的会计信息需求,通常情况下也可以满足其他使用者的大部分信息需求。

四、会计基本假设

(一) 会计基本假设的概念

会计基本假设是对会计核算时间和空间范围,以及所采用的主要计量单位等所作的合理假定,是企业会计确认、计量、记录和报告的前提。会计假设对于履行会计职能、实现会计目标要求等具有重要的作用和意义。会计基本假设包括会计主体、持续经营、会计分期和货币计量。

(二) 会计基本假设的主要内容

1. 会计主体

会计主体是指会计工作服务的特定对象,是企业会计确认、计量、记录和报告的空间范围。会计核算应当集中反映某一特定企业的经济活动,并将其与其他经济实体区别开来。在会计主体假设下,企业应当对其本身发生的交易或事项进行会计确认、计量、记录和报告,反映企业本身所从事的各项生产经营活动和其他相关活动。如果某项经济交易或事项是企业所有者个体发生的,则不属于企业会计主体的核算范围。如果企业所有者向企业投入资本或企业向投资者分配利润,则属于企业会计主体的核算范围。

学习提示：会计主体不同于法律主体，一般而言，法律主体必然是一个会计主体，但是会计主体不一定是法律主体。作为会计主体，必须能够控制经济资源并进行独立核算。会计主体既可以是一个企业，也可以是若干企业组织起来的集团公司，甚至还可以是一个企业的分部。会计主体既可以是法人，如股份有限公司或有限责任公司，也可以是不具备法人资格的实体，如独资企业或合伙企业、集团公司、事业部、分公司、工厂的分部等。

2. 持续经营

持续经营是指在可以预见的将来，企业将会按当前的规模和状态继续经营下去，既不会停业，也不会大规模削减业务。在持续经营假设下，会计确认、计量、记录和报告应当以企业持续、正常的生产经营活动为前提，企业的资产将按照既定用途使用，债务将按照既定的债务合约条件进行清偿，企业会计在此基础上进行会计估计并选择相应的会计原则和会计方法。

企业是否持续经营，在会计原则和会计方法上会有较大差异，只有假定企业在可预期的未来不会破产清算，会计核算才可正常进行，否则将依据破产清算时的特殊规定进行处理。而当有确凿证据（如发布破产公告）证明企业已经不能再持续经营下去时，该假设会自动失效，此时企业将由清算小组接管，会计核算方法随即改为破产清算。

学习提示：持续经营假设为会计核算的开展提供了正常的业务背景。企业在持续经营假设下，可以假定固定资产会在持续经营过程中发挥作用，可以根据历史成本进行记录，并按历史成本分摊到各会计期间。正是基于持续经营假设，固定资产才能分期计提折旧。

3. 会计分期

会计分期是指将一个企业持续经营的生产经营活动划分为一个个连续的、长短相同的期间。会计分期的目的，是据以分期结算盈亏，按期编报财务报告，从而及时向财务报告使用者提供有关企业财务状况、经营成果和现金流量的信息。会计期间通常分为会计年度和中期。中期是指短于一个完整的会计年度的报告期间，如月度、季度、半年度等。我国规定以日历年度作为企业的会计年度，即以从公历1月1日起至12月31日止为一个会计年度，会计期间分为年度、半年度、季度和月度，均按公历起讫日期确定。

学习提示：由于会计分期，产生了当期与其他期间的差别，从而形成了权责发生制和收付实现制2种不同的会计基础。

4. 货币计量

货币计量是指会计主体在会计确认、计量、记录和报告时主要以货币作为计量单位，来反映会计主体的生产经营活动过程和结果。货币是商品的一般等价物，是衡量一般商品价值的共同尺度，具有价值尺度、流通手段、贮藏手段和支付手段等特点。选择货币作为共同尺度进行计量，具有全面、综合地反映企业的生产经营情况及其结果的作用。其他计量单位，如重量、长度、容积、台、件等，只能从一个侧面反映企业的生产经营情况，难以对不同性质、不同种类、不同质量的经济交易或事项按照统一的计量单位进行会计确认、计量、记录和报告，难以汇总和比较。采用货币计量单位进行会计核算和会计监督不排斥采用其他计量单位，其他计量单位可以对货币计量单位进行必要的补充和说明。例如，原材料的实物量度（吨、千克）可以补充说明原材料的储存、耗费等经管责任的落实状况。

学习提示：会计核算以人民币为记账本位币。业务收支以外币为主的企业，也可以选择某种外币作为记账本位币，但编制的财务会计报告应当折算为人民币反映。在境外设立的中国企业向境内报送的财务会计报告,应当折算为人民币。

五、会计基础

会计基础是指会计确认、计量、记录和报告的基础,具体包括权责发生制和收付实现制。

(一) 权责发生制

权责发生制是指以取得收取款项的权利或支付款项的义务为标志来确定本期收入和费用的会计核算基础。

在实务中,企业交易或事项的发生时间与相关款项的收付时间有时并不完全一致。例如,本期款项已经收到,但销售并未实现而不能确认为本期的收入;或款项已经支付,但与本期的生产经营活动无关而不能确认为本期的费用。为了真实、公允地反映特定会计期间的财务状况和经营成果,企业应当以权责发生制为基础进行会计确认、计量、记录和报告。

根据权责发生制,凡是当期已经实现的收入,以及已经发生或应当负担的费用,无论款项是否收付,都应当作为当期的收入和费用,计入利润表;凡是不属于当期的收入和费用,即使款项已在当期收付,也不应当作为当期的收入和费用。

例如,A 企业 2023 年 9 月预收了 B 企业货款 5 000 元,但当月并没有发货,到 10 月才发出商品转移控制权。根据权责发生制的要求,尽管收款时间在 9 月,但 9 月并没有实现销售,因此不能确认为收入,只能确认为合同负债。只有在 10 月发出商品,实际转移控制权,实现销售,才能确认为收入。

采用权责发生制的优点包括:①可以正确地反映各个会计期间所实现的收入和为实现收入所负担的费用。②可以把各期的收入与其相关的费用、成本相配比,加以比较。③能够正确地确定各期的财务成果。

采用权责发生制的缺点包括:①思考过程比较复杂。②实务处理比较烦琐。

(二) 收付实现制

收付实现制是指以现金的实际收付为标志来确定本期收入和费用的会计核算基础。

在我国,政府会计由预算会计和财务会计构成。其中,预算会计采用收付实现制,国务院另有规定的,依照其规定;财务会计采用权责发生制。

采用收付实现制的优点包括:①会计记录直观,便于根据账簿记录来量入为出。②会计处理简便,不需要对账簿记录进行期末账项调整。

采用收付实现制的缺点包括:①本期的收入和费用缺乏合理的配比,所计算的财务成果不够完整、准确。②收付实现制下提供的财务信息有限且关联性较差。

(三) 权责发生制和收付实现制下会计处理结果的差异

权责发生制和收付实现制是相对应的两种会计核算基础。与收付实现制相比,权责发生制下会计处理较为复杂,会计处理结果存在一定的差异。当交易或事项的发生时间与相关款项收付时间不一致时,会产生两种会计核算基础下确认的利润差额。例如,当商品销售收入已经实现而销售款项尚未收到时,按照权责发生制确认的当期收入和利润高于按照收付实现制确认的当期收入和利润,在资产负债表日应对应收款项的账面价值进行评估,即基于应收款项的信用减值迹象进行职业判断,并获得已发生信用减值损失的评估结果,从而影响当期损益,因此权责发生制能够为企业管理层进行会计政策选择和盈余管理留有一定的判断空间。

六、会计信息质量要求

（一）会计信息的作用

会计信息的主要具有以下作用：

(1) 解脱企业及其管理者的受托责任，降低企业和外部利益相关者之间的信息不对称。

(2) 有效约束企业管理层的行为，提高企业治理的效率。

(3) 帮助投资者甄别其投资的优劣，进而作出投资决策。

(4) 有利于债权人作出授信决策。

(5) 维护资本市场秩序、提高经济的运行效率。

（二）会计信息质量要求的主要内容

会计信息质量是指会计信息符合会计法律、企业会计准则等规定要求的程度，是满足企业利益相关者需要的能力和程度。会计信息质量要求是使财务报告所提供的会计信息对投资者等信息使用者决策有用而应具备的基本特征，主要包括可靠性、相关性、可理解性、可比性、实质重于形式、重要性、谨慎性和及时性等。

1. 可靠性

可靠性要求企业应当以实际发生的交易或事项为依据进行会计确认、计量、记录和报告，如实反映符合确认和计量要求的各项会计要素及其他相关信息，保证会计信息真实可靠、内容完整。可靠性是高质量会计信息的重要基础和关键所在。

为了贯彻可靠性要求，企业应当做到：①以实际发生的交易或事项为依据进行确认、计量。②在符合重要性和成本效益原则的前提下，保证会计信息的完整性。③财务报告中的会计信息应当是客观中立的、无偏的。

2. 相关性

相关性要求企业提供的会计信息应当与财务报告使用者的经济决策需要相关，有助于财务报告使用者对企业过去、现在或未来的情况作出评价或预测。会计信息是否有用是会计信息质量的重要标志和基本特征之一。

会计信息的相关性包含2个要素：反馈价值和预测价值。

(1) 反馈价值。会计信息是否有用，是否具有价值，关键是看其与使用者的决策需要是否相关，是否有助于决策者提高决策水平。相关的会计信息应当具有反馈价值，有助于使用者评价企业过去的决策，证实或修正过去的有关预测。

(2) 预测价值。相关的会计信息还应当具有预测价值，有助于使用者根据财务报告所提供的会计信息预测企业未来的财务状况、经营成果和现金流量。

学习提示：会计信息质量的相关性要求是以可靠性为基础，两者统一，并不矛盾。

3. 可理解性

可理解性要求企业提供的会计信息应当清晰明了，便于投资者等财务报告使用者理解和使用，即会计信息必须清晰易懂。

企业编制财务报告、提供会计信息的目的在于使用。财务报告要让使用者有效使用会计信息，应当使其了解会计信息的内涵、弄懂会计信息的内容，这就要求财务报告所提供的会计信息应当清晰明了、易于理解,只有这样,才能提高会计信息的有用性,实现财务报告的目标,满足向投资者等财务报告使用者提供对决策有用的信息的要求。因此,会计人员应尽可能地传递容易被人理解的会计信息。

例如,对于财务会计报表中计提减值准备的资产项目,在财务会计报表的正表中采用净额列示的,应在附注中说明相应已计提减值准备的金额;财务会计报表中汇总合计列报的项目,如资产负债表中"货币资金""存货"等项目,应在附注中逐项列示并说明明细核算信息,这是可理解性要求。

4. 可比性

可比性要求企业提供的会计信息应当相互可比,主要包括以下2层含义:

(1) 同一企业不同时期可比(纵向可比)。要求同一企业不同时期发生的相同或相似的交易或事项,应当采用一致的会计政策,不得随意变更。但是,满足会计信息可比性要求,并非表明企业不得变更会计政策,如果按照规定或在会计政策变更后,可以提供更可靠、更相关的会计信息的,可以变更会计政策。有关会计政策变更的情况,应当在附注中予以说明。

(2) 不同企业相同会计期间可比(横向可比)。要求不同企业同一会计期间发生的相同或相似的交易或事项,应当采用同一会计政策,确保会计信息口径一致、相互可比,以使不同企业按照一致的会计确认、计量、记录和报告要求提供有关会计信息。

5. 实质重于形式

实质重于形式要求企业应当按照交易或事项的经济实质进行会计确认、计量、记录和报告,不仅仅以交易或事项的法律形式为依据。

在实际工作中,交易或事项的法律形式并不总能完全反映其经济实质内容。多数情况下,企业发生交易或事项的经济实质和法律形式是一致的。但在有些情况下,会出现不一致。例如,企业租入的资产(短期租赁和低值资产租赁除外),虽然从法律形式来讲企业并不拥有其所有权,但是由于租赁合同规定的租赁期相当长,往往接近于该资产的使用寿命,租赁期结束时承租企业有优先购买该资产的选择权,在租赁期内承租企业拥有资产使用权并从中受益等。从其经济实质来看,企业能够控制租入资产所创造的未来经济利益,在会计确认、计量、记录和报告中,应当将租入的资产视为企业的资产在资产负债表中填列"使用权资产"。

6. 重要性

重要性要求企业提供的会计信息应当反映与企业财务状况、经营成果和现金流量有关的所有重要交易或事项。

在实务中,如果某会计信息的省略或错报会影响投资者等财务报告使用者作出决策,那么该信息就具有重要性。重要性的应用需要依赖职业判断,企业应当根据其所处环境和实际情况,从项目的功能、性质和金额大小等方面加以判断。例如,企业发生的某些支出金额较小,从支出的受益期来看,可能需要在若干会计期间进行分摊,但根据重要性要求,可以一次性计入当期损益。例如,低值易耗品可以采用一次摊销法或分次摊销法摊销,尚未摊销的部分作为周转材料合并列入资产负债表"存货"项目,而不作为单独项目列报。又如,企业发生的研发支出中属于研究阶段的支出,尽管多数情况下其金额较大,但从其功能看尚未形成预期会给企业带来经济利益的资源,应当在发生期作为期间费用计入当期损益核算并列报。

7. 谨慎性

谨慎性要求企业对交易或事项进行会计确认、计量、记录和报告时保持应有的谨慎,不应高估资产或收益、低估负债或费用。

企业的生产经营活动面临着风险和不确定性,如应收款项的可收回性、固定资产的预期使用寿命、无形资产的预期使用寿命等。会计信息质量的谨慎性要求企业在面临不确定性因素的情况下作出职业判断时,应当保持应有的谨慎,充分估计各种风险和损失,既不高估资产或收益,也不低估负债或费用。

如果企业高估资产或收益、低估费用会导致高估利润,存在误导性列报和陈述的风险,可能导致会计信息使用者高估企业盈利能力而盲目乐观,作出不切合实际的决策;如果低估负债,可能诱导会计信息使用者高估企业的偿债能力,作出不准确或不恰当的决策。例如,要求企业对可能发生的资产减值损失计提资产减值准备、对固定资产加速折旧、对售出商品很可能发生的保修义务确认预计负债、对很可能承担的环保责任确认预计负债等,均体现了会计信息质量的谨慎性要求。

8. 及时性

及时性要求企业对于已经发生的交易或事项,应当及时进行会计确认、计量、记录和报告,不得提前或延后。

企业应当在会计确认、计量、记录和报告过程中贯彻及时性要求:一是要求及时收集会计信息,即在交易或事项发生后,及时收集、整理各种原始单据或凭证;二是要求及时处理会计信息,即按照企业会计准则的规定,及时对交易或事项进行确认和计量,并编制财务报告;三是要求及时传递会计信息,即按照国家规定的有关时限,及时地将编制的财务报告传递给财务报告使用者,便于其及时使用和决策。

例如,某企业将自行研制的软硬件为一体的商品进行销售,销售合约约定商品销售后还将提供免费维护和升级服务,如果企业不考虑商品销售后的免费维护和升级服务,将全部销售价款一次性确认为当期销售收入,属于提前确认、计量、记录和报告销售收入;反之,如果企业在提供后续服务合约到期日再确认全部销售收入,则属于延后确认、计量、记录、报告销售收入。正确的会计处理应当按合理的比例,在销售当期和后期维护及升级合约持续期间,分配确认各期销售收入。

【例题1-1】 下列各项企业会计处理中,符合谨慎性质量要求的有( )。
　A. 在存货的可变现净值低于成本时,计提存货跌价准备
　B. 在应收款项实际发生坏账损失时,确认坏账损失
　C. 对售出商品很可能发生的保修义务确认预计负债
　D. 企业对由于技术进步产品更新换代快的固定资产加速折旧

【解析】 答案为选项A,C,D。选项A,C,D符合《企业会计准则》的相关规定,企业在面临不确定性因素的情况下作出职业判断时,充分估计到各种风险和损失,符合谨慎性会计信息质量要求。选项B不符合谨慎性质量要求。

七、会计要素及其确认条件

会计要素是根据交易或事项的经济特征对会计对象所作的基本分类,是会计核算对象的具体化,是用于反映特定会计主体财务状况和经营成果的基本单位,是构成会计报表的基

本组件。

会计要素按照其性质分为资产、负债、所有者权益、收入、费用和利润。

资产、负债和所有者权益要素又称资产负债表要素,侧重于反映企业的财务状况,在资产负债表中列示。它们表现了资金运动的相对静止状态,属于静态要素。

收入、费用和利润要素又称利润表要素,侧重于反映企业的经营成果,在利润表中列示。它们表现了资金运动的显著变动状态,属于动态要素。

对上述内容进行汇总归纳,会计要素按反映内容分类如图1-1所示。

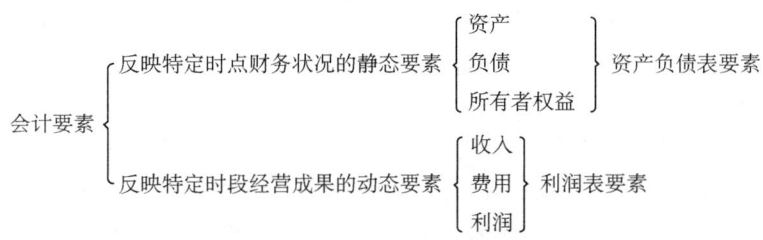

图1-1 会计要素按反映内容分类

(一)资产

1. 资产的定义及特征

资产是指企业过去的交易或事项形成的,由企业拥有或控制的,预期会给企业带来经济利益的资源。根据资产的定义,资产具有以下特征:

(1)资产应为企业拥有或控制的资源。资产作为一项资源,应当由企业拥有或控制,具体是指企业享有某项资源的所有权,或虽然不享有某项资源的所有权,但该资源能被企业所控制。

(2)资产预期会给企业带来经济利益。该特征是指资产直接或间接导致现金或现金等价物流入企业的潜力。这种潜力可以是来自企业日常的生产经营活动,也可以是非日常活动;带来的经济利益可以是现金或现金等价物,或是可以转化为现金或现金等价物的形式,或是可以减少现金或现金等价物流出的形式。

(3)资产是由企业过去的交易或事项形成的。过去的交易或事项包括购买、生产、建造行为等。只有过去的交易或事项才能产生资产,企业预期在未来发生的交易或事项不形成资产。例如,企业有购买某项商品的意愿或计划,但是购买行为尚未发生,该商品不符合资产的定义,不能确认为存货资产。

2. 资产的确认条件

将一项资源确认为资产,除了需要符合资产的定义,还需要同时满足以下2个条件:

(1)与该资源有关的经济利益很可能流入企业。从资产的定义可以看出,能为企业带来经济利益是资产的一个本质特征,但在现实生活中,经济环境瞬息万变,与资源有关的经济利益能否流入企业或能够流入多少实际上带有不确定性。因此,资产的确认还应与对经济利益流入企业的不确定性程度的判断结合起来。如果根据编制财务报表时所取得的证据,判断与该资源有关的经济利益很可能流入企业,应将其作为资产予以确认;反之,则不能确认为资产。可能性的区分如表1-1所示。

表 1-1　　　　　　　　　　　可能性的区分

结果的可能性	对应的概率区间	结果的可能性	对应的概率区间
基本确定	95%＜X＜100%	可能	5%＜X≤50%
很可能	50%＜X≤95%	极小可能	0＜X≤5%

（2）该资源的成本或价值能可靠地计量。只有当有关资源的成本或价值能可靠地计量时，资产才能予以确认。在实务中，企业取得的许多资产都需要付出成本。例如，企业购买或生产的商品、企业购置的厂房或设备等，对于这些资产，只有实际发生的成本或生产成本能够可靠地计量，才符合资产确认的可计量性条件。

3. 资产的分类和内容

企业资产分为流动资产和非流动资产。其中，流动资产包括货币资金、交易性金融资产、衍生金融资产、应收票据、应收账款、应收款项融资、预付款项、其他应收款、存货、合同资产、持有待售资产、一年内到期的非流动资产、其他流动资产；非流动资产包括债权投资、其他债权投资、长期应收款、长期股权投资、其他权益工具投资、其他非流动金融资产、投资性房地产、固定资产、在建工程、生产性生物资产、油气资产、使用权资产、无形资产、开发支出、商誉、长期待摊费用、递延所得税资产、其他非流动资产。

（二）负债

1. 负债的定义及特征

负债是指企业过去的交易或事项形成的，预期会导致经济利益流出企业的现时义务。根据负债的定义，负债具有以下特征：

（1）负债是企业承担的现时义务。负债必须是企业承担的现时义务，这里的现时义务是指企业在现行条件下已承担的义务。例如，企业购买原材料形成的应付账款、企业向银行借入的期限在1年内的款项形成的短期借款、企业按照税法规定应当缴纳的税款等，均属于企业承担的现时义务。而企业将在未来发生的交易或事项形成的义务，不属于现时义务，不得确认为负债。

（2）负债预期会导致经济利益流出企业。预期会导致经济利益流出企业是负债的一个本质特征，只有在履行义务时会导致经济利益流出企业的，才符合负债的定义。在履行现时义务清偿负债时，导致经济利益流出企业的形式多种多样。例如，用现金偿还或实物资产形式偿还，以提供劳务形式偿还，以部分转移资产、部分提供劳务形式偿还，将负债转为资本等。

（3）负债是由企业过去的交易或事项形成的。负债应当由企业过去的交易或事项所形成。换句话说，只有过去的交易或事项才形成负债。企业将在未来发生的承诺、签订的合同等交易或事项，不形成负债。例如，2023年6月，A企业与银行达成了1个月后借入500万元长期借款的意向书，由于借款尚未实际发生，是未来可能发生的，则6月A企业还不能将这500万元确认为企业的负债。

2. 负债的确认条件

将一项现时义务确认为负债，除了需要符合负债的定义，还需要同时满足以下2个条件：

（1）与该义务有关的经济利益很可能流出企业。从负债的定义可以看出，预期会导致经济利益流出企业是负债的一个本质特征。在实务中，企业履行义务所需流出的经济利益带有不确定性，尤其是与推定义务相关的经济利益通常需要依赖大量的估计。因此，负债的确认应当与对经济利益流出企业的不确定性程度的判断结合起来。如果有确凿证据表明，与现时义务有关的经济利益很可能流出企业，那么就将其作为负债予以确认；反之，则不能确认为负债。

（2）未来流出的经济利益的金额能够可靠地计量。负债的确认在考虑经济利益是否流出企业的同时，对于未来流出的经济利益的金额应当能够可靠地计量。

3. 负债的分类和内容

企业负债分为流动负债和非流动负债。其中，流动负债包括短期借款、交易性金融负债、衍生金融负债、应付票据、应付账款、预收款项、合同负债、应付职工薪酬、应交税费、其他应付款、持有待售负债、一年内到期的非流动负债、其他流动负债；非流动负债包括长期借款、应付债券、租赁负债、长期应付款、预计负债、递延收益、递延所得税负债、其他非流动负债。

（三）所有者权益

1. 所有者权益的定义

所有者权益是指企业资产扣除负债后，由所有者享有的剩余权益。企业的所有者权益又称股东权益，是所有者对企业资产的剩余索取权，它是企业的资产扣除债权人权益后应由所有者享有的部分，既可反映所有者投入资本的保值、增值情况，又体现了保护债权人权益的理念。

所有者权益的来源包括所有者投入的资本、其他综合收益、留存收益等，通常由股本（或实收资本）、资本公积（含股本溢价或资本溢价、其他资本公积）、其他综合收益、盈余公积和未分配利润等构成。

所有者投入的资本是指所有者投入企业的资本部分，它既包括构成企业注册资本或股本的金额，又包括投入资本超过注册资本或股本部分的金额，即资本溢价或股本溢价，这部分投入资本作为资本公积（资本溢价或股本溢价）反映。

其他综合收益是指企业根据企业会计准则规定未在当期损益中确认的各项利得和损失。

留存收益是指企业从历年实现的利润中提取或形成的留存于企业的内部积累，包括盈余公积和未分配利润。

学习提示：所有者权益与负债同属于"权益"，权益是指对企业资产的求偿权，两者具有以下区别：

（1）性质不同。负债是债权人权益；所有者权益是所有者对企业净资产的求偿权。

（2）偿还责任不同。负债要求企业按规定时间和利率支付利息，到期偿还本金；所有者权益则与企业共存亡，在企业经营期内无须偿还。

（3）权利不同。债权人享有收回本金和按约定收回利息的权利，既没有参与企业经营管理的权利，也没有参与企业收益分配的权利；所有者既拥有参与企业经营管理的权利，也拥有参与收益分配的权利。

（4）计量特性不同。负债可以单独直接计量，所有者权益除了投资者投资时，一般不能直接计量,而是通过资产和负债的计量来进行间接计量。

(5) 风险和收益的大小不同。负债风险小,收益一般也较小;所有者权益风险大,收益一般较高。

2. 所有者权益的确认条件

所有者权益体现的是所有者在企业中的剩余权益,因此,所有者权益的确认和计量主要依赖于资产和负债的确认和计量。如企业接受投资者投入的资产,当该资产符合资产确认条件时,也相应地符合所有者权益的确认条件;当该资产的价值能够可靠计量时,所有者权益的金额也就可以确定。

例如,某企业资产总额为1 000万元,其中负债部分为400万元,所有者权益部分为600万元,满足了"1 000＝400＋600"。假如在接下来的1个月内,资产的总价值缩水为900万元,企业没有偿还旧债,也没有举借新债,那么负债总额依然为400万元,资产价值缩水的100万元必须由所有者承担,因而所有者权益的金额变为500万元。

(四) 收入

1. 收入的定义及特征

收入是指企业在日常活动中形成的、会导致所有者权益增加的、与所有者投入资本无关的经济利益的总流入。根据收入的定义,收入具有以下特征:

(1) 收入是企业在日常活动中形成的。将收入界定为"日常活动"发生的经济利益总流入,是为了将其与利得相区分,凡是日常活动所形成的经济利益的总流入应当确认为收入。例如,工业企业制造并销售产品、商业企业销售商品、保险公司签发保单、咨询公司提供咨询服务、软件企业为客户开发软件、安装公司提供安装服务、商业银行对外贷款、租赁公司出租资产等,均属于企业的日常活动。反之,非日常活动所形成的经济利益的净流入不应当确认为收入,而应当确认为利得。例如,处置固定资产属于非日常活动,所形成的净收益就不应当确认为收入,而应当确认为利得,计入"资产处置损益"。

(2) 收入会导致所有者权益的增加。收入相关的经济利益的流入应当会导致所有者权益的增加,不会导致所有者权益增加的经济利益的流入不符合收入的定义,不应当确认为收入。例如,企业向银行借入款项,导致了企业经济利益的流入,但并不导致所有者权益的增加,反而使企业承担了一项现时义务。因此,企业对于借入款项所导致经济利益增加,不应当将其确认为收入,应当确认为一项负债。

(3) 收入是与所有者投入资本无关的经济利益的总流入。收入应当会导致经济利益的流入,从而导致资产的增加。例如,企业销售商品,只有收到现金或有权在未来收到现金,才表明该交易符合收入定义。但是在实务中,经济利益的流入有时是所有者投入资本的增加导致的,所有者投入资本的增加不应当确认为收入,应当将其直接确认为所有者权益。

学习提示:日常活动是指企业为完成其经营目标所从事的经常性活动及与之相关的活动。

2. 收入的确认条件

企业收入的来源渠道多种多样,不同收入来源的特征虽然有所不同,但其收入确认条件却是相同的。当企业与客户之间的合同同时满足下列条件时,企业应当在客户取得相关商品控制权时确认收入。

(1) 合同各方已批准该合同并承诺将履行各自义务。

(2) 该合同明确了合同各方与所转让商品(或提供服务)相关的权利和义务。

(3) 该合同有明确的与所转让商品(或提供服务)相关的支付条款。

(4) 该合同具有商业实质,即履行该合同将改变企业未来现金流量的风险、时间分布或金额。

(5) 企业因向客户转让商品(或提供服务)而有权取得的对价很可能收回。

3. 收入的分类

收入按企业经营业务的主次可分为主营业务收入和其他业务收入。

主营业务收入是指由企业的主营业务所带来的收入,如工业企业销售商品、提供劳务等实现的收入;其他业务收入是指除主营业务活动以外的其他经营活动实现的收入,如工业企业出租固定资产、出租无形资产、出租包装物和商品、销售材料等实现的收入。

(五) 费用

1. 费用的定义及特征

费用是指企业在日常活动中发生的、会导致所有者权益减少的、与向所有者分配利润无关的经济利益的总流出。根据费用的定义,费用具有以下特征:

(1) 费用是企业在日常活动中发生的。费用必须是企业在日常活动中形成的,这些日常活动的界定与收入定义中涉及的日常活动的界定相一致。日常活动产生的费用通常包括营业成本(主营业务成本和其他业务成本)、税金及附加、销售费用、管理费用、财务费用等。将费用界定为日常活动形成的,是为了将其与损失相区分,企业非日常活动形成的经济利益的流出不能确认为费用,而应当计入损失。例如,A 企业进行产品广告宣传,花费 2 万元,这 2 万元广告费应该确认为企业的费用。但是,企业处置固定资产发生净损失 1 万元,这 1 万元净损失与企业日常经营活动无关,具有偶发性,所以不能作为企业的费用,只能作为损失进行确认。

(2) 费用会导致所有者权益的减少。与费用相关的经济利益的流出会导致所有者权益的减少,不会导致所有者权益减少的经济利益的流出不符合费用的定义,不应确认为费用。例如,企业以银行存款偿还一项负债,只是一项资产和负债的等额减少,对所有者权益没有影响,因此不构成企业的费用。

(3) 费用是与向所有者分配利润无关的经济利益的总流出。费用的发生会导致经济利益的流出,从而导致资产的减少或负债的增加,其表现形式包括现金或现金等价物的流出,存货、固定资产和无形资产等的流出或消耗等。企业向所有者分配利润也会导致经济利益的流出,而该经济利益的流出属于所有者权益的抵减项目,不应确认为费用,应将其排除在费用的定义之外。

2. 费用的确认条件

费用的确认除了应当符合定义,还应当符合以下条件:

(1) 与费用相关的经济利益很可能流出企业。

(2) 经济利益流出企业的结果会导致资产的减少或负债的增加。

(3) 经济利益的流出额能够可靠计量。

符合费用定义和费用确认条件的项目,应当列入利润表;符合费用定义,但不符合费用确认条件的项目,不应当列入利润表。

(六）利润

1. 利润的定义

利润是指企业在一定会计期间的经营成果。通常情况下，如果企业实现了利润，表明企业的所有者权益将增加；反之，如果企业发生了亏损（即利润为负数），表明企业的所有者权益将减少。

利润包括收入减去费用后的净额、直接计入当期利润的利得和损失等。其中，收入减去费用后的净额反映的是企业日常活动的业绩。直接计入当期利润的利得和损失是指应计入当期损益、会导致所有者权益发生增减变动的、与所有者投入资本或向所有者分配利润无关的利得或损失。

利得是指由企业非日常活动所形成的、会导致所有者权益增加的、与所有者投入资本无关的经济利益的流入。

损失是指由企业非日常活动所发生的、会导致所有者权益减少的、与向所有者分配利润无关的经济利益的流出。

利得或损失的分类如图1-2所示。

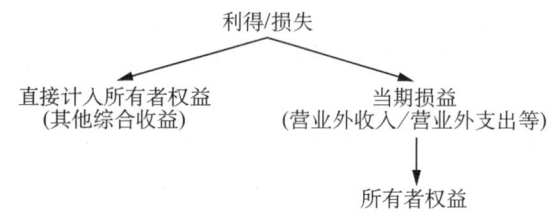

图1-2 利得或损失的分类

2. 利润的确认条件

利润反映的是收入减去费用、利得减去损失后的净额。因此，利润的确认主要依赖于收入和费用，以及利得和损失的确认，其金额的确定也主要取决于收入、费用、利得和损失金额的计量。

八、会计要素的计量属性及其应用原则

（一）会计要素的计量属性

会计要素的计量是为了将符合确认条件的会计要素登记入账并列报于财务报表而确定其金额的过程。企业应当按照规定的会计计量属性进行计量，确定相关金额。

会计计量属性是指会计要素的数量特征或外在表现形式，反映了会计要素金额的确定基础，主要包括历史成本、重置成本、可变现净值、现值和公允价值等。

1. 历史成本

历史成本又称实际成本，是指为取得或制造某项财产物资时所实际支付的现金或现金等价物金额。

在历史成本计量下，资产按照购置时支付的现金或现金等价物的金额，或者按照购置资产时所付出的对价的公允价值计量。负债按照因承担现时义务而实际收到的款项或资产的金额，或者按照承担现时义务的合同金额，或者按照日常活动中为偿还负债预期需要支付的

现金或现金等价物的金额计量。

2. 重置成本

重置成本又称现行成本,是指按照当前市场条件,重新取得同样一项资产所需要支付的现金或现金等价物金额。

采用重置成本计量时,资产按照现在购买相同或相似资产所需支付的现金或现金等价物的金额计量;负债按照现在偿付该项负债所需支付的现金或现金等价物的金额计量。

例如,企业在财产清查时发现一项盘盈的固定资产,对于该盘盈的固定资产,计量时应当采用重置成本,即以现在市场上与该盘盈固定资产相同规格型号、相同新旧程度的固定资产的价值作为其重置成本,对其进行计量入账。

3. 可变现净值

可变现净值是指在生产经营过程中,以预计售价减去进一步加工成本和销售所必需的预计税金、费用后的净值。采用可变现净值计量时,资产按照其正常对外销售所能收到的现金或现金等价物的金额,扣减该资产至完工时估计将要发生的成本、估计的销售费用及相关税费后的金额计量。

学习提示:可变现净值通常应用于存货期末计提减值情况下的后续计量。例如,A 企业年末甲产品估计售价为 10 万元(假设暂时不考虑增值税),预计销售费用及相关税费为 1 万元,则该商品可变现净值为 9 万元。

4. 现值

现值是指对未来现金流量以恰当的折现率进行折现后的价值,是考虑资金时间价值的一种计量属性。

采用现值计量时,资产按照预计从其持续使用和最终处置中所产生的未来净现金流入量的折现金额计量;负债按照预计期限内需要偿还的未来净现金流出量的折现金额计量。

5. 公允价值

公允价值是指市场参与者在计量日发生的有序交易中,出售一项资产所能收到或转移一项负债所需支付的价格。

知识拓展:在选用公允价值计量属性时,《企业会计准则》充分考虑了公允价值应用的 3 个级次:第一,资产或负债等存在活跃市场的,活跃市场中的报价应当用于确定其公允价值;第二,不存在活跃市场的,参考熟悉情况并自愿交易的各方最近进行的市场交易价格,或者参照实质上相同或相似的其他资产或负债等的市场价格确定其公允价值;第三,不存在活跃市场,且不满足上述 2 个条件的,应当采用估值技术等确定公允价值。我国引入公允价值是适度、谨慎和有条件的,在投资性房地产和生物资产等具体准则中规定,只有存在活跃市场、公允价值能够取得并可靠计量的情况下,才能采用公允价值计量。

(二) 计量属性的运用原则

企业在对会计要素进行计量时,一般应当采用历史成本。在某些情况下,如果采用其他计量属性提供的财务报告信息更加可靠、更加公允的话,可以使用其他计量属性。但采用重置成本、可变现净值、现值、公允价值计量的,应当保证所确定的会计要素金额能够持续取得并可靠计量。

知识小结:会计要素计量属性及其应用如表 1-2 所示。

表 1-2　　　　　　　　　会计要素计量属性及其应用

计量属性	概念	主要应用
历史成本	历史成本又称实际成本,是指取得或制造某项财产物资时所实际支付的现金或现金等价物金额	我国企业对会计要素的计量一般采用历史成本
重置成本	重置成本又称现行成本,是指按照当前市场条件,重新取得同样一项资产所需支付的现金或现金等价物金额	盘盈的固定资产的计量
可变现净值	可变现净值是指在生产经营过程中,以预计售价减去进一步加工成本和销售所必需的预计税金、费用后的净值,存货期末按成本与可变现净值孰低计量	存货期末计量;资产可收回金额计算口径之一
现值	现值是指对未来现金流量以恰当的折现率进行折现后的价值	现值是考虑货币时间价值因素的一种计量属性
公允价值	公允价值是指市场参与者在计量日发生的有序交易中,出售一项资产所能收到或转移一项负债所需支付的价格	交易性金融资产等

任务二　会计职业道德和会计准则制度体系

学习导读:经济学家萧灼基曾分享过一则小故事,一位留学生在国外乘公共汽车逃票,当时对方并没有对他罚款,谁料毕业找工作时才发现此举已被记录在案。他虽然学习成绩优秀,求职却遇到障碍,因小失大,后悔不及。这则故事令人回味,也令人深思。本任务将带领大家学习会计职业道德和会计准则制度体系的有关内容。

一、会计职业的概念及特征

（一）会计职业的概念

会计职业是指利用会计专门的知识和技能,为经济社会提供会计服务,获取合理报酬的职业。在会计实务中,会计职业主要是指根据会计法律法规等相关规定要求,在国家机关、社会团体、企业、事业单位和其他组织中从事会计核算、实行会计监督的会计工作。

（二）会计职业的特征

1. 会计职业的社会属性

会计职业是社会的一种分工,它履行会计职能,为社会提供会计服务,维护生产关系和经济社会秩序,正确处理企业利益相关者和社会公众的经济权益及其关系。

2. 会计职业的规范性

会计职业具有系统性的专业规范操作要求,具有严格职业道德的规范性要求。

3. 会计职业的经济性

会计职业是会计人员赖以谋生的劳动过程,具有获取合理报酬的特性。

4. 会计职业的技术性

会计职业采用各种专门方法和程序履行其职能。

5. 会计职业的时代性

会计职业应适应经济社会生产经营方式,发挥市场在经济资源配置中的决定作用和更好地发挥政府作用,根据文化、社会组织等多种因素的变化要求,切实贯彻创新、协调、绿色、开放、共享的新发展理念,与时俱进。

二、会计职业道德概述

(一)会计职业道德的概念

会计职业道德是指会计人员在会计工作中应当遵循的、体现会计职业特征的、调整会计职业关系的职业行为准则和规范。会计职业道德由特定的社会生产关系和经济社会发展水平所决定,属于社会意识形态范畴。会计职业道德由会计职业理想、会计职业责任、会计职业技能、会计工作态度、会计工作作风和会计职业纪律等构成。

在现代市场经济和现代企业制度环境条件下,基于经济资源配置和生产组织的委托代理关系中的权属性质界定,如实反映受托责任履行情况的诚实性和可靠性是会计的基本职责,因此,会计职业道德的核心是诚信。准确核算、如实反映、讲求诚信是决定会计工作成败和质量好坏的根本标准,会计人员应当以诚信为本,保持客观公正。区块链、云计算、大数据、人工智能等现代信息技术在会计工作中广泛运用,对会计诚信提出了更高的要求。

学习提示:诚信是指诚实、守信、真实,也指实事求是、真实客观、不弄虚作假,它要求会计人员客观公正,遵守会计制度,言行一致,表里如一,不做假账,忠诚为人,以诚待人。

(二)会计职业道德与会计法律制度的联系与区别

1. 会计职业道德与会计法律制度的联系

会计职业道德与会计法律制度在内容上相互渗透、相互吸收;在作用上相互补充、相互协调。会计职业道德是会计法律制度的重要补充,会计法律制度是会计职业道德的最低要求,是会计职业道德的基本制度保障。

2. 会计职业道德与会计法律制度的区别

(1)性质不同。会计法律制度通过国家权力强制执行,具有很强的他律性;会计职业道德通过行业行政管理部门规范和会计从业人员自觉执行,具有内在的控制力,可以约束会计人员的内在心理活动,具有更高的职业目标,要求会计人员"应该做什么或不应该做什么",具有很强的自律性。

(2)作用范围不同。会计法律制度侧重于调整会计人员的外在行为和结果的合法化,具有较强的客观性;会计职业道德不仅调整会计人员的外在行为,还调整会计人员的内在精神世界,作用范围更加广泛。

(3)表现形式不同。会计法律制度是通过一定的程序由国家立法部门或行政管理部门制定、颁布的,其表现形式是具体、明确的正式形成文字的成文规定。会计职业道德出自会计人员的职业生活和职业实践,其表现形式既有成文的规范,也有不成文的规范。

(4)实施保障机制不同。会计法律制度依靠国家强制力保证其贯彻执行。会计职业道德主要依靠行业行政管理部门监管执行和职业道德教育、社会舆论、传统习惯和道德评价来实现。

(5)评价标准不同。会计法律制度以法律规定为评价标准,会计职业道德以行业行政管理规范和道德评价为评价标准。

（三）会计职业道德的主要内容

为贯彻落实党中央、国务院关于加强社会信用体系建设的决策部署，推进会计诚信体系建设，提高会计人员职业道德水平，根据《会计法》《会计基础工作规范》，2023年财政部研究制定了《会计人员职业道德规范》，提出"三坚三守"，强调会计人员"坚"和"守"的职业特性和价值追求，是对会计人员职业道德要求的集中表达。会计职业道德具体包括以下内容。

1. 坚持诚信，守法奉公

牢固树立诚信理念，以诚立身、以信立业，严于律己、心存敬畏。学法知法守法，公私分明、克己奉公，树立良好职业形象，维护会计行业声誉。

2. 坚持准则，守责敬业

严格执行准则制度，保证会计信息真实完整。勤勉尽责、爱岗敬业，忠于职守、敢于斗争，自觉抵制会计造假行为，维护国家财经纪律和经济秩序。

3. 坚持学习，守正创新

始终秉持专业精神，勤于学习、锐意进取，持续提升会计专业能力。不断适应新形势新要求，与时俱进、开拓创新，努力推动会计事业高质量发展。

3项要求逻辑清晰、层层递进："坚持诚信，守法奉公"是对会计人员自律的要求，"坚持准则，守责敬业"是对会计人员履职的要求，"坚持学习，守正创新"是对会计人员发展的要求。加强会计人员职业道德建设，对长期以来会计职业活动实践中形成的职业道德要求进行总结提炼和大力宣传，引导会计人员形成正确的价值追求行为规范，对于提高会计工作水平和会计信息质量、加强社会信用体系建设、推动经济社会高质量发展具有重要意义。

三、会计职业道德的相关管理规定

（一）增强会计人员诚信意识

1. 强化会计职业道德意识

引导会计人员自觉遵纪守法、勤勉尽责、参与管理、强化服务，不断提高专业胜任能力；督促会计人员坚持客观公正、诚实守信、廉洁自律、不做假账，不断提高职业操守。

2. 加强会计诚信教育

采取多种形式，广泛开展会计诚信教育。将会计职业道德作为会计人员继续教育的必修内容，大力弘扬会计诚信理念，不断提升会计人员诚信素养。要充分发挥新闻媒体对会计诚信建设的宣传教育、舆论监督等作用，大力发掘、宣传会计诚信模范等典型，深入剖析违反会计诚信的典型案例，引导财会类专业教育开设会计职业道德课程，努力提高会计后备人员的诚信意识。鼓励用人单位建立会计人员信用管理制度，将会计人员遵守会计职业道德情况作为考核评价、岗位聘用的重要依据，强化会计人员诚信责任。

（二）建设会计人员信用档案

1. 建立严重失信会计人员"黑名单"制度

将有提供虚假财务会计报告，做假账，隐匿或故意销毁会计凭证、会计账簿、财务会计报告，贪污、挪用公款，职务侵占等与会计职务有关违法行为的会计人员，作为严重失信会计人员列入"黑名单"，纳入全国信用信息共享平台，依法通过"信用中国"网站等途径，向社会公开披露相关信息。

2. 建立会计人员信用信息管理制度

制定会计人员信用信息管理办法,规范会计人员信用评价、信用信息采集、信用信息综合利用、激励惩戒措施等,建立会计人员信息纠错、信用修复、分级管理等制度,建立健全会计人员信用信息体系。

3. 完善会计人员信用信息管理系统

以会计专业技术资格管理为抓手,有序采集会计人员信息,记录会计人员从业情况和信用情况,建立和完善会计人员信用档案,构建全国统一的会计人员信用信息平台。

(三) 会计职业道德管理的组织实施

1. 组织领导

根据国家关于加强社会诚信建设的有关文件精神,通过信用信息公开和共享,建立跨部门、跨地区、跨领域的联合激励与惩戒机制,形成政府部门协同联动、行业组织自律管理、信用服务机构积极参与、社会舆论广泛监督的共同治理格局,建立联席制度,共同推动会计人员诚信建设工作有效开展。

2. 广泛宣传

财政部门及其他有关部门、会计行业组织充分利用报纸、广播、电视、网络等渠道,加大对会计人员诚信建设工作的宣传力度,教育引导会计人员和会计后备人员不断提升会计诚信意识。积极引导社会各方依法依规利用会计人员信用信息,褒扬会计诚信,惩戒会计失信,扩大会计人员信用信息的影响力和警示力,使全社会形成崇尚会计诚信、践行会计诚信的社会风尚。

3. 褒奖守信会计人员

将会计人员信用信息作为先进会计工作者评选、会计职称考试或评审、高端会计人才选拔等资格资质审查的重要依据。鼓励用人单位依法使用会计人员信用信息,优先聘用、培养、晋升具有良好信用记录的会计人员。

(四) 建立健全会计职业联合惩戒机制

建立健全失信会计人员联合惩戒机制,明确联合惩戒对象、信息共享与联合惩戒的实施方式和惩戒措施。联合惩戒对象,主要是指在会计工作中违反《会计法》《中华人民共和国公司法》(以下简称《公司法》)《中华人民共和国证券法》(以下简称《证券法》)及其他法律、法规、规章和规范性文件,违背诚实信用原则,经财政部门及相关部门依法认定的存在严重违法失信行为的会计人员(以下简称会计领域违法失信当事人)。信息共享与联合惩戒的实施方式,是指认定联合惩戒对象名单的相关部门和单位通过全国信用信息共享平台将会计领域违法失信当事人的相关信息推送给财政部,并及时更新。

联合惩戒的措施主要有以下几种:

(1) 罚款、限制从事会计工作、追究刑事责任等惩戒措施。对于严重失信会计人员,依法取消其已经取得的会计专业技术资格。会计人员有违反《会计法》《公司法》《证券法》等违法会计行为的,依法给予罚款、限制从事会计工作等惩戒措施;属于国家工作人员的,还应当由其所在单位或有关单位依法给予撤职直至开除的行政处分;构成犯罪的,依法追究刑事责任,不得再从事会计工作。

（2）记入会计从业人员信用档案。对会计领域违法失信当事人,将其违法失信记录记入会计人员信用档案。

（3）将会计领域违法失信当事人信息通过财政部网站、信用中国网站予以发布,同时协调相关互联网新闻信息服务单位向社会公布。

（4）实行行业惩戒。支持行业协会、商会按照行业标准、行规、行约等,视情节轻重对失信会员实行警告、行业内通报批评、公开谴责、不予接纳、劝退等惩戒措施。

（5）限制取得相关从业任职资格,限制获得认证证书。对会计领域违法失信当事人,限制其取得相关从业任职资格,限制获得认证证书。

会计人员职称评价标准要突出评价会计人员职业道德。坚持把职业道德放在评价首位,引导会计人员遵纪守法、勤勉尽责、参与管理、强化服务,不断提高专业胜任能力;要求会计人员坚持客观公正、诚实守信、廉洁自律、不做假账,不断提高职业操守。完善守信联合激励和失信联合惩戒机制,对违反《会计法》有关规定,以及剽窃他人研究成果,存在学术不端行为的人员,在会计人员职称评价过程中实行"一票否决制"。对通过弄虚作假取得的职称一律撤销。

（6）依法限制参与评先、评优或取得荣誉称号。对会计领域违法失信当事人,限制其参与评先、评优或取得各类荣誉称号;已获得相关荣誉称号的予以撤销。在会计专业技术资格考试或会计职称评审、高端会计人才选拔等资格资质审查过程中,对严重失信会计人员实行"一票否决制"。

（7）依法限制担任金融机构董事、监事、高级管理人员。对会计领域违法失信当事人,依法限制其担任银行业金融机构、保险公司、保险资产管理公司、融资性担保公司等的董事、监事、高级管理人员,以及保险专业代理机构、保险经纪人的高级管理人员及相关分支机构主要负责人,保险公估机构董事长、执行董事和高级管理人员;将其违法失信记录作为担任证券公司、基金管理公司、期货公司的董事、监事和高级管理人员及分支机构负责人任职审批或备案的参考。已担任相关职务的,依法提出其不再担任相关职务的意见。

（8）依法限制其担任国有企业法定代表人、董事、监事。对会计领域违法失信当事人,依法限制其担任国有企业法定代表人、董事、监事;已担任相关职务的,依法提出其不再担任相关职务的意见。

（9）限制登记为事业单位法定代表人。对会计领域违法失信当事人,限制其登记为事业单位法定代表人。

（10）将违法失信记录作为招录（聘）公务员或事业单位工作人员,以及业绩考核、干部选任的参考。对会计领域违法失信当事人,将其违法失信记录作为其被招录（聘）为公务员或事业单位工作人员的重要参考;对会计领域违法失信当事人,将其违法失信记录作为业绩考核、干部选拔任用的参考等。

四、会计准则制度体系

我国《会计法》规定,国家实行统一的会计制度。国家统一的会计制度由国务院财政部门根据《会计法》制定并公布。国家统一的会计制度是指国务院财政部门根据《会计法》制定的关于会计核算、会计监督、会计机构和会计人员及会计工作管理的制度。国家统一的会计制度尤其是规范会计核算的准则制度,是生成和提供口径一致、相互可比的会计信息的重要标准,是投资者、债权人、社会公众、政府部门等运用会计信息进行投资决策、宏观调控等的重要依据。

根据会计主体不同,我国统一的会计核算制度体系主要包括企业会计准则制度体系、政府会计准则制度体系,以及民间非营利组织会计制度体系、基金(资金)类会计制度体系、农村集体经济组织会计制度体系等。

(一)企业会计准则制度体系

1. 企业会计准则体系

企业会计准则体系主要适用于上市公司、金融机构、国有企业等大中型企业。我国企业会计准则体系自2006年正式发布以来,财政部在坚持国际趋同和服务国内实践基础上,形成了由基本准则、具体准则、准则解释和会计处理规定构成的基本制度安排。其中,基本准则在企业会计准则体系中起统驭作用,是具体准则制定的依据,主要规范财务报告目标、会计基本假设、会计基础、会计信息质量要求、会计要求、财务报告等内容;具体准则规范企业各项具体业务事项的确认、计量和报告;准则解释对企业实务中出现的、具体准则未作出明确规定的新事项、新问题进行规范;会计处理规定是对企业会计准则体系的补充,满足国家宏观经济管理、国内实务发展、加强准则实施等需要。

目前,我国企业会计准则体系主要包括1项基本准则、42项具体准则及其应用指南、17项企业会计准则解释、10余项会计处理规定(包括3项报表格式文件和5项企业产品成本核算制度)。

2. 小企业会计准则体系

小企业会计准则体系主要适用于符合《中小企业划型标准规定》所规定的小型企业标准的企业,但以下3类小企业除外:①股票或债券在市场上公开交易的小企业。②金融机构或其他具有金融性质的小企业。③企业集体内的母公司和子公司。

目前,我国小企业会计准则体系主要包括《小企业会计准则》和针对某些特定行业某项或某类业务的会计处理规定,如《律师事务所相关业务会计处理规定》。

(二)政府会计准则制度体系

1. 政府会计准则体系

我国的政府会计准则体系主要由基本准则、具体准则及其应用指南、会计制度、会计准则制度解释等组成。政府会计准则体系适用于政府会计主体,主要包括各级政府、各部门、各单位。各级政府是指各级政府财政部门,具体负责财政总会计的核算。各部门、各单位是指与本级政府财政部门直接或间接发生预算拨款关系的国家机关、军队、政党组织、社会团体、事业单位和其他单位。但是,军队已纳入企业财务管理体系的单位和执行《民间非营利组织会计制度》的社会团体,其会计核算不适用政府会计准则体系。

目前,我国政府会计准则体系包括1项基本准则,存货、投资、固定资产、无形资产、公共基础设施、政府储备物资、会计调整、负债、财务报表编制和列报、政府和社会资本合作项目合同、文物资源等11项具体准则,固定资产、政府和社会资本合作项目合同等2项应用指南,以及6项政府会计准则制度解释。

2. 政府会计制度体系

政府会计制度体系主要规定政府会计科目及账务处理、报表体系及编制说明等,与政府会计具体准则相互补充。按照政府会计主体不同,政府会计制度主要由政府财政总预算会计制度和政府单位会计制度组成。财政部于2017年制定发布了《政府会计制度——行政事业单位会计科目和报表》(以下简称《政府单位会计制度》),2018年制定发布了高等学校、医院、科学事业单位等9个特殊行业事业单位执行《政府单位会计制度》的补充规定,2019年以来相继印发了《事业单位成本核算基本指引》和公立医院、高等学校、科学事业单位3项成本核算具体指引,积极推进事业单位开展成本核算。此外,财政部于2022年印发《财政总会计制度》,该制度自2023年1月1日起施行,财政部于2015年制定的《财政总预算会计制度》同时废止。

(三) 其他会计准则制度体系

除企业会计准则制度体系和政府会计准则制度体系外,我国还有适用于民间非营利组织的《民间非营利组织会计制度》,适用于各级工会的《工会会计制度》,适用于各类资金(基金)的《社会保险基金会计制度》,适用于农村集体经济组织的《农村集体经济组织会计制度》,适用于农民专业合作社的《农民专业合作社会计制度》等。

任务三 会计信息化基础

学习导读:2021年8月,中铁十二局集团自主研发的中国铁建第一个资金结算机器人"小铁牛"上岗了。这是该集团财务智能化、数字化转型的一个重要标志。"小铁牛"不是能跑会走的机器人,而是一种智能化软件,能自动操作电脑进行财务工作。本任务将带领大家学习会计信息化基础的有关内容。

一、会计信息化的概念

会计信息化是指企业利用计算机、网络通信等现代信息技术手段开展会计核算,以及利用上述技术手段将会计核算与其他经营管理活动有机结合的过程。

会计信息化是会计行业及企业组织顺应时代发展的重要举措,对于提升会计信息质量、改善企业经营管理、拓展会计职能、推动会计人员转型升级等具有重要意义。

二、信息化环境下的会计账务处理

信息化环境下的会计账务处理是指企业运用会计软件进行账务处理的过程。

(一) 会计软件与会计信息系统

1. 会计软件

会计软件是指企业使用的,专门用于会计核算、财务管理的计算机软件、软件系统或功能模块。会计软件一般具有以下功能:

(1) 为会计核算、财务管理直接采集数据。

(2) 生成会计凭证、账簿、报表等会计资料。

(3) 对会计资料进行转换、输出、分析、利用。

2. 会计信息系统

会计信息系统是指由会计软件及其运行所依赖的软硬件环境组成的集合体。按照发展程度大致可分为以下3种情况：

(1) 会计核算信息化。处于会计核算信息化阶段的企业，应当结合自身情况，逐步实现资金管理、资产管理、预算控制、成本管理等财务管理信息化。

(2) 决策支持信息化。处于财务管理信息化阶段的企业，应当结合自身情况，逐步实现财务分析、全面预算管理、风险控制、绩效考核等决策支持信息化。

(3) 财务共享中心。分公司和子公司数量多、分布广的大型企业、企业集团利用信息技术将会计工作集中处理，建立财务共享中心，实现会计核算资料和会计信息共享。

(二) 信息化环境下的会计账务处理基本要求

(1) 企业使用的会计软件应当保障企业按照国家统一会计准则制度开展会计核算，设定经办、审核、审批等必要的审签程序，能够有效防止电子会计凭证重复入账，并不得有违背国家统一会计准则制度的功能设计。

(2) 企业使用的会计软件的界面应当使用中文并提供对中文处理的支持，可以同时提供外国或少数民族文字界面对照和处理支持。

(3) 企业使用的会计软件应当提供符合国家统一会计准则制度的会计科目分类和编码功能。

(4) 企业使用的会计软件应当提供符合国家统一会计准则制度的会计凭证、账簿和报表的显示和打印功能。

(5) 企业使用的会计软件应当提供不可逆的记账功能，确保对同类已记账凭证的连续编号，不得提供对已记账凭证的删除和插入功能，不得提供对已记账凭证日期、金额、科目和操作人的修改功能。

(6) 企业使用的会计软件应当具有符合国家统一标准的数据接口，满足外部会计监督需要。

(7) 企业使用的会计软件应当具有会计资料归档功能，提供导出会计档案的接口，在会计档案存储格式、元数据采集、真实性与完整性保障方面，符合国家有关电子文件归档与电子档案管理的要求。

(8) 企业使用的会计软件应当记录生成用户操作日志，确保日志的安全、完整，提供按操作人员、操作时间和操作内容查询日志的功能，并能以简单易懂的形式输出。

(9) 企业会计信息系统数据服务器的部署应当符合国家有关规定。数据服务器部署在境外的，应当在境内保存会计资料备份，备份频率不得低于每月一次。

(10) 境内备份的会计资料应当能够在境外服务器不能正常工作时，独立满足企业开展会计工作的需要及外部会计监督的需要。

(11) 企业不得在非涉密信息系统中存储、处理和传输涉及国家秘密，关系国家经济信息安全的电子会计资料；未经有关主管部门批准，不得将其携带、寄运或传输至境外。

(12) 企业会计资料中对经济业务事项的描述应当使用中文，可以同时使用外国或少数民族文字对照。

(13) 企业应当建立电子会计资料备份管理制度，确保会计资料的安全、完整和会计信息系统的持续、稳定运行。

(14)企业电子会计档案的归档管理,应当符合《会计档案管理办法》的规定。

(15)实行会计工作集中核算的企业及企业分支机构,应当为外部会计监督机构及时查询和调阅异地储存的会计资料提供必要条件。

学习提示:信息化环境下会计账务处理的基本要求共15条,其中会计软件方面8条、会计信息系统方面3条、其他方面4条。

(三)信息化环境下的会计账务处理流程

1. 会计账务处理流程的主要角色

与手工环境下的会计账务处理流程相比,信息化环境下的会计账务处理流程更高效。会计账务处理流程的主要角色包括:

(1)业务人员,如采购人员、销售人员等。

(2)凭证编制人员,即编制记账凭证的会计人员。

(3)凭证审核人员,即对记账凭证进行审核的会计人员。

(4)记账和结账人员,即将记账凭证信息转换为账簿信息和进行月末结账的会计人员。

(5)查询与分析人员,如财务经理、总经理等。

2. 信息化环境下的会计账务处理基本流程

信息化环境下的会计账务处理主要有以下5个基本流程:

(1)经济业务发生时,业务人员将原始凭证提交会计部门。

(2)凭证编制人员对原始凭证的正确性、合规性、合理性进行审核,然后根据审核无误的原始凭证编制记账凭证。

(3)凭证审核人员从凭证文件中获取记账凭证并进行审核。系统对审核通过的记账凭证做审核标记,将审核未通过的凭证返还给凭证编制人员。

(4)在记账人员的记账指令发出后,系统自动对已审核凭证进行记账,更新科目汇总文件等信息,并对相关凭证做记账标记。会计期末,结账人员发出指令进行结账操作。

(5)会计信息系统根据凭证文件和科目汇总文件自动、实时地生成日记账、明细账和总账,提供内部和外部使用者需要的内部分析表和财务报表。

信息化环境下的会计账务处理的基本流程如图1-3所示。

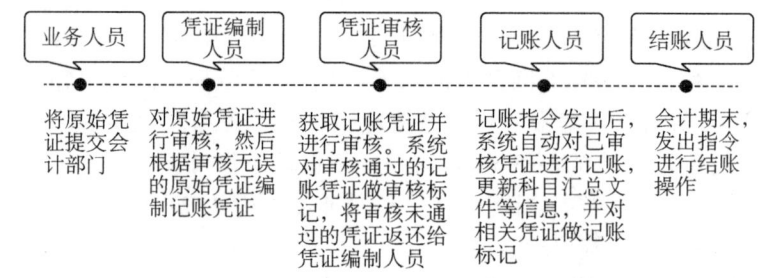

图1-3 信息化环境下的会计账务处理基本流程

学习提示:会计信息系统根据凭证文件和科目汇总文件自动、实时生成日记账、明细账和总账,提供内部和外部使用者需要的内部分析表和财务报表。

1-2 初级会计实务认知思维导图

实务案例

基于财务共享的管理会计信息化。中兴通讯股份有限公司(以下简称中兴通讯)自行建立了中国本土企业的第一家财务共享服务中心。2006年,中兴通讯首次进行了集团公司财务共享模式的改革,于2016年成功完成了集团公司的财务共享模式变革,为全球107个分支机构、将近8万名的企业员工提供了全方位的便捷的财务服务。中兴通讯是在1999年实施EPR系统,完成了独立的网络报销系统,并在集团内部安装了首台ATM机,达到了银行与企业的直接连接。2005年,中兴通讯于深圳第一次将数据与产品事业部进行集中。中兴通讯从2006年开始,通过进行流程精细化,对人员开展培训学习并进行调换,首次完成了国内销售部门中基础财务数据集中。2007年,实现了国内全部部门的财务数据集中,并正式成立了中兴通讯财务共享服务中心西安基地。2008年,其范围不断扩大,形成了新的运营体系。2009年,中兴通讯将商旅服务加入财务共享服务中心,并不断将各种管理工具加入其中,实现了双屏操作与影像系统,中兴商旅正式开启。2010年,中兴通讯收获了我国管理模式的各类奖项,同时集团业务流程改造咨询业务方面获得较大成果。2011年,为了使集团财务共享服务得到有力的技术支撑,中兴通讯成立了云计算服务中心与IT经营部。中兴通讯从2012年开始,不断向跨国整合发展,努力使国内外的业务通过财务共享服务中心良好衔接,并拓展了集团财务共享服务的国际咨询业务。目前中兴通讯向财务云化发展,通过互联网平台,使财务共享服务范围进一步扩大。由此构成财务业务一体化、财务管理专业化、财务核算集中化的先进财务管理模式。

中兴通讯在财务共享模式方面是先行者,靠自己一步一个脚印向前发展,其财务共享服务中心建设的过程,让我们感受到财务信息化和智能化浪潮,其成功经验给了我们很多启示。

资料来源:张茜茜.中兴通讯财务共享服务中心的建设及运行效果分析[D].江西财经大学,2022.有删节。

问题与思考:中兴通讯如何将新技术(如云计算、大数据等)融入财务共享服务中心?

课后练习:请扫描二维码,完成本项目的练习题。

1-3 项目一练习题

项目二
流动资产核算

学习目标

◇ **知识目标**
1. 掌握库存现金、银行存款和其他货币资金的管理。
2. 掌握金融资产的分类、交易性金融资产的概念。
3. 掌握应收票据、应收账款、其他应收款的内容。
4. 掌握存货的概念、存货的管理和存货的核算内容、周转材料的概念和周转材料的核算内容、委托加工物资的概念及其成本的构成内容。

◇ **能力目标**
1. 能熟练地进行库存现金、银行存款和其他货币资金的核算。
2. 能熟练地进行交易性金融资产的核算。
3. 能熟练地进行应收票据、应收账款、预付账款、应收股利和应收利息、其他应收款的核算,能正确地运用直接转销法及备抵法对应收款项减值进行账务处理。
4. 能熟练地进行存货的初始计量,会运用发出存货的各种计价方法,能正确地对原材料的实际成本和计划成本进行核算,能正确地对周转材料、委托加工物资、库存商品、存货清查和存货减值进行账务处理。

◇ **素养目标**
1. 培养爱国精神、社会担当、责任意识。树立风险意识,增强底线思维。
2. 培养良好的货币资金管控习惯,培养诚实守信、遵纪守法、廉洁奉公的职业素养。
3. 培养爱惜物资、严谨细致、勤俭节约的职业素养。
4. 培养"诚信为本、操守为重、坚持准则、不做假账"的会计人员基本素养。
5. 树立正确的"金钱观"和"财富观"。
6. 培养沟通协作意识、能深入现场核查的业财融合意识。

项目导读

甲企业支付 3 万元购买材料,用商业承兑汇票购入商品 8 万元,当月底前将这些商品全部卖出,收到货款 12 万元,货款已经存入银行,用闲置的资金 10 万元购买了乙公司的股票,计划短期内赚取收益。请思考这几笔经济活动涉及企业哪些流动资产的增减变化?该如何记录这些经济业务发生后各账户的变动金额呢?带着这些问题,开始本项目的学习吧。

流动资产是指企业拥有或控制的预计在一个正常营业周期(1年内,含1年)中变现、出售或耗用的资产。本项目主要介绍货币资金、交易性金融资产、应收及预付款项、存货等的账务处理。

任务一 货币资金核算

2-1 课程思政:零容忍:政务大厅窗口工作人员侵吞公款案

学习导读: 甲家具厂把优质家具销售出去,收到了大量的货币资金,并迅速发展壮大。购入材料、支付劳务、销售商品等业务采用多种合理合法的结算方式,如支票、银行本票、银行汇票、信用卡等。由于结算方式灵活,业务发展更加顺利。本任务将带领大家学习货币资金的会计核算。

货币资金是指企业生产经营过程中处于货币形态的资产,包括库存现金、银行存款和其他货币资金。

一、库存现金

(一) 库存现金的管理

库存现金是指存放于企业财会部门、由出纳人员经管的货币。库存现金是企业流动性最强的资产。企业应当严格遵守国家和企业有关现金管理制度,正确地进行现金收支的核算,监督现金使用的合法性与合理性。

1. 库存现金的使用范围

(1) 职工工资、津贴。

(2) 个人劳务报酬。

(3) 根据国家规定颁发给个人的科学技术、文化艺术、体育比赛等各种奖金。

(4) 各种劳保、福利费用,以及国家规定的对个人的其他支出。

(5) 向个人收购农副产品和其他物资的价款。

(6) 出差人员必须随身携带的差旅费。

(7) 结算起点(1 000元)以下的零星支出。

(8) 中国人民银行确定需要支付现金的其他支出。

学习提示: 除库存现金的使用范围的第(5)项和第(6)项外,开户单位支付给个人的款项,超过使用现金限额的部分,应当以支票或银行本票等方式支付;确需全额支付现金的,经开户银行审核后,予以支付现金。

2. 库存现金的限额

库存现金的限额是指由开户银行根据单位3~5天日常零星开支的实际需要,允许单位留存现金的最高金额。边远地区和交通不便地区的开户单位,可按多于5天但最高不得超过15天日常零星开支需要确定库存现金限额。开户单位必须严格遵守开户银行核定的库存现金限额,超过部分应于当日终了前送存银行。如需增加或减少库存现金限额,单位应提出申请,由开户银行核定。

3. 现金收支的规定

开户单位现金收支应当按照下列规定办理：

(1) 开户单位的现金收入应当于当日送存开户银行,当日送存有困难的应由开户银行确定送存时间。

(2) 开户单位可以从库存现金或开户银行提取现金用于支付,不得从本单位现金收入中坐支。如有特殊情况确需坐支现金,应当事先报开户银行并经审查批准,由开户银行核定范围和限额。坐支单位应当定期将坐支的金额和使用的情况报送开户银行。

(3) 开户单位从开户银行提取现金时,应当写明用途,由本单位财会部门负责人签字并盖章,经开户银行审核后予以支付。

(4) 由于采购地点不确定、交通不便、生产或市场急需、抢险救灾及其他特殊情况必须使用现金的,开户单位应向开户银行提出申请,由本单位财会部门负责人签字并盖章,经开户银行审核后予以支付。

(二) 库存现金的账务处理

企业应当设置"库存现金"科目对企业库存现金的收支和结存业务进行核算和管理。该科目借方登记企业库存现金的增加额,贷方登记企业库存现金的减少额;期末余额在借方,反映企业期末实际持有的库存现金的金额。企业应当设置库存现金总账和库存现金日记账,分别进行企业库存现金的总分类核算和明细分类核算。

出纳人员应当根据会计凭证,按照业务发生顺序逐日逐笔登记库存现金日记账。每日终了,计算的企业当天现金收入合计额、现金支出合计额和结余金额应当与实际盘点库存现金金额相符;每月终了,库存现金日记账的余额应当与库存现金总账的余额相符。

(三) 库存现金的清查

企业应当按规定进行现金的定期和不定期清查,一般采用实地盘点法,对于清查的结果应当编制现金盘点报告单。如果账款不相符,发现有待查明原因的现金溢余或现金短缺,应先通过"待处理财产损溢"科目进行核算,按管理权限报经批准后分2种情况处理：如果是现金溢余,属于应支付给有关人员或单位的,应记入"其他应付款"科目;属于无法查明原因的,应记入"营业外收入"科目。如果是现金短缺,属于由责任人或保险公司赔偿的部分,应记入"其他应收款"科目;属于无法查明原因的部分,应记入"管理费用"科目。

【例题2-1】 2023年2月28日,甲公司进行现金清查时发现现金短缺420元,经查发现有200元为业务人员报销时少交回,剩余部分无法查明原因。

要求：编制甲公司相关业务会计分录。

【解析】

借：待处理财产损溢　　　　　　　　　　　　　　420
　　贷：库存现金　　　　　　　　　　　　　　　　　　420

借：其他应收款　　　　　　　　　　　　　　　200
　　管理费用　　　　　　　　　　　　　　　　220
　　贷：待处理财产损溢　　　　　　　　　　　　　　420

【例题2-2】 甲公司2023年5月28日进行现金清查时发现现金溢余620元,经查发现有160元属于应支付给乙公司的运输费,剩余部分无法查明原因。

要求：编制甲公司相关业务会计分录。

【解析】

借：库存现金　　　　　　　　　　　　　　　　　　　　　　　620
　　贷：待处理财产损溢　　　　　　　　　　　　　　　　　　　　620
借：待处理财产损溢　　　　　　　　　　　　　　　　　　　　620
　　贷：其他应付款　　　　　　　　　　　　　　　　　　　　　160
　　　　营业外收入　　　　　　　　　　　　　　　　　　　　　460

学习提示："待处理财产损溢"为资产类科目，期末无余额，如果到期末并没有批准则先进行预处理，等批准之后有差额再进行调整。

二、银行存款

（一）银行存款的管理

银行存款是指企业存放在银行或其他金融机构的货币资金。银行存款是企业除现金之外流动性最强的资产，企业应当根据日常经营业务和管理活动的需要合理确定银行存款规模；加强银行存款管理，有利于加速企业资金周转，提高企业资金效益。企业应当严格遵守国家金融监管机构的支付结算法律法规和企业有关银行存款的管理制度，正确进行银行存款收支的核算，监督银行存款使用的合法性与合理性。企业应当根据业务需要，按照规定在其所在地银行开设账户，运用所开设的账户，进行存款、取款及各种收支转账业务的结算。银行存款的收付应严格执行银行结算制度的规定。

（二）银行存款的账务处理

企业应当设置"银行存款"科目对企业银行存款的收支和结存业务进行核算和管理。该科目借方登记企业银行存款的增加额，贷方登记企业银行存款的减少额，期末余额在借方，反映企业期末实际持有的银行存款的金额。企业应当设置银行存款总账和银行存款日记账分别进行银行存款的总分类核算和序时、明细分类核算。

企业可按开户银行和其他金融机构、存款种类等设置银行存款日记账，根据收付款凭证，按照业务的发生顺序逐笔登记。每日终了，应结出余额。

（三）银行存款的核对

银行存款日记账应定期与银行对账单相核对，每月至少核对一次。企业的银行存款账面余额与银行对账单的余额如果存在差额，应编制"银行存款余额调节表"调节，如果不存在记账错误的情况，调节后的双方余额应相等。银行存款核对示意图如图 2-1 所示。

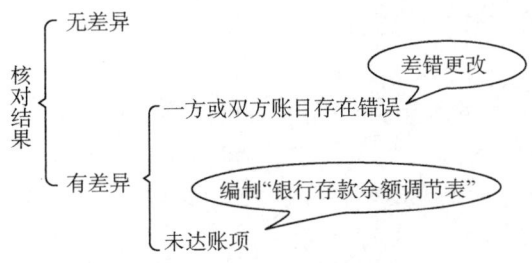

图 2-1　银行存款核对示意图

1. 未达账项

未达账项是由于结算凭证在企业与银行之间或收付款银行之间传递需要时间而造成的企业与银行之间的入账时间差,即一方收到凭证并已入账,另一方未收到凭证因而未能入账所形成的账款。会发生未达账项的情况具体有以下4种:

(1) 企业已收款入账,银行尚未收款入账。

(2) 企业已付款入账,银行尚未付款入账。

(3) 银行已收款入账,企业尚未收款入账。

(4) 银行已付款入账,企业尚未付款入账。

未达账项核对表如表2-1所示。

表2-1　　　　　　　　　　未达账项核对表

银行存款日记账	银行对账单	结果
企业已收	银行未收	企业银行存款日记账余额大于银行对账单余额
企业已付	银行未付	企业银行存款日记账余额小于银行对账单余额
企业未收	银行已收	企业银行存款日记账余额小于银行对账单余额
企业未付	银行已付	企业银行存款日记账余额大于银行对账单余额

2. 银行存款余额调节表

银行存款余额调节表的编制采用补记式。银行存款余额调节表如表2-2所示。

表2-2　　　　　　　　　　银行存款余额调节表　　　　　　　　　　单位:元

项目	金额	项目	金额
企业银行存款日记账余额		银行对账单余额	
加:银行已收、企业未收款		加:企业已收、银行未收款	
减:银行已付、企业未付款		减:企业已付、银行未付款	
调节后的存款余额		调节后的存款余额	

【例题2-3】 2023年5月31日,甲公司银行存款日记账的余额为5 000 000元,银行转来对账单的余额为6 300 000元。经逐笔核对,发现以下几个未达账项。

(1) 甲公司收到转账支票3 000 000元,并已登记银行存款增加,但银行尚未记账。

(2) 甲公司向乙公司开出购货支票1 500 000元,并已登记银行存款减少,但乙公司尚未到银行办理转账,银行尚未记账。

(3) 银行收到甲公司销售原材料的货款3 200 000元,并登记入账,但甲公司尚未接到通知,尚未记账。

(4) 银行代甲公司支付水电费400 000元,银行已登记企业银行存款减少,但甲公司未收到银行付款通知,尚未记账。

要求:根据上述业务编制甲公司银行存款余额调节表。

【解析】

银行存款余额调节表如表2-3所示。

表 2-3　　　　　　　　　　　　　银行存款余额调节表　　　　　　　　　　　　　单位:元

项目	金额	项目	金额
企业银行存款日记账余额	5 000 000	银行对账单余额	6 300 000
加:银行已收、企业未收款	3 200 000	加:企业已收、银行未收款	3 000 000
减:银行已付、企业未付款	400 000	减:企业已付、银行未付款	1 500 000
调节后的存款余额	7 800 000	调节后的存款余额	7 800 000

学习提示:"银行存款余额调节表"只是为了核对账目,不能作为企业调整银行存款账面记录的记账依据。调节后的存款余额表示企业实际的银行存款余额。

三、其他货币资金

（一）其他货币资金的内容

其他货币资金是指企业除现金、银行存款外的其他各种货币资金,其他货币资金主要包括银行汇票存款、银行本票存款、信用卡存款、信用证保证金存款、存出投资款和外埠存款等。

1. 银行汇票存款

银行汇票存款是指企业为取得银行汇票按照规定存入银行的款项。银行汇票是指由出票银行签发的,在其见票时按照实际结算金额无条件支付给收款人或持票人的票据。银行汇票的出票银行为银行汇票的付款人。单位和个人均可使用银行汇票结算各种款项。银行汇票可以用于转账,填明"现金"字样的银行汇票也可以用于支取现金。

2. 银行本票存款

银行本票存款是指企业为取得银行本票按照规定存入银行的款项。银行本票是指银行签发的,承诺自己在见票时无条件支付给收款人或持票人的确定金额的票据。银行本票的使用范围是在同一票据交换区域内单位和个人需要支付的各种款项。银行本票可以用于转账,注明"现金"字样的银行本票可以用于支取现金。

3. 信用卡存款

信用卡存款是指企业为取得信用卡而存入银行信用卡专户的款项,信用卡是银行卡的一种。

4. 信用证保证金存款

信用证保证金存款是指采用信用证结算方式的企业为开具信用证而存入银行信用证保证金专户的款项。信用证有国际信用证、国内信用证之分,以下内容专指国内信用证(以下简称信用证)。信用证是指银行(包括政策性银行、商业银行、农村合作银行、村镇银行和农村信用社)依照申请人的申请开立的、对相符交单予以付款的承诺,它是以人民币计价、不可撤销的跟单信用证。信用证的开立和转让,应当具有真实的贸易背景,适用于银行为国内企事业单位之间货物和服务贸易提供的信用证服务。

学习提示:信用证只限于转账结算,不得支取现金。

企业向银行申请开立信用证,应当按照规定向银行提交开证申请书、信用证申请人承诺书和购销合同。

5. 存出投资款

存出投资款是指企业为购买股票、债券、基金等,根据有关规定存入在证券公司指定银行开立的投资款专户的款项。

6. 外埠存款

外埠存款是指企业为了到外地进行临时或零星采购,而汇往采购地银行开立的采购专户的款项。

(二) 其他货币资金的管理

其他货币资金的存放地点分散、用途多样,存放、使用的手续制度要求各有不同,受经营业务活动性质影响,其安全管理难度大,要求企业会计部门和经营业务经办部门相互配合,明确经办责任,严格履行申请、审批、经办等手续制度,对于业务收支经办结束的项目应及时办理清理手续和相应的会计处理,会计部门应当加强相应的明细核算和监督管理,避免不合理延期,防止债权债务纠纷发生而给企业造成损失等不利影响。

(三) 其他货币资金的账务处理

企业应当设置"其他货币资金"科目对其他货币资金的收支和结存情况进行核算和管理。该科目借方登记企业其他货币资金的增加额,贷方登记企业其他货币资金的减少额;期末余额在借方,反映企业期末实际持有的其他货币资金的金额。企业应当按照其他货币资金的种类设置明细科目进行核算。

1. 银行汇票存款的账务处理

汇款单位(即申请人)使用银行汇票,应向出票银行填写"银行汇票申请书",填明收款人名称、汇票金额、申请人名称、申请日期等事项并签章,签章是其预留银行的签章。出票银行受理银行汇票申请书,收妥款项后签发银行汇票,并用压数机压印出票金额,将银行汇票和解讫通知一并交给申请人。申请人应将银行汇票和解讫通知一并交付给汇票上记明的收款人。收款人受理申请人交付的银行汇票时,应在出票金额以内,根据实际需要的款项办理结算,并将实际结算的金额和多余金额准确、清晰地填入银行汇票和解讫通知的有关栏内,到银行办理款项入账手续。

收款人可以将银行汇票背书转让给被背书人。银行汇票的背书转让以不超过出票金额的实际结算金额为准。未填写实际结算金额或实际结算金额超过出票金额的银行汇票,不得背书转让。

银行汇票的提示付款期限为自出票日起1个月,持票人超过付款期限提示付款的,银行将不予受理。持票人向银行提示付款时,必须同时提交银行汇票和解讫通知,缺少任何一联,银行不予受理。

银行汇票丧失,失票人可以凭人民法院出具的其享有票据权利的证明,向出票银行请求付款或退款。

企业填写"银行汇票申请书",将款项交存银行时,借记"其他货币资金——银行汇票"科目,贷记"银行存款"科目;企业持银行汇票购货、收到有关发票账单时,借记"材料采购""原材料""库存商品""应交税费——应交增值税(进项税额)"等科目,贷记"其他货币资金——银行汇票"科目;采购完毕收回剩余款项时,借记"银行存款"科目,贷记"其他货币资金——

银行汇票"科目。销货企业收到银行汇票、填制进账单到开户银行办理款项入账手续时,根据进账单及销货发票等,借记"银行存款"科目,贷记"主营业务收入""应交税费——应交增值税(销项税额)"等科目。

【例题 2-4】 甲公司是增值税一般纳税人,为采购办公用电脑向 P 银行申请办理银行汇票,将款项 200 000 元交存银行转作银行汇票存款。甲公司购入的办公用电脑验收并使用,取得的增值税专用发票上注明的价款为 150 000 元,增值税税额为 19 500 元,已用银行汇票办理结算,将多余款项 30 500 元退回开户银行,甲公司已收到开户银行转来的银行汇票第四联(多余款收账通知)。

要求:编制甲公司相关业务会计分录。

【解析】

(1) 向银行申请办理银行汇票,取得银行盖章的申请书存根联。

借:其他货币资金——银行汇票　　　　　　　　　　　　　　200 000
　　贷:银行存款　　　　　　　　　　　　　　　　　　　　　　　200 000

(2) 用银行汇票结算材料价款和增值税税款。

借:原材料　　　　　　　　　　　　　　　　　　　　　　　　150 000
　　应交税费——应交增值税(进项税额)　　　　　　　　　　　 19 500
　　贷:其他货币资金——银行汇票　　　　　　　　　　　　　　169 500

(3) 收到退回的银行汇票多余款项。

借:银行存款　　　　　　　　　　　　　　　　　　　　　　　 30 500
　　贷:其他货币资金——银行汇票　　　　　　　　　　　　　　 30 500

2. 银行本票存款的账务处理

银行本票分为定额本票和不定额本票。定额本票面额为 1 000 元、5 000 元、10 000 元和 50 000 元。银行本票的提示付款期限自出票日起最长不得超过 2 个月。在有效付款期内,银行见票付款。持票人超过提示付款期限付款的,银行不予受理。

申请人使用银行本票,应向银行填写"银行本票申请书"。申请人或收款人为单位的,不得申请签发现金银行本票。出票银行受理银行本票申请书,收妥款项后签发银行本票,在本票上签章后交给申请人。申请人应将银行本票交付给本票上记明的收款人。收款人可以将银行本票背书转让给被背书人。

申请人因银行本票超过提示付款期限或其他原因要求退款时,应将银行本票提交到出票银行并出具单位证明。根据银行盖章退回的进账单第一联,借记"银行存款"科目,贷记"其他货币资金——银行本票"科目。出票银行对于在本行开立存款账户的申请人,只能将款项转入原申请人账户;对于现金银行本票和未到本行开立存款账户的申请人,才能退付现金。

银行本票丧失,失票人可以凭人民法院出具的其享有票据权利的证明,向出票银行请求付款或退款。

企业填写"银行本票申请书",将款项交存银行时,借记"其他货币资金——银行本票"科目,贷记"银行存款"科目;企业持银行本票购货、收到有关发票账单时,借记"材料采购""原材料""库存商品""应交税费——应交增值税(进项税额)"等科目,贷记"其他货币资金——银行本票"科目。

销货企业收到银行本票、填制进账单到开户银行办理款项入账手续时,根据进账单及销货发票等,借记"银行存款"科目,贷记"主营业务收入""应交税费——应交增值税(销项税额)"等科目。

【例题2-5】 甲公司是增值税一般纳税人,申请使用银行本票,向P银行填交了"银行本票申请书",将23 200元银行存款转作银行本票存款。P银行收妥款项后向甲公司签发银行本票,甲公司根据银行盖章退回的银行本票申请书存根联,填制银行付款凭证。

要求:编制甲公司相关业务会计分录。

【解析】

借:其他货币资金——银行本票　　　　　　　　　　　　　　　　　　23 200
　　贷:银行存款　　　　　　　　　　　　　　　　　　　　　　　　23 200

如甲公司以银行本票采购生产产品所需原材料的金额为10 000元,增值税专用发票上注明的增值税税额为1 300元。甲公司应编制会计分录如下:

借:原材料　　　　　　　　　　　　　　　　　　　　　　　　　　10 000
　　应交税费——应交增值税(进项税额)　　　　　　　　　　　　　　1 300
　　贷:其他货币资金——银行本票　　　　　　　　　　　　　　　　11 300

3. 信用卡存款的账务处理

凡在中国境内金融机构开立基本存款账户的单位可申领单位卡。单位卡可申领若干张,持卡人资格由申领单位法定代表人或其委托的代理人书面指定和注销。单位卡账户的资金一律从其基本存款账户转账存入,不得交存现金,不得将销货收入的款项存入其账户。持卡人可持信用卡在特约单位购物、消费,但单位卡不得用于10万元以上的商品交易、劳务供应款项的结算,不得支取现金。特约单位在每日营业终了,应将当日受理的信用卡签购单汇总,计算手续费和净额,并填写汇(总)计单和进账单,连同签购单一并送交收单银行办理进账。

企业申领信用卡应填制"信用卡申请表",连同支票和有关资料一并送存发卡银行,根据银行盖章退回的进账单第一联,借记"其他货币资金——信用卡"科目,贷记"银行存款"科目;企业使用信用卡购物或支付有关费用,收到开户银行转来的信用卡存款的付款凭证及所附发票账单时,借记"管理费用"等科目,贷记"其他货币资金——信用卡"科目;企业信用卡在使用过程中,需要向其账户续存资金的,应借记"其他货币资金——信用卡"科目,贷记"银行存款"科目;企业的持卡人如不需要继续使用信用卡,应持信用卡主动到发卡银行办理销户、销卡时,信用卡余额转入企业基本存款户,不得提取现金,借记"银行存款"科目,贷记"其他货币资金——信用卡"科目。

【例题2-6】 甲公司是P银行的开户单位,为取得单位信用卡,向P银行填交了"信用卡申请表",并交存10 000元。申领成功后,甲公司采购办公用品用信用卡支付2 000元,增值税专用发票上注明的增值税税额为260元。

要求:编制甲公司相关业务会计分录。

【解析】

借：其他货币资金——信用卡　　　　　　　　　　　　　　　　　　　10 000
　　贷：银行存款　　　　　　　　　　　　　　　　　　　　　　　　　　　10 000

借：管理费用　　　　　　　　　　　　　　　　　　　　　　　　　　　2 000
　　应交税费——应交增值税（进项税额）　　　　　　　　　　　　　　　　260
　　贷：其他货币资金——信用卡　　　　　　　　　　　　　　　　　　　2 260

4. 信用证保证金存款的账务处理

（1）企业填写"信用证申请表"，将信用证保证金交存银行时，借记"其他货币资金——信用证保证金"科目，贷记"银行存款"科目。

（2）企业接到开证行通知，根据供货单位信用证结算凭证及有关发票账单，借记"材料采购""原材料""库存商品""应交税费——应交增值税（进项税额）"等科目，贷记"其他货币资金——信用证保证金"科目。

（3）将未用完的信用证保证金存款余额转回开户银行时，借记"银行存款"科目，贷记"其他货币资金——信用证保证金"科目。

【例题2-7】　2023年4月4日，甲公司为支付境外采购原材料价款向P银行申请开具信用证，甲公司已将5 000 000元保证金交存P银行，并收到P银行盖章退回的进账单第一联。甲公司是增值税一般纳税人，采用计划成本法核算材料。

要求：编制甲公司相关业务会计分录。

【解析】

借：其他货币资金——信用证保证金　　　　　　　　　　　　　　5 000 000
　　贷：银行存款　　　　　　　　　　　　　　　　　　　　　　　5 000 000

2023年1月31日，甲公司收到P银行转来的境外销货单位信用证结算凭证及所附发票账单、海关进口增值税专用缴款书等有关凭证，原材料价款为2 500 000元，增值税专用发票上注明的增值税税额为325 000元。甲公司应编制会计分录如下：

借：材料采购　　　　　　　　　　　　　　　　　　　　　　　　2 500 000
　　应交税费——应交增值税（进项税额）　　　　　　　　　　　　　325 000
　　贷：其他货币资金——信用证保证金　　　　　　　　　　　　　2 825 000

甲公司收到P银行的收款通知，将未用完的信用证保证金存款余额2 175 000元转回P银行账户。甲公司应编制会计分录如下：

借：银行存款　　　　　　　　　　　　　　　　　　　　　　　　2 175 000
　　贷：其他货币资金——信用证保证金　　　　　　　　　　　　　2 175 000

5. 存出投资款的账务处理

（1）企业向证券公司划出资金时，借记"其他货币资金——存出投资款"科目，贷记"银行存款"科目。

（2）购买股票，债券，基金等时，借记"交易性金融资产"等科目，贷记"其他货币资金——存出投资款"科目。

6. 外埠存款的账务处理

企业将款项汇往外地时填写汇款委托书,委托开户银行办理汇款。汇入地银行以汇款单位名义开立临时采购账户,该账户的存款不计利息、只付不收、付完清户,除了采购人员可从中提取少量现金,一律采用转账结算。

(1) 企业将款项汇往外地开立采购专用账户时,借记"其他货币资金——外埠存款"科目,贷记"银行存款"科目。

(2) 企业采购人员转来供货单位有关发票账单时,借记"材料采购""原材料""库存商品""应交税费——应交增值税(进项税额)"等科目,贷记"其他货币资金——外埠存款"科目。

(3) 采购完成收回剩余款项时,借记"银行存款"科目,贷记"其他货币资金——外埠存款"科目。

【例题 2-8】 甲公司是增值税一般纳税人,为生产产品需到异地采购 A 材料,2023 年 4 月 2 日委托开户银行将 200 000 元汇往采购地开立采购专户。

要求:根据汇出款项凭证编制甲公司相关业务会计分录。

【解析】

借:其他货币资金——外埠存款	200 000
贷:银行存款	200 000

2023 年 5 月 5 日,采购员从采购专户转来付款凭证及所附发票账单,增值税专用发票上注明材料价款为 100 000 元,增值税税额为 13 000 元。甲公司应编制会计分录如下:

借:原材料	100 000
应交税费——应交增值税(进项税额)	13 000
贷:其他货币资金——外埠存款	113 000

2023 年 5 月 30 日,采购专户的剩余款项已经转回并收到开户银行的收款通知。甲公司应编制会计分录如下:

借:银行存款	87 000
贷:其他货币资金——外埠存款	87 000

任务二 交易性金融资产核算

学习导读:甲企业从证券市场上购入一项债券,该债券期间为 3 年、到期一次还本付息、票面利率为 5%(不计复利)。甲公司对该债券不打算长期持有,购入债券的目的是交易,甲公司将其作为以公允价值计量且其变动计入当期损益的金融资产。本任务将带领大家学习交易性金融资产的会计核算。

一、金融资产的分类

企业应当根据管理金融资产的业务模式和金融资产的合同现金流量特征,对金融资产进行合理分类。《企业会计准则第22号——金融工具确认和计量》将金融资产划分为以下3类。

(一) 以摊余成本计量的金融资产

企业应当将同时符合下列条件的金融资产分类为以摊余成本计量的金融资产。

(1) 管理该金融资产的业务模式是以收取合同现金流量为目标。

(2) 该金融资产的合同条款规定,在特定日期产生的现金流量,仅为对本金和以未偿付本金金额为基础的利息的支付,如债权投资的合同现金流量包括投资期间各期应收的利息和到期日收回的本金等。

(二) 以公允价值计量且其变动计入其他综合收益的金融资产

企业应当将同时符合下列条件的金融资产分类为以公允价值计量且其变动计入其他综合收益的金融资产。

(1) 管理该金融资产的业务模式,既以收取合同现金流量为目标,又以出售该金融资产为目标。

(2) 该金融资产的合同条款规定,在特定日期产生的现金流量,仅为对本金和以未偿付本金金额为基础的利息的支付,如其他债权投资。

(三) 以公允价值计量且其变动计入当期损益的金融资产

企业应当将除上述分类为以摊余成本计量的金融资产和以公允价值计量且其变动计入其他综合收益的金融资产之外的金融资产,分类为以公允价值计量且其变动计入当期损益的金融资产。资产负债表中"交易性金融资产""其他非流动金融资产"等项目均属于以公允价值计量且其变动计入当期损益的金融资产。本任务主要介绍交易性金融资产的账务处理。

二、交易性金融资产的概念

交易性金融资产反映企业以公允价值计量且其变动计入当期损益的金融资产。它是企业为了在近期内出售而持有的金融资产,如企业以赚取差价为目的从二级市场购入的股票、债券、基金等;或在初始确认时属于集中管理的可辨认金融工具组合的一部分,且有客观证据表明近期实际存在短期获利模式的金融资产等,如企业管理的以公允价值进行业绩考核的某项投资组合。

交易性金融资产预期能在短期内变现以满足日常经营的需要,因此,在资产负债表中作为流动资产列示。

知识拓展:从金融资产的合同现金流量特征来看,尽管交易性金融资产仍将收取合同现金流量,但只是偶尔为之,并非为了实现业务模式目标(收取合同现金流量)而不可或缺。

三、交易性金融资产的账务处理

(一) 交易性金融资产的会计科目设置

为了反映和监督交易性金融资产的取得、收取现金股利或利息、出售等情况,企业应当设置"交易性金融资产""公允价值变动损益""投资收益"等科目进行核算。

"交易性金融资产"科目核算以公允价值计量且其变动计入当期损益的金融资产。"交易性金融资产"科目的借方登记交易性金融资产的取得成本、资产负债表日其公允价值高于账面余额的差额,以及出售交易性金融资产时结转公允价值低于账面余额的变动金额;贷方登记资产负债表日其公允价值低于账面余额的差额,以及企业出售交易性金融资产时结转的成本和公允价值高于账面余额的变动金额。企业应当按照交易性金融资产的类别和品种,分别设置"成本""公允价值变动"等明细科目进行核算。

"公允价值变动损益"科目核算企业交易性金融资产等的公允价值变动而形成的应计入当期损益的利得或损失。"公允价值变动损益"科目的借方登记资产负债表日企业持有的交易性金融资产等的公允价值低于账面余额的差额;贷方登记资产负债表日企业持有的交易性金融资产等的公允价值高于账面余额的差额。

"投资收益"科目核算企业持有交易性金融资产等的期间内取得的投资收益,以及出售交易性金融资产等实现的投资收益或投资损失。"投资收益"科目的借方登记企业取得交易性金融资产时支付的交易费用、出售交易性金融资产等发生的投资损失金额,贷方登记企业持有交易性金融资产等的期间内取得的投资收益,以及出售交易性金融资产等实现的投资收益金额。"投资收益"科目应当按照投资项目设置明细科目进行核算。

(二)取得交易性金融资产的账务处理

企业取得交易性金融资产时,应当按照取得时的公允价值作为其初始入账金额。金融资产的公允价值,应当以市场交易价格为基础确定。

企业取得交易性金融资产所支付价款中包含的已宣告但尚未发放的现金股利或已到付息期但尚未领取的债券利息,应当单独确认为应收项目。

企业取得交易性金融资产所发生的相关交易费用应当在发生时计入当期损益,冲减投资收益、发生交易费用取得增值税专用发票的,进项税额经认证后可从当月销项税额中扣除。

交易费用是指可直接归属于购买、发行或处置金融工具的增量费用。

增量费用是指企业没有发生购买、发行或处置相关金融工具的情形就不会发生的费用,包括支付给代理机构、咨询公司、券商、证券交易所、政府有关部门等的手续费、佣金、相关税费及其他必要支出,不包括债券溢价、折价、融资费用、内部管理成本和持有成本等与交易不直接相关的费用。

企业取得交易性金融资产,应当按照该金融资产取得时的公允价值,借记"交易性金融资产——成本"科目,按照发生的交易费用,借记"投资收益"科目,发生交易费用取得增值税专用发票的,按其注明的增值税进项税额,借记"应交税费——应交增值税(进项税额)"科目,按照实际支付的金额,贷记"其他货币资金"等科目。

【例题2-9】 甲公司为增值税一般纳税人。2023年6月1日,甲公司从上海证券交易所购入A上市公司股票1 000 000股,该笔股票投资在购买日的公允价值为10 000 000元,另支付相关交易费用25 000元,取得的增值税专用发票上注明的增值税税额为1 500元。甲公司将其划分为交易性金融资产进行管理和核算。

要求:编制甲公司相关业务会计分录。

【解析】

(1) 2023年6月1日,购买A上市公司股票。

借：交易性金融资产——A上市公司股票——成本　　　　　　　　　　　　　　　10 000 000
　　贷：其他货币资金——存出投资款　　　　　　　　　　　　　　　　　　　　10 000 000

(2) 2023年6月1日,支付相关交易费用。

借：投资收益——A上市公司股票　　　　　　　　　　　　　　　　　　　　　　25 000
　　应交税费——应交增值税(进项税额)　　　　　　　　　　　　　　　　　　　 1 500
　　贷：其他货币资金——存出投资款　　　　　　　　　　　　　　　　　　　　　26 500

本例中,取得交易性金融资产所发生的相关交易费用25 000元,应当在发生时记入"投资收益"科目。

【例题2-10】 甲公司为增值税一般纳税人。假定2023年6月1日,甲公司从上海证券交易所购入A上市公司股票1 000 000股,支付价款10 000 000元(其中已宣告但尚未发放的现金股利600 000元),另支付相关交易费用25 000元,取得的增值税专用发票上注明的增值税税额为1 500元。甲公司将其划分为交易性金融资产进行管理和核算。

要求:编制甲公司相关业务会计分录。

【解析】

(1) 2023年6月1日,购买A上市公司股票。

借：交易性金融资产——A上市公司股票——成本　　　　　　　　　　　　　　　9 400 000
　　应收股利——A上市公司股票　　　　　　　　　　　　　　　　　　　　　　　600 000
　　贷：其他货币资金——存出投资款　　　　　　　　　　　　　　　　　　　　10 000 000

(2) 2023年6月1日,支付相关交易费用。

借：投资收益——A上市公司股票　　　　　　　　　　　　　　　　　　　　　　25 000
　　应交税费——应交增值税(进项税额)　　　　　　　　　　　　　　　　　　　 1 500
　　贷：其他货币资金——存出投资款　　　　　　　　　　　　　　　　　　　　　26 500

本例中,取得交易性金融资产所发生的相关交易费用25 000元,应当在发生时记入"投资收益"科目。取得交易性金融资产支付价款10 000 000元中所包含的已宣告但尚未发放的现金股利600 000元,应当记入"应收股利"科目。

(三) 持有交易性金融资产的账务处理

企业持有交易性金融资产期间对于被投资单位宣告发放的现金股利或已到付息期但尚未领取的债券利息,应当确认为应收项目,并计入投资收益,借记"应收股利"或"应收利息"科目,贷记"投资收益"科目;实际收到款项时作为冲减应收项目处理,借记"其他货币资金"等科目,贷记"应收股利"或"应收利息"科目。

学习提示:企业只有在同时满足以下3个条件时,才能确认交易性金融资产所取得的股利或利息收入并计入当期损益。

(1) 企业收取股利或利息的权利已经确立(如被投资单位已宣告发放)。
(2) 与股利或利息相关的经济利益很可能流入企业。
(3) 股利或利息的金额能够可靠计量。

【例题2-11】 承[例题2-10],假定2023年6月17日,甲公司收到A上市公司向其发放的现金股利600 000元,并存入银行。不考虑相关税费。

要求：编制甲公司相关业务会计分录。

【解析】

借：其他货币资金——存出投资款　　　　　　　　　　　　　　600 000
　　贷：应收股利——A上市公司股票　　　　　　　　　　　　　　600 000

【例题2-12】 承[例题2-10]，假定2024年3月20日，A上市公司宣告发放2023年现金股利，甲公司按其持有该上市公司股份计算确定的应分得的现金股利为800 000元。不考虑相关税费。

要求：编制甲公司相关业务会计分录。

【解析】

借：应收股利——A上市公司股票　　　　　　　　　　　　　　　800 000
　　贷：投资收益——A上市公司股票　　　　　　　　　　　　　　800 000

本例中，甲公司取得A上市公司宣告发放的现金股利同时满足了前述确认股利收入并计入当期损益的3个条件。

【例题2-13】 乙公司为增值税一般纳税人。2023年6月1日，乙公司购入B公司发行的公司债券，支付价款26 000 000元（其中，已到付息期但尚未领取的债券利息500 000元），另支付交易费用30 000元，取得的增值税专用发票上注明的增值税税额为1 800元。该笔B公司债券面值为25 000 000元。乙公司将其划分为交易性金融资产进行管理和核算。2023年6月10日，乙公司收到该笔债券利息500 000元。不考虑相关税费和其他因素。

要求：编制乙公司相关业务会计分录。

【解析】

(1) 2023年6月1日，购入B公司的公司债券。

借：交易性金融资产——B公司债券——成本　　　　　　　　25 500 000
　　应收利息——B公司债券　　　　　　　　　　　　　　　　500 000
　　投资收益——B公司债券　　　　　　　　　　　　　　　　 30 000
　　应交税费——应交增值税（进项税额）　　　　　　　　　　　 1 800
　　贷：其他货币资金——存出投资款　　　　　　　　　　　　26 031 800

(2) 2023年6月10日，收到购买价款中包含的已到付息期但尚未领取的债券利息。

借：其他货币资金——存出投资款　　　　　　　　　　　　　　500 000
　　贷：应收利息——B公司债券　　　　　　　　　　　　　　　　500 000

本例中，乙公司取得交易性金融资产所支付的交易费用300 000元，应当记入"投资收益"科目。乙公司取得交易性金融资产所支付价款26 000 000元中包含的已到付息期但尚未领取的债券利息500 000元，应当记入"应收利息"科目。

资产负债表日，交易性金融资产应当按照公允价值计量，公允价值与账面余额之间的差额计入当期损益。

企业应当在资产负债表日按照交易性金融资产公允价值高于其账面余额的差额，借记"交易性金融资产——公允价值变动"科目，贷记"公允价值变动损益"科目；公允价值低于其账面余额的差额作相反的会计分录，借记"公允价值变动损益"科目，贷记"交易性金融资产——公允价值变动"科目。

【例题 2-14】 承[例题 2-10]和[例题 2-11],假定 2023 年 6 月 30 日,甲公司持有 A 上市公司股票的公允价值为 8 600 000 元;2023 年 12 月 31 日,甲公司持有 A 上市公司股票的公允价值为 12 400 000 元。不考虑相关税费和其他因素。

要求:编制甲公司相关业务会计分录。

【解析】

(1) 2023 年 6 月 30 日,确认 A 上市公司股票的公允价值变动损益。

借:公允价值变动损益——A 上市公司股票　　　　　　　　　　　　　　800 000
　　贷:交易性金融资产——A 上市公司股票——公允价值变动　　　　　　800 000

(2) 2023 年 12 月 31 日,确认 A 上市公司股票的公允价值变动损益。

借:交易性金融资产——A 上市公司股票——公允价值变动　　　　　3 800 000
　　贷:公允价值变动损益——A 上市公司股票　　　　　　　　　　　　3 800 000

本例中,2023 年 6 月 30 日为资产负债表日,甲公司持有 A 上市公司股票在该日的公允价值为 8 600 000 元,账面余额为 9 400 000 元(即 2023 年 6 月 1 日的公允价值为 9 400 000 元),公允价值小于账面余额 800 000 元,应记入"公允价值变动损益"科目的借方;2023 年 12 月 31 日,甲公司持有 A 上市公司股票在该日的公允价值为 12 400 000 元,账面余额为 8 600 000 元(即 2023 年 6 月 30 日的公允价值为 8 600 000 元),公允价值大于账面余额 3 800 000 元,应记入"公允价值变动损益"科目的贷方。

【例题 2-15】 承[例题 2-13],假定 2023 年 6 月 30 日,乙公司持有 B 公司债券的公允价值为 26 700 000 元;2023 年 12 月 31 日,乙公司持有 B 公司债券的公允价值为 25 800 000 元。不考虑相关税费和其他因素。

要求:编制乙公司相关业务会计分录。

【解析】

(1) 2023 年 6 月 30 日,确认 B 公司债券的公允价值变动损益。

借:交易性金融资产——B 公司债券——公允价值变动　　　　　　　1 200 000
　　贷:公允价值变动损益——B 公司债券　　　　　　　　　　　　　　1 200 000

(2) 2023 年 12 月 31 日,确认 B 公司债券的公允价值变动损益。

借:公允价值变动损益——B 公司债券　　　　　　　　　　　　　　　900 000
　　贷:交易性金融资产——B 公司债券——公允价值变动　　　　　　　900 000

本例中,2023 年 6 月 30 日,B 公司债券的公允价值为 26 700 000 元,账面余额为 25 500 000 元,公允价值大于账面余额 1 200 000 元,应记入"公允价值变动损益"科目的贷方;2023 年 12 月 31 日,B 公司债券的公允价值为 25 800 000 元,账面余额为 26 700 000 元,公允价值小于账面余额 900 000 元,应记入"公允价值变动损益"科目的借方。

(四) 出售交易性金融资产的账务处理

企业出售交易性金融资产时,应当将出售时交易性金融资产的公允价值与其账面余额之间的差额作为投资损益进行账务处理。

企业出售交易性金融资产,应当按照实际收到的金额,借记"其他货币资金"等科目,按照该金融资产的账面余额的成本部分,贷记"交易性金融资产——成本"科目,按照该金融资产的账面余额的公允价值变动部分,贷记或借记"交易性金融资产——公允价值变动"科目,按照其差额,贷记或借记"投资收益"科目。

【例题 2-16】 承[例题 2-10][例题 2-11][例题 2-12]和[例题 2-14],假定 2024 年 5 月 31 日,甲公司出售所持有的全部 A 上市公司股票,价款为 12 100 000 元。不考虑相关税费和其他因素。

要求:编制甲公司相关业务会计分录。

【解析】

借:其他货币资金——存出投资款　　　　　　　　　　　　　　　12 100 000
　　投资收益——A 上市公司股票　　　　　　　　　　　　　　　　　300 000
　　贷:交易性金融资产——A 上市公司股票——成本　　　　　　　9 400 000
　　　　　　　　　　　　　　　　　　　　——公允价值变动　　　3 000 000

本例中,2024 年 5 月 31 日,甲公司出售持有 A 上市公司全部股票的价款 12 100 000 元与账面余额 12 400 000 元(即 2023 年 12 月 31 日的公允价值 12 400 000 元)之间的差额为 -300 000 元,应当作为投资损失,记入"投资收益"科目的借方。

【例题 2-17】 承[例题 2-13]和[例题 2-15],假定 2024 年 3 月 15 日,乙公司出售了所持有的全部 B 公司债券,价款为 35 500 000 元。不考虑相关税费和其他因素。

要求:编制乙公司相关业务会计分录。

【解析】

借:其他货币资金——存出投资款　　　　　　　　　　　　　　　35 500 000
　　贷:交易性金融资产——B 公司债券——成本　　　　　　　　25 500 000
　　　　　　　　　　　　　　　　　　——公允价值变动　　　　　300 000
　　　　投资收益——B 公司债券　　　　　　　　　　　　　　　　9 700 000

本例中,乙公司出售交易性金融资产的售价 35 500 000 元与其账面余额 25 800 000 元(即 2023 年 12 月 31 日 B 公司债券的公允价值 25 800 000 元)之间的差额为 9 700 000 元,应当作为投资收益,记入"投资收益"科目的贷方。

(五)转让金融商品应交增值税的账务处理

金融商品转让按照卖出价扣除买入价(不需要扣除已宣告未发放现金股利和已到付息期未领取的利息)后的余额作为销售额计算增值税,即转让金融商品按盈亏相抵后的余额为销售额。若相抵后出现负差,可结转下一纳税期与下期转让金融商品销售额互抵,但年末时仍出现负差的,不得转入下一会计年度。

转让金融资产当月月末,如产生转让收益,则按应纳税额,借记"投资收益"等科目,贷记"应交税费——转让金融商品应交增值税"科目;如产生转让损失,则按可结转下月抵扣税额,借记"应交税费——转让金融商品应交增值税"科目,贷记"投资收益"等科目。

年末,如果"应交税费——转让金融商品应交增值税"科目有借方余额,说明本年度的金融商品转让损失无法弥补,且本年度的金融资产转让损失不可转入下年度继续抵减转让金融资产的收益,应将"应交税费——转让金融商品应交增值税"科目的借方余额转出。因此,应借记"投资收益"等科目,贷记"应交税费——转让金融商品应交增值税"科目。

【例题 2-18】 承[例题 2-16]和[例题 2-17],分别计算甲公司和乙公司转让金融商品应交增值税。

要求:编制相关业务会计分录。

【解析】
甲公司转让金融商品应交增值税＝(12 100 000－10 000 000)÷(1＋6%)×6%
　　　　　　　　　　　　　＝118 867.92(元)

甲公司应编制会计分录如下:

借:投资收益　　　　　　　　　　　　　　　　　　　　　　　118 867.92
　　贷:应交税费——转让金融商品应交增值税　　　　　　　　　118 867.92

乙公司转让金融商品应交增值税＝(35 500 000－26 000 000)÷(1＋6%)×6%
　　　　　　　　　　　　　＝537 735.85(元)

乙公司应编制会计分录如下:

借:投资收益　　　　　　　　　　　　　　　　　　　　　　　537 735.85
　　贷:应交税费——转让金融商品应交增值税　　　　　　　　　537 735.85

【例题 2-19】 下列各项中,关于交易性金融资产账务处理表述正确的有(　　)。
A. 取得时发生的交易费用应计入当期损益
B. 取得时支付价款中包含的已宣告发放但尚未支付的股利应计入应收股利
C. 持有期间发生的公允价值变动应计入公允价值变动损益
D. 出售时实际收到的款项与其账面余额之间的差额应计入投资收益

【解析】 答案为选项 A,B,C,D。企业取得交易性金融资产时发生的交易费用,应计入当期损益;取得时支付价款中包含的已宣告发放但尚未支付的股利或已到期尚未支付的债券利息,应计入应收股利或应收利息;持有期间发生的公允价值变动,应计入公允价值变动损益;出售时实际收到的款项与其账面余额之间的差额,应计入投资收益。

学习提示:以公允价值计量且其变动计入当期损益的金融资产的处置损益、累计影响损益金额的相关计算公式如下:

$$交易性金融资产出售时的处置损益 = 出售净价 - 出售时的账面价值$$
$$从取得至处置累计影响损益的金额 = 总的现金流入 - 总的现金流出$$

知识小结:交易性金融资产重点知识总结如表 2-4 所示。

表 2-4　　　　　　　　　　　交易性金融资产重点知识总结

类别	初始计量	后续计量	影响损益	影响其他综合收益
以公允价值计量且其变动计入当期损益的金融资产(交易性金融资产)	公允价值(交易费用计入投资收益)	公允价值	公允价值变动;外汇利得或损失;终止确认产生的利得或损失	无

任务三 应收及预付款项核算

学习导读：刘军、张凯、陈丽是同一家化妆品公司的销售员。3人这个月都完成了销售100万元的任务，不过会计对3笔销售业务的处理却不一样。为何？原来刘军现销，会计将其业务收入确认为"银行存款"；张凯收到了1张100万元的商业承兑汇票，会计将其业务收入确认为"应收票据"；陈丽签订了3个月内收款的赊销合同，会计将其业务收入确认为"应收账款"。通过本任务的学习，我们将更深刻地理解会计为何这样处理。

应收及预付款项是指企业在日常生产经营过程中发生的各项债权，包括应收款项和预付款项。应收款项包括应收票据、应收账款、应收股利、应收利息和其他应收款等；预付款项是指企业按照合同规定预付的款项，如预付账款等。

一、应收票据

（一）应收票据的概念

应收票据是指企业因销售商品、提供服务等而收到的商业汇票。商业汇票是一种由出票人签发的，委托付款人在指定日期无条件支付确定金额给收款人或持票人的票据。

（二）商业汇票的付款期限

商业汇票的付款期限，最长不得超过6个月。定日付款的汇票付款期限自出票日起计算，并在汇票上记载具体到期日；出票后定期付款的汇票付款期限自出票日起按月计算，并在汇票上记载；见票后定期付款的汇票付款期限自承兑或拒绝承兑日起按月计算，并在汇票上记载。商业汇票的提示付款期限，自汇票到期日起10日。符合条件的商业汇票的持票人，可以持未到期的商业汇票连同贴现凭证向银行申请贴现。

（三）商业汇票的分类

根据承兑人不同，商业汇票分为商业承兑汇票和银行承兑汇票。

1. 商业承兑汇票

商业承兑汇票是指由付款人签发并承兑，或由收款人签发交由付款人承兑的汇票。商业承兑汇票的付款人收到开户银行的付款通知，应在当日通知银行付款。付款人在接到通知日的次日起3日内（遇法定休假日顺延）未通知银行付款的，视同付款人承诺付款。银行将于付款人接到通知日的次日起至第四日（遇法定休假日顺延），将票款划给持票人。付款人提前收到由其承兑的商业汇票，应通知银行于汇票到期日付款。银行在办理划款时，付款人存款账户不足支付的，银行应填制付款人未付票款通知书，连同商业承兑汇票邮寄持票人开户银行转交持票人。

2. 银行承兑汇票

银行承兑汇票是指由在承兑银行开立存款账户的存款人（即出票人）签发，由承兑银行承兑的票据。企业申请使用银行承兑汇票时，应向其承兑银行缴纳手续费。银行承兑汇票的出票人应于汇票到期前将票款足额交存其开户银行，承兑银行应在汇票到期日或到期日后的见票当日支付票款。银行承兑汇票的出票人于汇票到期前未能足额交存票款时,承兑银行除凭票向持票人无条件付款外,对出票人尚未支付的汇票金额按每天5‰计收利息。

(四) 应收票据的账务处理

为了反映和监督应收票据取得、票款收回等情况,企业应当设置"应收票据"科目,借方登记取得的应收票据的面值,贷方登记到期收回票款或到期前向银行贴现的应收票据的票面金额;期末余额在借方,反映企业持有的商业汇票的票面金额。"应收票据"科目可按照开出、承兑商业汇票的单位进行明细核算,并设置"应收票据备查簿",逐笔登记商业汇票的种类,号数和出票日,票面金额,交易合同号,付款人、承兑人、背书人的姓名或单位名称,到期日,背书转让日,贴现日,贴现率和贴现净额,以及收款日和收回金额、退票情况等资料。商业汇票到期结清票款或退票后,在备查簿中应予注销。

1. 取得应收票据的账务处理

(1) 因债务人抵偿前欠货款而取得的应收票据,借记"应收票据"科目,贷记"应收账款"科目。

(2) 因企业销售商品、提供劳务等而收到的商业汇票,借记"应收票据"科目,贷记"主营业务收入""应交税费——应交增值税(销项税额)"等科目。

2. 收回到期票款的账务处理

商业汇票到期收回款项,应按照实际收到金额,借记"银行存款"科目,贷记"应收票据"科目。

学习提示:商业承兑汇票到期无法收回时,应借记"应收账款"科目,贷记"应收票据"科目。

【例题2-20】 甲公司是增值税一般纳税人,2023年7月22日,向乙公司(增值税一般纳税人)销售M产品1 000件,每件售价为1 500元,适用的增值税税率为13%。款项尚未收到,已办妥托收手续。

要求:编制甲公司相关业务会计分录。

【解析】

借:应收账款   1 695 000
 贷:主营业务收入   1 500 000
   应交税费——应交增值税(销项税额)   195 000

【例题2-21】 承[例题2-20],2023年10月8日,甲公司收到乙公司签发的商业承兑汇票,票面金额为1 695 000元,用于抵偿上季度未支付的货款和增值税税款。

要求:编制甲公司相关业务会计分录。

【解析】

借:应收票据   1 695 000
 贷:应收账款   1 695 000

【例题2-22】 承[例题2-20]至[例题2-21],2023年12月25日,甲公司上述应收票据到期,收回票面金额1 695 000元存入银行。

要求:编制甲公司相关业务会计分录。

【解析】
借：银行存款　　　　　　　　　　　　　　　　　　　　　　1 695 000
　　贷：应收票据　　　　　　　　　　　　　　　　　　　　　　1 695 000

3. 转让应收票据的账务处理

企业将持有的商业汇票背书转让以取得所需物资时，借记"材料采购""原材料""库存商品"等科目，按照增值税专用发票注明的可抵扣的进项税额，借记"应交税费——应交增值税（进项税额）"科目，根据商业汇票票面金额，贷记"应收票据"科目，如有差额，记入"银行存款"等科目的贷方或借方。

【例题2-23】　承[例题2-20]至[例题2-22]，甲公司为取得生产经营所需的A材料，于2023年10月15日将上述应收票据背书转让，A材料价款为1 500 000元，适用的增值税税率为13%。

要求：编制甲公司相关业务会计分录。

【解析】
借：原材料　　　　　　　　　　　　　　　　　　　　　　　1 500 000
　　应交税费——应交增值税（进项税额）　　　　　　　　　　195 000
　　贷：应收票据　　　　　　　　　　　　　　　　　　　　　1 695 000

4. 票据贴现的账务处理

商业汇票向银行贴现时，根据实际收到的金额，借记"银行存款"科目，根据票面金额，贷记"应收票据"科目，按照贴现息差额，记入"财务费用"科目的借方或贷方。

学习提示：贴现是指收款人将未到期的商业承兑汇票或银行承兑汇票背书后转让给受让人，受让人按票面金额扣除自贴现日至汇票到期日的利息，将剩余金额支付给持票人的行为，这是一种短期融资策略。

二、应收账款

（一）应收账款的内容

应收账款是指企业因销售商品、提供劳务等经营活动，应向购货单位或接受劳务单位收取的款项，主要包括企业销售商品或提供劳务等应向有关债务人收取的价款及代购货单位垫付的包装费、运杂费等。应收账款的内容如图2-2所示。

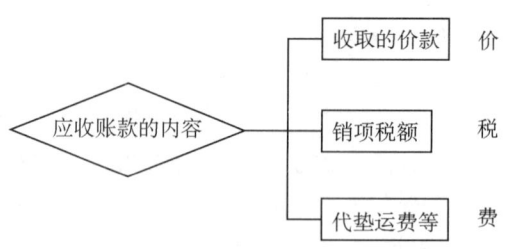

图2-2　应收账款的内容

（二）应收账款的账务处理

企业应当设置"应收账款"科目对企业应收账款的增减变动及其结存情况进行核算和管理。该科目借方登记企业应收账款的增加额，贷方登记企业应收账款的收回和确认的坏账损失金额；期末余额一般在借方，反映企业期末尚未收回的应收账款。如果期末余额在贷方，一般是反映企业期末预收的账款，这是因为不单独设置"预收账款"科目的企业，预收款项也可以在"应收账款"科目的贷方核算。"应收账款"账户的结构如图2-3所示。

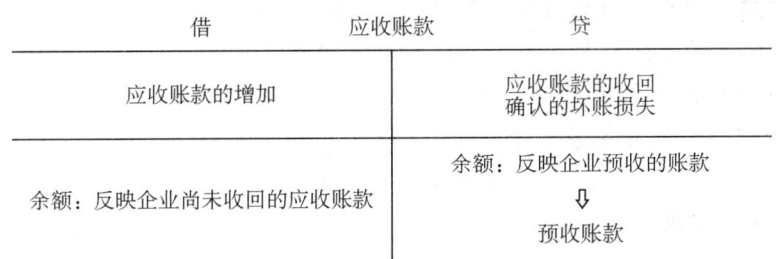

图 2-3 "应收账款"账户的结构

【例题 2-24】 甲公司是增值税一般纳税人,适用的增值税税率为 13%。2023 年 5 月 5 日,甲公司采用托收承付结算方式向丙公司(增值税一般纳税人)销售一批商品。增值税专用发票注明的价款为 1 000 000 元,增值税税额为 130 000 元,为客户代垫运输费 50 000 元(不考虑增值税),已办妥托收手续。

要求:编制甲公司相关业务会计分录。

【解析】

借:应收账款　　　　　　　　　　　　　　　　　　　　　　　　　1 180 000
　　贷:主营业务收入　　　　　　　　　　　　　　　　　　　　　　1 000 000
　　　　应交税费——应交增值税(销项税额)　　　　　　　　　　　　130 000
　　　　银行存款　　　　　　　　　　　　　　　　　　　　　　　　　50 000

学习提示: 代购货单位垫付的包装费、运杂费等属于应收账款的范围,但不属于企业的收入。企业的应收账款用应收票据结算时,在收到承兑的商业汇票后,借记"应收票据"科目,贷记"应收账款"科目。

三、预付账款

预付账款是指企业按照合同规定预付的款项。

(一)预付账款的账务处理

企业应当设置"预付账款"科目对企业预付账款的增减变动及其结存情况进行监督和管理。该科目借方登记企业预付的账款和补付的账款金额,贷方登记企业收到所购物资时根据有关发票账单记入"原材料"等科目的金额及收回多付账款的金额;期末余额一般在借方,反映企业实际预付的账款。

(1)企业根据购货合同的规定向供应单位预付款项时,借记"预付账款"科目,贷记"银行存款"科目。

(2)企业收到所购物资时,按照应计入物资成本的金额,借记"材料采购"或"原材料""库存商品"等科目,根据相应的增值税进项税额,借记"应交税费——应交增值税(进项税额)"科目,贷记"预付账款"科目。

(3)当预付货款小于采购货物所需支付的款项时,应将不足的部分补付,借记"预付账款"科目,贷记"银行存款"科目。

(4)当预付货款大于采购货物所需支付的款项时,对收回的多余款项,借记"银行存款"科目,贷记"预付账款"科目。

【例题2-25】 甲公司为增值税一般纳税人,适用的增值税税率为13%,为生产M产品向乙公司采购A材料支付价款50 000元,按照合同约定需先向乙公司预付A材料价款的30%,验收货物后补付其余款项。

要求:编制甲公司相关业务会计分录。

【解析】

（1）预付30%货款。

借：预付账款　　　　　　　　　　　　　　　　　　　　　　　　15 000
　　贷：银行存款　　　　　　　　　　　　　　　　　　　　　　　　15 000

（2）验收无误入库。

借：原材料　　　　　　　　　　　　　　　　　　　　　　　　　　50 000
　　应交税费——应交增值税（进项税额）　　　　　　　　　　　　 6 500
　　贷：预付账款　　　　　　　　　　　　　　　　　　　　　　　　56 500

（3）补付剩余款项。

借：预付账款　　　　　　　　　　　　　　　　　　　　　　　　41 500
　　贷：银行存款　　　　　　　　　　　　　　　　　　　　　　　　41 500

学习提示: 预付的账款情况不多的企业,可以不设置"预付账款"科目,而直接通过"应付账款"科目核算预付的账款。

（二）使用"应付账款"科目核算预付账款的账务处理

（1）预付时,借记"应付账款"科目,贷记"银行存款"科目。

（2）收到货物后,借记"材料采购"或"原材料""库存商品"等科目,根据相应的增值税进项税额,借记"应交税费——应交增值税（进项税额）"科目,贷记"应付账款"科目。

四、应收股利和应收利息

（一）应收股利的账务处理

应收股利是指企业应收取的现金股利和应收取其他单位分配的利润。企业应当设置"应收股利"科目对企业应收股利的增减变动及其结存情况进行监督和管理。该科目借方登记企业应收股利的增加额,贷方登记企业收到的现金股利或利润金额;期末余额一般在借方,反映企业尚未收到的现金股利或利润。

（1）以公允价值计量且其变动计入当期损益的金融资产（交易性金融资产）,在持有期间被投资单位宣告发放现金股利,按应享有的份额,确认为当期的投资收益,借记"应收股利"科目,贷记"投资收益"科目。

（2）长期股权投资在持有期间被投资单位宣告发放现金股利或利润,按应享有的份额,借记"应收股利"科目。贷方科目应分为2种情况,对于采用成本法核算的长期股权投资,贷记"投资收益"科目;对于采用权益法核算的长期股权投资,贷记"长期股权投资——损益调整"科目。

【例题2-26】 甲公司持有丙上市公司股票,将其作为以公允价值计量且其变动计入当期损益的金融资产(交易性金融资产)进行管理和核算。2023年5月11日,丙上市公司宣告发放2022年的现金股利,甲公司按其持有丙上市公司股份计算确定的应分得的现金股利为200 000元。假定不考虑相关税费。

要求:编制甲公司相关业务会计分录。

【解析】

借:应收股利——丙上市公司　　　　　　　　　　　　　　　　　　200 000
　　贷:投资收益——丙上市公司　　　　　　　　　　　　　　　　　　　200 000

【例题2-27】 承[例题2-26],2023年5月27日,甲公司收到丙上市公司发放的现金股利200 000元,款项已存入银行。假定不考虑相关税费。

要求:编制甲公司相关业务会计分录。

【解析】

借:其他货币资金——存出投资款　　　　　　　　　　　　　　　　200 000
　　贷:应收股利——丙上市公司　　　　　　　　　　　　　　　　　　　200 000

(二) 应收利息的账务处理

应收利息是指企业根据合同或协议规定应向债务人收取的利息。企业应当设置"应收利息"科目对企业应收利息的增减变动及其结存情况进行监督和管理。该科目借方登记企业应收利息的增加额,贷方登记企业收到的利息金额,期末余额一般在借方,反映企业尚未收到的利息。

【例题2-28】 甲公司持有庚公司债券投资,2023年1月11日,甲公司收到庚公司通知,拟向其支付2022年利息1 000 000元,款项尚未支付。假定不考虑相关税费。

要求:编制甲公司相关业务会计分录。

【解析】

借:应收利息——庚公司　　　　　　　　　　　　　　　　　　　　1 000 000
　　贷:投资收益——庚公司　　　　　　　　　　　　　　　　　　　　　1 000 000

五、其他应收款

(一) 其他应收款的内容

其他应收款是指企业除应收票据、应收账款、预付账款、应收股利和应收利息以外的其他各种应收及暂付款项。其主要包括以下内容:

(1) 应收的各种赔款、罚款,如因企业财产等遭受意外损失而应向有关保险公司收取的赔款等。

(2) 应收的出租包装物租金。

(3) 应向职工收取的各种垫付款项,如为职工垫付的水电费,应由职工负担的医药费、房租费等。

(4) 存出保证金,如租入包装物支付的押金等。

(5) 其他各种应收、暂付款项。

（二）其他应收款的账务处理

企业应当设置"其他应收款"科目对企业其他应收款的增减变动及其结存情况进行监督和管理。该科目借方登记企业其他应收款的增加额,贷方登记企业收回的其他应收款金额;期末余额一般在借方,反映企业尚未收回的其他应收款。

期末,企业应将"应收利息""应收股利""其他应收款"科目的期末余额合计数,减去"坏账准备"科目中相关坏账准备期末余额后的金额,填入资产负债表中"其他应收款"项目。

【例题 2-29】 甲公司为职工李某垫付应由其个人负担的水电费 5 000 元,以银行转账方式支付,支付职工工资时从其工资中扣回。

要求:编制甲公司相关业务会计分录。

【解析】

（1）垫付时:

借:其他应收款——李某　　　　　　　　　　　　　　　　　　5 000
　　贷:银行存款　　　　　　　　　　　　　　　　　　　　　　　　5 000

（2）扣款时:

借:应付职工薪酬　　　　　　　　　　　　　　　　　　　　　　5 000
　　贷:其他应收款——李某　　　　　　　　　　　　　　　　　　　5 000

【例题 2-30】 甲公司是增值税一般纳税人,为生产经营所需采购 A 材料一批,在采购过程中发生材料毁损 50 000 元,其中应由保险公司赔偿损失 30 000 元,理赔款尚未收到。假定甲公司对原材料采用计划成本法进行日常核算。

要求:编制甲公司相关业务会计分录。

【解析】

借:其他应收款——保险公司　　　　　　　　　　　　　　　　30 000
　　贷:材料采购　　　　　　　　　　　　　　　　　　　　　　　30 000

【例题 2-31】 承[例题 2-30],甲公司如数收到上述保险公司的理赔款。

要求:编制甲公司相关业务会计分录。

【解析】

借:银行存款　　　　　　　　　　　　　　　　　　　　　　　30 000
　　贷:其他应收款——保险公司　　　　　　　　　　　　　　　　30 000

【例题 2-32】 甲公司租入产品的包装物一批,以银行存款支付押金 1 000 元。

要求:编制甲公司相关业务会计分录。

【解析】

借:其他应收款——包装物押金　　　　　　　　　　　　　　　1 000
　　贷:银行存款　　　　　　　　　　　　　　　　　　　　　　　1 000

【例题 2-33】 甲公司按期如数向丁公司退回所租包装物,并收到丁公司退还的押金 1 000 元,已存入银行。

要求:编制甲公司相关业务会计分录。

【解析】

借：银行存款　　　　　　　　　　　　　　　　　　　　　　　1 000
　　贷：其他应收款——丁公司　　　　　　　　　　　　　　　　　　1 000

六、应收款项减值

企业的各项应收款项可能会因购货人拒付、破产、死亡等原因而无法收回，这类无法收回的应收款项就是坏账。企业因坏账而遭受的损失是坏账损失或减值损失。

学习提示：在资产负债表日企业应当对应收款项的账面价值进行评估，发生减值的应收款项，应当将减值的金额确认为减值损失，同时计提坏账准备。

应收款项的减值有2种核算方法：直接转销法和备抵法。

（一）直接转销法

采用直接转销法时，企业对日常核算的应收账款不考虑可能发生的坏账损失，只有在实际发生坏账时才作为坏账损失计入当期损益，同时直接冲销应收账款。

学习提示：
（1）《企业会计准则》规定，只能采用备抵法核算应收款项的减值。
（2）《小企业会计准则》规定，应收款项减值采用直接转销法。

1. 坏账损失的确认

小企业应收及预付款项符合下列条件之一的，减除可收回的金额后确认的无法收回的应收及预付款项，作为坏账损失。

（1）债务人依法宣告破产、关闭、解散、被撤销，或被依法注销、吊销营业执照，其清算财产不足清偿的。
（2）债务人死亡，或被依法宣告失踪、死亡，其财产或遗产不足清偿的。
（3）债务人逾期3年以上未清偿，且有确凿证据证明已无力清偿债务的。
（4）与债务人达成债务重组协议或法院批准破产重整计划后，无法追偿的。
（5）因自然灾害、战争等不可抗力导致无法收回的。
（6）国务院财政、税务主管部门规定的其他条件。

2. 坏账损失的账务处理

按照《小企业会计准则》规定确认应收账款实际发生的坏账损失，应当按照可收回的金额，借记"银行存款"等科目，按照其账面余额，贷记"应收账款"等科目，按照其差额，借记"营业外支出——坏账损失"科目。

【例题2-34】　某小企业2021年发生的一笔20 000元应收账款，因债务人财务状况原因长期未能收回，于2023年年末经催收收回2 000元，其余款项确实无法收回确认为坏账。

要求：编制该小企业在2023年年末的相关会计分录。

【解析】

借：银行存款　　　　　　　　　　　　　　　　　　　　　　　2 000
　　营业外支出——坏账损失　　　　　　　　　　　　　　　　18 000
　　贷：应收账款　　　　　　　　　　　　　　　　　　　　　　20 000

3.直接转销法的优缺点

直接转销法的优点是:账务处理简单,将坏账损失在实际发生时确认为损失符合其偶发性特征和小企业经营管理的特点。

其缺点是:不符合权责发生制会计基础,与资产定义存在一定的冲突。在直接转销法下,只有坏账实际发生时,才将其确认为当期损益,导致资产和各期损益不实;另外,在资产负债表上,应收账款是按账面余额而不是按账面价值反映,这在一定程度上高估了期末应收款项。

(二)备抵法

备抵法是采用一定的方法按期确定预期信用损失计入当期损益,作为坏账准备,待坏账损失实际发生时,冲销已计提的坏账准备和相应的应收款项。采用这种方法,需要对预期信用损失进行复杂的评估和判断,履行预期信用损失的确定程序。

1.预期信用损失的概念

预期信用损失是指以发生违约的风险为权重的金融工具信用损失的加权平均值。

信用损失是指企业按照实际利率折现的、根据合同应收的所有合同现金流量与预期收取的所有现金流量之间的差额。

2.预期信用损失的确定

企业对于《企业会计准则第14号——收入》规定的交易形成且不含重大融资成分的应收款项,始终按照相当于整个存续期内预期信用损失的金额计量其损失准备。信用风险自初始确认后是否显著增加的判断方法如下:

(1)企业应通过比较应收款项在初始确认时所确定的预计存续期内的违约概率与该工具在资产负债表日所确定的预计存续期内的违约概率,来判定金融工具信用风险是否显著增加。

(2)如果企业确定应收款项在资产负债表日只具有较低的信用风险的,可以假设该应收款项的信用风险自初始确认后并未显著增加。通常情况下,如果逾期超过30日,则表明应收款项的信用风险已经显著增加,除非企业在无须付出额外成本或努力的情况下即可获得合理且有依据的信息,证明即使逾期超过30日,信用风险自初始确认后仍未显著增加。

(3)在确定信用风险自初始确认后是否显著增加时,企业应考虑无须付出额外成本或努力即可获得的合理且有依据的信息,包括前瞻性信息。

(4)对于应收款项,企业在单项应收款项层面无法以合理成本获得关于信用风险显著增加的充分证据,而在组合的基础上评估信用风险是否显著增加是可行的,企业应以应收款项的类型、信用风险评级、初始确认日期、剩余合同期限为共同风险特征,对应收账款进行分组,并以组合为基础考虑评估信用风险是否显著增加。

在确定信用风险自初始确认后是否显著增加时,企业应考虑以下具体信息:

(1)债务人未能按合同到期日支付款项的情况。

(2)已发生的或预期的债务人的外部或内部信用评级的严重恶化。

(3)已发生的或预期的债务人经营成果的严重恶化。

(4)现存的或预期的技术、市场、经济或法律环境变化,并将对债务人对本企业的还款能力产生重大不利影响。

考虑到应收款项的流动性特征,实务中通常按照应收款项的账面余额和预计可收回金额的差额确定预计信用减值损失。即按照在应收款项初始确认时所确定的预计存续期内的违约概率与该应收款项在资产负债表日所确定的预计存续期内的违约概率,来判定应收款项信用风险是否显著增加。应收款项坏账准备可以分项分类计算确定,也可以以组合为基础计算确定。

3. 当期应计提的坏账准备金额的确定

企业应当设置"坏账准备"科目,核算应收款项的坏账准备计提、转销等事项。"坏账准备"科目的贷方登记当期计提的坏账准备、收回已转销的应收账款而恢复的坏账准备金额,借方登记实际发生的坏账损失金额和冲减的坏账准备金额,期末余额在贷方,反映企业已计提但尚未转销的坏账准备。当期应计提的坏账准备的计算公式如下:

当期应计提的坏账准备 = 应收款项的期末余额 × 坏账准备计提比例 −(或+)
"坏账准备"科目的贷方(或借方)余额

学习提示:当期应计提的坏账准备的计算结果为正数,则需补提坏账准备;计算结果为负数,则需冲销坏账准备(在原计提金额内转回)。

【**例题 2-35**】 2023 年 2 月 1 日,甲公司"应收账款"科目借方余额为 5 000 万元。当月应收账款借方发生额合计 1 200 万元,贷方发生额合计 500 万元,甲公司根据预期信用损失计提坏账准备,计提比例为 4%。

要求:计算甲公司 2 月月末应计提的坏账准备金额。

【**解析**】

甲公司应计提的坏账准备 = (5 000 + 1 200 − 500) × 4% − 5 000 × 4% = 28(万元)

4. 坏账准备的账务处理

(1)企业计提坏账准备时,按照减值的金额,借记"信用减值损失"科目,贷记"坏账准备"科目。冲减多计提的坏账准备时,借记"坏账准备"科目,贷记"信用减值损失"科目。"坏账准备"账户的结构如图 2-4 所示。

借	坏账准备	贷
① 转回多提坏账准备 ② 实际发生坏账损失		① 当期计提坏账准备 ② 确认坏账重新收回
		余额:已计提的坏账准备

图 2-4 "坏账准备"账户的结构

知识拓展:应收账款属于金融资产。根据《企业会计准则第 22 号——金融工具确认和计量》应用指南,金融资产减值准备所形成的预期信用损失应通过"信用减值损失"科目核算。因此,企业执行《企业会计准则第 22 号——金融工具确认和计量》后,其发生的坏账准备应通过"信用减值损失"科目核算,不再通过"资产减值损失"科目核算。而固定资产、无形资产等减值仍然使用"资产减值损失"科目核算。

【**例题 2-36**】 2022 年 12 月 31 日,甲公司"应收账款——丙公司"借方科目余额为 1 000 000 元,经评估确定,应计提坏账准备金额 100 000 元。

要求:编制甲公司相关业务会计分录。

【**解析**】

借:信用减值损失　　　　　　　　　　　　　　　　　　　　　　　　100 000
　　贷:坏账准备　　　　　　　　　　　　　　　　　　　　　　　　　　100 000

(2) 企业实际发生坏账损失时,应当冲减已计提的坏账准备,借记"坏账准备"科目,贷记"应收账款"科目。

【例题 2-37】 2023 年 6 月 30 日,甲公司经确认,丙公司的应收账款有 40 000 元无法收回,应将其确认为坏账。

要求:编制甲公司相关业务会计分录。

【解析】

借:坏账准备　　　　　　　　　　　　　　　　　　　　　　40 000
　　贷:应收账款　　　　　　　　　　　　　　　　　　　　　40 000

【例题 2-38】 承[例题 2-36]和[例题 2-37],2023 年年末经评估确定"坏账准备"科目贷方应保留的余额为 85 000 元,不考虑其他因素。

要求:计算甲公司年末应计提的坏账准备金额,并编制相关业务会计分录。

【解析】

甲公司年末应计提的坏账准备＝85 000－(100 000－40 000)＝25 000(元)

甲公司应编制会计分录如下:

借:信用减值损失　　　　　　　　　　　　　　　　　　　　25 000
　　贷:坏账准备　　　　　　　　　　　　　　　　　　　　　25 000

(3) 企业已确认并转销的应收账款以后又收回,应按照实际收到的金额增加坏账准备账面余额。借记"应收账款"科目,贷记"坏账准备"科目。同时,借记"银行存款"科目,贷记"应收账款"科目。

【例题 2-39】 2024 年 1 月 20 日,甲公司收回 2023 年已确认为坏账的应收账款 10 000 元,已存入银行。

要求:编制甲公司相关业务会计分录。

【解析】

借:应收账款　　　　　　　　　　　　　　　　　　　　　　10 000
　　贷:坏账准备　　　　　　　　　　　　　　　　　　　　　10 000
借:银行存款　　　　　　　　　　　　　　　　　　　　　　10 000
　　贷:应收账款　　　　　　　　　　　　　　　　　　　　　10 000

5. 坏账准备的账务处理对应收账款账面价值的影响

应收账款的账面价值的计算公式如下:

$$\text{应收账款的账面价值} = \text{应收账款的账户余额} - \text{坏账准备的账户余额}$$

坏账准备的账务处理对应收账款账面价值主要有以下影响:

(1) 企业计提坏账准备时,坏账准备增加,使应收账款的账面价值减少。

(2) 企业冲减多计提的坏账准备时,坏账准备减少,使应收账款的账面价值增加。

(3) 企业实际发生坏账损失时,坏账准备与应收账款同时减少,不影响应收账款的账面价值。

(4) 企业已确认并转销的应收账款以后又收回,使应收账款账面价值减少。

6. 备抵法的优缺点

备抵法的优点包括：①符合权责发生制和会计谨慎性要求，在资产负债表中列示应收款项的净额，使财务报表使用者能了解企业应收款项预期可收回的金额和谨慎的财务状况。②在利润表中作为营业利润项目列示，有利于落实企业管理者的经管责任，有利于企业外部利益相关者如实评价企业的经营业绩，作出谨慎的决策。

其缺点包括：①预期信用损失的估计需要考虑的因素众多，且有部分估计因素带有一定的主观性，对会计职业判断的要求较高，可能导致预期信用损失的确定不够准确、客观。②预期信用减值损失影响各期营业利润金额的计算与确定，客观存在企业管理者平滑利润进行盈余管理甚至利润操纵与舞弊的可能性，会增加会计职业风险，会增加注册会计师的审计难度和审计风险，也会增加政府和行业的会计监管难度和风险，这对会计制度的制定者、执行者和监管者等提出更高的要求。

知识小结：

其他应收款的账务处理如表2-5所示。

表2-5　　　　　　　　　　其他应收款的账务处理

主要内容	账务处理
应收的各种赔款、罚款	如企业应收罚款： 借：其他应收款 　　贷：营业外收入
应收出租包装物的租金	借：其他应收款 　　贷：其他业务收入
应向职工收取的各种垫付款项	（1）企业垫付款项时： 借：其他应收款 　　贷：银行存款 （2）从工资中扣减时： 借：应付职工薪酬 　　贷：其他应收款
存出的保证金	如租入包装物的押金： 借：其他应收款 　　贷：银行存款
其他各种的应收、暂付款项	如预付职工的差旅费

坏账准备对应收账款账面价值的影响如表2-6所示。

表2-6　　　　　　　　　坏账准备对应收账款账面价值的影响

账务处理	对应收账款账面价值的影响
计提坏账准备时： 借：信用减值损失 　　贷：坏账准备	贷方登记坏账准备，坏账准备增加，使应收账款的账面价值减少
冲减多计提的坏账准备时： 借：坏账准备 　　贷：信用减值损失	借方登记坏账准备，坏账准备减少，使应收账款的账面价值增加

(续表)

账务处理	对应收账款账面价值的影响
实际发生坏账损失时： 借：坏账准备 　　贷：应收账款	坏账准备与应收账款同时减少，不影响应收账款的账面价值
已确认并转销的应收账款以后又收回时： 借：应收账款 　　贷：坏账准备 同时： 借：银行存款 　　贷：应收账款	第一笔会计分录借贷方同时影响应收账款的账面价值，相互抵销后不影响应收账款账面价值 第二笔会计分录贷方登记应收账款，使应收账款的账面价值减少 该项业务使应收账款账面价值减少

2-2 课程思政：獐子岛扇贝"死去活来"真相大白

任务四　存货核算

学习导读："存货"为会计中的专有名词，是企业对特定商品或产品的统称。以餐厅为例，购买的食材、出售的快餐、打包盒、桌椅、餐馆店面……到底哪些产品该划入"存货"类别？被划分为存货的商品或产品该如何核算和计量？一份快餐30元，该存货价值或成本是多少？当存货发生价值变动时，账务又该做怎样处理？本任务将围绕这些问题，带领大家走进企业的"存货世界"。

一、存货的概念及种类

请思考：仓库存放的企业待出售货品，一般属于企业的存货，而高楼大厦是否为企业存货呢？对于一般企业而言，厂房、办公楼并非企业日常销售的商品，因此不作为"存货"看待，而是被划分为"固定资产"；对于房地产企业而言，"卖房子"是主营业务，因此高楼大厦便作为"存货"看待。仓库货品和高楼大厦如图2-5所示。

图2-5　仓库货品和高楼大厦

(一) 存货的概念

存货是指企业在日常活动中持有以备出售的产品或商品、处在生产过程中的在产品、在生产过程或提供劳务过程中储备的材料或物料等。企业持有存货的最终目的是销售。存货包括可供直接销售的商品和需要经过进一步加工后销售的原材料、在产品等，以及在生产经营管理过程中使用的包装物和低值易耗品等。存货是流动资产中流动性较低的一项重要资产，具有品种繁多、品质各异、存放方式和地点多样、时效性强、占用资金高、管理难度大且要求高等特点。存货质量高低、周转快慢直接影响甚至决定企业的盈利能力、偿债能力和资金周转效率乃至企业经营的成败。在流动资产管理上，人们习惯将减去存货后的流动资产作为速动资产进行管理。积极做好企业会计与管理的协调与配合，加强企业存货的核算和监督管理具有十分重要的作用和意义。

学习提示：不是商品或产品本身的性质决定其是否为存货，而是企业的性质决定了什么才是存货。如轮船，对物流公司而言，它是固定资产；对造船厂而言，它是商品，是存货。

(二) 存货的种类

1. 按经济内容划分

按经济内容或经济用途不同分类，企业的存货通常可以分为以下几种：

(1) 原材料。原材料是指企业在生产过程中经过加工改变其形态或性质并构成产品主要实体的各种原料、主要材料和外购半成品，以及不构成产品实体但有助于产品形成的辅助材料。原材料具体包括原料及主要材料、辅助材料、外购半成品、修理用备件、包装材料、燃料等。

(2) 在产品。在产品是指企业正在制造尚未完工的生产物，包括正在各个生产工序加工的产品和已加工完毕但尚未检查或已检验但尚未办理入库手续的产品。

(3) 半成品。半成品是指经过一定生产过程并已检验合格交付半成品仓库保管，但尚未制造完工成为产成品，仍需进一步加工的中间产品。

(4) 产成品。产成品是指企业已经完成全部生产过程并已验收入库，可以按照合同规定的条件送交订货单位，或可以作为商品对外销售的产品。企业接受来料加工制造的代制品和为外单位加工修理的代修品，制造和修理完成验收入库后，应视同企业的产成品。

(5) 库存商品。库存商品是指企业已完成全部生产过程并已验收入库，合乎标准规格和技术条件，可以按照合同规定的条件送交订货单位，或可以作为商品对外销售的产品，以及外购或委托加工完成验收入库用于销售的各种商品。

(6) 周转材料。周转材料是指企业能够多次使用，但不符合固定资产定义，逐渐转移其价值但仍保持原有形态，不确认为固定资产的材料。企业的周转材料包括包装物和低值易耗品。

(7) 委托代销商品。委托代销商品是指企业委托其他单位代销的商品。

学习提示：受托代销商品是指接受他方委托代其销售的商品，受托方并没有取得商品控制权，不符合资产的定义。因此，代销商品应作为委托方而不是受托方的存货处理，不能确认为受托方的资产。

2. 按来源渠道划分

按来源渠道不同分类，企业的存货通常可以分为以下几种：

(1) 外购存货。外购存货是指企业从外部购进的各种存货,如商业企业的外购商品,工业企业的外购材料、外购零部件等。

(2) 自制存货。自制存货是指由企业内部加工制造的各种存货,如自制材料、自制半成品和产成品等,它的成本包括自制过程中消耗的直接材料费用、直接人工费用、制造费用及其他直接费用。

(3) 委托加工的存货。委托加工的存货是指企业委托外单位加工而取得的存货。

(4) 其他方式取得的存货。其他方式取得的存货,包括投资者投入的存货、接受捐赠的存货、通过债务重组取得的存货、通过非货币性资产交换取得的存货等。

二、存货的初始计量

存货应当按照成本进行初始计量,存货成本包括采购成本、加工成本和其他成本。

(一) 采购成本

采购成本包括购买价款、相关税费、运输费、装卸费、保险费及其他可归属于存货采购成本的费用。采购成本的构成如图 2-6 所示。

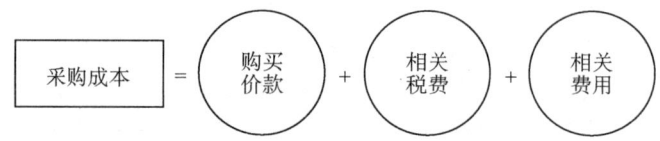

图 2-6 采购成本的构成

购买价款是指企业购入的材料或商品的发票账单上列明的价款,但不包括按照规定可以抵扣的增值税进项税额。

相关税费是指企业购买存货发生的进口关税、消费税、资源税、不能抵扣的进项税额和教育费附加等。

相关费用是指存货在采购过程中发生的仓储费、运费(一般纳税人增值税按增值税专用发票注明的税额抵扣)、装卸费、保险费、搬运费、包装费、运输途中的合理损耗和入库前的挑选整理费用等。

知识拓展:合理损耗是指商品在运输过程中,因商品性质、自然条件及技术设备等因素,所发生的自然的或不可避免的损耗。以餐饮企业为例,采购员花费 100 元采购 100 个鸡蛋,到库清点时,如果路途颠簸碎了 1 个鸡蛋,即合理损耗;如果采购员手滑摔碎了 90 个鸡蛋,即不合理损耗。

学习提示:小规模纳税人相关增值税进项税额计入存货成本。

仓储费的处理:

(1) 入库前发生的商品仓储费计入存货成本。

(2) 入库后发生的商品仓储费用计入管理费用。

(3) 在产品发生的为达到下一生产阶段所必需的仓储费用计入存货成本。

商品流通企业的进货费用的处理:

(1) 一般直接计入采购成本,也可以先进行归集,期末根据所购商品的存销情况进行分摊。商品已售,进货费用计入当期损益(主营业务成本);商品未售,进货费用计入存货成本。

(2) 金额较小的进货费用,发生时直接计入当期损益(销售费用)。

(二) 加工成本

企业通过进一步加工取得的存货,主要包括产成品、在产品、半成品、委托加工物资等,其成本由采购成本、加工成本构成。

加工成本是指存货在加工过程中发生的追加费用,包括直接人工及按照一定方法分配的制造费用。加工成本的构成如图 2-7 所示。

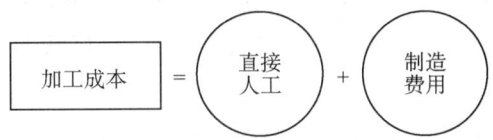

图 2-7　加工成本的构成

直接人工是指企业在生产产品和提供劳务过程中发生的直接从事产品生产和提供劳务人员的职工薪酬。

制造费用是指企业为生产产品和提供劳务发生的各项间接费用。

非正常消耗的直接材料、直接人工及制造费用不计入成本。其中,属于不可抗力导致的,计入营业外支出;属于管理不善导致的,计入管理费用。

企业委托外单位加工完成的存货,包括加工后的原材料、包装物、低值易耗品、半成品、产成品等,其成本包括实际耗用的原材料或半成品、加工费、装卸费、保险费、委托加工的往返运输费等费用,以及按规定应计入存货成本的税费。

(三) 其他成本

其他成本是指采购成本、加工成本以外的,为使存货达到目前场所和状态所发生的其他支出。

企业设计产品发生的设计费用的处理:

(1) 通常应当计入当期损益。

(2) 为特定客户设计产品所发生的、可直接确定的设计费用,应计入存货的成本。

(四) 自制存货的成本

企业自制的存货,包括自制原材料、自制包装物、自制低值易耗品、自制半成品及库存商品等,其成本包括直接材料、直接人工和制造费用等各项实际支出。

(五) 不计入存货成本而在其发生时计入当期损益的费用

(1) 非正常消耗的直接材料、直接人工和制造费用,应在发生时计入当期损益,不应计入存货成本。例如,由于自然灾害而发生的直接材料、直接人工和制造费用,由于这些费用的发生无助于使该存货达到目前场所和状态,不应计入存货成本,而应确认为当期损益。

(2) 仓储费用是指企业在存货采购入库后发生的储存费用,应在发生时计入当期损益。但是,在生产过程中为达到下一个生产阶段所必需的仓储费用应计入存货成本。例如,某种酒类产品生产企业为使生产的酒达到规定的产品质量标准而必须发生的仓储费用,应计入酒的成本,而不应计入当期损益。

（3）不能归属于使存货达到目前场所和状态的其他支出，应在发生时计入当期损益，不得计入存货成本。

三、发出存货的计价方法

企业发出存货可以按照计划成本法核算，也可以按照实际成本法核算。企业如果按照计划成本法进行核算，会计期末要对存货计划成本和实际成本之间的差异进行单独核算，最终将计划成本调整为实际成本。企业如果按照实际成本法进行核算，则发出存货成本的计价方法有个别计价法、先进先出法、月末一次加权平均法和移动加权平均法等。

（一）个别计价法

个别计价法是指假设存货具体项目的实物流转与成本流转相一致，各种存货必须是可以具体辨认的方法。在这种方法下，把每一种存货的实际成本作为计算发出存货成本和期末存货成本的基础。

个别计价法的成本计算准确，符合实际情况，但在存货收发频繁情况下，其发出成本分辨的工作量较大。因此，这种方法通常适用于一般不能替代使用的存货、为特定项目专门购入或制造的存货及提供的劳务，如珠宝、名画等贵重物品。

（二）先进先出法

先进先出法是指以先购入的存货应先发出（即用于销售或耗用）这样一种存货实物流动假设为前提，对发出存货进行计价的方法。采用这种方法，先购入的存货成本在后购入存货成本之前转出，据此确定发出存货和期末存货的成本。具体方法是：收入存货时，逐笔登记收入存货的数量、单价和金额；发出存货时，按照先进先出的原则逐笔登记存货的发出成本和结存成本。

先进先出法可以随时结转存货发出成本，但较繁琐。如果存货收发业务较多，且存货单价不稳定时，其工作量较大。在物价持续上升时，期末存货成本接近于市价，而发出成本偏低，会高估企业当期利润和库存存货价值；反之，会低估企业存货价值和当期利润。

（三）月末一次加权平均法

月末一次加权平均法是指以本月全部进货成本加上月初存货成本除以本月全部进货数量加上月初存货数量，确定的存货加权平均单位成本为依据计算发出存货成本的方法。月末一次加权平均法的计算公式如下：

存货单位成本 =（期初结存存货成本 + 本期入库存货成本）÷（期初结存存货数量 + 本期入库存货数量）

本次发出存货成本 = 发出存货数量 × 存货单位成本

期末结存存货成本 = 期末结存存货数量 × 存货单位成本

期末结存存货成本 = 期初结存存货成本 + 本期收入存货成本 − 本期发出存货成本

采用月末一次加权平均法，只在月末一次计算加权平均单价，有利于简化成本计算工作。但由于平时无法从账上提供发出和结存存货的单价及金额，不利于存货成本的日常管理与控制。

（四）移动加权平均法

移动加权平均法是指以每次进货的成本加上原有结存存货的成本的合计额，除以每次进货数量加上原有结存存货的数量的合计数,据以计算加权平均单位成本,作为在下次进货前计算各次发出存货成本依据的一种方法。其计算公式如下:

存货单位成本 = (原有结存存货成本 + 本次进货成本) ÷ (原有结存存货数量 + 本次进货数量)

本次发出存货成本 = 本次发出存货数量 × 本次发货前存货的单位成本

期末结存存货成本 = 期末结存存货数量 × 本月月末存货单位成本

期末结存存货成本 = 期初结存存货成本 + 本期收入存货成本 − 本期发出存货成本

采用移动加权平均法能够使企业管理层及时了解存货的结存情况,计算的平均单位成本、发出和结存的存货成本比较客观。但由于每次收货都要计算一次平均单位成本,计算工作量较大,对收发货较频繁的企业不太适用。

学习提示:计价方法一经确定,为了保证会计信息的可比性,不得随意变更。

【例题 2-40】 甲公司 2023 年 5 月 M 商品的收入、发出、结存单位成本如表 2-7 所示。

表 2-7　　　　　　　　　　　　M 商品购销明细账　　　　　　　　　　　金额单位:元

日期		摘要	收入			发出			结存		
月	日		数量(件)	单价	金额	数量(件)	单价	金额	数量(件)	单价	金额
5	1	期初余额							150	10	1 500
	5	购入	100	12	1 200				250		
	16	销售				200	50				
	20	购入	200	14	2 800				250		
	27	销售				100			150		
	31	本期合计	300	—	4 000	300		150			

要求:分别采用个别计价法、先进先出法、月末一次加权平均法、移动加权平均法计算本月发出存货及本期结存存货成本。

【解析】

1. 个别计价法

假设经过具体辨认,5 月 16 日发出的 200 件存货中,有 100 件是期初结存存货,单位成本为 10 元,另外的 100 件是 5 月 5 日购进的存货,单位成本为 12 元;5 月 27 日发出的 100 件存货中,有 40 件是期初结存存货,单位成本为 10 元,另外的 60 件是 5 月 20 日购进的存货,单位成本为 14 元。按个别计价法计算的 M 商品购销明细账如表 2-8 所示。

表 2-8　　　　　　　　　　M 商品购销明细账(个别计价法)　　　　　　　　金额单位:元

日期		摘要	收入			发出			结存		
月	日		数量(件)	单价	金额	数量(件)	单价	金额	数量(件)	单价	金额
5	1	期初余额							150	10	1 500
	5	购入	100	12	1 200				150 100	10 12	1 500 1 200
	16	销售				100 100	10 12	1 000 1 200	50	10	500

(续表)

日期		摘要	收入			发出			结存		
月	日		数量(件)	单价	金额	数量(件)	单价	金额	数量(件)	单价	金额
	20	购入	200	14	2 800				50 200	10 14	500 2 800
	27	销售				40 60	10 14	400 840	10 140	10 14	100 1 960
	31	本期合计	300	—	4 000	300	—	3 440	10 140	10 140	100 1 960

本月发出存货的成本＝(100×10＋100×12)＋(40×10＋60×14)＝3 440(元)
本月结存存货的成本＝10×10＋140×14＝2 060(元)
或：
本月结存存货的成本＝期初存货成本＋本期购进存货成本－本期发出存货成本
$$=(150×10)+(100×12+200×14)-3\,440=2\,060(元)$$

2. 先进先出法

按先进先出法计算的 M 商品购销明细账如表 2-9 所示。

表 2-9　　　　　　　　　　　M 商品购销明细账(先进先出法)　　　　　　　金额单位:元

日期		摘要	收入			发出			结存		
月	日		数量(件)	单价	金额	数量(件)	单价	金额	数量(件)	单价	金额
5	1	期初余额							150	10	1 500
	5	购入	100	12	1 200				150 100	10 12	1 500 1 200
	16	销售				150 50	10 12	1 500 600	50	12	600
	20	购入	200	14	2 800				50 200	12 14	600 2 800
	27	销售				50 50	12 14	600 740	150	14	2 100
	31	本期合计	300	—	4 000	300	—	3 400	150	14	2 100

本月发出存货的成本＝(150×10＋50×12)＋(50×12＋50×14)＝3 400(元)
本月结存存货的成本＝150×14＝2 100(元)
或：
本月结存存货的成本＝期初存货成本＋本月购进存货成本－本月发出存货成本
$$=(150×10)+(100×12+200×14)-3\,400=2\,100(元)$$

3. 月末一次加权平均法

按月末一次加权平均法计算的 M 商品购销明细账如表 2-10 所示。

表 2-10　　　　　　　M 商品购销明细账(月末一次加权平均法)　　　　　金额单位:元

日期		摘要	收入			发出			结存		
月	日		数量(件)	单价	金额	数量(件)	单价	金额	数量(件)	单价	金额
5	1	期初余额							150	10	1 500
	5	购入	100	12	1 200				250	—	—
	16	销售				200	—		50		
	20	购入	200	14	2 800				250	—	—
	27	销售				100	—		150		
	31	本期合计	300	—	4 000	300	12.222 2	3 666.66	150	12.222 2	1 833.34

$$存货单位成本 = \frac{月初结存存货成本 + \sum(本月各批进货的实际单位成本 \times 本月各批进货的数量)}{月初结存存货的数量 + 本月各批进货数量之和}$$

$$= (1\ 500 + 100 \times 12 + 200 \times 14) \div (150 + 100 + 200) \approx 12.222\ 2(元)$$

本月发出存货的成本 = 存货单位成本 × 本月发出存货的数量

$$= 12.222\ 2 \times 300 = 3\ 666.66(元)$$

本月月末结存存货成本 = 存货单位成本 × 月末结存存货的数量

$$= 12.222\ 2 \times 150 = 1\ 833.33(元)$$

或:

本月结存存货的成本 = 期初存货成本 + 本月购进存货成本 − 本月发出存货成本

$$= 1\ 500 + 4\ 000 - 3\ 666.66 = 1\ 833.34(元)$$

采用 2 种方法求得的本月结存存货成本有 0.01 元的误差,为四舍五入所致。

4. 移动加权平均法

按移动加权平均法计算的 M 商品购销明细账如表 2-11 所示。

表 2-11　　　　　　　M 商品购销明细账(移动加权平均法)　　　　　金额单位:元

日期		摘要	收入			发出			结存		
月	日		数量(件)	单价	金额	数量(件)	单价	金额	数量(件)	单价	金额
5	1	期初余额							150	10	1 500
	5	购入	100	12	1 200				250	10.8	2 700
	16	销售				200	10.8	2 160	50	10.8	540
	20	购入	200	14	2 800				250	13.36	3 340
	27	销售				100	13.36	1 336	150	13.36	2 004
	31	本期合计	300	—	4 000	300	—	3 496	150	13.36	2 004

$$本次存货单位成本 = \frac{原有结存存货成本 + 本次进货的成本}{原有结存存货数量 + 本次进货数量}$$

本次发出存货成本＝本次发出存货数量×本次发货前存货的单位成本

月末结存存货成本＝月末结存存货数量×本月月末存货单位成本

或：

本月结存存货的成本＝期初存货成本＋本月购进存货成本－本月发出存货成本

本题中：

5月5日购入存货后平均单位成本＝(1 500＋1 200)÷(150＋100)＝10.8(元)

5月16日发出存货的成本＝10.8×200＝2 160(元)

5月20日购入存货后平均单位成本＝(50×10.8＋2 800)÷(50＋200)＝13.36(元)

5月27日发出存货的成本＝13.36×100＝1 336(元)

本月发出存货的成本＝2 160＋1 336＝3 496(元)

本月结存存货的成本＝13.36×150＝2 004(元)

或：本月结存存货的成本＝1 500＋4 000－3 496＝2 004(元)

四、原材料

请思考： 图2-8展示了果汁生产厂和超市中的橙子。请问"橙子"是果汁生产厂的原材料，还是超市的原材料？

图2-8 果汁生产厂和超市中的橙子

同为"橙子"，但是"身份"却大不相同。在果汁生产厂中，橙子是果汁生产过程中的主要材料，故应称作原材料；但是超市中出售的橙子是否还作为原材料进行核算呢？ 在超市中，橙子是保持自身原有的形态进行出售的，故不能称之为原材料，而是作为超市的库存商品核算。

原材料是指企业在生产过程中经过加工改变其形态或性质并构成产品主要实体的各种原料、主要材料和外购半成品，以及不构成产品实体但有助于产品形成的辅助材料。

原材料主要包括原料及主要材料、辅助材料、外购半成品（外购件）、修理用备件（备品备件）、包装材料、燃料等。

原材料的日常收入、发出及结存既可以采用实际成本法核算，又可以采用计划成本法核算。

（一）采用实际成本法核算

1. 会计科目设置

原材料采用实际成本法核算时，材料的收入、发出及结存，无论是总分类核算，还是明细分类核算,均按照实际成本计价。使用的会计科目主要有"原材料""在途物资"等,核算过程中可能涉及的科目主要有"银行存款""应付账款""应付票据""其他货币资金"等。"原材料"科目的借方、贷方和余额反映的都是实际成本,不存在成本差异的计算和结存问题,日常不能反映材料成本是节约还是超支,不能反映和考核物资采购业务的经营成果。实际成本法适用于材料收发业务较少的企业。

知识拓展:反映企业经营成果的会计要素包括收入、费用和利润。它们直接关系到企业经营成果的计量。收入减去费用等于利润,即:收入－费用＝利润。它是编制利润表的基础。在实务中,企业会采用成本费用利润率指标来衡量它的盈利能力,成本费用利润率＝利润总额÷成本费用总额×100%,即成本费用利润率越高,表明企业为取得利润而付出的代价越小,成本费用控制得越好,盈利能力越强。

2. 账务处理

1) 购入材料

(1) 发票账单与材料同时到达时,按照发票账单上的金额,借记"原材料"科目,按照发票金额上的税额,借记"应交税费——应交增值税(进项税额)"科目,贷记"银行存款""应付账款""应付票据""其他货币资金"等科目。

学习提示:银行汇票存款属于其他货币资金。

【例题 2-41】 甲公司购入 M 材料一批,增值税专用发票上注明的价款为 400 000 元,增值税税额为 52 000 元,款项已用转账支票付讫,材料已验收入库。甲公司为增值税一般纳税人,采用实际成本法进行材料日常核算。

要求:编制甲公司相关业务会计分录。

【解析】

借:原材料——M 材料	400 000
应交税费——应交增值税(进项税额)	52 000
贷:银行存款	452 000

(2) 发票账单到达,材料尚未验收入库,在发票到达时,按照发票账单上的金额借记"在途物资"科目,按照发票上的税额借记"应交税费——应交增值税(进项税额)"科目,贷记"银行存款""其他货币资金""应付票据""应付账款"等科目;在材料到达验收入库时,再将"在途物资"科目转入"原材料"科目。

【例题 2-42】 甲公司购入 M 材料一批,增值税专用发票上注明的价款为 400 000 元,增值税税额为 52 000 元,款项已用转账支票付讫,材料尚在途中。甲公司为增值税一般纳税人,采用实际成本法进行材料日常核算。

要求:编制甲公司相关业务会计分录。

【解析】

借:在途物资	400 000
应交税费——应交增值税(进项税额)	52 000
贷:银行存款	452 000

待材料验收入库时:

借:原材料——M 材料	400 000
贷:在途物资	400 000

(3) 材料已经验收入库,发票账单没有到达,月末仍未收到发票账单时,材料按暂估价值入账,借记"原材料"科目,贷记"应付账款——暂估应付账款"科目。下月初用红字冲销原暂估入账金额;等单据到后按"发票账单与材料同时到达"进行账务处理。

【例题2-43】 甲公司购入一批W材料,材料已验收入库,月末发票账单尚未收到也无法确定其实际成本,暂估价值为20 000元。甲公司为增值税一般纳税人,采用实际成本法进行材料日常核算。

要求:编制甲公司相关业务会计分录。

【解析】

借:原材料——W材料　　　　　　　　　　　　　　　　　　　　20 000
　　贷:应付账款——暂估应付账款　　　　　　　　　　　　　　　　20 000

下月初,用红字冲销原暂估入账金额:

借:原材料——W材料　　　　　　　　　　　　　　　　　　　　20 000
　　贷:应付账款——暂估应付账款　　　　　　　　　　　　　　　　20 000

上述购入的W材料于次月收到发票账单,增值税专用发票上注明的价款为21 000元,增值税税额为2 730元,已用银行存款付讫。甲公司为增值税一般纳税人,采用实际成本法进行材料日常核算,应编制会计分录如下:

借:原材料——W材料　　　　　　　　　　　　　　　　　　　　21 000
　　应交税费——应交增值税(进项税额)　　　　　　　　　　　　　 2 730
　　贷:银行存款　　　　　　　　　　　　　　　　　　　　　　　　23 730

(4) 采用预付账款方式购入,预付账款时,按照付款凭证上的金额借记"预付账款"科目,贷记"银行存款"科目;收到材料并验收入库时,将"预付账款"科目转至"原材料"科目,同时根据发票账单上的税额借记"应交税费——应交增值税(进项税额)"科目;补付货款时,与预付货款时的分录相同。

【例题2-44】 甲公司为增值税一般纳税人,2023年10月2日,根据与某材料厂(为增值税一般纳税人)的购销合同规定,为购买A材料向该材料厂预付100 000元价款的85%,合计85 000元,已通过银行存款付款。10月20日,收到该材料厂发运来的A材料,已验收入库。取得的增值税专用发票上注明的价款为100 000元,增值税税额为13 000元,所欠款项以银行存款付讫。甲公司采用实际成本法进行材料日常核算。

要求:编制甲公司相关业务会计分录。

【解析】

(1) 10月2日,预付货款。

借:预付账款——××材料厂　　　　　　　　　　　　　　　　　85 000
　　贷:银行存款　　　　　　　　　　　　　　　　　　　　　　　　85 000

(2) 10月20日,收到材料验收入库。

借:原材料——A材料　　　　　　　　　　　　　　　　　　　　100 000
　　应交税费——应交增值税(进项税额)　　　　　　　　　　　　13 000
　　贷:预付账款　　　　　　　　　　　　　　　　　　　　　　　113 000

(3) 10月20日,补付货款。

借:预付账款 28 000
　　贷:银行存款 28 000

2) 发出材料

企业采用实际成本进行材料日常核算的,可以采用先进先出法、月末一次加权平均法、移动加权平均法或个别计价法计算确定。实际成本法下原材料基本账务处理如图2-9所示。

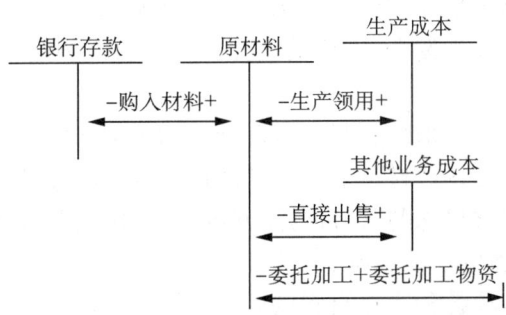

图2-9　实际成本法下原材料基本账务处理

(1) 原材料用于生产经营时,根据领用部门及用途借记"生产成本"(直接材料成本)、"制造费用"(间接材料成本)、"销售费用"(销售部门消耗)、"管理费用"(行政部门消耗)、"在建工程"(工程项目消耗)、"研发支出"(研发环节消耗)科目,贷记"原材料"科目。

【例题2-45】　甲公司为增值税一般纳税人,1月基本生产车间领用M材料200 000元,辅助生产车间领用M材料40 000元,甲公司采用实际成本法进行材料日常核算。

要求:编制甲公司相关业务会计分录。

【解析】

借:生产成本——基本生产成本 200 000
　　　　　　——辅助生产成本 40 000
　　贷:原材料——M材料 240 000

(2) 原材料用于直接出售时,在确认销售收入(其他业务收入)的同时,结转对应的销售成本,记入"其他业务成本"科目。

【例题2-46】　甲公司为增值税一般纳税人,2月M材料用于直接销售,取得价款合计58 000元,成本为38 000元。甲公司采用实际成本法进行材料日常核算。

要求:编制甲公司结转成本相关会计分录。

【解析】

借:其他业务成本 38 000
　　贷:原材料——M材料 38 000

(3) 发出委托外单位加工的材料,按发出材料的实际成本,借记"委托加工物资"科目,贷记"原材料"科目。

(二)采用计划成本法核算

1. 会计科目设置

原材料采用计划成本法核算时,材料的收入、发出及结存,无论是总分类核算,还是明细分类核算,均按照计划成本计价。使用的会计科目主要有"材料采购""原材料""材料成本差异"等。原材料在取得时的实际成本与计划成本的差异,通过"材料成本差异"科目进行单独记录。会计期末,材料成本差异通过计算材料成本差异率的方法分摊计入发出原材料的计划成本和结存原材料的计划成本。本质上还是将计划成本最终转化为实际成本。所以,计划成本法和实际成本法均属于以实际成本为基础的核算方法。在实务中,对于材料收发业务较多并且计划成本资料较为健全、准确的企业,一般可以采用计划成本进行材料收入、发出的核算。

"材料采购"科目借方登记采购材料的实际成本金额,贷方登记入库材料的计划成本金额。借方大于贷方表示超支,从"材料采购"科目的贷方转入"材料成本差异"科目的借方;贷方大于借方表示节约,从"材料采购"科目的借方转入"材料成本差异"科目的贷方;期末余额在借方,反映企业在途材料的采购成本。

"原材料"科目用于核算各种库存材料的收入、发出与结存情况。在采用计划成本核算材料时,"原材料"科目的借方登记入库材料的计划成本金额,贷方登记发出材料的计划成本金额,期末余额在借方,反映企业库存材料的计划成本。

"材料成本差异"科目反映企业已入库各种材料的实际成本与计划成本的差异,借方登记超支差异及发出材料应负担的节约差异,贷方登记节约差异及发出材料应负担的超支差异。期末如为借方余额,反映企业库存材料的实际成本大于计划成本的差异(即超支差异);如为贷方余额,反映企业库存材料实际成本小于计划成本的差异(即节约差异)。

2. 账务处理

1) 材料采购

材料采购时,根据实际成本,借记"材料采购"科目,根据发票上的税额,借记"应交税费——应交增值税(进项税额)"科目,贷记"银行存款""其他货币资金""应付票据""应付账款"等科目。

2) 材料验收入库

材料验收入库时,根据计划成本,借记"原材料"科目,将实际成本的"材料采购"科目转入贷方,差额记入"材料成本差异"科目。计划成本大于实际成本,差额在贷方,计划成本小于实际成本,差额在借方。

【例题2-47】 甲公司为增值税一般纳税人,购入A材料一批,增值税专用发票上注明的价款为300 000元,增值税税额为39 000元,发票账单已收到,计划成本为320 000元,已验收入库,全部款项以银行存款支付。甲公司采用计划成本法进行材料日常核算。

要求:编制甲公司相关业务会计分录。

【解析】

借:材料采购——A材料　　　　　　　　　　　　　　　　　300 000
　　应交税费——应交增值税(进项税额)　　　　　　　　　 39 000
　　贷:银行存款　　　　　　　　　　　　　　　　　　　　339 000

借：原材料——A 材料 320 000
  贷：材料采购——A 材料 300 000
    材料成本差异——A 材料 20 000

3）发出材料

（1）生产经营领用材料时，按照计划成本，借记"生产成本""制造费用""销售费用""管理费用"等科目，贷记"原材料"科目。

（2）出售材料结转成本时，借记"其他业务成本"科目，贷记"原材料"科目。

（3）发出委托外单位加工的材料时，借记"委托加工物资"科目，贷记"原材料"科目。

【例题 2-48】 甲公司为增值税一般纳税人，1 月基本生产车间计划领用 A 材料 200 000 元，辅助生产车间计划领用 A 材料 40 000 元，甲公司采用计划成本法进行材料日常核算。

要求：编制甲公司相关业务会计分录。

【解析】

借：生产成本——基本生产成本 200 000
    ——辅助生产成本 40 000
  贷：原材料——A 材料 240 000

4）期末（月末）计算材料成本差异率，结转发出材料应负担的差异额

在实务中，为了简化核算，企业平时发出原材料不编制会计分录，通常在月末根据领料单等编制"发料凭证汇总表"结转发出材料的计划成本，按计划成本分别记入"生产成本""制造费用""销售费用""管理费用""其他业务成本""委托加工物资"等科目，贷记"原材料"科目，同时结转材料成本差异。发出材料应负担的成本差异应当按期（月）分摊，不得在季末或年末一次计算。年度终了，企业应对材料成本差异率进行核实调整。成本差异率的相关计算公式如下：

本期材料成本差异率 =（期初结存材料的成本差异 + 本期验收入库材料的成本差异）÷（期初结存材料的计划成本 + 本期验收入库材料的计划成本）× 100%

发出材料应负担的成本差异 = 发出材料的计划成本 × 本期材料成本差异率

（1）计算结果为正数，为超支成本差异率。

借：生产成本等
  贷：材料成本差异

（2）计算结果是负数，为节约成本差异率。

借：材料成本差异
  贷：生产成本等

实际成本的相关计算公式如下：

发出材料的实际成本 = 发出材料的计划成本 + 发出材料应负担的成本差异
      = 发出材料的计划成本 ×（1 + 材料成本差异率）
结存材料的实际成本 = 结存材料的计划成本 + 结存材料应负担的成本差异
      = 结存材料的计划成本 ×（1 + 材料成本差异率）

如果企业的材料成本差异率在各期之间比较均衡，可以采用期初材料成本差异率分摊

本期的材料成本差异。其相关计算公式如下：

期初材料成本差异率 = 期初结存材料的成本差异 ÷ 期初结存材料的计划成本 × 100%

发出材料应负担的成本差异 = 发出材料的计划成本 × 期初材料成本差异率

计划成本法下原材料的基本账务处理如图2-10所示。

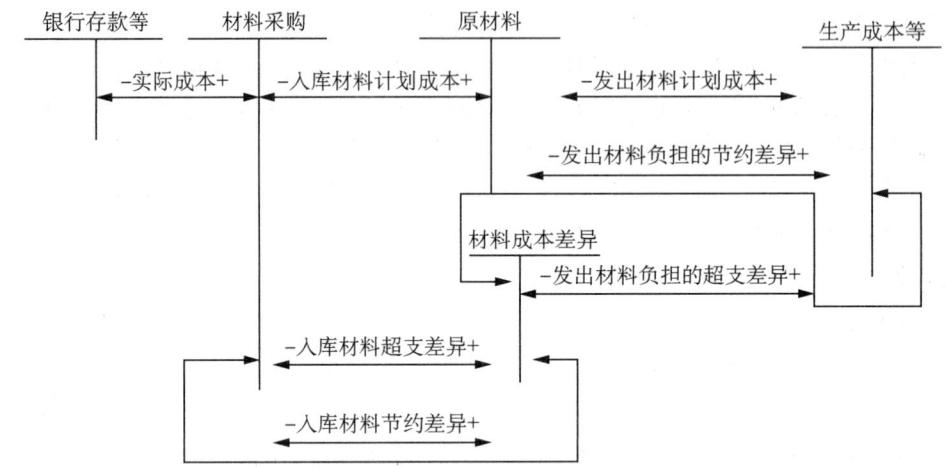

图2-10 计划成本法下原材料的基本账务处理

【例题2-49】承[例题2-48]，甲公司为增值税一般纳税人，某月月初结存A材料的计划成本为100 000元，成本差异为超支2 740元，当月入库A材料的计划成本为32 000元，成本差异为节约2 000元。

要求：计算材料成本差异率，并编制甲公司相关业务会计分录。

【解析】

本期材料成本差异率 = (2 740 − 2 000) ÷ (100 000 + 320 000) × 100% = 0.18%

结转发出材料的成本差异，甲公司应编制会计分录如下：

借：生产成本——基本生产成本(200 000×0.18%)　　　　　　　　　　360
　　　　　　——辅助生产成本(40 000×0.18%)　　　　　　　　　　　72
　　贷：材料成本差异——A材料(240 000×0.18%)　　　　　　　　　432

知识小结：

采用实际成本法核算总结如表2-12所示。

表2-12　　　　　采用实际成本法核算总结

事项		账务处理	说明
购入原材料	单货同到	借：原材料 　　应交税费——应交增值税(进项税额) 　贷：银行存款等	—
	单到货未到	借：在途物资 　　应交税费——应交增值税(进项税额) 　贷：银行存款等	材料到达入库后，根据验收单： 借：原材料 　贷：在途物资

(续表)

事项		账务处理	说明
购入原材料	货到单未到	材料验收入库时不进行账务处理，月末仍未收到账单且无法确定其成本时暂估入账： 借：原材料 　　贷：应付账款——暂估应付账款	下月初用红字冲销原暂估入账金额
	预付款方式（货未到）	借：预付账款 　　贷：银行存款等	验收入库： 借：原材料 　　应交税费——应交增值税（进项税额） 　　贷：预付账款
发出原材料		借：生产成本/制造费用/销售费用/管理费用/其他业务成本/委托加工物资等 　　贷：原材料	

采用计划成本法核算总结如表2-13所示。

表2-13　　　　　　　　采用计划成本法核算总结

事项	账务处理
采购	借：材料采购（实际成本） 　　应交税费——应交增值税（进项税额） 　　贷：银行存款等
验收入库	借：原材料（计划成本） 　　材料成本差异（差额，或贷方） 　　贷：材料采购（实际成本）
发出	借：生产成本/制造费用/销售费用/管理费用/其他业务成本/委托加工物资等 　　贷：原材料（计划成本） 同时，计算材料成本差异率，结转发出材料应负担的差异额： 借：生产成本/制造费用/销售费用/管理费用/其他业务成本/委托加工物资等 　　贷：材料成本差异（或借方，与期存结存材料成本差异方向相反） 企业日常采用计划成本法核算的，发出材料成本应由计划成本调整为实际成本

五、周转材料

请思考： 图2-11展示了包装箱的生产企业和使用企业。请问"包装箱"应在生产企业还是在使用企业作为包装物核算？

图2-11　包装箱生产企业和使用企业

相同的包装箱,在不同的企业核算的会计科目也不相同。包装箱在生产企业作为企业的存货对外销售,应该作为库存商品核算,而包装箱在使用企业被用来包装其所生产的物品,以便达到保护等作用,应该作为包装物来核算。两者都属于企业的存货范围。

周转材料是指企业能够多次使用,不符合固定资产定义,逐渐转移其价值但仍保持原有形态的材料物品。企业的周转材料包括包装物和低值易耗品。

（一）包装物

1. 包装物的内容

包装物是指为了包装本企业商品而储备的各种包装容器,如桶、箱、瓶、坛、袋等。其主要包括以下内容：

（1）生产过程中用于包装产品作为产品组成部分的包装物。

（2）随同商品出售而不单独计价的包装物。

（3）随同商品出售而单独计价的包装物。

（4）出租或出借给购买单位使用的包装物。

2. 包装物的账务处理

为了反映和监督包装物的增减变动及其价值损耗、结存等情况,企业应当设置"周转材料——包装物"科目进行核算,借方登记包装物的增加额,贷方登记包装物的减少额,期末余额在借方,反映企业期末结存包装物的金额。

包装物的基本账务处理如图 2-12 所示。

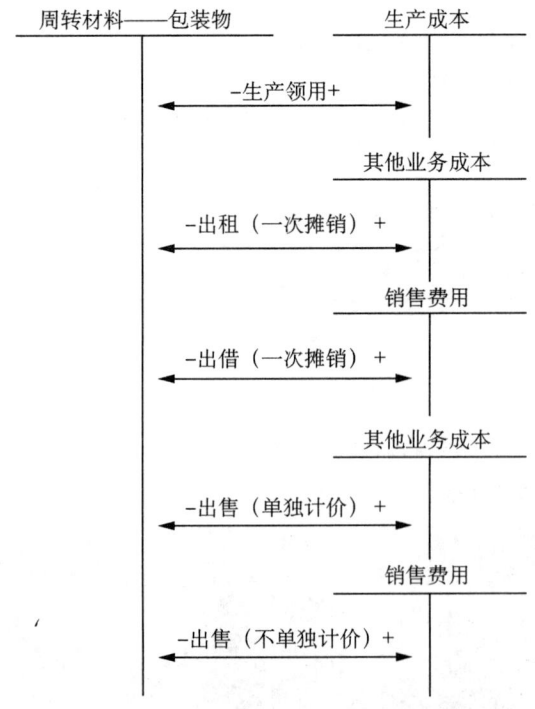

图 2-12 包装物的基本账务处理

1) 生产领用

对于生产领用的包装物,按照实际金额借记"生产成本"科目,贷记"周转材料——包装物"科目。如果按照计划成本核算,应按照实际金额借记"生产成本"科目,按照计划成本贷记"周转材料——包装物"科目,差额记入"材料成本差异"科目。

【例题 2-50】 甲公司为增值税一般纳税人,某月生产产品领用包装物的计划成本为 100 000 元,材料成本差异率为 3%。甲公司对包装物采用计划成本法进行核算。

要求:编制甲公司相关业务会计分录。

【解析】

借:生产成本　　　　　　　　　　　　　　　　　　　　　　　　103 000
　　贷:周转材料——包装物　　　　　　　　　　　　　　　　　　100 000
　　　　材料成本差异　　　　　　　　　　　　　　　　　　　　　3 000

2) 随同商品出售

(1) 对于随同产品出售而单独计价的包装物,按照实际取得的金额,借记"银行存款"等科目,按照其销售收入,贷记"其他业务收入"科目,按照增值税专用发票上注明的增值税销项税额,贷记"应交税费——应交增值税(销项税额)"科目。

在确认销售收入(其他业务收入)的同时,结转销售成本,借记"其他业务成本"科目,贷记"周转材料——包装物"科目。如果按照计划成本核算,应按照实际成本借记"其他业务成本"科目,按照计划成本贷记"周转材料——包装物"科目,差额记入"材料成本差异"科目。

【例题 2-51】 甲公司为增值税一般纳税人,某月销售商品领用单独计价的包装物成本为 3 000 元,甲公司对包装物采用计划成本法进行核算,材料成本差异率为 -3%。

要求:编制甲公司相关业务会计分录。

【解析】

借:其他业务成本　　　　　　　　　　　　　　　　　　　　　　2 910
　　材料成本差异　　　　　　　　　　　　　　　　　　　　　　　90
　　贷:周转材料——包装物　　　　　　　　　　　　　　　　　　3 000

(2) 对于随同产品出售而不单独计价的包装物,将包装物的实际成本计入销售费用,借记"销售费用"科目,贷记"周转材料——包装物"科目。如果按照计划成本核算,应按照实际成本借记"销售费用"科目,按照计划成本贷记"周转材料——包装物"科目,差额记入"材料成本差异"科目。

【例题 2-52】 甲公司为增值税一般纳税人,某月销售商品领用不单独计价的包装物成本为 3 000 元,甲公司对包装物采用计划成本法进行核算,材料成本差异率为 -3%。

要求:编制甲公司相关业务会计分录。

【解析】

借:销售费用　　　　　　　　　　　　　　　　　　　　　　　　2 910
　　材料成本差异　　　　　　　　　　　　　　　　　　　　　　　90
　　贷:周转材料——包装物　　　　　　　　　　　　　　　　　　3 000

3) 出租或出借

有时企业因销售产品,将包装物以出租或出借的形式,租给或借给客户暂时使用,并与客户约定一定时间内收回包装物。

(1) 出租或出借包装物的发出。企业出租或出借包装物时,应根据包装物出库等凭证列明的金额,借记"周转材料——包装物——出租包装物(或出借包装物)"科目,贷记"周转材料——包装物——库存包装物"科目。包装物如按计划成本计价,还应同时结转材料成本差异。

(2) 出租或出借包装物的押金和租金。为了保证及时返还和承担妥善保管包装物的经管责任,企业出租或出借包装物时,一般应向客户收取一定数额的押金,即存入保证金,归还包装物时将押金退还给客户。收取包装物押金时,借记"库存现金""银行存款"等科目,贷记"其他应付款——存入保证金"科目;退还押金时,编制相反的会计分录。

出租包装物是企业(专门经营包装物租赁除外)的一项其他业务活动,为短期租赁和低价值租赁业务。出租期间,企业按约定收取的包装物租金,应计入其他业务收入,借记"库存现金""银行存款""其他应收款"等科目,贷记"其他业务收入"科目。

(3) 出租或出借包装物发生的相关费用。出租或出借包装物发生的相关费用包括包装物的摊销费用和包装物的维修费用。

企业按照规定的摊销方法,对包装物进行摊销时,借记"其他业务成本"(出租包装物)、"销售费用"(出借包装物)等科目,贷记"周转材料——包装物——包装物摊销"科目。

企业确认应由其负担的包装物修理费用等支出时,借记"其他业务成本"(出租包装物)、"销售费用"(出借包装物)等科目,贷记"库存现金""银行存款""原材料""应付职工薪酬"等科目。

【例题 2-53】 甲公司为增值税一般纳税人,某月出租包装物成本为 2 000 元,甲公司对包装物采用实际成本法进行核算。

要求:编制甲公司相关业务会计分录。

【解析】

借:其他业务成本　　　　　　　　　　　　　　　　　　　　2 000
　　贷:周转材料——包装物　　　　　　　　　　　　　　　　　　2 000

知识拓展:周转材料的摊销方法包括一次转销法、分期摊销法、分次摊销法和定额摊销法等,企业应当根据具体情况选用,比照"原材料"科目进行账务处理。

(二) 低值易耗品

1. 低值易耗品的内容

作为存货核算和管理的低值易耗品,一般划分为一般工具、专用工具、替换设备、管理用具、劳动保护用品和其他用具等。

2. 低值易耗品的账务处理

企业应当设置"周转材料——低值易耗品"科目,用来反映和监督低值易耗品的增减变动及其结存等情况。核算过程中可能涉及的科目有"制造费用"等,采用多次摊销法摊销时应设置"周转材料——低值易耗品(在库)""周转材料——低值易耗品(在用)""周转材料——低值易耗品(摊销)"等明细科目。其中,"周转材料——低值易耗品(摊销)"明细科目为"周转材料——低值易耗品(在用)"明细科目的备抵科目,核算使用中低值易耗品的累计摊销额。设置"在库""在用""摊销"三级明细科目核算有利于明确低值易耗品的库存保管、领用和耗费等相关部门的经管责任,有利于保护低值易耗品的安全,提高会计核算的真实性、准确性、完整性。

3. 低值易耗品的处理方法

(1) 一次摊销法是将金额较小的低值易耗品值在领用时一次计入成本费用。但为加强管理,应当在备查簿中进行登记。

（2）分次摊销法是按照低值易耗品的使用次数分次计入成本费用。低值易耗品多次摊销法如图 2-13 所示。

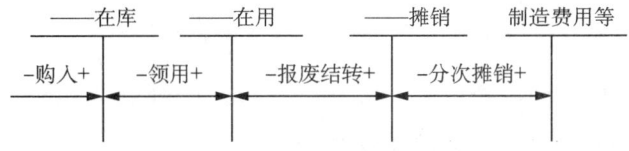

图 2-13　低值易耗品多次摊销法示意图

【例题 2-54】　甲公司为增值税一般纳税人,对低值易耗品采用实际成本法核算,某月基本生产车间领用专用工具一批,实际成本为 100 000 元,不符合固定资产定义,采用分次摊销法进行摊销。该专用工具的估计使用次数为 4 次。

要求:编制甲公司相关业务会计分录。

【解析】

（1）领用专用工具时：

借:周转材料——低值易耗品——在用　　　　　　　　　　　　　　　　　100 000
　　贷:周转材料——低值易耗品——在库　　　　　　　　　　　　　　　　　100 000

（2）第一次摊销其价值的 1/4：

借:制造费用　　　　　　　　　　　　　　　　　　　　　　　　　　　　　25 000
　　贷:周转材料——低值易耗品——摊销　　　　　　　　　　　　　　　　　25 000

（3）第二次、第三次分别摊销其价值的 1/4：

借:制造费用　　　　　　　　　　　　　　　　　　　　　　　　　　　　　25 000
　　贷:周转材料——低值易耗品——摊销　　　　　　　　　　　　　　　　　25 000

（4）最后一次摊销时：

借:制造费用　　　　　　　　　　　　　　　　　　　　　　　　　　　　　25 000
　　贷:周转材料——低值易耗品——摊销　　　　　　　　　　　　　　　　　25 000

同时,核销在用低值易耗品,注销使用部门的经管责任：

借:周转材料——低值易耗品——摊销　　　　　　　　　　　　　　　　　　100 000
　　贷:周转材料——低值易耗品——在用　　　　　　　　　　　　　　　　　100 000

【例题 2-55】　承[例题 2-54],假设甲公司对低值易耗品采用计划成本法核算,某月基本生产车间领用专用工具一批,实际成本为 101 000 元,计划成本为 100 000 元,不符合固定资产定义,采用分次摊销法进行摊销。该专用工具的估计使用次数为 4 次,该专用工具的材料成本差异率为 1%。

要求:编制甲公司相关业务会计分录。

【解析】

（1）领用专用工具时：

借:周转材料——低值易耗品——在用　　　　　　　　　　　　　　　　　100 000
　　贷:周转材料——低值易耗品——在库　　　　　　　　　　　　　　　　　100 000

（2）第一次摊销其价值的 1/4：

借：制造费用　　　　　　　　　　　　　　　　　　　　　　　　　　　25 000
　　贷：周转材料——低值易耗品——摊销　　　　　　　　　　　　　　　　　25 000

同时：

借：制造费用　　　　　　　　　　　　　　　　　　　　　　　　　　　　250
　　贷：材料成本差异——低值易耗品　　　　　　　　　　　　　　　　　　　250

（3）第二次、第三次分别摊销其价值的 1/4：

借：制造费用　　　　　　　　　　　　　　　　　　　　　　　　　　　25 000
　　贷：周转材料——低值易耗品——摊销　　　　　　　　　　　　　　　　　25 000

同时：

借：制造费用　　　　　　　　　　　　　　　　　　　　　　　　　　　　250
　　贷：材料成本差异——低值易耗品　　　　　　　　　　　　　　　　　　　250

（4）第四次摊销剩余价值，并结转低值易耗品"摊销"和"在用"明细科目：

借：制造费用　　　　　　　　　　　　　　　　　　　　　　　　　　　25 000
　　贷：周转材料——低值易耗品——摊销　　　　　　　　　　　　　　　　　25 000

结转材料成本差异：

借：制造费用　　　　　　　　　　　　　　　　　　　　　　　　　　　　250
　　贷：材料成本差异——低值易耗品　　　　　　　　　　　　　　　　　　　250

结转低值易耗品"摊销"和"在用"明细科目：

借：周转材料——低值易耗品——摊销　　　　　　　　　　　　　　　　100 000
　　贷：周转材料——低值易耗品——在用　　　　　　　　　　　　　　　　100 000

六、委托加工物资

请思考：A 公司只能生产出纯色的 T 恤，无法印染其他颜色和图案。但是现在有一批订单需要根据设计的图案印染到衣服正反面。所以，A 公司委托有此项技术的 B 公司对其生产的白 T 恤进行进一步的加工。加工前的纯白 T 恤与加工后的 T 恤如图 2-14 所示。

A 公司在核算的过程中，虽然委托 B 公司进行加工的这批产品还属于本公司的存货，但是为了区分本公司其他存货，核算订单货物实际成本时，A 公司还要用"库存商品"科目来核算吗？还是会涉及其他的会计科目？其实白 T 恤是通过委托其他公司来进行进一步加工的，在加工期间应作为委托加工物资核算。

图 2-14　纯白 T 恤和前后印有图案 T 恤

委托加工物资是指企业委托外单位加工的各种材料、商品等物资。企业委托外单位加工物资的成本包括加工中实际耗用物资的成本、支付的加工费用及应负担的运杂费、支付的税费等。

企业应当设置"委托加工物资"科目,用来反映和监督委托加工物资增减变动及其结存情况。核算过程中可能涉及的科目主要有"原材料""库存商品""银行存款""应付账款"等。"委托加工物资"科目借方登记委托加工物资的实际成本,贷方登记加工完成验收入库的物资的实际成本和剩余物资的实际成本;期末余额在借方,反映企业尚未完工的委托加工物资的实际成本等。

(一)发出物资

发出物资时,应借记"委托加工物资"科目,贷记"原材料""库存商品"科目。如果采用计划成本或售价核算,应按照发出材料的实际成本,借记"委托加工物资"科目,按照计划成本,贷记"原材料""库存商品"科目,同时结转材料成本差异或商品进销差价,差额记入"材料成本差异"或"商品进销差价"科目。

【例题 2-56】 甲公司为增值税一般纳税人,委托乙公司(一般纳税人),加工产品 10 000 件,1 月 2 日,发出材料一批,计划成本为 400 000 元,材料成本差异为 -3%。甲公司采用计划成本法核算。

要求:编制甲公司相关业务会计分录。

【解析】

借:委托加工物资	400 000
贷:原材料	400 000
借:材料成本差异(400 000×3%)	12 000
贷:委托加工物资(400 000×3%)	12 000

(二)支付加工费、运费等

支付加工费、运费等时,按照委托加工物资的成本,借记"委托加工物资"科目,将支付的、可抵扣的增值税进项税额,借记"应交税费——应交增值税(进项税额)"科目,贷记"银行存款"等科目。

【例题 2-57】 甲公司为增值税一般纳税人,委托乙公司(一般纳税人),加工产品 10 000 件,2023 年 1 月 2 日,支付加工费 50 000 元,增值税专用发票上注明的增值税税额为 6 500 元;支付运费 2 000 元,增值税专用发票上注明的增值税税额为 180 元。

要求:编制甲公司相关业务会计分录。

【解析】

借:委托加工物资	52 000
应交税费——应交增值税(进项税额)	6 680
贷:银行存款	58 680

(三)需要缴纳消费税的委托加工物资

(1)收回后直接用于销售的委托加工物资,应将受托方代收代缴的消费税计入委托加工物资的成本,借记"委托加工物资"科目,同时贷记"银行存款"等科目。

【例题 2-58】 甲公司为增值税一般纳税人，委托乙公司（一般纳税人），加工产品 10 000 件，2023 年 1 月 3 日，乙公司代收代缴消费税 60 000 元。甲公司收回该产品后用于直接销售。

要求：编制甲公司相关业务会计分录。

【解析】

借：委托加工物资　　　　　　　　　　　　　　　　　　　　　　　　　　　60 000
　　贷：银行存款　　　　　　　　　　　　　　　　　　　　　　　　　　　　　60 000

（2）收回后用于连续生产应税消费品的委托加工物资，按规定受托方代收代缴的消费税准予抵扣，借记"应交税费——应交消费税"科目，同时贷记"银行存款"等科目。

【例题 2-59】 甲公司为增值税一般纳税人，委托乙公司（一般纳税人），加工产品 10 000 件，2023 年 1 月 3 日，乙公司代收代缴的消费税税额为 60 000 元。甲公司收回该产品后用于连续生产应税消费品。

要求：编制甲公司相关业务会计分录。

【解析】

借：应交税费——应交消费税　　　　　　　　　　　　　　　　　　　　　　60 000
　　贷：银行存款　　　　　　　　　　　　　　　　　　　　　　　　　　　　　60 000

（四）加工完成验收入库

如果采用计划成本或售价核算，应按照计划成本，借记"原材料""库存商品"等科目，按照实际成本，贷记"委托加工物资"科目，差额记入"材料成本差异"或"商品进销差价"科目。

委托加工物资的基本账务处理如图 2-15 所示。

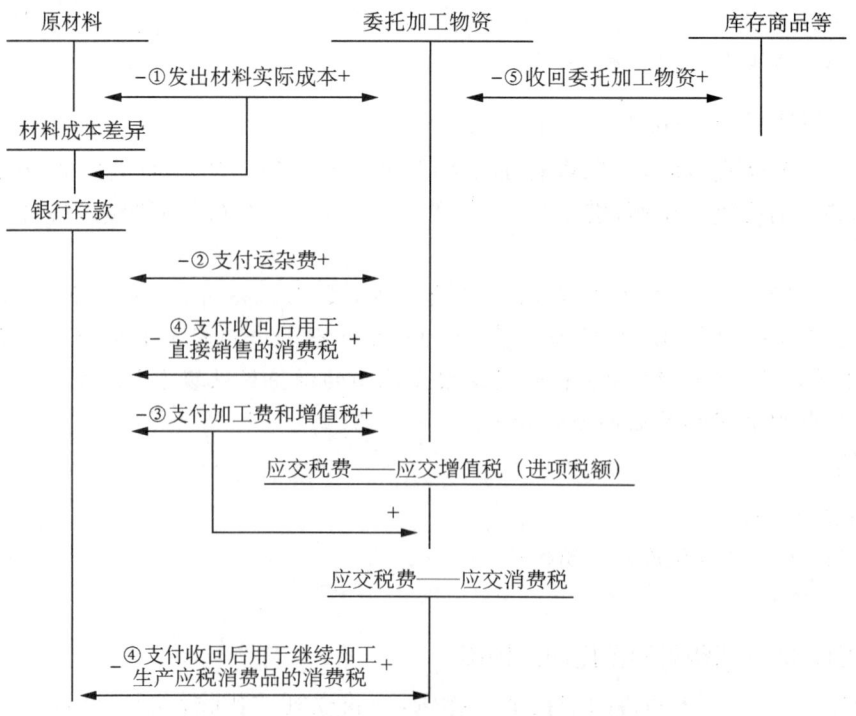

图 2-15　委托加工物资的基本账务处理

【例题 2-60】承[例题 2-56]至[例题 2-58],甲公司为增值税一般纳税人,委托乙公司(一般纳税人),加工产品 10 000 件,2023 年 1 月 31 日,该批产品验收入库,其计划成本为 510 000 元。

要求:编制完工入库相关会计分录。

【解析】

借:库存商品 510 000
　　贷:委托加工物资 500 000
　　　　产品成本差异 10 000

本例中,加工完成的委托加工物资的实际成本为 500 000 元[(400 000－12 000)＋52 000＋60 000],计划成本为 510 000 元,成本差异为 10 000 元,为节约差。

七、库存商品

请思考:应届毕业生小张被一家小商品批发企业录取并担任出纳一职,初入工作岗位的她专注于自己的工作,一丝不苟,在工作上有不懂的地方就会向会计小王请教。一个月过去了,有一个问题一直困扰着小张,公司仓库里这么多品种的商品,会计小王核算得怎么能如此轻松呢?在她看来,这么多的品类要计算是要忙到不可开交啊。终于,她把自己的疑惑向会计小王提了出来。小王听后笑着说:"对于咱们这种类型的企业,库存商品不用分别每一项去核算成本费用,我是采用毛利率法进行核算的……"

(一)库存商品的内容

库存商品是指企业完成全部生产过程并已验收入库、合乎标准规格和技术条件,可以按照合同规定的条件送交订货单位,或可以作为商品对外销售的产品,以及外购或委托加工完成验收入库用于销售的各种商品。

库存商品具体包括库存产成品、外购商品、存放在门市部准备出售的商品、发出展览的商品、寄存在外的商品、接受来料加工制造的代制品和为外单位加工修理的代修品等。

(二)库存商品的账务处理

企业应当设置"库存商品"科目,用来反映和监督库存商品的增减变动及其结存情况。使用的会计科目主要有"库存商品""在途物资"等,核算过程中可能涉及的科目主要有"生产成本""银行存款""应付账款""主营业务成本"等。"库存商品"科目借方登记因生产完工、外购等原因而形成的库存商品的增加数,贷方登记因对外销售、盘亏等原因而形成的库存商品的减少数;期末余额在借方,反映企业库存商品的实际成本。

学习提示:已完成销售手续、但购买单位在月末未提取的产品,不应作为企业的库存商品,而应作为代管商品处理,单独设置代管商品备查簿进行登记。

1. 生产型企业

生产型企业库存商品流转示意图如图 2-16 所示。

(1)验收入库商品时,根据实际成本金额,借记"库存商品"科目,贷记"生产成本——基本生产成本"科目。

(2)发出商品时,销售商品确认销售收入(主营业务收入)的同时,结转销售成本,借记

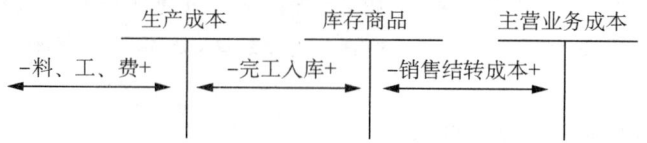

图 2-16 生产型企业库存商品流转示意图

"主营业务成本"科目,贷记"库存商品"科目。

知识拓展:发出商品是托收承付结算方式下,已发出尚未收到货款的产成品、自制半成品及包装物等。在会计核算中,发出商品不能作为销售处理,必须在收到货款后,销售才能成立。

【**例题 2-61**】 甲公司"商品入库汇总表"记载,2023 年 6 月已经验收入库 B 产品 2 000 件,单位成本为 1 000 元/件,共计 2 000 000 元。

要求:编制甲公司相关业务会计分录。

【**解析**】

借:库存商品——B 产品　　　　　　　　　　　　　　　　　2 000 000
　　贷:生产成本——基本生产成本——B 产品　　　　　　　　　2 000 000

2. 商品流通企业

商品流通企业的库存商品还可以采用毛利率法和售价金额核算法进行日常核算。

(1)毛利率法是指根据本期销售净额乘以上期实际(或本期计划)毛利率计算本期销售毛利,并据以计算发出存货和期末存货成本的一种方法。

知识拓展:毛利 VS 净利

毛利为商业企业商品销售收入,即售价减去商品原进价后的余额,又称商品进销差价。因其尚未减去商品在流通过程中产生的费用及税金,还不是净利,故称为毛利。毛利占商品销售收入或营业收入的百分比则称为毛利率,净利是毛利的对称,企业毛利中除去税款、利息及一些费用等所剩的利润为净利。目前,有一些商业企业主要通过销售毛利率来反映企业经营成果和价格制定是否合理,用销售净利率来衡量企业在一定时期的销售收入获取的能力。

毛利率的计算公式如下:

$$毛利率 = 销售毛利 \div 销售额 \times 100\%$$

销售额是指销售净额,其相关计算公式如下:

$$销售净额 = 商品销售收入 - 销售退回与折让$$
$$销售毛利 = 销售净额 \times 毛利率$$
$$销售成本 = 销售净额 - 销售毛利 = 销售净额 \times (1 - 毛利率)$$
$$期末存货成本 = 期初存货成本 + 本期购货成本 - 本期销售成本$$

毛利率法是商品流通企业,尤其是商业批发企业常用的计算本期商品销售成本和期末库存商品成本的方法。商品流通企业由于经营商品的品种繁多,如果分品种计算商品成本,工作量将大大增加,而且一般来讲,商品流通企业同类商品的毛利率大致相同,采用这种存货计价方法既能减轻工作量,又能满足对存货管理的需要。

【例题 2-62】 某企业采用毛利率法核算库存商品,2023 年 8 月月初商品库存成本为 600 万元,购进存货成本为 1 400 万元,8 月销售收入为 1 600 万元,该商品上期毛利率为 15%。

要求:计算 8 月已销商品和月末商品的成本。

【解析】

销售毛利 = 销售净额 × 毛利率 = 1 600 × 15% = 240(万元)

销售成本 = 1 600 − 240 = 1 360(万元)

期末存货成本 = 600 + 1 400 − 1 360 = 640(万元)

(2) 售价金额核算法是指平时商品的购入、加工收回、销售均按售价记账,售价与进价的差额通过"商品进销差价"科目核算,期末计算进销差价率和本期已销售商品应分摊的进销差价,并据以调整本期销售成本的一种方法。其相关计算公式如下:

商品进销差价率 =(期初库存商品进销差价 + 本期购入商品进销差价)÷
　　　　　　　　(期初库存商品售价 + 本期购入商品售价)× 100%

本期销售商品应分摊的商品进销差价 = 本期商品销售收入 × 商品进销差价率

本期销售商品的成本 = 本期商品销售收入 − 本期销售商品应分摊的商品进销差价
　　　　　　　　　 = 本期商品销售收入 ×(1 − 商品进销差价率)

期末结存商品的成本 = 期初库存商品的进价成本 + 本期购进商品的进价成本 − 本期销售商品的成本

企业的商品进销差价率各期之间比较均衡的,也可以采用上期商品进销差价率分摊本期的商品进销差价。年度终了,应对商品进销差价进行核实调整。

企业购入商品时,采用售价金额核算,按验收入库商品的售价,借记"库存商品"科目,按商品进价,贷记"银行存款""在途物资""委托加工物资"等科目,按商品售价与进价之间的差额,贷记"商品进销差价"等科目。

企业对外销售发出商品时,按售价结转销售成本,借记"主营业务成本"科目,贷记"库存商品"科目。期(月)末分摊已销商品的进销差价,借记"商品进销差价"科目,贷记"主营业务成本"科目。

对于从事商业零售业务的企业(如百货公司、超市等),由于经营的商品种类、品种、规格等繁多,对库存和货架陈列商品的管控要求高,采用售价金额核算法既可以满足按商品零售价格明码标价的要求,又便于加强库存和陈列商品的实物负责制管理。因此,零售实务中广泛采用售价金额核算法。

学习提示: 商品进销差价在资产负债表中"存货"项目反映,作为抵减项目。

【例题 2-63】 某商场为增值税一般纳税人,库存商品采用售价金额核算法核算与管理。2023 年 7 月,期初库存商品的进价成本总额为 1 000 000 元,售价总额为 1 100 000 元;7 月购进商品的进价成本总额为 750 000 元,售价总额为 900 000 元,7 月实现销售收入共计 1 200 000 元。

要求:编制该商场相关业务会计分录。

【解析】

(1) 7 月购进商品验收入库,按售价金额入账。

借:库存商品　　　　　　　　　　　　　　　　　　　　　　　　　900 000
　　应交税费——应交增值税(进项税额)　　　　　　　　　　　　 97 500

  贷：银行存款 847 500
    商品进销差价 150 000

（2）确认7月商品销售收入。

  借：银行存款 1 356 000
    贷：主营业务收入 1 200 000
      应交税费——应交增值税（销项税额） 156 000

  同时，按售价结转销售成本，注销柜台的商品经管责任。

  借：主营业务成本 1 200 000
    贷：库存商品 1 200 000

（3）7月月末，计算销售商品应分摊商品进销差价。

商品进销差价率＝(100 000＋150 000)÷(1 100 000＋900 000)×100％＝12.5％
已销商品应分摊的商品进销差价＝1 200 000×12.5％＝150 000(元)
本期销售商品的实际成本＝1 200 000－150 000＝1 050 000(元)
期末结存商品的实际成本＝1 000 000＋750 000－1 050 000＝700 000(元)
将平时按售价结转的销售成本调整为实际成本，应编制会计分录如下：

  借：商品进销差价 150 000
    贷：主营业务成本 150 000

调整后7月实际的商品销售成本为1 050 000元。

八、存货清查

（一）存货清查的概念

  存货清查是指通过对存货的实地盘点，确定存货的实有数量，并与账面结存数核对，从而确定存货实存数与账面结存数是否相符的一种专门方法。

  企业的存货种类繁多、收发频繁，在日常收发过程中可能会出现记录、计量差错的情况。企业的存货还可能由于自然损耗、变质，或被贪污、盗窃等原因造成盘点结果和账面记录不一致。为确保存货的完整性，企业需要对存货进行定期或不定期的清查。清查过程中，需对存货的盘盈、盘亏和毁损情况予以记录并认真查找原因，按照管理权限和程序作出相应的账务处理。

（二）存货清查的账务处理

  1. 会计科目设置

  企业应当设置"待处理财产损溢"科目，用来反映和监督企业在财产清查中查明的各种存货的盘盈、盘亏和毁损情况。"待处理财产损溢"科目借方登记存货的盘亏、毁损金额及盘盈的转销金额，贷方登记存货的盘盈金额及盘亏的转销金额。核算过程中可能涉及的会计科目有"原材料""库存现金""管理费用""营业外支出""其他应收款"等。

  2. 盘盈的账务处理

  企业发生存货盘盈时，借记"原材料"等科目，贷记"待处理财产损溢"科目；按管理权限报经批准后,借记"待处理财产损溢"科目,贷记"管理费用"科目。

【例题 2-64】 甲公司在财产清查中盘盈材料 500 千克,单位成本为 20 元,共计 10 000 元。经查实属于材料收发计量错误导致。

要求:编制甲公司相关业务会计分录。

【解析】

(1) 批准前:

借:原材料 10 000
　　贷:待处理财产损溢 10 000

(2) 批准后:

借:待处理财产损溢 10 000
　　贷:管理费用 10 000

3. 盘亏的账务处理

企业发生存货盘亏及毁损时,借记"待处理财产损溢"科目,贷记"原材料"等科目,并将因管理不善导致的盘亏存货对应的进项税额转出,贷记"应交税费——应交增值税(进项税额转出)"科目,自然灾害等原因导致的存货盘亏不用转出进项税额。

在按管理权限报经批准后,应作以下账务处理:对于入库的残料价值,借记"原材料"等科目,对于因管理不善等造成的一般损失的部分,借记"管理费用"科目;对于应由保险公司和过失人赔偿的款项,借记"其他应收款"科目;对于非常损失的部分,借记"营业外支出"科目,同时贷记"待处理财产损溢"科目。

学习提示:自然灾害主要包括暴雨、地震、洪水等;管理不善主要包括人为原因引起的火灾、被盗等。

【例题 2-65】 甲公司在财产清查中盘亏材料 500 千克,单位成本为 20 元,共计 10 000 元。经查实由保险公司赔偿的金额为 7 000 元,由于管理不善需承担的金额为 3 000 元。

要求:编制甲公司相关业务会计分录。

【解析】

借:待处理财产损溢[10 000×(1+13%)] 11 300
　　贷:原材料 10 000
　　　　应交税费——应交增值税(进项税额转出) 1 300

借:管理费用(10 000×13%＋3 000) 4 300
　　其他应收款 7 000
　　贷:待处理财产损溢 11 300

【例题 2-66】 甲公司为增值税一般纳税人,因台风造成一批库存材料毁损,实际成本为 70 000 元,相关增值税专用发票上注明的增值税税额为 9 100 元。根据保险合同约定,应由保险公司赔偿 50 000 元。

要求:编制甲公司相关业务会计分录。

【解析】

(1) 批准处理前：

借：待处理财产损溢	70 000
贷：原材料	70 000

(2) 批准处理后：

借：其他应收款	50 000
营业外支出——非常损失	20 000
贷：待处理财产损溢	70 000

九、存货减值

(一) 存货的期末计量方法

资产负债表日，存货应当按照成本与可变现净值孰低计量。

成本是指期末存货的实际成本。企业在存货成本的日常核算中采用计划成本法、售价金额核算法等简化核算方法，成本为经调整后的实际成本。

可变现净值是指在生产经营过程中，以预计售价减去进一步加工成本和销售所必需的预计税金、费用后的净值。其计算公式如下：

可变现净值 ＝ 存货的估计售价 － 至完工时估计将要发生的成本 － 估计的销售税费及相关税费

可变现净值的特征表现为存货的预计未来净现金流量，而不是存货的售价或合同价。

【例题 2-67】 2023 年 3 月 31 日，某企业有一批乙存货需要加工，加工该存货至完工产成品估计还将发生成本为 25 万元，估计销售费用和相关税费为 3 万元，估计该存货生产的产成品售价为 120 万元。

要求：计算乙存货的可变现净值。

【解析】

乙存货的可变现净值＝120－25－3＝92（万元）

(二) 存货跌价准备的计提

当存货成本低于其可变现净值时，存货按成本计价，无需计提存货跌价准备。

当存货成本高于其可变现净值时，表明存货可能发生损失，应在存货销售之前确认这一损失，将其计入当期损益，并相应地减少存货的账面价值。

【例题 2-68】 2023 年 3 月 31 日，某企业的乙存货的实际成本为 100 万元，加工该存货至完工产成品估计还将发生的成本为 25 万元，估计销售费用和相关税费为 3 万元，估计该存货生产的产成品售价为 120 万元。假定乙存货月初"存货跌价准备"科目无余额。

要求：计算需计提存货跌价准备的金额，并编制相关会计分录。

【解析】

乙存货的成本为 100 万元，乙存货的可变现净值＝120－25－3＝92（万元）。

成本大于可变现净值，乙存货发生减值，需要计提的存货跌价准备＝100－92＝8（万元）。

借：资产减值损失——计提的存货跌价准备	80 000
贷：存货跌价准备	80 000

（三）存货跌价准备的转回

以前减记存货价值的影响因素已经消失的，减记的金额应当予以恢复，并在原已计提的存货跌价准备金额内转回，转回的金额计入当期损益。

【例题2-69】 2023年4月30日，某企业的乙存货的实际成本为100万元，已计提存货跌价准备8万元，由于市场价格有所上升，乙存货的预计可变现净值为98万元。

要求：计算应转回的存货跌价准备金额，并编制相关会计分录。

【解析】

应转回的存货跌价准备＝8－(100－98)＝6(万元)

借：存货跌价准备　　　　　　　　　　　　　　　　　　　　　　　　　　60 000
　　贷：资产减值损失——计提的存货跌价准备　　　　　　　　　　　　　　　　60 000

假如，2023年5月31日，由于市场价格持续上升，乙存货的可变现净值为101万元，存货跌价准备应再转回的金额为2万元(8－6)，使得存货跌价准备余额为0。此时，乙存货的成本小于其可变现净值，无需计提存货跌价准备。

（四）存货跌价准备的结转

对已售存货计提了存货跌价准备的，还应结转已计提的存货跌价准备，冲减当期主营业务成本或其他业务成本，实际上是按已售产成品或商品的账面价值结转至主营业务成本或其他业务成本。其会计分录如下：

借：存货跌价准备
　　贷：主营业务成本/其他业务成本

资产负债表列示存货的账面价值的计算公式如下：

存货的账面价值 ＝ 存货的账面余额 － 存货跌价准备贷方余额

【例题2-70】 2023年5月2日，乙存货其中一半对外销售，则应结转的存货跌价准备为其"存货跌价准备"科目余额的一半。此时，存货跌价准备贷方8万元，借方6万元，余额为贷方2万元。

要求：计算应结转的存货跌价准备金额，并编制相应会计分录。

【解析】

按照比例应结转的存货跌价准备金额＝(8－6)÷2＝1(万元)

借：存货跌价准备　　　　　　　　　　　　　　　　　　　　　　　　　　10 000
　　贷：主营业务成本　　　　　　　　　　　　　　　　　　　　　　　　　　10 000

知识拓展：根据《企业会计准则第1号——存货》规定，在资产负债表日，为生产而持有的材料等，用其生产的产成品的可变现净值高于成本的，该材料仍然应当按照成本计量；材料价格的下降表明产成品的可变现净值低于成本的，该材料应当按照可变现净值计量。也就是说，材料存货在期末通常按照成本计量，除非企业用其生产的产成品发生了跌价，并且该跌价是由材料本身的价格下跌所引发的，才需要考虑计算材料存货的可变现净值，然后将该材料的可变现净值与成本进行比较，从而确定材料存货是否发生了跌价问题。

2-4　流动资产核算思维导图

实务案例

永辉超市股份有限公司(以下简称永辉超市)成立于2001年，总部设在福建省福州市。

永辉超市是中国大陆首批将生鲜农产品引进现代超市的流通企业之一。被百姓誉为"民生超市,百姓永辉"。2010年,永辉超市在A股上市,是中国企业500强之一。自创办以来,永辉超市持续高质量发展。目前,永辉超市已在全国发展超千家连锁超市,业务覆盖29个省份,近600个城市,经营面积超过800万平方米。位居2022年中国超市百强榜第二位、2022年中国连锁百强第四位。在激烈的国内外商超企业的竞争中,尤其2020年以来,面对经济下行压力的增大,新消费场景的出现,永辉超市不断超越前进,得益于科技赋能供应链,以数字驱动增长,建立起质量更高、效率更高的全渠道运营体系,成为"以生鲜为基础,以客户为中心"的科技零售平台。2017—2021年永辉超市存货及跌价准备统计表如表2-14所示。

表2-14　　　　2017—2021年永辉超市存货及跌价准备统计表　　　　单位:万元

财务指标	2017年	2018年	2019年	2020年	2021年
存货余额	558 330	811 954	1 233 622	1 088 168	1 079 149
跌价准备	118	66	282	—	—
计提比率	0.02%	0.01%	0.02%	—	—
年末营业成本	4 638 280	5 489 974	6 657 358	7 328 051	7 402 721
存货周转率	8.46	8.01	6.51	6.31	6.83

由表2-14可知,2017—2019年永辉超市存货呈现上升趋势,主要是因为增加门店和年底备货。到2021年,永辉超市加快推进物流自动化建设、实现智能化库存。零售转型时期永辉超市更注重存货管理,推动仓储建设,合理选拔人才,对存货存储质量和补发货状况进行技术研究,提高存货管理效率。永辉超市的存货周转率一直较高,与行业巨头沃尔玛相近,说明其存货变现能力强,在库存管理方面有行业优势。

资料来源:孙梦圆.新零售下实体企业如何挥剑破局——以永辉超市为例[J].中国商论,2023,(12):12-15.有删节.

问题与思考:对支持中国品牌流通企业,加速企业存货周转,做强做大企业,您有什么好建议吗?

课后练习:请扫描二维码,完成本项目的练习题。

2-5 项目二练习题

项目三
非流动资产核算

学习目标

◇ **知识目标**
1. 掌握长期股权投资的概念和种类,成本法、权益法的适用范围和核算账户。
2. 掌握投资性房地产的概念与特征、投资性房地产的范围。
3. 掌握固定资产的概念、分类和固定资产的管理要求。
4. 掌握无形资产的概念、特征和无形资产的管理要求。

◇ **能力目标**
1. 能熟练地进行长期股权投资成本法、权益法的核算。
2. 能熟练地进行投资性房地产的核算,能正确地运用投资性房地产计量的成本模式和公允价值模式。
3. 能熟练地进行固定资产的确认与初始计量,能正确地计算固定资产折旧,能正确地对固定资产取得、折旧、后续支出、处置、清查和减值进行账务处理。
4. 能熟练地进行无形资产的确认与初始计量,能正确地对无形资产取得、摊销、减值、处置进行账务处理。
5. 能正确地对长期待摊费用进行账务处理。

◇ **素养目标**
1. 培养爱国情怀,树立民族复兴的责任感。
2. 培养严谨细致的工匠精神,树立风险意识,增强底线思维,具备投资岗位人员的基本素养。
3. 培养固定资产安全意识,形成爱惜资产、勤俭节约,强化资产管理的责任意识。
4. 培养自主创新和科技强国意识、知识产权保护意识,树立社会责任担当。
5. 培养"坚持诚信,守法奉公;坚持准则,守责敬业;坚持学习,守正创新"的会计人员基本素养。
6. 培养沟通协作意识、大数据思维意识,具备会计职业判断能力。

项目导读

小王是大数据与会计专业即将毕业的实习生,现有幸进入某集团公司财务部实习,在公司领导与指导老师的建议下,学习公司往期部分账务的处理,小王发现公司持有一些对其他公司的长期股权投资,有各种机器设备,有闲置办公楼出租,公司还有好几项专利权……由于小王刚进入公司,没有实践经验,对这些资产的账务处理看得费劲。让我们通过本项目的学习掌握相关内容吧。

非流动性资产是指不能在1年内或超过1年的一个营业周期内变现或耗用的资产。非流动资产包括流动资产以外的债权投资、其他债权投资、长期应收款、长期股权投资、投资性房地产、固定资产、在建工程、使用权资产、无形资产、开发支出、长期待摊费用、递延所得税资产、其他非流动资产等。

任务一 长期股权投资核算

3-1 课程思政:鲁冠球:挺进美国的中国常青树

学习导读: 中国著名的民营企业万向集团,在进入21世纪后,进一步抢抓机遇拓展国外市场,不仅成为国内第一个为美国通用汽车提供零部件的OEM厂商,还相继收购了万向集团的老大哥舍勒公司和洛克福特公司。2001年,万向集团还将美国纳斯达克上市公司UAI纳入麾下,开创了中国乡镇企业收购海外上市公司的先河。2013年1月28日,万向集团成功收购美国规模最大、技术最先进的锂电池制造商——A123系统公司除军工合同以外的所有资产,构建起"中国投资、美国运营、全球市场、创新技术、提升中国"的全面国际化发展平台。这里的企业投资是一种长期股权投资吗?对长期股权投资应怎样进行会计核算呢?让我们带着这些疑问,开始本任务的学习吧。

一、长期股权投资的确认与计量

按照《企业会计准则第2号——长期股权投资》的相关规定,长期股权投资的确认与计量的范围包括投资方能够对被投资单位实施控制的权益性投资,即对子公司投资;投资方与其他合营方一同对被投资单位实施共同控制且对被投资单位净资产享有权利的权益性投资,即对合营企业投资;投资方对被投资单位具有重大影响的权益性投资,即对联营企业投资。

(一)长期股权投资的初始计量

1. 以企业合并方式取得的长期股权投资

同一控制下企业合并形成的长期股权投资,合并方以支付现金、转让非现金资产或承担债务方式作为合并对价的,应在合并日按取得被合并方所有者权益在最终控制方合并财务报表中的账面价值的份额作为初始投资成本计量。非同一控制下企业合并形成的长期股权投资,购买方以支付现金、转让非现金资产或承担债务方式等作为合并对价的,按照确定的企业合并成本进行初始计量;购买方以发行权益性证券作为合并对价的,应在购买日按照发行的权益性证券的公允价值作为初始投资成本计量;企业为企业合并发生的审计、法律服务、评估咨询等中介费用,以及其他相关管理费用,应作为当期损益计入管理费用。

2. 以非企业合并方式取得的长期股权投资

以支付现金、转让非现金资产等其他方式取得的长期股权投资,应当按照现金、非现金货币性资产的公允价值作为初始投资成本计量;以发行权益性证券取得的长期股权投资,应当按照发行的权益性证券的公允价值作为初始投资成本计量。

（二）长期股权投资的后续计量

1. 成本法

成本法是指长期股权投资日常核算按投资成本计价的一种方法。其特点是除追加投资或收回投资外，长期股权投资的账面价值一般保持不变。除取得投资时实际支付的价款或对价中包含的已宣告但尚未发放的现金股利或利润外，投资企业应当按照被投资单位宣告发放的现金股利或利润中应享有的份额确认投资收益。

《企业会计准则第2号——长期股权投资》规定，投资方能够对被投资单位实施控制的长期股权投资应当采用成本法核算。

2. 权益法

权益法是指取得长期股权投资以初始投资成本计价，后续根据投资企业享有被投资单位所有者权益份额的变动相应对其投资的账面价值进行调整的一种方法。其特点是长期股权投资的账面价值随被投资单位所有者权益的变动而变动，在股权持有期间，长期股权投资的账面价值与享有被投资单位所有者权益的份额相对应。

《企业会计准则第2号——长期股权投资》规定，投资方对联营企业和合营企业的长期股权投资应当采用权益法核算。

二、长期股权投资的账务处理

为了如实反映和监督长期股权投资的取得、持有、处置等业务活动，企业应设置"长期股权投资"科目。借方登记取得股权时的实际投资成本或享有被投资单位权益的增加金额；贷方登记享有被投资单位权益的减少金额或股权投资处置的成本；期末余额在借方，反映企业持有的长期股权投资的价值。权益法下，"长期股权投资"科目还应当分别设置"投资成本""损益调整""其他综合收益""其他权益变动"等明细科目进行明细核算。

（一）以企业合并方式形成的长期股权投资的账务处理

1. 同一控制下企业合并形成的长期股权投资的账务处理

同一控制下企业合并的实质是集团内部资产的重新配置与账面调拨，仅涉及集团内部不同企业间资产和所有者权益的变动，不具有商业实质，不应产生经营性损益和非经营性损益。

（1）合并方以支付现金、转让非现金资产或承担债务方式作为合并对价的，应在合并日按取得被合并方所有者权益在最终控制方合并财务报表中的账面价值的份额，借记"长期股权投资"科目（投资成本），按支付的合并对价的账面价值，贷记或借记有关资产、负债科目，按其差额，贷记"资本公积——资本溢价（或股本溢价）"科目；如为借方差额，借记"资本公积——资本溢价（或股本溢价）"科目，资本公积（资本溢价或股本溢价）不足冲减的，应依次借记"盈余公积""利润分配——未分配利润"科目。

【例题3-1】 甲公司和乙公司为同一母公司最终控制下的两家公司。2023年6月30日，甲公司向其母公司支付现金86 800 000元，取得母公司拥有乙公司100%的股权，于当日起能够对乙公司实施控制。合并后乙公司仍维持其独立法人地位继续经营。2023年6月30日，母公司合并报表中乙公司的净资产账面价值为80 000 000元。甲、乙公司合并前采用的会计政策相同。假定不考虑相关税费和其他因素影响。

要求：编制合并日甲公司相关会计分录。

【解析】

借：长期股权投资——乙公司	80 000 000
资本公积——股本溢价	6 800 000
贷：银行存款	86 800 000

本例中，甲公司和乙公司为同一母公司最终控制下的两家公司，甲公司取得长期股权投资应按应享有母公司合并财务报表中的乙公司账面价值的份额计算确定。

(2) 合并方以发行权益性证券作为合并对价的，应当在合并日按照被合并方所有者权益在最终控制方合并财务报表中的账面价值的份额，借记"长期股权投资"科目(投资成本)，按照发行股份的面值总额，贷记"股本"科目，按其差额，贷记"资本公积——资本溢价(或股本溢价)"科目；如为借方差额，借记"资本公积——资本溢价(或股本溢价)"科目，资本公积(资本溢价或股本溢价)不足冲减的，应依次借记"盈余公积""利润分配——未分配利润"科目。

【例题3-2】　甲公司和乙公司为同一母公司最终控制下的两家公司。2023年6月30日，假定甲公司向其母公司发行20 000 000股普通股(每股面值为1元，每股公允价值为4.34元)，取得母公司拥有乙公司100%的股权，于当日起能够对乙公司实施控制。合并后乙公司仍维持其独立法人地位继续经营。2023年6月30日，母公司合并报表中乙公司的净资产账面价值为80 000 000元。甲、乙公司合并前采用的会计政策相同。假定不考虑相关税费和其他因素影响。

要求：编制合并日甲公司相关会计分录。

【解析】

借：长期股权投资——乙公司	80 000 000
贷：股本	20 000 000
资本公积——股本溢价	60 000 000

本例中，甲公司和乙公司为同一母公司最终控制下的两家公司，甲公司取得长期股权投资和发行股票的价值不应按照股票的市场公允价值每股4.34元计算确定，而应按照合并财务报表中的乙公司账面价值中应享有的份额计算确定。

2. 非同一控制下企业合并形成的长期股权投资的账务处理

非同一控制下的企业合并实质是不同市场主体间的产权交易，购买方如果以转让非现金资产方式作为对价的，实质是转让或处置了非现金资产，具有商业实质性质，产生经营性损益或非经营性损益。

(1) 购买方以支付现金、转让非现金资产或承担债务等方式作为合并对价的，应在购买日按照现金、非现金货币性资产的公允价值作为初始投资成本计量确定合并成本，借记"长期股权投资"科目(投资成本)，按付出的合并对价的账面价值，贷记或借记有关资产、负债科目，按发生的直接相关费用(如资产处置费用)，贷记"银行存款"等科目，按其差额，贷记"主营业务收入""资产处置损益""投资收益"等科目或借记"管理费用""资产处置损益""主营业务成本"等科目。

【例题3-3】　甲公司和乙公司为非同一控制下的两家独立公司。2023年6月30日，甲公司以其拥有的固定资产对乙公司投资,取得乙公司 60% 的股权。该固定资产原值为 2 000 万元,已累计计提折旧 1 000 万元,已计提减值准备 80 万元,投资日该固定资产的公允价值为 1 300 万元。2023 年 6 月 30 日,乙公司的可辨认净资产公允价值为 2 500 万元。假定不考虑相关税费和其他因素影响。

要求:编制投资日甲公司相关会计分录。

【解析】

借:长期股权投资——乙公司	13 000 000
累计折旧	10 000 000
固定资产减值准备	800 000
贷:固定资产	20 000 000
资产处置损益	3 800 000

本例中,长期股权投资成本应按非现金货币性资产的公允价值作为初始投资成本计量。

(2) 购买方以发行权益性证券作为合并对价的,应在购买日按照发行的权益性证券的公允价值,借记"长期股权投资"科目(投资成本),按照发行的权益性证券的面值总额,贷记"股本"科目,按其差额,贷记"资本公积——资本溢价(或股本溢价)"科目。企业为企业合并发生的审计、法律服务、评估咨询等中介费用及其他相关管理费用,应当于发生时借记"管理费用"科目,贷记"银行存款"等科目。

【例题 3-4】 甲公司和乙公司为非同一控制下的两家独立公司。2023 年 6 月 30 日,甲公司以发行普通股 18 000 万股的方式取得乙公司 60% 的股份,拥有乙公司的表决权。乙公司股票面值为每股 1 元,市场发行价格为 5 元。甲公司向证券承销机构支付股票发行相关税费 2 700 万元。假定不考虑其他因素影响。

要求:编制购买日甲公司相关会计分录。

【解析】

借:长期股权投资——乙公司	900 000 000
贷:股本	180 000 000
资本公积——股本溢价	720 000 000

支付发行相关税费:

借:资本公积——股本溢价	27 000 000
贷:银行存款	27 000 000

本例中,长期股权投资成本应按发行普通股的市场公允价值作为初始投资成本计量。

(二) 以非企业合并方式形成的长期股权投资的账务处理

企业以非企业合并方式形成的长期股权投资,其实质是进行权益投资性质的商业交易。以支付现金、转让非现金资产等其他方式取得的长期股权投资,应按现金、非现金货币性资产的公允价值或按照非货币性资产交换或债务重组准则确定的初始投资成本,借记"长期股权投资"科目,贷记"银行存款"等科目,贷记或借记"资产处置损益"等处置非现金资产相关的科目。

【例题 3-5】 甲公司和乙公司为非同一控制下的两家独立小型有限责任公司。2023 年 6 月 30 日,甲公司以支付现金 300 万元的方式取得乙公司 20% 的股份,拥有乙公司的表决权。甲公司准备长期持有。假定不考虑其他因素影响。

要求：编制购买日甲公司相关会计分录。

【解析】

借：长期股权投资——乙公司　　　　　　　　　　　　　　　3 000 000
　　贷：银行存款　　　　　　　　　　　　　　　　　　　　　3 000 000

（三）成本法下长期股权投资的账务处理

企业的长期股权投资采用成本法核算的，应按被投资单位宣告发放的现金股利或利润中属于投资企业的部分，借记"应收股利"科目，贷记"投资收益"科目。

【例题3-6】 2022年12月31日，乙公司利润表显示当年实现净利润100万元。2023年2月20日发布经股东会批准的利润决算报告，决定分配现金股利60万元；并于2023年3月21日发放了全部股利。甲公司取得乙公司60%的股份，拥有乙公司的表决权，采用成本法核算。

要求：编制甲公司相关会计分录。

【解析】

2022年12月31日，被投资方乙公司当年实现净利润，甲公司不需要作账务处理。

2023年2月20日，发布利润分配公告，甲公司应编制会计分录如下：

借：应收股利　　　　　　　　　　　　　　　　　　　　　　360 000
　　贷：投资收益　　　　　　　　　　　　　　　　　　　　　360 000

2023年3月21日，收到乙公司发放的股利，甲公司应编制会计分录如下：

借：银行存款　　　　　　　　　　　　　　　　　　　　　　360 000
　　贷：应收股利　　　　　　　　　　　　　　　　　　　　　360 000

（四）权益法下长期股权投资的账务处理

企业的长期股权投资采用权益法核算的，应当分别按下列情况进行账务处理。

1. 被投资单位可辨认净资产公允价值发生变动的账务处理

长期股权投资的初始投资成本大于投资时应享有被投资单位可辨认净资产公允价值份额的，不调整已确认的初始投资成本；长期股权投资的初始投资成本小于投资时应享有被投资单位可辨认净资产公允价值份额的，应按其差额，借记"长期股权投资"科目（投资成本），贷记"营业外收入"科目。

学习提示：

当初始投资成本大于权益份额时，不调整初始投资成本。

当初始投资成本小于权益份额时，应按其差额调整初始投资成本。

借：长期股权投资——投资成本
　　贷：营业外收入

【例题3-7】 甲公司于2023年1月2日取得丙公司30%的股权，支付价款30 000万元。取得投资时，被投资单位账面所有者权益的构成如下（假定该时点被投资单位各项可辨认资产、负债的公允价值与其账面价值相等）：

(1) 实收资本：30 000 万元。
(2) 资本公积：24 000 万元。
(3) 盈余公积：6 000 万元。
(4) 未分配利润：15 000 万元。
(5) 所有者权益总额：75 000 万元。

假定在丙公司的董事会中，所有股东均以其持股比例行使表决权。甲公司在取得对丙公司的股权后，派人参与了丙公司的财务和生产经营决策，能够对丙公司的生产经营决策施加重大影响，甲公司对该项投资采用权益法核算。

要求：编制甲公司相关业务会计分录。

【解析】
取得投资时，甲公司应编制会计分录如下：

借：长期股权投资——丙公司——投资成本　　　　　　　　　　　　　300 000 000
　　贷：银行存款　　　　　　　　　　　　　　　　　　　　　　　　　　　　300 000 000

长期股权投资的初始投资成本 300 000 000 元大于取得投资时，应享有丙公司可辨认净资产公允价值的份额 225 000 000 元（750 000 000×30%），不对其初始投资成本进行调整。

【例题 3-8】　承[例题 3-7]，假定取得投资时丙公司可辨认净资产公允价值为 1 200 000 000 元，甲公司按持股比例 30% 计算确定应享有 360 000 000 元，则初始投资成本与应享有丙公司可辨认净资产公允价值份额之间的差额为 60 000 000 元，应计入取得投资当期的损益。

要求：编制甲公司相关业务会计分录。

【解析】

借：长期股权投资——丙公司——投资成本　　　　　　　　　　　　　360 000 000
　　贷：银行存款　　　　　　　　　　　　　　　　　　　　　　　　　　　　300 000 000
　　　　营业外收入　　　　　　　　　　　　　　　　　　　　　　　　　　　60 000 000

2. 被投资单位实现盈利或发生亏损的账务处理

资产负债表日，企业应按被投资单位实现的净利润（以取得投资时被投资单位可辨认净资产的公允价值为基础计算）中企业享有的份额，借记"长期股权投资"科目（损益调整），贷记"投资收益"科目。被投资单位发生净亏损作相反的会计分录。

学习提示：被投资单位发生净亏损时，投资方按以下顺序冲减：
(1) 以"长期股权投资"科目的账面价值减记至零为限。
(2) 还需承担的投资损失，应将其他实质上构成对被投资单位净投资的"长期应收款"等的账面价值减记至零为限。
(3) 除按照以上步骤已确认的损失外，按照投资合同或协议约定将承担的损失，确认为预计负债。
(4) 除上述情况仍未确认的应分担被投资单位的损失，应在备查簿登记。

发生亏损的被投资单位以后实现净利润的，应按与上述相反的顺序进行处理。

【例题 3-9】　2022 年 12 月 31 日，甲公司持有丙公司发行在外普通股 30 000 万股，拥有丙公司 30% 的股份。经审计的年度利润表中当年实现净利润 90 000 万元。甲公司应确认投资收益 27 000 万元（90 000×30%）。

要求：编制甲公司相关业务会计分录。

【解析】

借：长期股权投资——丙公司——损益调整　　　　　　　　　　　　270 000 000
　　贷：投资收益　　　　　　　　　　　　　　　　　　　　　　　　　　270 000 000

3. 被投资单位分配股利或利润的账务处理

取得长期股权投资后，被投资单位宣告发放现金股利或利润时，企业计算应分得的部分，借记"应收股利"科目，贷记"长期股权投资"科目（损益调整）。发生亏损的被投资单位以后实现净利润的，企业计算应享有的份额，如有未确认投资损失的，应先弥补未确认的投资损失，弥补损失后仍有余额的，依次借记"长期应收款"科目和"长期股权投资"科目（损益调整），贷记"投资收益"科目。

学习提示： 收到被投资单位发放的股票股利，不进行账务处理，但应在备查簿中登记。

【例题3-10】　承[例题3-9]，2023年3月18日，丙公司经股东大会批准，宣告现金股利分配方案为以每10股2元分配2022年现金股利。甲公司于2023年4月20日收到丙公司发放的现金股利。不考虑企业所得税等相关因素影响。

要求：编制甲公司相关业务会计分录。

【解析】

（1）2023年3月18日，甲公司确认应分配的现金股利为6 000万元（30 000×0.2），应编制会计分录如下：

借：应收股利　　　　　　　　　　　　　　　　　　　　　　　　　　　60 000 000
　　贷：长期股权投资——损益调整　　　　　　　　　　　　　　　　　　60 000 000

（2）2023年4月20日，甲公司收到现金股利，应编制会计分录如下：

借：银行存款　　　　　　　　　　　　　　　　　　　　　　　　　　　60 000 000
　　贷：应收股利　　　　　　　　　　　　　　　　　　　　　　　　　　60 000 000

4. 被投资单位的其他变动的账务处理

被投资单位除净损益、利润分配以外的其他综合收益变动或所有者权益的其他变动，企业按持股比例计算应享有的份额，借记"长期股权投资"科目（其他综合收益或其他权益变动），贷记"其他综合收益"或"资本公积——其他资本公积"科目。

（五）计提长期股权投资减值准备的账务处理

资产负债表日，企业根据资产减值相关要求确定长期股权投资发生减值的，按应减记的金额，借记"资产减值损失"科目，贷记"长期股权投资减值准备"科目。处置长期股权投资时，应同时结转已计提的长期股权投资减值准备。

（六）处置长期股权投资的账务处理

处置长期股权投资时，应按实际收到的金额，借记"银行存款"等科目，原已计提减值准备的，借记"长期股权投资减值准备"科目，按其账面余额，贷记"长期股权投资"科目，按尚未领取的现金股利或利润，贷记"应收股利"科目，按其差额，贷记或借记"投资收益"科目。

处置采用权益法核算的长期股权投资时，应当采用与被投资单位直接处置相关资产或负债相同的基础，对相关的其他综合收益进行账务处理。对于应转入当期损益的其他综合收益,应按结转的长期股权投资的投资成本比例结转原记入"其他综合收益"科目的金额,借记或贷记"其他综合收益"科目,贷记或借记"投资收益"科目。

处置采用权益法核算的长期股权投资时,还应按结转的长期股权投资的投资成本比例结转原记入"资本公积——其他资本公积"科目的金额,借记或贷记"资本公积——其他资本公积"科目,贷记或借记"投资收益"科目。

知识小结: 长期股权投资不同取得方式的比较如表3-1所示。

表3-1　　　　　　　　　　　　长期股权投资不同取得方式的比较

项目	方式一		方式二
取得方式	合并取得		合并以外的方式取得
	同一控制	非同一控制	
形成局面	控制		共同控制/重大影响
初始投资成本	被投资方在最终控制方可辨认净资产的账面价值	付出资产或权益的公允价值	付出资产或权益的公允价值
交易费用	计入管理费用		计入长期股权投资初始投资成本
股票发行费	冲减"资本公积——股本溢价"科目		
后续计量	成本法		权益法
是否设置二级明细	否		是

任务二　投资性房地产核算

学习导读: 新城控股集团股份有限公司(以下简称新城控股)创立于1993年,总部位于上海,于2015年挂牌上市。新城控股在2015年将投资性房地产的计量模式从成本模式改为公允价值模式。在房地产价格持续上升的背景下,房产的公允价值高于历史成本。所以,新城控股随着计量模式的变动,前后调增投资性房地产53 398万元,这一数字既是总资产增加的部分,又是公允价值与原账面价值的差额。随着公司的不断扩张发展,截至2021年年末,新城控股投资性房地产项目已高达10 704 210万元,公司可持续发展能力进一步增强。新城控股的投资性房地产是我们常见的企业办公楼吗?让我们带着这些疑问,开始本任务的学习吧。

一、投资性房地产的管理

(一) 投资性房地产的概念及内容

投资性房地产是指为赚取租金或资本增值,或两者兼有而持有的房地产,包括已出租的土地使用权、持有并准备增值后转让的土地使用权、已出租的建筑物。企业持有投资性房地产的目的主要是赚取租金和资本增值。资本增值是指资产负债表日投资性房地产的价值减去转作或购置时的价值或价格后增加或损失的价值。

投资性房地产主要包括以下内容。

1. 已出租的土地使用权

已出租的土地使用权是指企业通过出让或转让方式取得并以经营租赁方式出租的土地使用权。对以经营租赁方式租入土地使用权再转租给其他单位的,不能确认为投资性房地产。

2. 持有并准备增值后转让的土地使用权

持有并准备增值后转让的土地使用权是指企业通过出让或转让方式取得的并准备增值后转让的土地使用权。按照国家有关规定认定的闲置土地,不属于持有并准备增值后转让的土地使用权。

3. 已出租的建筑物

已出租的建筑物是指企业拥有产权并以经营租赁方式出租的房屋等建筑物,包括自行建造或开发活动完成后用于出租的建筑物。企业以经营租赁方式租入再转租的建筑物,不属于投资性房地产。企业将建筑物出租,按租赁协议向承租人提供的相关辅助服务在整个协议中不重大的,如企业将办公楼出租并向承租人提供保安、维修等辅助服务,应当将该建筑物确认为投资性房地产。

如果某项房地产部分用于赚取租金或资本增值,部分用于生产商品、提供劳务或经营管理,其中能够单独计量和出售的、用于赚取租金或资本增值的部分,应当确认为投资性房地产;不能够单独计量和出售的、用于赚取租金或资本增值的部分,不应当确认为投资性房地产。

企业自用房地产和作为存货的房地产不属于投资性房地产。例如,企业拥有并自行经营的旅馆饭店,其经营目的主要是通过提供客房服务赚取服务收入,该旅馆饭店不应当确认为投资性房地产。

学习提示:

1. 空置建筑物

只要企业管理当局(董事会或类似机构)作出正式书面决议,明确表明将空置建筑物用于经营出租且持有意图短期内不再发生变化的,则视为投资性房地产。空置建筑物是指企业新购入、自行建造或开发完工但尚未使用的建筑物,以及不再用于日常生产经营活动且经整理后达到可供经营出租状态的建筑物。

2. 在建房产

只要管理当局作出正式书面决议,明确表示在建房产完工后用于出租,则决议当日该在建房产即视为投资性房地产,以"投资性房地产——在建"科目核算。

3. 不属于投资性房地产的资产

(1) 自用房地产,即为生产商品、提供劳务或经营管理而持有的房地产。

(2) 作为存货的房地产。

(二) 投资性房地产的管理要求

投资性房地产是企业的一种经营性活动,其经营方式主要是出租赚取租金和持有并准备增值后转让获取资本增值。出租包括出租建筑物和土地使用权,其实质是在一定时期内让渡资产使用权的商业行为。投资性房地产的租金和资本增值高低,与国内外市场供求、经济发展、房地产市场波动、国家对房地产市场的管控及其政策变化等众多经济、政治、法律等

因素影响紧密相关;加之,投资性房地产投资金额巨大、周期长,在持有期间管理难度大,客观存在较大风险。其主要存在以下风险:

(1) 投资决策失误,引发盲目投资或丧失其他更有利的投资机会,可能导致资金链断裂或投资效益低下。

(2) 资金占用过量、资金调度困难、营运不畅,可能导致企业陷入财务困境风险。

(3) 出租经营活动管控不严,可能导致出租资产损坏或租金收取困难,甚至遭受欺诈欺骗等风险。

(4) 当投资决策失当、管控不严等引发资金周转困难时,常常会引发盲目筹资和资本结构不合理或筹资困难,导致企业筹资成本过高或债务危机等。

加强投资性房地产的会计核算与监督管理,提供真实、完整、准确、及时、详尽的会计资料,对于落实投资性房地产经管责任、提高管理效率和投资效益、防范投资风险等具有十分重要的作用和意义。

二、投资性房地产的确认与计量

(一) 投资性房地产的确认

1. 投资性房地产的确认条件

投资性房地产在符合其定义的前提下,应对同时满足下列条件的予以确认。

(1) 与该投资性房地产有关的经济利益很可能流入企业,即有证据表明企业能够获取租金或资本增值,或两者兼而有之。

(2) 该投资性房地产的成本能够可靠地计量。

2. 投资性房地产的确认时点

(1) 对于已出租的土地使用权、已出租的建筑物,其作为投资性房地产的确认时点一般为租赁期开始日,即土地使用权或建筑物进入出租状态、开始赚取租金的日期。

学习提示: 对于企业持有以备经营出租的空置建筑物,董事会或类似机构作出书面决议,明确表明将其用于经营出租且持有意图短期内不再发生变化的,即使尚未签订租赁协议,也应将其视为投资性房地产。

(2) 对于持有并准备增值后转让的土地使用权,其作为投资性房地产的确认时点为企业将自用土地使用权停止自用、准备增值后转让的日期。

(二) 投资性房地产的计量

投资性房地产应当按照成本进行初始确认与计量。在后续计量时,通常采用成本模式,满足特定条件的情况下,也可以采用公允价值模式。

1. 成本模式

成本模式是指投资性房地产的初始计量和后续计量均采用实际成本进行核算,外购、自行建造等按照初始购置或自行建造的实际成本计量,后续发生符合资本化条件的支出计入账面成本,后续计量按照固定资产或无形资产的相关规定按期计提折旧或摊销,资产负债表日发生减值的计提减值准备。

2. 公允价值模式

公允价值模式是指投资性房地产初始计量采用实际成本核算,后续计量按照投资性房地产的公允价值进行计量。按企业会计准则规定,只有存在确凿证据表明投资性房地产的公允价值能够持续可靠取得的情况下,企业才可以采用公允价值模式进行后续计量。

学习提示：可靠证据是指投资性房地产所在地有活跃的房地产交易市场、企业能够从活跃的交易市场上取得同类或类似房地产的市场价格及其他相关信息,从而对投资性房地产的公允价值作出合理的估计。

企业一旦选择采用公允价值模式,就应当对其所有投资性房地产均采用公允价值模式进行后续计量。

成本模式和公允价值模式的会计核算结果及其经济后果存在一定的差异。成本模式下,会计核算结果的可靠性和可控性较高,会计处理比较简单,不同会计期间会计资料的可比性较强,便于监督管理；公允价值模式下,取得公允价值的确凿证据相对较为困难,对会计职业判断的要求高,可能存在一定的企业自由裁量权,会计核算结果的可靠性和可控性较低,顺周期性较为明显,会计处理较为复杂烦琐,不同会计期间会计资料的可比性较差,对会计监督管理的要求很高。

学习提示：《企业会计准则第3号——投资性房地产》规定,企业通常应当采用成本模式对投资性房地产进行后续计量,对采用公允价值模式的条件作了限制性规定,且同一企业只能采用一种模式对所有投资性房地产进行后续计量,不得同时采用两种计量模式；同时规定,企业可以从成本模式变更为公允价值模式,已采用公允价值模式不得转为成本模式。

（三）投资性房地产的会计科目设置

为了反映和监督投资性房地产的取得、计提折旧或摊销、公允价值变动和处置等情况,企业应按照成本模式和公允价值模式分别设置"投资性房地产"等科目。投资性房地产会计科目设置及对照如表3-2所示。

表3-2　　　　　　　　投资性房地产会计科目设置及对照

会计科目设置	成本模式	公允价值模式
初始核算	设置"投资性房地产"科目,核算其实际成本及其增减变化,按具体项目（如厂房、已出租土地使用权等）设置明细科目	设置"投资性房地产——成本"科目,核算其实际成本及其增减变化
后续核算	(1) 设置"投资性房地产累计折旧"和"投资性房地产累计摊销"科目,分别核算计提折旧或计提摊销 (2) 设置"投资性房地产减值准备"科目,核算计提的减值准备	(1) 设置"投资性房地产——公允价值变动"科目,核算公允价值增减变动 (2) 设置"公允价值变动损益"科目,核算投资性房地产公允价值变动损益 (3) 设置"其他综合收益"科目,核算非投资性房地产转换为投资性房地产转换日的公允价值大于账面价值的差额
处置核算	设置"其他业务收入"和"其他业务成本"科目,核算处置收益和成本	设置"其他业务收入"和"其他业务成本"科目,核算处置收益和结转的成本

三、投资性房地产的账务处理

（一）取得投资性房地产的账务处理

企业取得投资性房地产,在成本模式下或公允价值模式下,均应按照取得时的实际成本核算。

1. 外购的投资性房地产

企业外购的土地使用权和建筑物,按照取得时的实际成本进行初始计量,借记"投资性房地产"科目,贷记"银行存款"等科目。取得时的实际成本包括购买价款、相关税费和可直接归属于该资产的其他支出。

企业购入的房地产,部分用于出租(或资本增值),部分自用,用于出租(或资本增值)的部分应当予以单独确认的,应按照不同部分的公允价值占公允价值总额的比例,将成本在不同部分之间进行分配。

【例题 3-11】 2023 年 2 月,甲企业计划购入一栋写字楼用于对外出租。3 月 1 日,甲企业与乙企业签订了经营租赁合同,约定自写字楼购买日起将该栋写字楼出租给乙企业,为期 5 年。4 月 4 日,甲企业实际购入写字楼,支付价款共计 2 400 万元。假设不考虑相关税费和其他因素影响。

要求:编制甲企业相关业务会计分录。

【解析】

借:投资性房地产——写字楼　　　　　　　　　　　　　　　　　　　24 000 000
　　贷:银行存款　　　　　　　　　　　　　　　　　　　　　　　　　　24 000 000

2. 自行建造的投资性房地产

在成本模式计量下,自行建造的投资性房地产,其成本由建造该项资产达到预定可使用状态前发生的必要支出构成,包括土地开发费、建筑成本、安装成本、应予以资本化的借款费用、支付的其他费用和分摊的间接费用等。建造过程中发生的非正常性损失直接计入当期损益,不计入建造成本。按照建造过程中发生的成本,借记"投资性房地产"科目,贷记"银行存款"等科目。

【例题 3-12】 2023 年 2 月,甲公司从其他单位购入一块使用年限为 50 年的土地,并在此土地上开始自行建造两栋厂房。2023 年 11 月,甲公司预计厂房即将完工,与乙公司签订了经营租赁合同,将其中的一栋厂房租赁给乙公司使用。合同约定于厂房完工交付使用时开始起租,租赁期为 6 年,每年年末支付租金 300 万元。2023 年 12 月 5 日,两栋厂房同时完工达到预定可使用状态并交付使用。该土地使用权的成本为 900 万元,至 2023 年 12 月 5 日,该土地使用权已累计计提摊销 16.50 万元;两栋厂房的实际造价成本均为 2 400 万元,能够单独出售。两栋厂房占用土地分别为这块土地的一半面积。

要求:编制甲公司相关业务会计分录。

【解析】

借:固定资产——厂房　　　　　　　　　　　　　　　　　　　　　　24 000 000
　　投资性房地产——厂房　　　　　　　　　　　　　　　　　　　　　24 000 000
　　贷:在建工程——厂房　　　　　　　　　　　　　　　　　　　　　　48 000 000

将出租厂房应分摊的土地使用权转作投资性房地产累计摊销,应编制会计分录如下:

借:投资性房地产——已出租土地使用权　　　　　　　　　　　　　　4 500 000
　　累计摊销　　　　　　　　　　　　　　　　　　　　　　　　　　　　82 500
　　贷:无形资产——土地使用权　　　　　　　　　　　　　　　　　　　4 500 000
　　　　投资性房地产累计摊销　　　　　　　　　　　　　　　　　　　　　82 500

本例中，建造完工交付使用两栋楼，共占用土地使用权的成本为900万元，出租厂房占用的土地使用权由"无形资产——土地使用权"科目记入"投资性房地产——已出租土地所有权"科目；已计提土地使用权摊销应平均分摊，由"累计摊销"科目记入"投资性房地产累计摊销"科目。

3. 自用房地产或存货转换为采用公允价值模式计量的投资性房地产

自用房地产或存货转换为采用公允价值模式计量的投资性房地产，该项投资性房地产应当按照转换日的公允价值计量。转换日的公允价值小于原账面价值的，其差额计入当期损益（公允价值变动损益）。转换日的公允价值大于原账面价值的，其差额作为其他综合收益核算。处置该项投资性房地产时，原计入其他综合收益的部分应当转入处置当期损益。

学习提示：对公允价值变动损益的不同处理，一方面，有利于满足谨慎性要求，即费用不应少计、收入不应多计，使得反映的净利润偏低；另一方面，有利于满足可靠性要求，即公允价值增值有着客观确凿证据，理应如实记账，转换日的公允价值大于原账面价值的差额属于未实现损益，作为其他综合收益计入利润表但不增加净利润，这就既满足了谨慎性要求，又增加了会计核算的有用性要求。

4. 自用房地产或存货转换为采用成本模式计量的投资性房地产

企业将自用房地产转换为采用成本模式计量的投资性房地产，应当按该房地产在转换日的原价、累计折旧、减值准备等，分别转入"投资性房地产""投资性房地产累计折旧（摊销）""投资性房地产减值准备"等科目。企业将作为存货的房地产转换为采用成本模式计量的投资性房地产，应当按该项存货在转换日的账面价值，借记"投资性房地产"科目，原已计提跌价准备的，借记"存货跌价准备"科目，贷记"开发产品"等科目。

（二）投资性房地产后续核算的账务处理

1. 采用成本模式对投资性房地产进行后续计量

在成本模式下，应当按照投资性房地产的实际成本进行计量，在持有期间比照固定资产或无形资产的相关规定计提折旧或摊销；存在减值迹象的，应当按照资产减值的相关规定进行处理。

【例题3-13】 承[例题3-12]，甲公司按月计提投资性房地产折旧和摊销。预计出租的厂房使用寿命为20年，预计净残值为0；土地使用权按50年摊销。按照年限平均法计提折旧和摊销。

要求：编制甲公司相关业务会计分录。

【解析】

（1）每月计提折旧100 000元和摊销7 500元。

借：其他业务成本——出租厂房折旧　　　　　　　　　　　　　　　100 000
　　　　　　　　——投资性房地产累计摊销　　　　　　　　　　　　 7 500
　　贷：投资性房地产累计折旧(24 000 000÷20÷12)　　　　　　　　100 000
　　　　投资性房地产累计摊销(4 500 000÷50÷12)　　　　　　　　　7 500

（2）每月确认应收租金收入25万元。

借：其他应收款——应收租金(3 000 000÷12)　　　　　　　　　　　250 000
　　贷：其他业务收入　　　　　　　　　　　　　　　　　　　　　　250 000

2. 采用公允价值模式对投资性房地产进行后续计量

采用公允价值模式计量，企业应设置"投资性房地产——成本"科目、"投资性房地产——公允价值变动"科目及"公允价值变动损益——投资性房地产"科目，分别核算投资性房地产的成本和后续计量公允价值变动及其由公允价值变动而产生的损益。采用公允价值模式进行后续核算，投资性房地产不应计提折旧或摊销。

【例题3-14】 承[例题3-11]，2023年4月4日，甲企业购入写字楼，支付价款共计2 400万元，与公允价值为相同金额。该写字楼所在区域有活跃的房地产交易市场，而且能够从房地产市场上获得同类房地产的市场报价。假设不考虑相关税费及其他因素影响。甲公司采用公允价值模式对该项出租房地产进行后续核算。2023年12月31日，该写字楼的公允价值为2 420万元。

要求：编制甲公司相关业务会计分录。

【解析】

（1）2023年4月4日，购入写字楼。

借：投资性房地产——成本　　　　　　　　　　　　　　　　　　24 000 000
　　贷：银行存款　　　　　　　　　　　　　　　　　　　　　　　24 000 000

（2）2023年12月31日，按照公允价值调整其账面价值，公允价值与原账面价值之间的差额计入当期损益。

借：投资性房地产——公允价值变动　　　　　　　　　　　　　　　200 000
　　贷：公允价值变动损益——投资性房地产　　　　　　　　　　　　200 000

（三）投资性房地产处置的账务处理

企业出售、转让、报废投资性房地产或发生投资性房地产毁损，应当将处置收入扣除其账面价值和相关税费后的金额计入当期损益。

知识拓展 处置采用公允价值模式计量的投资性房地产时，除上述账务处理外，还要将持有期间累计公允价值变动记入"公允价值变动损益"科目中的金额转入"其他业务成本"科目；如果投资性房地产是由非投资性房地产转换而来，原转换时确认的"其他综合收益"或"公允价值变动损益"科目的金额也需转入"其他业务成本"科目。

相关账务处理为：

借：公允价值变动损益
　　贷：其他业务成本（或相反分录）

借：其他综合收益
　　贷：其他业务成本

【例题3-15】 甲公司将一幢出租用房出售，取得收入5 000万元存入银行。甲公司采用成本模式计量，该幢出租房的账面原值为8 600万元，已计提折旧6 450万元，未计提减值准备。假定不考虑相关税费和其他因素影响。

要求：编制甲公司相关业务会计分录。

【解析】

借：银行存款　　　　　　　　　　　　　　　　　　　　　　　　50 000 000
　　贷：其他业务收入　　　　　　　　　　　　　　　　　　　　　50 000 000

借：其他业务成本	21 500 000
投资性房地产累计折旧	64 500 000
贷：投资性房地产	86 000 000

【例题 3-16】 甲公司将一幢出租用房出售,取得收入 8 000 万元存入银行。甲公司采用公允价值模式计量,该幢出租房出售时投资性房地产的成本明细科目借方余额为 8 600 万元,公允价值变动明细科目借方余额为 300 万元。假定不考虑相关税费和其他因素影响。

要求:编制甲公司相关业务会计分录。

【解析】

借：银行存款	80 000 000
贷：其他业务收入	80 000 000
借：其他业务成本	89 000 000
贷：投资性房地产——成本	86 000 000
——公允价值变动	3 000 000

任务三 固定资产核算

学习导读:甲机器设备生产企业购买了一条新的价值 100 万元的生产线,此生产线需要进行安装才能使用,发生安装调试费用 10 万元。根据相关规定,估计该设备使用寿命为 8 年。使用 4 年后,出现故障进行修理发生费用 1 万元。第五年,因新的技术出现,该生产线预估价值迅速下降。第七年,该生产线生产的产品没有市场,该生产线本身也无法售出,不能给企业带来经济利益,故终止确认该资产,转而进行报废处理。这就是该生产线的"一生"。本任务将用会计的语言讲述固定资产的"传奇一生"。

3-2 课程思政:小厕所,大民生

一、固定资产的管理

请思考:图 3-1 展示了在设备生产企业待售的设备和其他企业正在运行的设备。请问机器设备生产企业待售的设备和生产企业正在运行的机器设备都是企业的固定资产吗?

图 3-1 企业待售的设备和正在运行的设备

（一）固定资产的概念及特征

固定资产是指企业为生产产品、提供劳务、出租或经营管理而持有的，使用时间超过一个会计年度，价值达到一定标准的非货币性资产，包括房屋、建筑物、机器、机械、运输工具，以及其他与生产经营活动有关的设备、器具、工具等。固定资产是企业的劳动手段，也是企业赖以生产经营的主要资产。

固定资产的特征包括：①为生产商品、提供劳务、出租或经营管理而持有。②使用寿命超过一个会计年度。

学习提示：机器设备是否为企业的固定资产，需结合企业的性质和资产用途分析。图3-1中，机器设备生产企业待售的设备是存货，生产企业正在运行的机器设备则是固定资产。

（二）固定资产的分类

固定资产种类繁多，可以从不同的角度对固定资产进行分类。

1. 按经济用途分类

按经济用途分类，固定资产可以分为生产经营用固定资产和非生产经营用固定资产。

（1）生产经营用固定资产是指参加生产过程或直接服务于生产过程的各种房屋、建筑物、机器设备、工具、仪器和运输设备等固定资产。

（2）非生产经营用固定资产是指不直接服务于生产过程的各种固定资产，如职工住宅、公用事业、文化生活、卫生保健等使用的房屋、建筑物、设备和器具等。

2. 按经济用途和使用情况综合分类

按经济用途和使用情况综合分类，固定资产可以分为以下6种类型：

（1）生产经营用固定资产。

（2）非生产经营用固定资产。

（3）租出固定资产是指企业在经营租赁方式下出租给外单位使用的固定资产。

（4）不需用固定资产是指不适合本企业需要，已报请上级等待调配处理的固定资产。

（5）未使用固定资产是指尚未投入使用的新增固定资产和因非正常原因暂时停止使用的固定资产。

（6）土地是指过去已经估价单独入账的土地。因征地而支付的补偿费，应计入与土地有关的房屋、建筑物的价值内，不单独作为土地价值入账。企业取得的土地使用权，应作为无形资产管理和核算，不应作为固定资产管理和核算。

学习提示：单独估价作为固定资产入账的土地是不计提折旧的。

由于企业的经营性质不同，经营规模各异，对固定资产的分类不可能完全一致，企业可以按照自身的实际情况自行进行分类。但在实际工作中，企业大多数采用经济用途和使用情况综合分类。固定资产的分类如图3-2所示。

（三）固定资产的管理要求

固定资产是企业生产经营管理过程中重要的劳动资料和物质基础，是固定资本的实物形态。企业应结合实际情况加强固定资产的监督管理，规范固定资产管理流程，明确固定资产的申请采购、验收、交付使用、处置报废等各环节的权、责、利，强化各有关部门及员工的职责、落实经管责任，保证固定资产会计核算资料的真实、准确、完整。防范因固定资产更新改

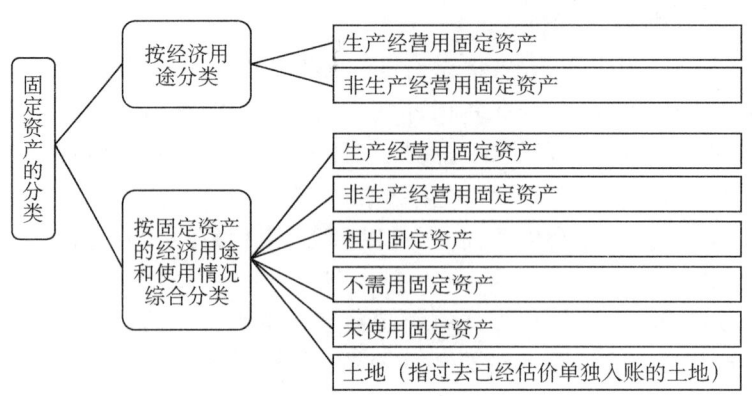

图 3-2　固定资产的分类

造不够、使用效能低下、维护不当、产能过剩,可能导致的企业缺乏竞争力、资产价值贬损、安全事故频发或资源浪费等风险。主要有以下管理要求:

(1) 正确预测并确定固定资产的需要量和规模。

(2) 严格划分资本性支出和收益性支出的界限。合理确认并准确计量固定资产的价值;坚持实质重于形式的原则,正确区分固定资产和在建工程。

(3) 加强固定资产的日常管理。在日常管理过程中,企业应建立和健全固定资产的管理责任制度,严格固定资产的采购、验收、交付使用、出售和报废清理及定期清查盘点等手续制度,确保各项经办业务的各项原始凭证真实、准确、完整,提高固定资产的使用效率和效果。

(4) 正确核算固定资产折旧和减值,及时、准确地计提固定资产折旧,需要计提固定资产减值的,应准确合理识别固定资产减值迹象并按规定计提减值,确保固定资产及时更新改造。

二、固定资产的会计科目设置

为了反映和监督固定资产的取得、计提折旧和处置等情况,企业一般需要设置"固定资产""累计折旧""在建工程""工程物资""固定资产清理"等科目。

"固定资产"科目核算企业固定资产的原价,借方登记企业增加的固定资产原价,贷方登记企业减少的固定资产原价;期末余额在借方,反映企业期末固定资产的账面原价。企业应当设置"固定资产登记簿"和"固定资产卡片"等明细科目,按固定资产类别、使用部门和每项固定资产进行明细核算。

"累计折旧"科目属于"固定资产"科目的调整科目,核算企业固定资产的累计折旧,贷方登记企业计提的固定资产折旧,借方登记处置固定资产转出的累计折旧;期末余额在贷方,反映企业固定资产的累计折旧额。

"在建工程"科目核算企业基建、更新改造等在建工程发生的支出,借方登记企业各项在建工程的实际支出,贷方登记完工工程转出的成本;期末余额在借方,反映企业尚未达到预定可使用状态的在建工程的成本。

"工程物资"科目核算企业为在建工程而准备的各种物资的实际成本,借方登记企业购入工程物资的成本,贷方登记领用工程物资的成本;期末余额在借方,反映企业为在建工程准备的各种物资的成本。

"固定资产清理"科目核算企业因出售、报废、毁损、对外投资、非货币性资产交换、债务重组等原因转入清理的固定资产价值，以及在清理过程中发生的清理费用和清理收益。该科目借方登记转出的固定资产账面价值、清理过程中应支付的相关税费及其他费用，贷方登记出售固定资产取得的价款、残料价值和变价收入。期末余额在借方，反映企业尚未清理完毕的固定资产清理净损失；期末余额在贷方，则反映企业尚未清理完毕的固定资产清理净收益。固定资产清理完成，其借方登记转出的清理净收益，贷方登记转出的清理净损失，清理净损益结转后，"固定资产清理"科目无余额。企业应当按照被清理的固定资产项目设置明细账，进行明细核算。

此外，企业固定资产、在建工程、工程物资发生减值的，还应当设置"固定资产减值准备""在建工程减值准备""工程物资减值准备"等科目进行核算。

三、固定资产的确认条件

一项资产如要作为固定资产加以确认，既要符合固定资产的定义，还要符合固定资产的确认条件。固定资产是指同时具有下列特征的有形资产，即与该固定资产有关的经济利益很可能流入企业，同时该固定资产的成本能够可靠地计量。

1. 与固定资产有关的经济利益很可能流入企业

企业在确认固定资产时，需要判断与该项固定资产有关的经济利益是否很可能流入企业。实务中，主要是通过判断与该固定资产所有权相关的风险和报酬是否转移到了企业来确定。

2. 固定资产的成本能够可靠地计量

成本能够可靠地计量是资产确认的一项基本条件。要确认固定资产，企业取得该固定资产所发生的支出必须能够可靠地计量。企业在确定固定资产成本时，有时需要根据所获得的最新资料，对固定资产的成本进行合理的估计。如果企业能够合理地估计出固定资产的成本，则视同固定资产的成本能够可靠地计量。

固定资产的各组成部分具有不同使用寿命或以不同方式为企业提供经济利益，适用不同折旧率或折旧方法的，应当分别将各组成部分确认为单项固定资产。

学习提示： 与固定资产有关的后续支出，符合固定资产确认条件的，应当计入固定资产成本；不符合固定资产确认条件的，应当在发生时计入当期损益。

固定资产的初始计量是指企业最初取得固定资产时对其入账价值的确定。固定资产应当按照成本进行初始计量。固定资产的成本是指企业购建某项固定资产达到预定可使用状态前所发生的一切合理、必要的支出。这些支出包括直接发生的价款、运杂费、包装费和安装成本等，也包括间接发生的应承担的借款利息、外币借款折算差额及应分摊的其他间接费用等。

四、取得固定资产的账务处理

（一）外购固定资产的账务处理

外购固定资产的成本，包括购买价款、相关税费（包括关税、契税、耕地占用税、车辆购置税等），使固定资产达到预定可使用状态前所发生的可归属于该项资产的运输费、装卸费、安装费和专业人员服务费等。外购固定资产分为购入不需要安装的固定资产和购入需要安装的固定资产。

学习提示: 相关税费不包括税法规定的购进固定资产时支付的可抵扣的增值税进项税额。固定资产原值不包括员工培训费。

1. 购入不需要安装的固定资产

企业作为一般纳税人,购入不需要安装的固定资产、管理设备等动产时,应按支付的购买价款,使固定资产达到预定可使用状态前所发生的可归属于该项资产的运输费、装卸费和专业人员服务费等,作为固定资产成本,借记"固定资产"科目,取得增值税专用发票、海关完税证明或公路发票等增值税扣税凭证,并经税务机关认证可以抵扣的,应按专用发票上注明的增值税进项税额,借记"应交税费——应交增值税(进项税额)"科目,贷记"银行存款""应付账款"等科目。

2. 购入需要安装的固定资产

企业作为一般纳税人,购入需要安装的固定资产、管理设备等动产时,应在购入的固定资产取得成本的基础上,加上安装调试成本作为入账成本。

按照购入需要安装的固定资产的取得成本,借记"在建工程"科目,按购入固定资产时可抵扣的增值税进项税额,借记"应交税费——应交增值税(进项税额)"科目,贷记"银行存款""应付账款"等科目。

按实际发生的安装调试成本,借记"在建工程"科目,按取得的外部单位提供的增值税专用发票上注明的增值税进项税额,借记"应交税费——应交增值税(进项税额)"科目,贷记"银行存款"等科目;耗用了本单位的材料或人工的,按应承担的成本金额,借记"在建工程"科目,贷记"原材料""应付职工薪酬"等科目。安装完成达到预定可使用状态时,由"在建工程"科目转入"固定资产"科目,借记"固定资产"科目,贷记"在建工程"科目。

【例题 3-17】 某企业为增值税一般纳税人,2023 年 6 月 1 日,用银行存款购入一台需要安装的设备,增值税专用发票上注明价款 200 000 元,增值税税额 26 000 元。支付安装费并取得增值税专用发票,注明安装费 40 000 元,税率 9%,增值税税额 3 600 元。

要求:编制该企业相关业务会计分录。

【解析】

(1) 购入时:

借:在建工程 200 000
　　应交税费——应交增值税(进项税额) 26 000
　　贷:银行存款 226 000

(2) 支付安装费时:

借:在建工程 40 000
　　应交税费——应交增值税(进项税额) 3 600
　　贷:银行存款 43 600

(3) 设备安装完毕交付使用时:

该设备成本=200 000+40 000=240 000(元)

借:固定资产 240 000
　　贷:在建工程 240 000

企业作为小规模纳税人,购入固定资产发生的增值税进项税额应计入固定资产成本,借记"固定资产"或"在建工程"科目,不通过"应交税费——应交增值税"科目核算。

【例题 3-18】 承[例题 3-16],某企业为增值税小规模纳税人,2023 年 6 月 1 日,用银行存款购入一台需要安装的设备,增值税专用发票上注明价款 200 000 元,增值税税额 26 000 元,支付安装费并取得增值税专用发票,注明安装费 40 000 元,增值税税额 3 600 元。进项税额不得从销项税额中抵扣,应计入固定资产成本核算。

要求:编制该企业相关业务会计分录。

【解析】

(1)购入时:

借:在建工程　　　　　　　　　　　　　　　　　　　　　　　　226 000
　　贷:银行存款　　　　　　　　　　　　　　　　　　　　　　　　226 000

(2)支付安装费时:

借:在建工程　　　　　　　　　　　　　　　　　　　　　　　　43 600
　　贷:银行存款　　　　　　　　　　　　　　　　　　　　　　　　43 600

(3)设备安装完毕交付使用时:

该设备成本=226 000+43 600=269 600(元)

借:固定资产　　　　　　　　　　　　　　　　　　　　　　　　269 600
　　贷:在建工程　　　　　　　　　　　　　　　　　　　　　　　　269 600

3. 外购固定资产的特殊考虑

以一笔款项购入多项没有单独标价的固定资产,应当按照各项固定资产的公允价值比例对总成本进行分配,分别确定各项固定资产的成本。外购固定资产的特殊处理如图 3-3 所示。

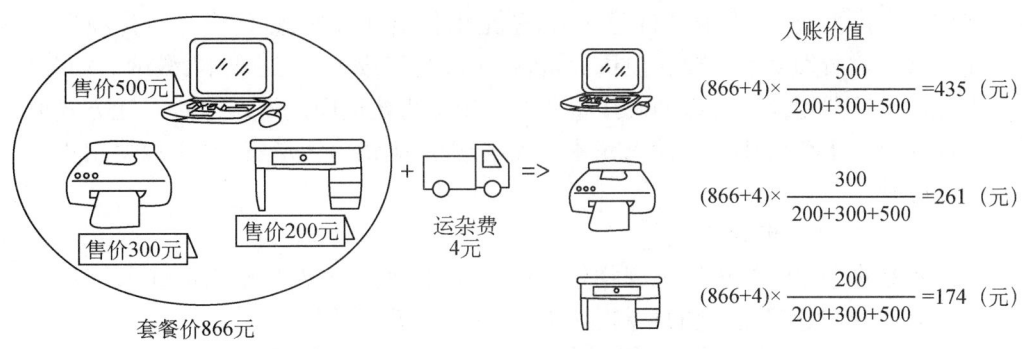

图 3-3　外购固定资产的特殊处理

【例题 3-19】 2023 年 7 月 1 日,甲公司向乙公司(增值税一般纳税人)一次购进了 3 台不同型号且具有不同生产能力的设备 A、B、C,取得的增值税专用发票上注明的价款为 100 000 000 元,增值税税额为 13 000 000 元,另支付包装费 750 000 元,增值税税额为 45 000 元,全部款项以银行存款转账支付。假设设备 A、B 和 C 的公允价值分别为 45 000 000 元、38 500 000 元和 16 500 000 元。甲公司为增值税一般纳税人。

要求：编制甲公司相关业务会计分录。

【解析】
（1）确定应计入固定资产成本的金额，包括购买价款、包装费。

应计入固定资产的成本＝100 000 000＋750 000＝100 750 000（元）

（2）确定设备 A、B、C 的价值分配比例。

设备 A 应分配的固定资产价值比例＝45 000 000÷（45 000 000＋38 500 000＋16 500 000）×100％＝45％

设备 B 应分配的固定资产价值比例＝38 500 000÷（45 000 000＋38 500 000＋16 500 000）×100％＝38.5％

设备 C 应分配的固定资产价值比例＝16 500 000÷（45 000 000＋38 500 000＋16 500 000）×100％＝16.5％

（3）确定设备 A、B、C 各自的成本。

设备 A 的成本＝100 750 000×45％＝45 337 500（元）

设备 B 的成本＝100 750 000×38.5％＝38 788 750（元）

设备 C 的成本＝100 750 000×16.5％＝16 623 750（元）

（4）甲公司应编制会计分录如下：

借：固定资产——设备 A　　　　　　　　　　　　　　　45 337 500
　　　　　　——设备 B　　　　　　　　　　　　　　　38 788 750
　　　　　　——设备 C　　　　　　　　　　　　　　　16 623 750
　　应交税费——应交增值税（进项税额）　　　　　　　13 045 000
　　贷：银行存款　　　　　　　　　　　　　　　　　　113 795 000

（二）自行建造固定资产的账务处理

自行建造固定资产是指企业利用自己的力量自营建造及出包给他人建造的固定资产。自行建造固定资产的成本，无论是自营建造，还是出包给他人建造，均由建造该项资产达到预定可使用状态前所发生的必要支出构成，包括工程物资成本、人工成本、缴纳的相关税费、应予资本化的借款费用及应分摊的间接费用等。企业为建造固定资产通过出让方式取得土地使用权而支付的土地出让金不计入在建工程成本，应确认为无形资产（土地使用权），房地产开发企业除外。

1. 自营方式建造固定资产

自营工程是指企业自行组织工程物资采购、自行组织施工人员施工的建筑工程和安装工程，其成本应当按照实际发生的材料、人工、机械施工费等计量。

购入工程物资时，按已认证的增值税专用发票上注明的价款，借记"工程物资"科目。增值税一次性全额抵扣，借记"应交税费——应交增值税（进项税额）"贷记"银行存款""应付账款"等科目。领用工程物资时，借记"在建工程"科目，贷记"工程物资"等科目。

在建工程领用本企业原材料时，借记"在建工程"科目，贷记"原材料"等科目。在建工程领用本企业生产的商品时，借记"在建工程"科目，贷记"库存商品"科目。

自营工程发生的其他费用（如分配工程人员薪酬等），借记"在建工程"科目，贷记"银行存款""应付职工薪酬"等科目。自营工程达到预定可使用状态时，按其成本，借记"固定资产"科目,贷记"在建工程"科目。

学习提示:企业为建造房屋建筑等不动产工程购入的工程物资,如用于机器设备等动产工程,或转为企业生产用原材料,应按增值税专用发票上注明的不含税价格,借记"在建工程""原材料"等科目,按增值税税额,借记"应交税费——应交增值税(进项税额)"科目,贷记"工程物资"科目。

自营方式建造固定资产如图3-4所示。

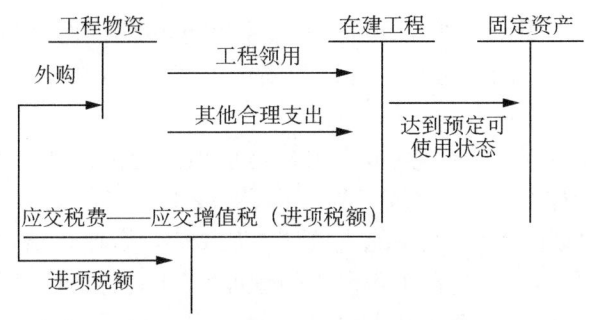

图3-4 自营方式建造固定资产

【**例题3-20**】 某企业为增值税一般纳税人,2023年5月7日,自行建造厂房一幢,购入为工程准备的各种物资花费500 000元,增值税专用发票上注明的增值税税额为65 000元,全部用于工程建设。领用本企业生产的水泥一批,实际成本为400 000元,相关进项税额为52 000元。工程人员应计工资为100 000元,支付的其他费用并取得增值税专用发票,注明安装费为30 000元,税率为9%,增值税税额为2 700元。工程完工并达到预定可使用状态。

要求:编制该企业相关业务会计分录。

【**解析**】

(1) 购入工程物资时:

借:工程物资	500 000
应交税费——应交增值税(进项税额)	65 000
贷:银行存款	565 000

(2) 领用工程物资时:

借:在建工程	500 000
贷:工程物资	500 000

(3) 支付其他工程费用时:

借:在建工程	30 000
应交税费——应交增值税(进项税额)	2 700
贷:银行存款	32 700

(4) 支付工程人员工资时:

借:在建工程	100 000
贷:应付职工薪酬	100 000

(5) 领用本企业水泥时:

借：在建工程　　　　　　　　　　　　　　　　　　　　　　400 000
　　贷：库存商品　　　　　　　　　　　　　　　　　　　　　　400 000

(6) 工程完工时：

借：固定资产　　　　　　　　　　　　　　　　　　　　1 030 000
　　贷：在建工程　　　　　　　　　　　　　　　　　　　　1 030 000

2. 出包工程

出包工程是指企业采用招标等方式将工程项目出包给建造商，由建造商组织施工的建筑工程和安装工程。企业采用出包方式进行的固定资产工程，其工程的具体支出主要由建造商核算。

企业以出包方式建造固定资产，其成本由建造该项固定资产达到预定可使用状态前所发生的必要支出构成，包括发生的建筑工程支出、安装工程支出及需分摊计入的待摊支出等。待摊支出是指建设期间发生的、不能直接计入某项固定资产价值，而应由所建造固定资产共同负担的相关费用，包括为建造工程发生的管理费、可行性研究费用、临时设施费、公证费、监理费，应负担的税金，符合资本化条件的借款费用，建设期间发生的工程物资盘亏、报废及毁损净损失，以及负荷联合试车费等。

在出包工程方式下，主要通过"在建工程"科目核算企业支付给承包单位的工程价款及建设期间的资本化借款利息。当企业按合同规定预付给承包单位工程价款时，借记"在建工程"科目，贷记"银行存款"科目；工程完工，收到承包单位账单并补付工程价款时，借记"在建工程"科目，贷记"银行存款"科目；结算建设期间的资本化借款利息时，借记"在建工程"科目，贷记"长期借款""应付利息"等科目；工程完工验收合格交付使用时，按实际发生的全部支出，借记"固定资产"科目，贷记"在建工程"科目。

出包工程建造固定资产如图 3-5 所示。

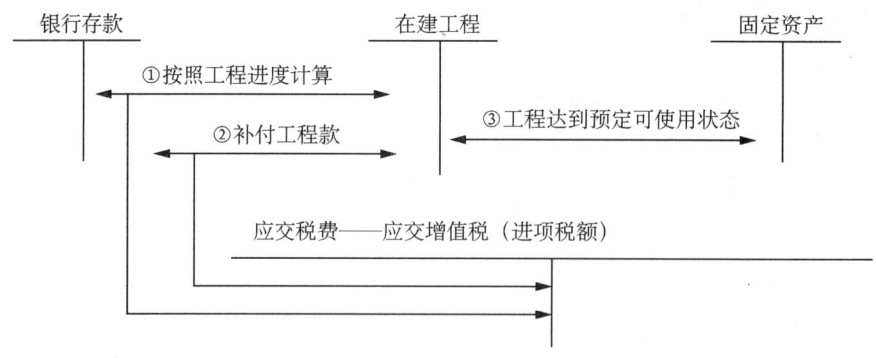

图 3-5　出包工程建造固定资产

学习提示：通常情况下，出包企业不需要耗用材料或产品，不需要支付工人工资，只需支付给建造承包商工程款。

【**例题 3-21**】某企业为增值税一般纳税人，2023 年 5 月 25 日，该企业将一幢厂房的建造工程出包给甲公司（为增值税一般纳税人）承建，按合理估计的发包工程进度和合同规定向甲公司结算进度款并取得甲公司开具的增值税专用发票，注明工程款 600 000 元，税率 9%，增值税额 54 000 元。2024 年 5 月 25 日，工程完工后，收到甲公司有关工程结算单据和增值税专用发票,补付工程款并取得甲公司开具的增值税专用发票,注明工程款 400 000 元,税率 9%,增值税税额 36 000 元。工程完工并达到预定可使用状态。

要求:编制该企业相关业务会计分录。

【解析】

(1) 按工程进度和合同规定支付结算进度款时:

借:在建工程 600 000
　　应交税费——应交增值税(进项税额) 54 000
　　贷:银行存款 654 000

(2) 补付工程款时:

借:在建工程 400 000
　　应交税费——应交增值税(进项税额) 36 000
　　贷:银行存款 436 000

(3) 工程完工并达到预定可使用状态时:

借:固定资产 1 000 000
　　贷:在建工程 1 000 000

学习提示: 固定资产第一次出现在企业的账上,这是固定资产的初始计量。企业获得固定资产的途径有很多,包括购买、自行建造、出包建造、租赁等,初始计量的入账价值是为了使固定资产达到预定可使用状态前所发生的代价。

五、固定资产计提折旧

(一) 固定资产折旧概述

固定资产折旧是指在固定资产使用寿命内,按照确定的方法对应计折旧额进行系统分摊。使用寿命是指固定资产的预计寿命,或该固定资产所能生产产品或提供劳务的数量。应计折旧额是指应当计提折旧的固定资产原价扣除其预计净残值后的金额,已计提减值准备的固定资产,还应当扣除已计提的固定资产减值准备累计金额。企业应当根据固定资产的性质和使用情况,合理确定固定资产的使用寿命和预计净残值。

学习提示: 固定资产的使用寿命、预计净残值一经确定,不得随意变更。

1. 影响固定资产折旧的主要因素

(1) 固定资产原价是指固定资产的成本。

(2) 预计净残值是指假定固定资产预计使用寿命已满并处于使用寿命终了时的预期状态,企业目前从该项资产处置中获得的扣除预计处置费用后的金额。

(3) 固定资产减值准备是指固定资产已计提的固定资产减值准备累计金额。

(4) 固定资产的使用寿命是指企业使用固定资产的预计期间,或该固定资产所能生产产品或提供劳务的数量。企业确定固定资产使用寿命时,应当考虑下列因素:①该项资产预计生产能力或实物产量。②该项资产预计有形损耗,如设备使用中发生磨损、房屋建筑物受到自然侵蚀等。③该项资产预计无形损耗,如因新技术的出现而使现有的资产技术水平相对陈旧、市场需求变化使产品过时等。④法律或类似规定对该项资产使用的限制。

知识拓展：确定固定资产的使用寿命需要考虑的因素：固定资产预计生产能力或实物产量；固定资产预计有形损耗；固定资产预计无形损耗；法律或类似规定对该项资产使用的限制。

2. 固定资产的折旧范围

除已提足折旧仍继续使用的固定资产和单独计价入账的土地外，企业需要对所有的固定资产计提折旧，确定固定资产的折旧范围是计提折旧的前提。企业经常涉及的固定资产折旧如下：

（1）房屋建筑物。

（2）在用的机器设备、仪器仪表、运输车辆、工具器具。

（3）季节性停用及修理停用的设备。

（4）以经营租赁方式租出的固定资产。

学习提示：未使用的固定资产也需要计提折旧。

固定资产折旧存在以下几种特殊情况：

（1）处于更新改造过程停止使用的固定资产，应将其账面价值转入在建工程，不再计提折旧。更新改造项目达到预定可使用状态转为固定资产后，再按照重新确定的折旧方法和该项固定资产尚可使用寿命计提折旧。

（2）因进行大修理而停用的固定资产，应当照提折旧，计提的折旧额应计入相关资产成本或当期损益。

在确定计提折旧的范围时，还应注意以下几点：

（1）固定资产应当按月计提折旧，当月增加的固定资产，当月不计提折旧，从下月起计提折旧；当月减少的固定资产，当月仍计提折旧，从下月起不计提折旧。

（2）固定资产提足折旧后，不论能否继续使用，均不再计提折旧；提前报废的固定资产，也不再补提折旧。提足折旧是指已经提足该项固定资产的应计折旧额。

（3）已达到预定可使用状态但尚未办理竣工决算的固定资产，应当按照估计价值确定其成本，并计提折旧；待办理竣工决算后，再按实际成本调整原来的暂估价值，但不需要调整原已计提的折旧额。

3. 固定资产使用寿命、预计净残值和折旧方法的复核

企业至少应当于每年年度终了，对固定资产的使用寿命、预计净残值和折旧方法进行复核。使用寿命预计数与原先估计数有差异的，应当调整固定资产使用寿命；预计净残值预计数与原先估计数有差异的，应当调整预计净残值。与固定资产有关的经济利益预期消耗方式有重大改变的，应当改变固定资产折旧方法。上述事项在报经股东大会或董事会、经理（厂长）会议或类似机构批准后，作为计提折旧的依据，并按照法律、行政法规等的规定报送有关部门备案。固定资产使用寿命、预计净残值和折旧方法的改变，应当作为会计估计变更进行会计处理（不需要追溯调整）。

（二）固定资产折旧的方法

企业计提固定资产折旧的方法有多种，包括年限平均法、工作量法、双倍余额递减法、年数总和法等。企业应当根据固定资产所含经济利益预期消耗方式选择不同的方法。因企业折旧方法不同，其计提折旧额相差很大。固定资产的折旧方法一经确定，不得随意变更。

学习提示:"不得随意变更"不是不能变,只是有条件。当与固定资产有关的经济利益预期消耗方式有重大改变时,企业应当改成适宜的折旧方法。

企业不能以包括使用固定资产在内的经济活动所产生的收入为基础进行折旧,因为收入可能受到投入、生产过程、销售等因素的影响,这些因素与固定资产有关经济利益的预期消耗方式无关。

1. 年限平均法

年限平均法又称直线法,是指按固定资产的使用年限平均计提折旧的方法。采用年限平均法计提固定资产折旧,其特点是将固定资产的应计折旧额均衡地分摊到固定资产预计使用寿命内,采用这种方法计算的每期折旧额是相等的。该方法下的折旧额计算公式如下:

$$年折旧额 = (原价 - 预计净残值) \div 预计使用年限$$
$$= 原价 \times (1 - 预计净残值 \div 原价) \div 预计使用年限$$
$$= 原价 \times 年折旧率$$

【例题3-22】 C公司2019年12月31日引进了一条生产流水线,该生产流水线价值3 000 000元,预计总产量为200 000件,预计净残值率为3%,预计使用年限为5年,C公司2023年实际产量为42 000件。

要求:假设C公司采用直线法计提折旧,计算2023年C公司应计提的折旧额。

【解析】
2023年C公司应计提的折旧额 = 3 000 000×(1-3%)÷5 = 582 000(元)

2. 工作量法

工作量法是指根据实际工作量计算固定资产每期应计提折旧额的方法。该方法下的折旧额计算公式如下:

$$单位工作量折旧额 = [固定资产原价 \times (1 - 预计净残值率)] \div 预计总工作量$$
$$某项固定资产月折旧额 = 该项固定资产当月工作量 \times 单位工作量折旧额$$

【例题3-23】 承[例题3-22],其他条件不变,假设C公司采用工作量法计提折旧。

要求:计算2023年C公司应计提的折旧额。

【解析】
2023年C公司应计提的折旧额 = 3 000 000×(1-3%)÷200 000×42 000 = 611 100(元)

3. 双倍余额递减法

双倍余额递减法是指在不考虑固定资产预计净残值的情况下,根据每期期初固定资产原价减去累计折旧后的余额和双倍的直线法折旧率计算固定资产折旧的方法。采用双倍余额递减法计提固定资产折旧,一般应在固定资产使用寿命到期前2年内,将固定资产账面净值扣除预计净残值后的余额平均摊销。

采用双倍余额递减法,在固定资产使用到期前的最后2年之前,固定资产的年折旧率保持不变,固定资产账面净额逐年减少,固定资产使用早期计提折旧高,以后逐年递减,反映的会计处理结果比较稳健,有利于固定资产投入早期回收垫支的固定资金,加速资金周转和固定资产的更新,促进技术进步。该方法下的折旧额计算公式如下:

$$年折旧率 = 2 \div 预计使用年限 \times 100\%$$
$$年折旧额 = 固定资产账面净值 \times 年折旧率$$

学习提示：固定资产账面净值指固定资产原价减去累计折旧后的余额。

在固定资产使用年限到期的前2年内，将固定资产的账面净值扣除预计净残值后的余额平均摊销。

年限平均法与双倍余额递减法的比较如图3-6所示。

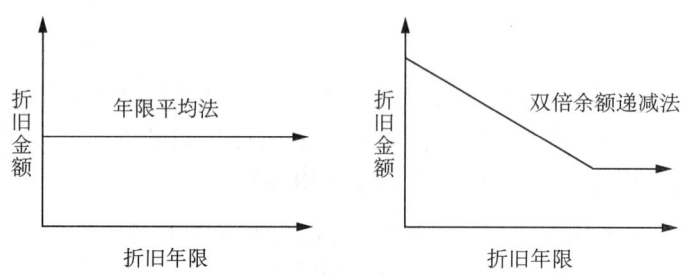

图3-6 年限平均法与双倍余额递减法的比较

【**例题3-24**】 承[例题3-22]，其他条件不变，假设C公司采用双倍余额递减法计提折旧。

要求：计算2023年C公司应计提的折旧额。

【**解析**】

2020年应计提的折旧额＝3 000 000×2÷5＝1 200 000（元）

2021年应计提的折旧额＝（3 000 000－1 200 000）×2÷5＝720 000（元）

2022年应计提的折旧额＝（3 000 000－1 200 000－720 000）×2÷5＝432 000（元）

最后2年采用直线法计提折旧：

2023年应计提的折旧额＝[3 000 000×（1－3%）－12 000 000－720 000－432 000]÷2

＝279 000（元）

2024年同2023年。

4. 年数总和法

年数总和法又称年限合计法，是指将固定资产的原价减去预计净残值后的余额，乘以一个逐年递减的分数计算每年的折旧额的方法。这个分数的分子代表固定资产尚可使用寿命，分母代表固定资产预计使用寿命逐年数字总和。

在这种方法下，各年中固定资产的原价减去预计净残值的余额始终保持不变，年折旧率逐年降低，折旧额逐年减少，逐年降低的幅度较双倍余额递减法有所减缓，会计处理结果比较稳健。该方法下的折旧额计算公式如下：

年折旧率 ＝ 尚可使用年限÷预计使用年限的年数总和×100%

年折旧额 ＝（固定资产原值－预计净残值）×年折旧率

【**例题3-25**】 承[例题3-22]，其他条件不变，假设C公司采用年数总和法计提折旧。

要求：计算2023年C公司应计提的折旧额。

【**解析**】

2023年应计提的折旧额＝3 000 000×（1－3%）×2÷15＝388 000（元）

学习提示：

（1）年数总和法和双倍余额递减法又称加速折旧法。

（2）折旧年度是指以固定资产开始计提折旧的月份为始计算的1个年度期间，如某公司某年3月取得某项固定资产,其折旧年度为从当年4月至第二年3月的期间。

(3) 已计提减值准备的固定资产,应当按照该项资产的账面价值(固定资产账面余额扣减累计折旧和减值准备后的金额)及尚可使用寿命重新计算确定折旧率和折旧额。

(三) 固定资产折旧的账务处理

固定资产应当按月计提折旧,计提的折旧应当记入"累计折旧"科目,并根据用途计入相关资产的成本或当期损益。企业自行建造固定资产过程中使用的固定资产,其计提的折旧应计入在建工程成本;基本生产车间所使用的固定资产,其计提的折旧应计入制造费用;管理部门所使用的固定资产,其计提的折旧应计入管理费用;销售部门所使用的固定资产,其计提的折旧应计入销售费用;经营租出的固定资产,其应提的折旧额应计入其他业务成本。

【例题3-26】 甲企业2023年1月各生产车间应分配的固定资产折旧额分别为:一车间1 200 000元,二车间2 200 000元,三车间3 500 000元。甲企业按各车间的折旧额编制了折旧计算表。

要求:编制甲企业计提折旧的会计分录。

【解析】

借:制造费用——一车间　　　　　　　　　　　　　　　　　　　　　1 200 000
　　　　　　——二车间　　　　　　　　　　　　　　　　　　　　　2 200 000
　　　　　　——三车间　　　　　　　　　　　　　　　　　　　　　3 500 000
　　贷:累计折旧　　　　　　　　　　　　　　　　　　　　　　　　6 900 000

【例题3-27】 乙公司为增值税一般纳税人,2023年3月,管理部门、销售部门应分配的固定资产折旧额为:管理部门房屋建筑物计提折旧14 800 000元,运输工具计提折旧2 400 000元;销售部门房屋建筑物计提折旧3 200 000元,运输工具计提折旧2 630 000元。当月新购置交付管理部门使用的机器设备一台,成本为5 400 000元,预计使用寿命为10年,预计净残值为4 000元,该公司同类设备计提折旧采用年限平均法。

要求:编制乙公司计提折旧的会计分录

【解析】

借:管理费用　　　　　　　　　　　　　　　　　　　　　　　　　17 200 000
　　销售费用　　　　　　　　　　　　　　　　　　　　　　　　　 5 830 000
　　贷:累计折旧　　　　　　　　　　　　　　　　　　　　　　　23 030 000

学习提示:[例题3-27]中,新购置交付使用的机器设备本月不计提折旧,下月开始计提折旧。本月计提的折旧费用中,对管理部门使用的固定资产计提的折旧额,记入"管理费用"科目的借方;对销售部门使用的固定资产计提的折旧额,记入"销售费用"科目的借方。

六、固定资产的后续支出

固定资产的后续支出是指固定资产在使用过程中发生的更新改造支出、修理费用等。与固定资产有关的更新改造等后续支出,符合资本化条件的应当予以资本化,计入固定资产成本,同时将被替换部分的账面价值扣除。在其他情况下,后续支出应在发生时计入当期损益。

(一)资本化的后续支出

固定资产发生可资本化的后续支出时,企业一般应将该固定资产的原价、已计提的累计折旧和减值准备转销,将其账面价值转入在建工程,并停止计提折旧。

企业发生的一些固定资产的后续支出可能涉及替换原固定资产的某组成部分,为避免将替换部分的成本和被替换部分的成本同时计入固定资产成本,导致成本重复计算,应将被替换部分的账面价值从其发生后续支出符合固定资产确认条件时,新确认的固定资产成本中扣除。

【例题3-28】 甲航空公司为增值税一般纳税人,2014年12月,购入一架飞机价款合计80 000 000元(含发动机),其中发动机价款为5 000 000元。甲航空公司未将发动机单独作为一项固定资产进行核算。2023年6月月末,甲航空公司开辟新航线,航程增加。为延长飞机的空中飞行时间,公司决定更换一部性能更为先进的发动机。公司以银行存款购入新发动机一台,增值税专用发票上注明的价款为7 000 000元,增值税税额为910 000元;另支付安装费用并取得增值税专用发票,注明安装费100 000元,税率9%,增值税税额9 000元。飞机的年折旧率为3%,不考虑预计净残值,替换下的老发动机报废且无残值收入。

要求:编制甲航空公司相关业务会计分录。

【解析】

(1)2023年6月月末,飞机的累计折旧金额为20 400 000元(80 000 000×3%×8.5),将固定资产转入在建工程。

借:在建工程   59 600 000
    累计折旧   20 400 000
    贷:固定资产   80 000 000

(2)购入并安装新发动机。

借:工程物资   7 000 000
    应交税费——应交增值税(进项税额)   910 000
    贷:银行存款   7 910 000

借:在建工程   7 000 000
    贷:工程物资   7 000 000

(3)支付安装费用。

借:在建工程   100 000
    应交税费——应交增值税(进项税额)   9 000
    贷:银行存款   109 000

(4)2023年6月月末,终止确认旧发动机。

旧发动机的账面价值=5 000 000−5 000 000×3%×8.5=3 725 000(元)

借：营业外支出——非流动资产处置损失	3 725 000
贷：在建工程	3 725 000

(5) 新发动机安装完毕飞机达到预定可使用状态。

固定资产的入账价值＝59 600 000＋7 000 000＋100 000－3 725 000＝62 975 000(元)

借：固定资产	62 975 000
贷：在建工程	62 975 000

知识小结：固定资产的资本化后续支出如表3-3所示。

表3-3　　　　　　　　　　　固定资产的资本化后续支出

项目	账务处理
结转固定资产账面价值	借：在建工程 　　累计折旧 　　固定资产减值准备 　　贷：固定资产
发生的可资本化的后续支出	借：在建工程 　　应交税费——应交增值税(进项税额) 　　贷：银行存款等
扣除被替换部分的账面价值	借：营业外支出等 　　贷：在建工程[被替换部分账面价值] 原部件的账面价值需剔除，不构成固定资产更新改造后的成本
完工并达到预定可使用状态时	借：固定资产[更新后的账面价值＝更新前总的账面价值－替换部分的 　　　账面价值＋资本化的支出部分] 　　贷：在建工程

(二) 费用化的后续支出

(1) 行政管理部门等发生的固定资产修理费用等后续支出计入管理费用。

(2) 企业设置专设销售机构的，其发生的与专设销售机构相关的固定资产修理费用等后续支出，计入销售费用。

【例题3-29】 甲公司为增值税一般纳税人，2023年8月1日，自行对管理部门使用的设备进行日常修理，发生修理费并取得增值税专用发票，注明修理费5 000元，税率13%，增值税税额650元。

要求：编制甲公司相关业务会计分录。

【解析】

借：管理费用	5 000
应交税费——应交增值税(进项税额)	650
贷：银行存款	5 650

(3) 经营租入固定资产发生的改良支出，应通过"长期待摊费用"科目核算，并在剩余租赁期与租赁资产尚可使用年限两者中较短的期间内，采用合理的方法进行摊销。

固定资产的后续支出如图3-7所示。

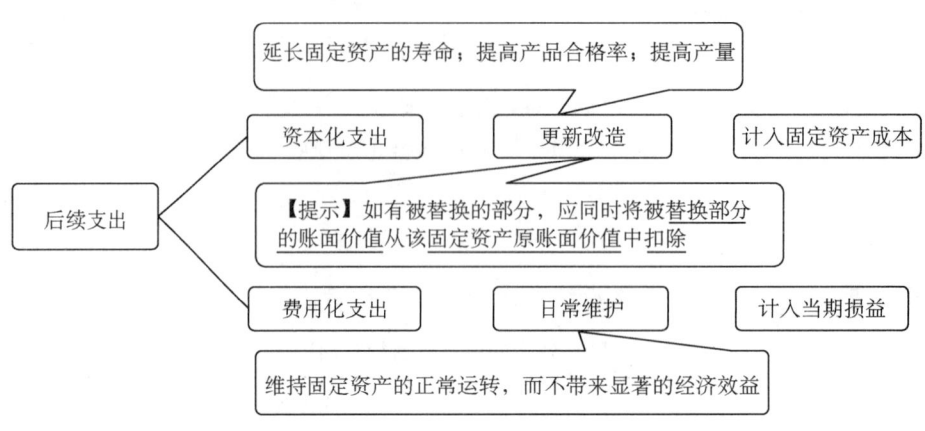

图3-7　固定资产的后续支出

七、固定资产的处置

固定资产处置即固定资产的终止确认,包括固定资产的出售、报废、毁损、对外投资、非货币性资产交换、债务重组等。

企业在生产经营过程中,可能将不适用或不需用的固定资产对外出售转让,或因磨损、技术进步等原因对固定资产进行报废,或因遭受自然灾害而对毁损的固定资产进行处理。对于上述交易或事项在进行账务处理时,应当按照规定程序办理有关手续,结转固定资产的账面价值,计算有关的清理收入、清理费用及残料价值等,清理完毕,结转固定资产清理损益。

企业处置固定资产应通过"固定资产清理"科目核算。其通常包括以下环节。

（一）固定资产转入清理

企业因出售、报废、毁损、对外投资、非货币性资产交换、债务重组等转出的固定资产,按该项固定资产的账面价值,借记"固定资产清理"科目,按已计提的累计折旧,借记"累计折旧"科目,按已计提的减值准备,借记"固定资产减值准备"科目,按其账面原价,贷记"固定资产"科目。

（二）结算清理费用等

固定资产清理过程中,支付的清理费用及其可抵扣的增值税进项税额,借记"固定资产清理""应交税费——应交增值税（进项税额）"科目,贷记"银行存款"等科目。

（三）收回出售固定资产的价款、残料价值和变价收入等

收回出售固定资产的价款和税款,借记"银行存款"科目,按增值税专用发票上注明的价款,贷记"固定资产清理"科目,按增值税专用发票上注明的增值税销项税额,贷记"应交税费——应交增值税（销项税额）"科目。残料入库,按残料价值,借记"原材料"等科目,贷记"固定资产清理"科目。

（四）确认应收责任单位(或个人)赔偿损失

应由保险公司或过失人赔偿的损失,借记"其他应收款"等科目,贷记"固定资产清理"

科目。

(五) 结转清理净损益

固定资产清理完成后,对清理净损益,应区分不同情况进行账务处理。

(1) 因固定资产已丧失使用功能或因自然灾害发生毁损等原因而报废清理产生的利得或损失应计入营业外收支。属于生产经营期间正常报废清理产生的处理净损失,借记"营业外支出——非流动资产处置损失"科目,贷记"固定资产清理"科目;属于生产经营期间由于自然灾害等非正常原因造成的,借记"营业外支出——非常损失"科目,贷记"固定资产清理"科目;如为净收益,借记"固定资产清理"科目,贷记"营业外收入——非流动资产处置利得"科目。

(2) 因出售、转让等原因产生的固定资产处置利得或损失应计入资产处置损益。确认处置净损失,借记"资产处置损益"科目,贷记"固定资产清理"科目;如为净收益,借记"固定资产清理"科目,贷记"资产处置损益"科目。

学习提示: "资产处置损益"是损益类科目。固定资产一生的状态可以用在建工程(未达到使用状态前)、固定资产(服役期)和固定资产清理(要退役了)来表示。资产负债表上只有"在建工程"和"固定资产"项目,"固定资产清理"在"固定资产"项目列示,正数相加,负数相减。

【例题 3-30】 甲公司为增值税一般纳税人,2023 年 12 月 30 日,出售一座建筑物(该建筑物系 2019 年 6 月 1 日自建完工达到预定可使用状态),原价(成本)为 2 000 000 元,已计提折旧 1 500 000 元,未计提减值准备。收到出售价款 1 200 000 元,增值税税率为 9%,增值税税额为 108 000 元,款项已存入银行。

要求:不考虑其他相关因素,编制甲公司相关业务会计分录。

【解析】

(1) 将出售固定资产转入清理时:

借:固定资产清理　　　　　　　　　　　　　　　　　　　　　　　　500 000
　　累计折旧　　　　　　　　　　　　　　　　　　　　　　　　　1 500 000
　　贷:固定资产　　　　　　　　　　　　　　　　　　　　　　　　2 000 000

(2) 收到出售固定资产的价款和税款时:

借:银行存款　　　　　　　　　　　　　　　　　　　　　　　　　1 308 000
　　贷:固定资产清理　　　　　　　　　　　　　　　　　　　　　　1 200 000
　　　　应交税费——应交增值税(销项税额)　　　　　　　　　　　　108 000

(3) 结转出售固定资产实现的利得时:

借:固定资产清理　　　　　　　　　　　　　　　　　　　　　　　　700 000
　　贷:资产处置损益　　　　　　　　　　　　　　　　　　　　　　　700 000

本例中,固定资产清理完毕时,"固定资产清理"科目为贷方余额 700 000 元(1 200 000－500 000),属于处置净收益,应结转至"资产处置损益"科目的贷方,结转后"固定资产清理"科目无余额。

【例题 3-31】 乙公司为增值税一般纳税人,现有一台设备由于性能等原因决定提前报废,原价为500 000元,已计提折旧450 000元,未计提减值准备。取得报废残值变价收入20 000元,增值税税额为2 600元。报废清理过程中发生自行清理费用3 500元。有关收入、支出均通过银行办理结算。

要求:不考虑其他相关因素,编制乙公司相关业务会计分录。

【解析】

(1) 将报废固定资产转入清理时:

借:固定资产清理　　　　　　　　　　　　　　　　　　　　　　　　　50 000
　　累计折旧　　　　　　　　　　　　　　　　　　　　　　　　　　　450 000
　　　贷:固定资产　　　　　　　　　　　　　　　　　　　　　　　　　500 000

(2) 收回残料变价收入时:

借:银行存款　　　　　　　　　　　　　　　　　　　　　　　　　　　22 600
　　　贷:固定资产清理　　　　　　　　　　　　　　　　　　　　　　　20 000
　　　　　应交税费——应交增值税(销项税额)　　　　　　　　　　　　　2 600

(3) 支付清理费用时:

借:固定资产清理　　　　　　　　　　　　　　　　　　　　　　　　　3 500
　　　贷:银行存款　　　　　　　　　　　　　　　　　　　　　　　　　3 500

(4) 结转报废固定资产发生的净损失时:

借:营业外支出——非流动资产处置损失　　　　　　　　　　　　　　　33 500
　　　贷:固定资产清理　　　　　　　　　　　　　　　　　　　　　　　33 500

本例中,固定资产清理结束时,"固定资产清理"科目为借方余额33 500元(50 000-20 000+3 500),由于属于生产经营期间正常的处置净损失,应结转至"营业外支出——非流动资产处置损失"科目的借方,结转后"固定资产清理"科目无余额。

【例题3-32】 某企业为增值税一般纳税人,因遭受暴风雨袭击毁损一座仓库,该仓库原价5 000 000元,已计提折旧2 000 000元,未计提减值准备。其残料估计价值60 000元,残料已办理入库。发生清理费用并取得增值税专用发票,注明的装卸费为20 000元,增值税税额为1 200元,以银行存款支付。经保险公司核定应赔偿损失1 700 000元,款项已存入银行。假定不考虑其他相关税费。

要求:编制该企业相关业务会计分录。

【解析】

(1) 将毁损的仓库转入清理时:

借:固定资产清理　　　　　　　　　　　　　　　　　　　　　　　　　3 000 000
　　累计折旧　　　　　　　　　　　　　　　　　　　　　　　　　　　2 000 000
　　　贷:固定资产　　　　　　　　　　　　　　　　　　　　　　　　　5 000 000

(2) 残料入库时:

借:原材料　　　　　　　　　　　　　　　　　　　　　　　　　　　　60 000
　　　贷:固定资产清理　　　　　　　　　　　　　　　　　　　　　　　60 000

（3）支付清理费时：

借：固定资产清理　　　　　　　　　　　　　　　　　　　20 000
　　应交税费——应交增值税（进项税额）　　　　　　　　 1 200
　　贷：银行存款　　　　　　　　　　　　　　　　　　　　　　　21 200

（4）确定并收到保险公司理赔款项时：

借：其他应收款　　　　　　　　　　　　　　　　　　1 700 000
　　贷：固定资产清理　　　　　　　　　　　　　　　　　　　1 700 000

借：银行存款　　　　　　　　　　　　　　　　　　　1 700 000
　　贷：其他应收款　　　　　　　　　　　　　　　　　　　　1 700 000

（5）结转毁损固定资产发生的损失时：

借：营业外支出——非常损失　　　　　　　　　　　　1 260 000
　　贷：固定资产清理　　　　　　　　　　　　　　　　　　　1 260 000

本例中，固定资产清理完毕时，"固定资产清理"科目为借方余额 1 260 000 元（3 000 000－60 000＋20 000－1 700 000），由于属于自然灾害等非正常原因造成的清理净损失，应结转至"营业外支出——非常损失"科目的借方，从而使"固定资产清理"科目余额为 0。

知识小结：固定资产处置的账务处理流程如表 3-4 所示。

表 3-4　　　　　　　　　固定资产处置的账务处理流程

项目	账务处理		
固定资产转入清理	借：固定资产清理 　　累计折旧 　　固定资产减值准备 　　贷：固定资产		
发生的清理费用	借：固定资产清理 　　应交税费——应交增值税（进项税额） 　　贷：银行存款		
收到出售固定资产的价款、残料价值和变价收入等	借：银行存款［价税合计］ 　　贷：固定资产清理 　　　　应交税费——应交增值税（销项税额） 借：原材料［残料入库］ 　　贷：固定资产清理		
保险赔偿等的处理	借：其他应收款 　　贷：固定资产清理		
清理净损益的处理	处置状态	清理净损失	清理净收益
	出售、转让等处置	借：资产处置损益 　　贷：固定资产清理	借：固定资产清理 　　贷：资产处置损益
	属于生产经营期间正常报废、自然灾害等非正常原因处置	借：营业外支出——非流动资产处置损失 　　　　　　　　——非常损失 　　贷：固定资产清理	借：固定资产清理 　　贷：营业外收入

八、固定资产清查

固定资产清查是对固定资产实物进行的清点盘查,是企业保证固定资产核算的真实性,保证固定资产的安全和完整,挖掘现有固定资产潜力的一个重要手段。固定资产清查,每年至少一次。首先,由会计部门将总分类账"固定资产"账户余额与固定资产登记簿或固定资产明细分类账及固定资产卡片的原始价值合计认真核对相符。其次,由固定资产管理部门、使用单位和财会部门共同进行实物盘点,把固定资产的实有数与账面数核对相符。在清查过程中,应查明盘盈固定资产的数量和原因,丢失和毁损的固定资产数量和原因,以及固定资产的使用、保管、维护、修理中存在的问题,按规定程序列表上报审批,及时调整账目。最后,研究和提出改进措施,以进一步加强固定资产管理工作。

(一)固定资产盘盈

企业在财产清查中盘盈的固定资产,作为前期差错处理。企业在财产清查中盘盈的固定资产,在按管理权限报经批准处理前应先通过"以前年度损益调整"科目核算。盘盈的固定资产,应按重置成本确定其入账价值,借记"固定资产"科目,贷记"以前年度损益调整"科目;由于以前年度损益调整而增加的所得税费用,借记"以前年度损益调整"科目,贷记"应交税费——应交所得税"科目;将以前年度损益调整科目余额转入留存收益时,借记"以前年度损益调整"科目,贷记"盈余公积""利润分配——未分配利润"科目。

知识拓展:"以前年度损益调整"科目是损益类科目,该科目核算企业本年度发生的调整以前年度损益的事项及本年度发现的重要前期差错更正涉及调整以前年度损益的事项。企业在资产负债表日至财务报告批准报出日之间发生的需要调整报告年度损益的事项,也可以通过"以前年度损益调整"核算。企业应按上述规定确定的入账价值,借记"固定资产"科目,贷记"以前年度损益调整"科目。

【例题 3-33】 丁公司为增值税一般纳税人,2023 年 1 月 5 日,在财产清查过程中,发现 2020 年 12 月购入的一台设备尚未入账,重置成本为 30 000 元。假定丁公司按净利润的 10% 提取法定盈余公积,不考虑相关税费及其他因素的影响。

要求:编制丁公司相关业务会计分录。

【解析】

(1)盘盈固定资产时:

借:固定资产 30 000
  贷:以前年度损益调整 30 000

(2)结转为留存收益时:

借:以前年度损益调整 30 000
  贷:盈余公积——法定盈余公积 3 000
    利润分配——未分配利润 27 000

(二)固定资产盘亏

企业在财产清查中盘亏的固定资产,按盘亏固定资产的账面价值,借记"待处理财产损溢"科目,按已计提的累计折旧,借记"累计折旧"科目,按已计提的减值准备,借记"固定资产减值准备"科目,按固定资产的原价,贷记"固定资产"科目。

按管理权限报经批准后处理时,按可收回的保险赔偿或过失人赔偿,借记"其他应收款"科目,按应计入营业外支出的金额,借记"营业外支出——盘亏损失"科目,贷记"待处理财产损溢"科目。

【例题 3-34】 乙公司为增值税一般纳税人。2023 年 12 月 31 日,进行财产清查时,发现短缺一台笔记本电脑,原价为 10 000 元,已计提折旧 7 000 元,购入时增值税税额为 1 300 元。

要求:编制乙公司相关业务会计分录。

【解析】

(1) 盘亏固定资产时:

借:待处理财产损溢　　　　　　　　　　　　　　　　　　　　　　3 000
　　累计折旧　　　　　　　　　　　　　　　　　　　　　　　　　7 000
　　　贷:固定资产　　　　　　　　　　　　　　　　　　　　　　　　10 000

(2) 转出不可抵扣的进项税额时:

借:待处理财产损溢　　　　　　　　　　　　　　　　　　　　　　390
　　　贷:应交税费——应交增值税(进项税额转出)　　　　　　　　　　390

(3) 报经批准转销时:

借:营业外支出——盘亏损失　　　　　　　　　　　　　　　　　　3 390
　　　贷:待处理财产损溢　　　　　　　　　　　　　　　　　　　　　3 390

根据现行增值税制度的规定,购进货物及不动产发生非正常损失,其负担的进项税额不得抵扣,其中购进货物包括被确认为固定资产的货物。但是,如果盘亏的是固定资产,应按其账面净值(即:固定资产原价－已计提折旧)乘以适用税率计算不可以抵扣的进项税额。据此,在[例题 3-34]中,该笔记本电脑因盘亏,其购入时的增值税进项税额中不可从销项税额中抵扣的金额为 390 元[(10 000－7 000)×13%],应借记"待处理财产损溢"科目,贷记"应交税费——应交增值税(进项税额转出)"科目。

九、固定资产的减值

固定资产发生损坏、技术陈旧或其他经济原因,导致其可收回金额低于其账面价值,这种情况被称为固定资产减值。如果固定资产的可收回金额低于其账面价值,应当按可收回金额低于其账面价值的差额计提减值准备,并计入当期损益。

固定资产在资产负债表日存在可能发生减值的迹象时,其可收回金额低于账面价值的,企业应当将该固定资产的账面价值减记至可收回金额,减记的金额确认为减值损失,计入当期损益,借记"资产减值损失"科目,同时,计提相应的资产减值准备,贷记"固定资产减值准备"科目。

需要强调的是,根据《企业会计准则第 8 号——资产减值》的规定,企业固定资产减值损失一经确认,在以后会计期间不得转回。

学习提示:可收回金额应当根据资产的公允价值减去处置费用后的净额与资产预计未来现金流量的现值两者之间较高者确定。

【例题3-35】 2023年12月31日,丁公司的某生产线存在可能发生减值的迹象。经计算,该机器的可收回金额合计为1 230 000元,账面价值为1 400 000元,以前年度未对该生产线计提过减值准备。由于该生产线的可收回金额为1 230 000元,账面价值为1 400 000元,可收回金额低于账面价值,应按两者之间的差额170 000元(1 400 000－1 230 000)计提固定资产减值准备。

要求:编制丁公司相关业务会计分录。

【解析】

借:资产减值损失——固定资产减值损失　　　　　　　　　　　　170 000
　　贷:固定资产减值准备　　　　　　　　　　　　　　　　　　170 000

任务四 无形资产和长期待摊费用核算

学习导读: 随着5G时代的到来,中国的华为技术有限公司(以下简称华为)因其在该领域的独特领先优势,傲视全球。华为所拥有的该项技术经过苦心研发而得,推动了全人类构建强大互联网世界的步伐,它能够为企业带来丰厚的收益。从会计角度看,该技术属于华为的无形资产,除此之外,华为还拥有哪些无形资产?让我们带着这些疑问,开始本任务的学习吧。

一、无形资产

(一)无形资产的概念和特征

1. 无形资产的概念

无形资产是指企业拥有或控制的、没有实物形态的可辨认非货币性资产,通常包括专利权、非专利技术、商标权、著作权、土地使用权、特许权等。

2. 无形资产的特征

无形资产主要具有以下特征:

(1) 具有资产基本特征。由企业拥有或控制并能为其带来未来经济利益是无形资产作为一项资产的基本特征。

(2) 不具有实物形态。无形资产是不具有实物形态的资产,通常表现为某种能为企业带来未来经济利益的权利,如非专利技术、土地使用权等。

(3) 具有可辨认性。资产满足下列条件之一的,符合无形资产定义中的可辨认性标准。

第一,能够从企业中分离或划分出来,并能单独用于出售或转让等。在处置时不需要同时处置在同一获利活动中的其他资产,表明无形资产可辨认;或在处置时需要与有关的合同一起用于出售转让等,视为无形资产可辨认。企业自创商誉及内部产生的品牌、报刊名等,无法与企业的整体资产分离而存在,不具有可辨认性,按现行会计准则规定不应确认为无形资产。

第二,源自合同性权利或其他法定权利,无论这些权利是否可以从企业或其他权利和义务中转移或分离。例如,一方通过与另一方签订特许权合同而获得的特许使用权,通过法律程序申请获得的商标权、专利权等。

(4) 属于非货币性资产。无形资产在持有期间为企业带来未来经济利益的情况不确定,不属于以固定或可确定的金额收取的资产。无形资产的存在形态不具有货币性资产形态特征。

(二) 无形资产的管理

无形资产是经济增长中的决定性因素。企业无形资产的规模和质量决定着创新型企业的技术水平、创新资源、创新能力和创新效率等核心竞争力和可持续发展能力,无形资产相对于有形资产在保持和增强企业持久经济利益流入中越来越重要。准确、及时地确认与计量无形资产、提供高质量的无形资产会计核算资料和会计信息,可防范和化解企业因无形资产权属不清、技术落后、缺乏核心技术、管理失当、存在重大技术安全隐患等导致的企业法律纠纷、缺乏可持续发展能力的风险,并对引导创新决策、有效配置创新资源等方面具有重要意义和作用。

(三) 无形资产的确认与计量

无形资产的确认与计量,应同时满足与该无形资产有关的经济利益很可能流入企业和该无形资产的成本能够可靠地计量2个条件。

1. 专利权

专利权是指国家专利主管机关依法授予发明创造专利申请人对其发明创造在法定期限内所享有的专有权利,包括发明专利权、实用新型专利权和外观设计专利权。企业持有专利可以降低成本,提高产品质量,或将其转让出去能获得转让收入。

企业从外单位购入的专利权,应按实际支付的价款作为专利权的成本。企业自行开发并按法律程序申请取得的专利权,应按照达到预定用途满足资本化条件的支出确定成本。

2. 非专利技术

非专利技术即专有技术,是指先进的、未公开的、未申请专利的、可以带来经济效益的技术及诀窍。非专利技术主要包括以下内容:

(1) 工业专有技术,即在生产上已经采用,仅限于少数人知道,不享有专利权或发明权的生产、装配、修理、工艺或加工方法的技术知识。

(2) 商业(贸易)专有技术,即具有保密性质的市场情报、原材料价格情报,以及用户、竞争对象的情况和有关知识。

(3) 管理专有技术,即生产组织的经营方式、管理方式、培训职工方法等保密知识。非专利技术并不是专利法的保护对象,专有技术所有人依据自我保密的方式来维持其独占权、可以用于转让和投资。

企业的非专利技术,有些是自己开发研究的,有些是根据合同规定从外部购入的。例如,王老吉凉茶的生产配方就属于非专利技术。如果是企业自己开发研究的,应将达到预定用途满足资本化条件的开发支出,确认为无形资产。对于从外部购入的非专利技术,应将实际发生的支出予以资本化,作为无形资产入账。

3. 商标权

商标是用来辨认特定的商品或劳务的标记。商标权是指专门在某类指定的商品或产品上使用特定的名称或图案的权利。《中华人民共和国商标法》明确规定,经商标局核准注册的商标为注册商标,商标注册人享有商标专用权,受法律的保护。

企业为宣传自创并已注册登记的商标而发生的相关费用,应在发生时直接计入当期损益。

企业如果购买他人的商标,一次性支出费用较大,可以将购入商标的价款、支付的手续费及有关费用确认为商标权的成本。商标图片如图3-8所示。

图3-8　商标图片

4. 著作权

著作权又称版权,是指作者对其创作的文学、科学和艺术作品依法享有的某些特殊权利。著作权包括两方面的权利,即精神权利(人身权利)和经济权利(财产权利)。前者指作品署名、发表作品、确认作者身份、保护作品的完整性、修改已经发表的作品等各项权利,包括作品署名权、发表权、修改权和保护作品完整权;后者指以出版、表演、广播、展览、录制唱片、摄制影片等方式使用作品及因授权他人使用作品而获得经济利益的权利。

5. 土地使用权

土地使用权是指国家准许某一企业或单位在一定期间内对国有土地享有开发、利用、经营的权利。土地使用权可以依法转让。企业取得土地使用权,应将取得时发生的支出资本化,作为土地使用权的成本,计入无形资产成本。

6. 特许权

特许权又称经营特许权、专营权,是指企业在某一地区经营或销售某种特定商品的权利或是一家企业接受另一家企业使用其商标、商号、技术秘密等的权利。前者一般是由政府机构授权,准许企业使用或在一定地区享有经营某种业务的特权,如水、电、邮电通信等专营权、烟草专卖权等;后者指企业间依照签订的合同,有限期或无限期使用另一家企业的某些权利,如连锁店分店使用总店的名称等。

(四) 无形资产的账务处理

为了反映和监督无形资产的取得、摊销和处置等情况,企业应当设置"无形资产""累计摊销"等科目进行核算。

"无形资产"科目核算企业持有的无形资产成本,借方登记取得无形资产的成本,贷方登记处置无形资产时转出的账面余额;期末余额在借方,反映企业无形资产的成本。"无形资产"科目应当按照无形资产的项目设置明细科目进行核算。

"累计摊销"科目核算企业对使用寿命有限的无形资产计提的累计摊销,该科目属于"无形资产"的调整科目。"累计摊销"科目的贷方登记企业计提的无形资产摊销,借方登记处置无形资产转出无形资产的累计摊销;期末余额在贷方,反映企业无形资产的累计摊销额。

此外,企业无形资产发生减值的,还应当设置"无形资产减值准备"科目进行核算。

1. 取得无形资产

取得的无形资产应当按照成本进行初始计量。企业取得无形资产的主要方式有外购、自行研究开发等。取得的方式不同,其账务处理也有所差别。

1) 外购无形资产

外购无形资产的成本包括购买价款、相关税费及直接归属于使该项资产达到预定用途所发生的其他支出。其中,相关税费不包括按照现行增值税制度规定,可以从销项税额中抵扣的增值税进项税额。外购无形资产,取得增值税专用发票的,按注明的增值税进项税额,借记"应交税费——应交增值税(进项税额)"科目;取得增值税普通发票的,按照注明的价税合计金额作为无形资产的成本,其进项税额不可抵扣。

【例题 3-36】 甲公司为增值税一般纳税人,购入一项专利权,取得增值税专用发票注明的价款为 1 000 万元,增值税税额为 60 万元,款项以银行存款付讫。

要求:编制甲公司该笔业务会计分录。

【解析】

借:无形资产——专利权　　　　　　　　　　　　　　　　　　　10 000 000
　　应交税费——应交增值税(进项税额)　　　　　　　　　　　　　　600 000
　　贷:银行存款　　　　　　　　　　　　　　　　　　　　　　　　10 600 000

2) 自行研究开发无形资产

企业内部研究开发项目所发生的支出应区分研究阶段支出和开发阶段支出。研发支出阶段划分如图 3-9 所示。

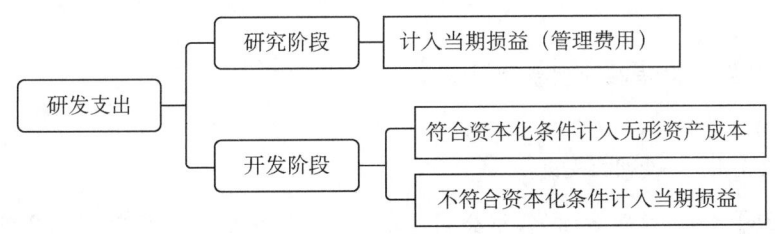

图 3-9　研发支出阶段划分

企业自行开发无形资产发生的研发支出,不满足资本化条件的,借记"研发支出——费用化支出"科目,满足资本化条件的,借记"研发支出——资本化支出"科目,贷记"原材料""银行存款""应付职工薪酬"等科目。自行研究开发无形资产发生的支出取得增值税专用发票可抵扣的进项税额,借记"应交税费——应交增值税(进项税额)"科目。

研究开发项目达到预定用途形成无形资产的,应当按照"研发支出——资本化支出"科目的余额,借记"无形资产"科目,贷记"研发支出——资本化支出"科目。期(月)末,应将"研发支出——费用化支出"科目归集的金额转入"管理费用"科目,借记"管理费用"科目,贷记"研发支出——费用化支出"科目。

学习提示:利润表的"研发费用"项目,反映企业进行研究与开发过程中发生的费用化支出,以及计入管理费用的自行开发无形资产的摊销。该项目应根据"管理费用"科目下的"研发费用"明细科目的发生额及"管理费用"科目下"无形资产摊销"明细科目的发生额分析填列。

企业如果无法可靠区分研究阶段的支出和开发阶段的支出,应将发生的研发支出全部费用化,计入当期损益,记入"管理费用"科目的借方。

学习提示:企业无法可靠区分研究阶段支出和开发阶段的支出全部费用化,是遵循谨慎性原则。

【例题 3-37】 甲公司 2023 年 4 月月初,董事会批准自行研究开发一项新技术,2023 年年末,该项研究发生的材料费为 500 万元,人工费用为 378 万元,取得增值税专用发票上注明的增值税税额为 78 万元,计提的专用设备折旧为 22 万元,支付其他费用为 50 万元,总计 950 万元。其中符合资本化条件支出的金额为 750 万元,款项以银行存款付讫。该项新技术尚未达到可使用状态。

要求:计算甲公司应记入"研发支出——费用化支出"科目的金额,并编制该笔业务的会计分录。

【解析】

应记入"研发支出——费用化支出"科目金额=950-750=200(万元)

研发支出发生时:

借:研发支出——费用化支出	2 000 000
——资本化支出	7 500 000
应交税费——应交增值税(进项税额)	780 000
贷:原材料	5 000 000
应付职工薪酬	3 780 000
累计折旧	220 000
银行存款	1 280 000

年末将费用化支出转入管理费用:

借:管理费用	2 000 000
贷:研发支出——费用化支出	2 000 000

【例题 3-38】 承[例题 3-37],甲公司 2024 年 1 月发生材料费用 172.2 万元,人工费用 150 万元,专用设备折旧 7.8 万元,上述费用全部满足资本化条件。1 月月末,该项技术研发成功并达到预定可使用状态。

要求:计算甲公司该项无形资产的入账价值,并编制相关会计分录。

【解析】

无形资产的入账价值=750+172.2+150+7.8=1 080(万元)

(1) 2024 年 1 月,研发支出发生时:

借:研发支出——资本化支出	3 300 000
贷:原材料	1 722 000
应付职工薪酬	1 500 000
累计折旧	78 000

(2) 达到预定可使用状态,形成无形资产时:

借:无形资产——专利权	10 800 000
贷:研发支出——资本化支出	10 800 000

学习提示:"研发支出"属于成本类科目,"研发支出——资本化支出"明细科目期末余额填列在资产负债表的"开发支出"项目。

知识拓展:企业取得的土地使用权,通常应当按照取得时所支付的价款及相关税费确认为无形资产。

土地使用权用于自行开发建造厂房等地上建筑物时,土地使用权的账面价值不与地上建筑物合并计算其成本,而仍作为无形资产进行核算,土地使用权与地上建筑物分别进行摊销和计提折旧。但下列情况除外:

(1)房地产开发企业取得的土地使用权用于建造对外出售的房屋建筑物,相关土地使用权应当计入所建造的房屋建筑物成本(开发成本)。

(2)企业外购房屋建筑物所支付的价款中包括土地使用权和建筑物价值的,应当对实际支付的价款按照合理的方法(例如,公允价值相对比例)在土地使用权与地上建筑物之间进行分配;如果确实无法在土地使用权与地上建筑物之间进行合理分配的,应当全部作为固定资产,按照固定资产确认和计量的原则进行会计处理。

2. 无形资产摊销

企业应当于取得无形资产时分析判断其使用寿命。使用寿命有限的无形资产应进行摊销。使用寿命不确定的无形资产不应摊销。

使用寿命有限的无形资产,其残值通常视为零。对于使用寿命有限的无形资产,企业应当按月进行摊销。自可供使用(即达到预定用途)当月起开始摊销,处置当月不再摊销。无形资产摊销方法有年限平均法(即直线法)、生产总量法等。企业选择的无形资产摊销方法,应当反映与该项无形资产有关的经济利益的预期消耗方式。无法可靠确定预期消耗方式的,应当采用年限平均法摊销。

学习提示:无形资产的摊销规则是当月增加的无形资产当月开始摊销,当月减少的无形资产当月不再摊销;固定资产折旧的计提规则是当月增加的固定资产当月不提折旧,当月减少的当月仍计提折旧,下月不再计提。

无形资产的摊销额一般应当计入当期损益。企业管理用的无形资产,其摊销金额计入管理费用;出租的无形资产,其摊销金额计入其他业务成本;某项无形资产属于专门用于生产某种产品或其他资产的,其所包含的经济利益通过转入所生产的产品或其他资产中实现的,其摊销金额应当计入相关资产成本。例如,一项专门用于生产某种产品的专利技术,该无形资产的摊销金额应当计入制造该产品的制造费用。

企业计提无形资产摊销时,借记"管理费用""其他业务成本""生产成本""制造费用"等科目,贷记"累计摊销"科目。

【例题3-39】 甲公司购买的一项管理用特许权,成本为4 800 000元,合同规定受益年限为10年,甲公司采用年限平均法按月进行摊销。

要求:编制每月摊销时甲公司的会计分录。

【解析】

每月应摊销的金额=4 800 000÷10÷12=40 000(元)

甲公司应编制会计分录如下:

借:管理费用 40 000
  贷:累计摊销 40 000

本例中,该无形资产属于企业管理用无形资产,其摊销金额应记入"管理费用"科目的借方。

【例题3-40】 2023年2月1日,甲公司将其自行开发完成的非专利技术出租给丁公司,该非专利技术成本为3 600 000元,双方约定的租赁期限为10年,甲公司采用年限平均法按月进行摊销。

要求:编制每月摊销时甲公司的会计分录。

【解析】

每月应摊销的金额=3 600 000÷10÷12=30 000(元)

甲公司应编制会计分录如下:

借:其他业务成本　　　　　　　　　　　　　　　　　　　　　　　　30 000
　　贷:累计摊销　　　　　　　　　　　　　　　　　　　　　　　　　30 000

本例中,该无形资产属于企业出租的,其摊销金额应记入"其他业务成本"科目的借方。

3. 出售和报废无形资产

企业出售无形资产,应当将取得的价款扣除该无形资产账面价值及出售相关税费后的差额作为资产处置损益进行账务处理。

企业出售无形资产,应当按照实际收到或应收的金额等,借记"银行存款""其他应收款"等科目,按照已计提的累计摊销,借记"累计摊销"科目,按照实际支付相关费用的可抵扣进项税额,借记"应交税费——应交增值税(进项税额)"科目,按照实际支付的相关费用,贷记"银行存款"等科目,按无形资产账面余额,贷记"无形资产"科目,按照开具的增值税专用发票上注明的增值税销项税额,贷记"应交税费——应交增值税(销项税额)"科目,按照其差额,贷记或借记"资产处置损益"科目。已计提减值准备的,应同时结转减值准备,借记"无形资产减值准备"科目。

【例题3-41】 甲公司将自行开发的专利权出售给宏达公司,开具增值税专用发票上注明的价款为1 000万元,增值税税额为60万元,款项1 060万元已银行收讫。该专利权的成本为1 080万元,已累计摊销108万元,未发生减值。

要求:编制甲公司相关业务会计分录。

【解析】

记入"资产处置损益"科目的金额=1 000-(1 080-108)=28(万元)

甲公司应编制会计分录如下:

借:银行存款　　　　　　　　　　　　　　　　　　　　　　　　　10 600 000
　　累计摊销　　　　　　　　　　　　　　　　　　　　　　　　　 1 080 000
　　贷:无形资产　　　　　　　　　　　　　　　　　　　　　　　　10 800 000
　　　　应交税费——应交增值税(销项税额)　　　　　　　　　　　　 600 000
　　　　资产处置损益　　　　　　　　　　　　　　　　　　　　　　　280 000

如果无形资产预期不能为企业带来未来经济利益,如某项无形资产已被其他新技术所替代或超过法律保护期,该资产不再符合无形资产的定义,企业应将其报废并予以转销,其账面价值转入当期损益。

企业报废并转销无形资产时,应按已计提的累计摊销,借记"累计摊销"科目,按其账面余额,贷记"无形资产"科目;如果已计提减值准备的,应同时结转减值准备,借记"无形资产减值准备"科目,按其差额,借记"营业外支出——非流动资产处置损失"科目。

【例题 3-42】 甲公司内部研发成功一项新技术,取代了原有的专利技术,并根据市场调研,原有技术生产的产品已没有市场,预期不能再为企业带来任何经济利益。该项原有技术的成本为 1 080 万元,截至目前已累计摊销 972 万元,累计计提减值准备 100 万元,残值为 0,不考虑其他因素。

要求:编制甲公司相关业务会计分录。

【解析】

借:累计摊销　　　　　　　　　　　　　　　　　　　　　　　　9 720 000
　　无形资产减值准备——专利权　　　　　　　　　　　　　　　1 000 000
　　营业外支出——非流动资产处置损失　　　　　　　　　　　　　　80 000
　　贷:无形资产——专利权　　　　　　　　　　　　　　　　　10 800 000

4. 无形资产的减值

如果无形资产将来为企业创造的经济利益不足以补偿无形资产的成本(摊余成本),说明无形资产发生了减值,具体表现为无形资产的账面价值高于其可收回金额。

在资产负债表日,无形资产存在可能发生减值迹象,且其可收回金额低于账面价值的,企业应当将该无形资产的账面价值减记至可收回金额,减记的金额确认为减值损失,计提相应的资产减值准备。

企业按照应减记的金额,借记"资产减值损失——无形资产减值损失"科目,贷记"无形资产减值准备"科目。

学习提示: 根据《企业会计准则第 8 号——资产减值》的规定,企业无形资产减值损失一经确认,在以后会计期间不得转回。企业只能在处置资产时转销已计提的减值准备。

学习提示:

无形资产账面净值＝无形资产原价－累计计提的摊销

无形资产账面价值＝无形资产原价－累计计提的摊销－计提的减值准备

【例题 3-43】 2023 年 12 月 31 日,甲公司拥有某专利技术的账面价值为 800 000 元,剩余摊销年限为 4 年,经减值测试,该专利技术的可收回金额为 750 000 元。由于该专利技术可收回金额低于其账面价值,应按其差额 50 000 元(800 000－750 000)计提减值准备。

要求:编制甲公司相关业务会计分录。

【解析】

借:资产减值损失——无形资产减值损失　　　　　　　　　　　　50 000
　　贷:无形资产减值准备　　　　　　　　　　　　　　　　　　50 000

知识小结:

自行研究开发无形资产初始计量的总结如表 3-5 所示。

表 3-5　　　　　　　　　自行研究开发无形资产初始计量

项目	资本化支出	费用化支出
发生支出	借:研发支出——资本化支出 　　贷:原材料 　　　　银行存款 　　　　应付职工薪酬等	借:研发支出——费用化支出 　　贷:原材料 　　　　银行存款 　　　　应付职工薪酬等

(续表)

项目	资本化支出	费用化支出
何时结转	达到预定用途时结转 借：无形资产 　　贷：研发支出——资本化支出 资产负债表日可以有余额，填列在"开发支出"项目内	每期期末结转 借：管理费用 　　贷：研发支出——费用化支出 研发费用列示于利润表"管理费用"下方

无形资产后续计量的总结如图 3-10 所示。

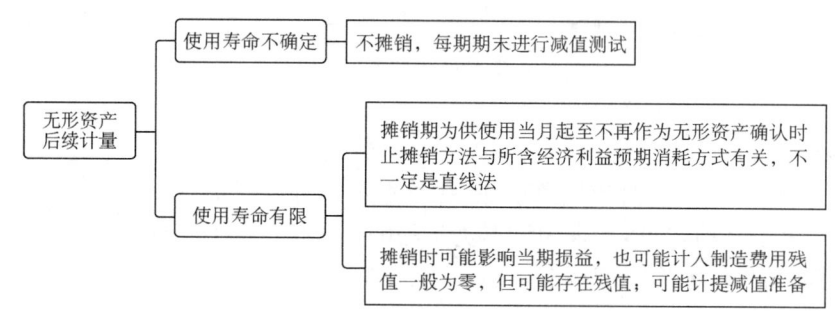

图 3-10　无形资产后续计量

二、长期待摊费用

长期待摊费用是指企业已经发生但应由本期和以后各期负担的分摊期限在 1 年以上的各项费用，如以租赁方式租入的使用权资产发生的改良支出等。

为了反映和监督长期待摊费用的发生、摊销情况，企业应设置"长期待摊费用"科目。该科目借方登记发生的长期待摊费用，贷方登记摊销的长期待摊费用；期末余额在借方，反映企业尚未摊销完毕的长期待摊费用。"长期待摊费用"科目可按待摊费用项目进行明细核算。

企业应按照发生的长期待摊费用，借记"长期待摊费用"科目，按照确认当期可抵扣的增值税进项税额，借记"应交税费——应交增值税（进项税额）"科目，贷记"原材料""银行存款"等科目。摊销长期待摊费用时，借记"管理费用""销售费用"等科目，贷记"长期待摊费用"科目。

【例题 3-44】甲公司于 2023 年 5 月 1 日对以经营租赁方式租入的办公楼进行改建，领用生产用材料 100 万元，发生的人工费用为 50 万元。6 月 30 日，该办公楼改建完工，达到预定可使用状态，按租期 5 年进行摊销，不考虑其他因素。

要求：编制甲公司相关业务会计分录。

【解析】

(1) 发生时：

借：长期待摊费用　　　　　　　　　　　　　　　　　　　　　　　　1 500 000
　　贷：原材料　　　　　　　　　　　　　　　　　　　　　　　　　　1 000 000
　　　　应付职工薪酬　　　　　　　　　　　　　　　　　　　　　　　　500 000

(2) 2023 年 7 月，摊销支出时：

借：管理费用　　　　　　　　　　　　　　　　　　　　　　　　　　　　25 000
　　贷：长期待摊费用　　　　　　　　　　　　　　　　　　　　　　　　25 000

本例中,甲公司发生的办公楼装修支出合计为 1 500 000 元(1 000 000＋500 000),2023 年 7 月应分摊的装修支出为 25 000 元(1 500 000÷5÷12)。

实务案例

3-3 非流动资产核算思维导图

2024 年 3 月 29 日,华为发布 2023 年年报,全年实现营业收入 7 042 亿元,净利润 870 亿元,同比增长 144.5%。

一直以来华为注重研发投入,据华为年报披露,2022 年华为研发投入 1 615 亿元,创历史新高,约占全年收入的 25.1%。近十年华为累计投入的研发费用超过 9 773 亿元。同时,2022 年华为全球员工数量上升,研发员工比重上升。截至 2022 年 12 月 31 日,华为员工总数约 20.7 万人,研发员工约占总员工数量的 55.4%(约 11.4 万人)。根据年报信息披露梳理发现,2018 年至 2021 年,华为研发投入占当年营收比例分别为 14.1%、15.3%、15.9%、22.4%,研发人员数量分别为 8.5 万人、9.6 万人、10.5 万人、10.7 万人,占华为当期总人数比例分别为 45%、49%、53.4%、54.8%。只有维持和加大在一些领域的研发投入,才能实现高质量的业务增长。同时,只有扩大研发投入,才能不断创新。华为通过架构重构、系统工程、优化设计等提升产品竞争力,只要有高质量的业务连续和有竞争力的产品,就能持续生存与发展。华为的真正价值在于长期在研发上的投资,所沉淀和积累的研发能力、研发队伍、研发平台,这才是华为构建长期、持续竞争力的核心。

对华为自主研发能力的成绩我们有目共睹。

第一,华为掌控着 5G 领域端到端的核心技术,取代了 4G 时代美国在通信领域的主导地位,在终端设备以及通信系统领域分走了美国公司的市场。对 5G 领域的专利数据分析发现,截至 2021 年 3 月,全球 5G 领域专利的 16.48% 都归华为所有,数量超 4 800 多项。

第二,在 5G 领域最关键的 5G 基站(通信系统设备)领域,华为具有绝对优势,原因在于华为在 5G 领域实行了垂直研发策略,华为在该领域长期保持第一。移动终端方面,华为不断加大自主研发芯片的速度,其产品运用 5G 通信技术对于美国企业形成了巨大压力。5G 通信技术是终端和互联网以及云端相互连接的关键技术,核心高端技术几乎为华为所有。

华为始终坚持"诚信,责任,用心服务"的理念,致力于成为行业典范,追求卓越品质,迎难而上,自主创新,做大做强。

资料来源:严翠. 华为首季赚 30 亿 孟晚舟:"符合预期"[EB/OL]. 证券时报. 2023-04-29. https://epaper.stcn.com/con/202304/29/content_2469565.html. 有删节。

问题与思考:科技兴则民族兴,科技强则国家强。为实现中华民族复兴,实现强国梦,青年学子该怎么做?

课后练习:请扫描二维码,完成本项目的练习题。

3-4 项目三练习题

项目四
负债核算

学习目标

◇ **知识目标**

1. 掌握负债的概念、分类和管理要求。
2. 掌握应付及预收款项的核算内容。
3. 掌握职工薪酬的核算内容。
4. 掌握应交税费的核算内容。
5. 掌握长期借款、应付债券、长期应付款的核算内容。

◇ **能力目标**

1. 能正确地对短期借款进行账务处理。
2. 能正确地对应付票据、应付账款、预收账款、应付利息、应付股利和其他应付款进行账务处理。
3. 能正确地对短期职工薪酬、长期职工薪酬进行账务处理。
4. 能正确地对应交税费进行账务处理。
5. 能正确地对长期借款、应付债券、长期应付款进行账务处理。

◇ **素养目标**

1. 培养爱国情怀、担当意识、依法纳税意识。
2. 培养"诚信为本、操守为重、坚持准则、不做假账"的会计人员基本素养。
3. 培养严谨细致、爱岗敬业的工匠精神,具备往来核算岗位、薪酬岗位、纳税核算岗位人员的基本素养。
4. 培养沟通协作意识、大数据思维意识、会计职业判断能力。

项目导读

甲企业是某市一家知名的家具生产企业,在企业运营过程中会发生欠债的情况。例如,因生产需要向银行借入借款,产生借款利息;购买材料有时需要延期付款,产生各种应付款项;赚取了利润要进行分配,产生应付股利;职工当月工资未发放,产生应付职工薪酬;没有缴纳国家各种税费,产生应交税费。

因注重产品质量和成本管理,产品销路很好,每年为某市贡献较多税收。现在甲企业准备对现有生产线进行更新换代,需求资金1 500万元,建设期2年。甲企业没有多余资金建设生产线。财务部经过分析计算,提供了3种方案供管理层决策:①以厂房为抵押向银行贷款1500万元。②发行债券1500万元。③以分期付款方式购入生产线。

3种方案是否都能解决资金筹集问题?让我们带着疑问,开始本项目的学习吧。

负债按偿还期限的长短可分为流动负债和非流动负债。流动负债是指需要在1年或长于1年的一个营业周期内偿还的负债。非流动负债是指除流动负债以外的其他负债。

流动负债的主要特点是偿还期限短、举借流动负债的目的是满足流动资金周转需要、债务利息低或不需要支付利息、与企业商业模式紧密相关、具有相对稳定性等。

本项目重点介绍企业除以公允价值计量且其变动计入当期损益的金融负债以外的流动负债和非流动负债(长期借款、应付债券和长期应付款)核算的有关内容。

任务一 短期借款核算

4-1 课程思政:揭开"不良校园贷"的真面目

学习导读:乙公司是一家制衣厂,由于信用良好,产品质量过硬,连续承接了几个大订单。乙公司为了扩大生产,以公司厂房为抵押向银行借入一笔期限为6个月的借款,合同约定到期一次还本付息。本任务将用会计语言介绍短期借款从借入到偿还的经济业务。

一、短期借款的管理

短期借款是指企业向银行或其他金融机构等借入的期限在1年以下(含1年)的各种款项。短期借款一般是企业为了满足正常生产经营所需的资金,或是为了抵偿某项债务而借入的资金。短期借款具有借款金额小、时间短、利息低等特点,对企业资产的流动性要求高。

二、短期借款的账务处理

企业应设置"短期借款"科目,核算短期借款的取得、偿还等情况。该科目的贷方登记取得短期借款本金的金额,借方登记偿还短期借款本金的金额;期末余额在贷方,反映企业尚未偿还的短期借款。该科目可按借款种类、贷款人和币种设置明细科目进行明细核算。

短期借款的账务处理包括取得短期借款、发生短期借款利息、归还短期借款等环节。

(一)取得短期借款

企业取得短期借款时,借记"银行存款"科目,贷记"短期借款"科目。

(二)发生短期借款利息

企业借入短期借款应支付利息。在实际工作中,如果企业的短期借款利息是按期支付的(如按季度支付利息),或是在借款到期时连同本金一起归还且其数额较大的,企业于月末应采用预提方式进行短期借款利息的核算。短期借款利息属于企业的筹资费用,应当在发生时作为财务费用直接计入当期损益。在资产负债表日,企业应当按照计算确定的短期借款利息费用,借记"财务费用"科目,贷记"应付利息"科目;实际支付利息时,借记"应付利息"科目,贷记"银行存款"或"库存现金"科目。

如果企业的短期借款利息是按月支付的,或在借款到期时连同本金一起归还且数额不大的,可以不采用预提的方法,而在实际支付或收到银行的计息通知时,直接计入当期损益,借记"财务费用"科目,贷记"银行存款"科目。

（三）归还短期借款

短期借款到期时,企业应及时归还。短期借款到期偿还本金时,企业应借记"短期借款"科目,贷记"银行存款"科目。如果短期借款是在到期时连同本金一起归还利息的,企业应将归还的利息通过"应付利息"或"财务费用"科目核算。

学习提示:短期借款计提利息通过"应付利息"科目核算,不通过"短期借款"科目核算,计提利息不影响短期借款的账面价值。

【例题4-1】 2023年4月1日,甲公司向银行借入一笔生产经营用短期借款共计900 000元,期限为6个月,年利率为4%。根据与银行签署的借款协议,该项借款的本金到期后一次归还,利息按季支付。

要求:编制甲公司相关业务会计分录。

【解析】

（1）4月1日,借入短期借款。

借:银行存款　　　　　　　　　　　　　　　　　　　　　　　　　900 000
　　贷:短期借款　　　　　　　　　　　　　　　　　　　　　　　　900 000

（2）4月月末,计提4月应付利息。

借:财务费用　　　　　　　　　　　　　　　　　　　　　　　　　　3 000
　　贷:应付利息　　　　　　　　　　　　　　　　　　　　　　　　3 000

本月应计提的利息金额=900 000×4%÷12=3 000(元)

5月月末计提利息费用的账务处理与4月相同。

（3）6月20日,按季度支付银行借款利息。

借:财务费用(3 000÷30×20)　　　　　　　　　　　　　　　　　　2 000
　　应付利息(3 000+3 000)　　　　　　　　　　　　　　　　　　　6 000
　　贷:银行存款　　　　　　　　　　　　　　　　　　　　　　　　8 000

（4）6月30日,计提6月最后10日的应付利息。

借:财务费用(3 000÷30×10)　　　　　　　　　　　　　　　　　　1 000
　　贷:应付利息　　　　　　　　　　　　　　　　　　　　　　　　1 000

7月月末、8月月末计提利息费用的账务处理与4月相同。

（5）9月20日,按季度支付银行借款利息。

借:财务费用(3 000÷30×20)　　　　　　　　　　　　　　　　　　2 000
　　应付利息(1 000+3 000+3 000)　　　　　　　　　　　　　　　　7 000
　　贷:银行存款　　　　　　　　　　　　　　　　　　　　　　　　9 000

（6）9月30日,偿还银行借款本金和最后10日的利息。

借:短期借款　　　　　　　　　　　　　　　　　　　　　　　　　900 000
　　财务费用(3 000÷30×10)　　　　　　　　　　　　　　　　　　1 000
　　贷:银行存款　　　　　　　　　　　　　　　　　　　　　　　901 000

任务二　应付及预收款项核算

学习导读：乙公司是一家制衣厂，由于信用良好，产品质量过硬，布匹供应商愿意给予乙公司一定期间的信用期限，待乙公司实现收入取得货款时，再让乙公司支付布匹的货款。同时，乙公司的一个客户欲购买一批衣服，提前预付了部分货款，在经济业务往来当中，经常会发生应付及预收款项的往来业务，其在会计核算中也具有举足轻重的作用，所以，应付及预收款项的学习也尤为重要。本任务将学习应付及预收款项的学习核算。

一、应付票据

（一）应付票据的管理

应付票据是指企业购买材料、商品和接受服务等而开出、承兑的商业汇票，包括商业承兑汇票和银行承兑汇票。

我国商业汇票的付款期限不超过6个月。因此，企业应将应付票据作为流动负债管理和核算。同时，由于应付票据的偿付时间较短，在会计实务中，一般均按照开出、承兑的应付票据的面值入账。

学习提示：会计实务中，企业应当设置"应付票据备查簿"，详细登记商业汇票的种类、号数、出票日期、到期日、票面金额、交易合同号和收款人姓名或单位名称，以及付款日期、金额等资料。应付票据到期结清，上述内容应当在备查簿内予以注销。

（二）应付票据的账务处理

企业应设置"应付票据"科目，核算应付票据的开出、偿付等情况。该科目贷方登记开出、承兑汇票的面值，借方登记支付票据的金额；期末余额在贷方，反映企业尚未到期的商业汇票的票面金额。

1. 开出应付票据

企业因购买材料、商品和接受服务等而开出、承兑的商业汇票，应当按其票面金额作为应付票据的入账金额，借记"材料采购""在途物资""原材料""库存商品""应付账款""应交税费——应交增值税（进项税额）"等科目，贷记"应付票据"科目。

企业因开出银行承兑汇票而支付的银行承兑汇票手续费，应当计入当期财务费用。

企业支付手续费时，应当按照确认的手续费，借记"财务费用"科目，取得增值税专用发票的，按照注明的增值税进项税额，借记"应交税费——应交增值税（进项税额）"科目，按照实际支付的金额，贷记"银行存款"科目。

2. 偿付应付票据

企业开具的商业汇票到期支付票据款时，根据开户银行的付款通知，借记"应付票据"科目，贷记"银行存款"科目。

【例题4-2】　甲公司于2023年5月1日购入一批材料，增值税专用发票上注明的金额为90 000元，增值税税额为11 700元，材料验收入库。甲公司开出一张由其开户行承兑的汇票,期限为6个月,票面金额为101 700元。以银行存款交纳承兑手续费50.85元,其中增值税税额为2.88元。8月1日,汇票到期,甲公司通知开户行以银行存款支付票据。甲公司为增值税一般纳税人,原材料按照实际成本进行核算。

要求:编制甲公司相关业务会计分录。

【解析】

(1) 5月1日,购入材料开出汇票。

借:原材料　　　　　　　　　　　　　　　　　　　　　　　　　90 000
　　应交税费——应交增值税(进项税额)　　　　　　　　　　　　11 700
　　贷:应付票据　　　　　　　　　　　　　　　　　　　　　　　　101 700

(2) 8月1日,支付承兑手续费。

借:财务费用　　　　　　　　　　　　　　　　　　　　　　　　　47.97
　　应交税费——应交增值税(进项税额)　　　　　　　　　　　　2.88
　　贷:银行存款　　　　　　　　　　　　　　　　　　　　　　　　50.85

(3) 8月1日,支付票据。

借:应付票据　　　　　　　　　　　　　　　　　　　　　　　　　101 700
　　贷:银行存款　　　　　　　　　　　　　　　　　　　　　　　　101 700

3. 转销应付票据

(1) 应付商业承兑汇票到期,如企业无力支付票款,由于商业汇票已经失效,企业应将应付票据按账面余额转作应付账款,借记"应付票据"科目,贷记"应付账款"科目。

(2) 应付银行承兑汇票到期,如企业无力支付票款,则由承兑银行代为支付,并将其作为付款企业的贷款处理,企业应将应付票据的账面余额转作短期借款,借记"应付票据"科目,贷记"短期借款"科目。

【例题4-3】　承[例题4-2],假设上述银行承兑汇票在2023年8月1日到期时,甲企业无力支付票款。

要求:编制甲公司相关业务会计分录。

【解析】

借:应付票据　　　　　　　　　　　　　　　　　　　　　　　　　101 700
　　贷:短期借款　　　　　　　　　　　　　　　　　　　　　　　　101 700

二、应付账款

(一) 应付账款的管理

应付账款是指企业因购买材料、商品或接受服务等经营活动而应付给供应单位的款项。实务中,为了使所购入材料、商品的金额、品种、数量和质量等与合同规定的条款相符,避免因验收时发现所购材料、商品的数量或质量存在问题而对入账的材料、商品或应付账款金额进行改动。在材料、商品和发票账单同时到达的情况下,一般在所购材料、商品验收入库后,根据发票账单登记入账,确认应付账款。在所购材料、商品已经验收入库,但是发票账单未

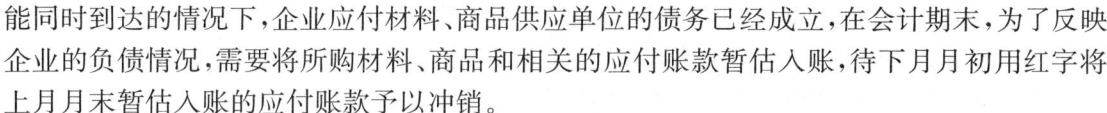

能同时到达的情况下,企业应付材料、商品供应单位的债务已经成立,在会计期末,为了反映企业的负债情况,需要将所购材料、商品和相关的应付账款暂估入账,待下月月初用红字将上月月末暂估入账的应付账款予以冲销。

(二) 应付账款的账务处理

企业应设置"应付账款"科目,核算应付账款的发生、偿还、转销等情况。该科目的贷方登记应付未付款项的增加金额,借方登记应付未付款项的减少金额;期末余额在贷方,反映企业尚未支付的应付账款余额。该科目可按债权人设置明细科目进行明细核算。

1. 发生应付账款

企业购入材料、商品或接受服务等产生的应付账款,应按应付金额入账。购入材料、商品等验收入库,但货款尚未支付,根据有关凭证(发票账单、随货同行发票上记载的实际价款或暂估价值),借记"材料采购""在途物资""原材料""库存商品"等科目,按照可抵扣的增值税进项税额,借记"应交税费——应交增值税(进项税额)"科目,按应付的款项,贷记"应付账款"科目。

企业接受供应单位提供服务而发生的应付未付款项,根据供应单位的发票账单所列明金额,借记"生产成本""管理费用"等科目,按照增值税专用发票上注明的可抵扣的增值税进项税额,借记"应交税费——应交增值税(进项税额)"科目,贷记"应付账款"科目。

2. 偿还应付账款

企业偿还应付账款或开出商业汇票抵付应付账款时,借记"应付账款"科目,贷记"银行存款""应付票据"等科目。

学习提示:应付账款与预付账款的关系如下:
(1) 应付账款明细账的借方余额为"资产"性质,在资产负债表的"预付款项"项目列示。
(2) 预付账款明细账的贷方余额为"负债"性质,在资产负债表的"应付账款"项目列示。

【例题4-4】 甲企业为增值税一般纳税人。2023年6月1日,甲企业从A公司购入一批材料,增值税专用发票上注明的价款为100 000元,增值税税额为13 000元;同时,A公司代垫运费1 000元,增值税税额90元,已收到A公司开具的增值税专用发票。材料验收入库(该企业材料按实际成本进行日常核算),款项尚未支付。7月11日,甲企业以银行存款支付购入材料相关款项114 090元。

要求:编制甲公司相关业务会计分录。

【解析】
(1) 确认应付账款。

借:原材料	101 000
应交税费——应交增值税(进项税额)	13 090
贷:应付账款——A公司	114 090

(2) 偿还应付账款。

借:应付账款——A公司	114 090
贷:银行存款	114 090

实务中,企业外购电力、燃气等动力一般通过"应付账款"科目核算,即在每月付款时先作暂付款处理,按照增值税专用发票上注明的价款,借记"应付账款"科目,按照增值税专用

发票上注明的可抵扣的增值税进项税额,借记"应交税费——应交增值税(进项税额)"科目,贷记"银行存款"等科目;月末按照外购动力的用途分配动力费时,借记"生产成本""制造费用""管理费用"等科目,贷记"应付账款"科目。

【例题 4-5】 甲公司为增值税一般纳税人,2023 年 5 月 20 日,甲公司收到电力部门开具的金额为 53 400 元、税额为 6 942 元的增值税专用发票,并以银行存款支付。月末经计算,应由生产车间负担的电费为 41 652 元,由行政管理部门负担的电费为 11 748 元。

要求:编制甲公司相关业务会计分录。

【解析】

(1) 支付电费。

借:应付账款　　　　　　　　　　　　　　　　　　　　　　　　53 400
　　应交税费——应交增值税(进项税额)　　　　　　　　　　　　6 942
　　贷:银行存款　　　　　　　　　　　　　　　　　　　　　　　60 342

(2) 月末分配。

借:制造费用　　　　　　　　　　　　　　　　　　　　　　　　41 652
　　管理费用　　　　　　　　　　　　　　　　　　　　　　　　11 748
　　贷:应付账款　　　　　　　　　　　　　　　　　　　　　　　53 400

3. 转销应付账款

应付账款一般在较短期限内支付,但有时由于债权单位撤销或其他原因,使应付账款无法偿清。企业对于确实无法支付的应付账款应予以转销,按照账面余额计入营业外收入,借记"应付账款"科目,贷记"营业外收入"科目。

【例题 4-6】 2023 年 6 月 30 日,甲公司确认有一笔 50 600 元的应付账款无法支付,应予以转销。

要求:编制甲公司相关业务会计分录。

【解析】

借:应付账款　　　　　　　　　　　　　　　　　　　　　　　　50 600
　　贷:营业外收入　　　　　　　　　　　　　　　　　　　　　　50 600

三、预收账款

(一) 预收账款的概念

预收账款是指企业按照合同规定向购货单位预收的款项。

(二) 预收账款的账务处理

企业应设置"预收账款"科目,核算预收账款的取得、偿付等情况。该科目贷方登记发生的预收账款金额,借方登记企业冲销的预收账款金额。期末余额在贷方,反映企业预收的款项;期末余额在借方,反映企业尚未转销的款项。该科目一般应按照客户设置明细科目进行明细核算。

学习提示:预收账款与应收账款的关系如下:

(1) 预收账款为负债类科目,其借方余额为"资产"性质,在资产负债表的"应收账款"项目列示。

(2) 应收账款为资产类科目,其贷方余额为"负债"性质,在资产负债表的"预收款项"项目列示。

【例题 4-7】 甲公司为增值税一般纳税人,出租有形动产适用的增值税税率为 13%。2023 年 7 月 1 日,甲公司与乙公司签订经营租赁(非主营业务)吊车合同,向乙公司出租吊车三台,期限为 6 个月,三台吊车租金(含税)共计 67 800 元。合同约定,合同签订日预付租金(含税)22 600 元,合同到期结清全部租金余款。合同签订日,甲公司收到租金并存入银行,开具的增值税专用发票上注明租金 20 000 元,增值税税额 2 600 元。租赁期满日,甲公司收到租金余款及相应的增值税。

要求:编制甲公司相关业务会计分录。

【解析】

(1) 收到乙公司预付租金。

借:银行存款　　　　　　　　　　　　　　　　　　　　　　　　　22 600
　　贷:预收账款——乙公司　　　　　　　　　　　　　　　　　　　　20 000
　　　　应交税费——应交增值税(销项税额)　　　　　　　　　　　　 2 600

(2) 每月月末,确认租金收入。

每月租金收入=[67 800÷(1+13%)]÷6=10 000(元)

借:预收账款——乙公司　　　　　　　　　　　　　　　　　　　　　10 000
　　贷:其他业务收入　　　　　　　　　　　　　　　　　　　　　　　10 000

(3) 租赁期满收到租金余款及增值税税款。

借:银行存款　　　　　　　　　　　　　　　　　　　　　　　　　45 200
　　贷:预收账款——乙公司　　　　　　　　　　　　　　　　　　　　40 000
　　　　应交税费——应交增值税(销项税额)　　　　　　　　　　　　 5 200

其中,"预收账款——乙公司"科目的 40 000 元(10 000×6－20 000)为借方余额从贷方转出。

【例题 4-8】 承[例题 4-7],假设甲公司不设置"预收账款"科目,其预收的款项通过"应收账款"科目核算。

要求:编制甲公司相关业务会计分录。

【解析】

(1) 收到乙公司预付租金。

借:银行存款　　　　　　　　　　　　　　　　　　　　　　　　　22 600
　　贷:应收账款——乙公司　　　　　　　　　　　　　　　　　　　　20 000
　　　　应交税费——应交增值税(销项税额)　　　　　　　　　　　　 2 600

(2) 每月月末,确认租金收入。

借:应收账款——乙公司　　　　　　　　　　　　　　　　　　　　　10 000
　　贷:其他业务收入　　　　　　　　　　　　　　　　　　　　　　　10 000

(3) 租赁期满收到租金余款及增值税。

借:银行存款 45 200
　　贷:应收账款——乙公司 40 000
　　　　应交税费——应交增值税(销项税额) 5 200

四、合同负债

合同负债是指企业已收或应收客户对价而应向客户转让商品的义务。具体账务处理参见本书项目六。

五、应付利息

(一)应付利息的概念

应付利息是指企业按照合同约定应支付的利息,包括预提短期借款的利息及分期付息到期还本的长期借款、企业债券等应支付的利息。

(二)应付利息的账务处理

企业应设置"应付利息"科目,核算应付利息的发生、支付情况。该科目贷方登记按照合同约定计算的应付利息,借方登记实际支付的利息;期末余额在贷方,反映企业应付未付的利息。该科目一般应按照债权人设置明细科目进行明细核算。

企业采用合同约定的利率计算确定利息费用时,按应付合同利息金额,借记"财务费用"等科目,贷记"应付利息"科目;实际支付利息时,借记"应付利息"科目,贷记"银行存款"等科目。

学习提示:如果是到期一次还本付息的长期借款及应付债券则不通过"应付利息"科目核算。

【例题4-9】 2020年5月1日,甲公司借入3年期到期还本、每年付息的长期借款5 000 000元,年利率为6%。借款费用未满足资本化条件,不考虑其他因素。

要求:计算甲公司每年应付利息的金额,并编制相关业务会计分录。

【解析】

每年应付利息金额=5 000 000×6%=300 000(元)

(1)每年计提利息时:

借:财务费用 300 000
　　贷:应付利息 300 000

(2)实际支付时:

借:应付利息 300 000
　　贷:银行存款 300 000

实际支付时间为2021年、2022年和2023年的4月30日。

六、应付股利

(一)应付股利的概念

应付股利是指企业根据股东大会或类似机构审议批准的利润分配方案,确定分配给投资者的现金股利或利润。

(二)应付股利的账务处理

企业应设置"应付股利"科目,核算企业确定或宣告发放但尚未实际支付的现金股利或利润。该科目贷方登记应支付的现金股利或利润;借方登记实际支付的现金股利或利润,期末余额在贷方,反映企业应付未付的现金股利或利润。该科目应按照投资者设置明细科目进行明细核算。

企业根据股东大会或类似机构审议批准的利润分配方案,确认应付给投资者的现金股利或利润时,借记"利润分配——应付现金股利(或利润)"科目,贷记"应付股利"科目;向投资者实际支付现金股利或利润时,借记"应付股利"科目,贷记"银行存款"等科目。

学习提示:企业董事会或类似机构通过的利润分配方案中拟分配的现金股利或利润,不需要进行账务处理,但应在附注中披露。企业分配的股票股利不通过"应付股利"科目核算。

【例题4-10】 甲公司2023年度实现净利润2 000 000元。经股东会批准,决定分配股利为1 400 000元,用银行存款支付。甲公司有甲、乙、丙3个股东,分别占注册资本的50%、30%和20%。

要求:计算股东应分配的股利,并编制该笔业务的相关会计分录。

【解析】

(1)决定分配股利时:

甲股东应分得的股利=1 400 000×50%=700 000(元)

乙股东应分得的股利=1 400 000×30%=420 000(元)

丙股东应分得的股利=1 400 000×20%=280 000(元)

借:利润分配——应付现金股利或利润　　　　　　　　　　　　1 400 000
　　贷:应付股利——甲股东　　　　　　　　　　　　　　　　　　700 000
　　　　　　　　——乙股东　　　　　　　　　　　　　　　　　　420 000
　　　　　　　　——丙股东　　　　　　　　　　　　　　　　　　280 000

(2)实际支付股利时:

借:应付股利——甲股东　　　　　　　　　　　　　　　　　　　700 000
　　　　　　——乙股东　　　　　　　　　　　　　　　　　　　420 000
　　　　　　——丙股东　　　　　　　　　　　　　　　　　　　280 000
　　贷:银行存款　　　　　　　　　　　　　　　　　　　　　1 400 000

学习提示:"应付利息"和"应付股利"都在资产负债表"其他应付款"项目列示。

七、其他应付款

(一)其他应付款的概念

其他应付款是指企业除应付票据、应付账款、预收账款、应付职工薪酬、应交税费、应付利息、应付股利等经营活动以外的其他各项应付、暂收的款项。例如,应付短期租赁固定资产租金、应付低价值资产租赁的租金、应付租入包装物租金、出租或出借包装物向客户收取的押金、存入保证金等。

(二)其他应付款的账务处理

企业应设置"其他应付款"科目,核算其他应付款的增减变动及其结存情况。该科目贷方登记发生的各种应付、暂收款项;借方登记偿还或转销的各种应付、暂收款项;该科目期末余额在贷方,反映企业应付未付的其他应付款项。本科目按照其他应付款的项目和对方单位(或个人)设置明细科目进行明细核算。

企业发生其他各种应付、暂收款项时,借记"管理费用"等科目,贷记"其他应付款"科目;支付或退回其他各种应付、暂收款项时,借记"其他应付款"科目,贷记"银行存款"等科目。

【例题 4-11】 2023 年 3 月 15 日,甲公司因与 B 公司发生业务往来向 B 公司出借一批包装箱,收到现金押金 50 000 元。2023 年 5 月 15 日,客户将该批包装箱完好无损还回,甲公司当日退还其现金押金 50 000 元。

要求:编制甲公司相关业务会计分录。

【解析】

(1) 3 月 15 日,收到押金。

借:银行存款　　　　　　　　　　　　　　　　　　　　　　　　50 000
　　贷:其他应付款　　　　　　　　　　　　　　　　　　　　　　50 000

(2) 5 月 15 日,退还押金。

借:其他应付款　　　　　　　　　　　　　　　　　　　　　　　50 000
　　贷:银行存款　　　　　　　　　　　　　　　　　　　　　　　50 000

任务三　应付职工薪酬核算

学习导读:赵军是一名高级会计师,在一家公司任财务主管,月薪 3 万元,享受带薪年休假,还有年终奖和各种补贴福利。逢年过节,公司还会发放各种礼品。这些都是赵军的薪酬。那么职工薪酬具体是怎么定义的呢?本任务将学习应付职工薪酬的会计核算。

一、职工的范围

职工薪酬准则所指的职工范围非常广泛,主要包括以下 3 类人员:

(1) 与企业订立劳动合同的所有人员,含全职、兼职和临时职工。

(2) 未与企业订立劳动合同,但由企业正式任命的人员,如董事会成员、监事会成员等。

(3) 在企业计划和控制下,虽未与企业订立劳动合同或未由其正式任命,但向企业所提供服务与职工所提供服务类似的人员,包括通过企业与劳务中介公司签订用工合同而向企业提供服务的人员。

二、职工薪酬的内容

职工薪酬是指企业为获得职工提供的服务或解除劳动关系而给予的各种形式的报酬或补偿,包括短期薪酬、离职后福利、辞退福利和其他长期职工福利。企业提供给职工配偶、子女、受赡养人、已故员工遗属及其他受益人等的福利,也属于职工薪酬。

1. 短期薪酬

企业在职工提供相关服务的年度报告期间结束后12个月内需要全部予以支付的职工薪酬,因解除与职工的劳动关系给予的补偿除外。短期薪酬具体包括以下内容:

(1) 职工工资、奖金、津贴和补贴是指按照构成工资总额的计时工资、计件工资、支付给职工的超额劳动报酬和增收节支的劳动报酬、为补偿职工特殊或额外的劳动消耗和因其他特殊原因支付给职工的津贴,以及为保证职工工资水平不受物价影响支付给职工的物价补贴等。其中,企业按照短期奖金计划向职工发放的奖金属于短期薪酬,按照长期奖金计划向职工发放的奖金属于其他长期职工福利。

(2) 职工福利费是指企业向职工提供的生活困难补助、丧葬补助费、抚恤费、职工异地安家费、防暑降温费等职工福利支出。

(3) 社会保险费是指企业按照国家规定的基准和比例计算,向社会保险经办机构缴纳的医疗保险费、工伤保险费。

(4) 住房公积金是指企业按照国家规定的基准和比例计算,向住房公积金管理机构缴存的住房公积金。

(5) 工会经费和职工教育经费是指企业为了改善职工文化生活、为职工学习先进技术及提高文化水平和业务素质,用于开展工会活动和职工教育及职业技能培训等相关支出。

(6) 短期带薪缺勤是指职工虽然缺勤但企业仍向其支付报酬的安排,包括年休假、病假、婚假、产假、丧假、探亲假等。长期带薪缺勤属于其他长期职工福利。

(7) 短期利润分享计划是指因职工提供服务而与职工达成的基于利润或其他经营成果提供薪酬的协议。长期利润分享计划属于其他长期职工福利。

(8) 其他短期薪酬是指除上述薪酬以外的其他为获得职工提供的服务而给予的短期薪酬。

2. 离职后福利

离职后福利是指企业为获得职工提供的服务而在职工退休或与企业解除劳动关系后,提供的各种形式的报酬和福利,短期薪酬和辞退福利除外。企业应当将离职后福利计划分类为设定提存计划和设定受益计划。设定提存计划是指向独立的基金缴存固定费用后,企业不再承担进一步支付义务的离职后福利计划。设定受益计划是指除设定提存计划以外的离职后福利计划。

学习提示:企业为员工缴纳的补充养老保险,以商业保险形式提供给职工的各种保险待遇也属于企业提供的职工薪酬。

3. 辞退福利

企业在职工劳动合同到期之前解除与职工的劳动关系,或为鼓励职工自愿接受裁减而给予职工的补偿。

4. 其他长期职工福利

其他长期职工福利是指除短期薪酬、离职后福利、辞退福利之外所有的职工薪酬,包括长期带薪缺勤、长期残疾福利、长期利润分享计划等。

三、应付职工薪酬的会计科目设置

企业应当设置"应付职工薪酬"科目,核算应付职工薪酬的计提、结算、使用等情况。"应付职工薪酬"科目为负债类科目,贷方用来核算已分配计入有关成本费用的职工薪酬的金额,借方登记实际发放的职工薪酬的金额;期末余额在贷方,反映企业尚未支付的职工薪酬。"应付职工薪酬"科目应按照"工资、奖金、津贴和补贴""职工福利费""非货币性福利""社会保险费""住房公积金""工会经费和职工教育经费""带薪缺勤""利润分享计划""设定提存计划""设定受益计划义务""辞退福利"等职工薪酬项目设置明细账进行明细核算。

四、短期薪酬的账务处理

(一)职工薪酬的确认原则

企业应当在职工为其提供服务的会计期间,将实际发生的短期薪酬确认为负债,并根据职工提供服务的受益对象,分别计入相关资产成本或当期损益,其他会计准则要求或允许计入资产成本的除外。

(二)货币性职工薪酬

1. 工资、奖金、津贴和补贴

企业应当在职工为其提供服务的会计期间,将实际发生的职工工资、奖金、津贴和补贴等,根据职工提供服务的受益对象,将应确认的职工薪酬计入相关成本或费用中,同时确认应付职工薪酬。

实务中,企业一般在每月发放工资前,根据"工资费用分配汇总表"中的"实发金额"栏的合计数,通过开户银行支付给职工或从开户银行提取现金,然后向职工发放。

企业按照有关规定向职工支付工资、奖金、津贴、补贴等,借记"应付职工薪酬——工资"科目,贷记"银行存款""库存现金"等科目;企业从应付职工薪酬中扣还的各种款项(代垫的职工家属医药费、个人所得税等),借记"应付职工薪酬"科目,贷记"其他应收款""应交税费——应交个人所得税"等科目。

【例题 4-12】甲企业 2023 年 6 月应付职工工资总额为 312 000 元,"工资费用分配汇总表"中列示的产品生产工人工资为 151 000 元,车间管理人员工资为 70 000 元,行政管理人员工资为 80 000 元,专设销售机构销售人员工资为 11 000 元。根据"工资费用分配汇总表"结算本月应付工资 312 000 元,其中企业代垫职工房租为 20 000 元、代垫职工家属医疗费用为 8 000 元、代扣个人所得税为 12 000 元,实发工资为 272 000 元。

要求:编制甲企业相关业务会计分录。

【解析】

(1) 5月计提工资。

借:生产成本——基本生产成本	151 000
制造费用	70 000
管理费用	80 000
销售费用	11 000
贷:应付职工薪酬——工资	312 000

(2) 通过网银发放工资。

借:应付职工薪酬——工资	272 000
贷:银行存款	272 000

（3）代垫款项。

借：应付职工薪酬——工资	40 000
贷：其他应收款——职工房租	20 000
——代垫医药费	8 000
应交税费——应交个人所得税	12 000

2. 职工福利费

对于职工福利费，企业应当在实际发生时，根据实际发生额，借记"生产成本""制造费用""管理费用""销售费用"等科目，贷记"应付职工薪酬——职工福利费"科目。

【例题4-13】 甲企业以现金支付行政管理部门王某的生活困难补助2 000元。

要求：编制甲企业相关业务会计分录。

【解析】

（1）计提职工福利费。

借：管理费用	2 000
贷：应付职工薪酬——职工福利费	2 000

（2）实际发放职工福利费。

借：应付职工薪酬——职工福利费	2 000
贷：库存现金	2 000

【例题4-14】 乙企业下设一所职工食堂，每月根据在岗职工数量及岗位分布情况相关历史经验数据等计算需要补贴食堂的金额，从而确定企业每期因补贴职工食堂需要承担的福利费金额。2023年9月，企业在岗职工共计200人，其中管理部门30人，生产车间生产人员170人，企业的历史经验数据表明，每个职工每月需补贴食堂150元。

要求：编制乙企业相关业务会计分录。

【解析】

借：生产成本	25 500
管理费用	4 500
贷：应付职工薪酬——职工福利费	30 000

【例题4-15】 承[例题4-14]，2023年10月，乙企业支付30 000元补贴给食堂。

要求：编制乙企业相关业务会计分录。

【解析】

借：应付职工薪酬——职工福利费	30 000
贷：银行存款	30 000

3. 工会经费和职工教育经费

根据《中华人民共和国工会法》的规定，企业按每月全部职工工资总额的2%向工会拨缴经费，在成本费用中列支，主要用于为职工服务和工会活动。

职工教育经费一般由企业按照每月工资总额的8%计提，主要用于职工接受岗位培训、继续教育等方面的支出。

期末，企业根据规定的计提基础和比例计算确定应付工会经费、职工教育经费，借记"生产成本""制造费用""管理费用""销售费用""在建工程""研发支出"等科目，贷记"应付职工薪酬——工会经费""应付职工薪酬——职工教育经费"等科目;实际上缴或发生实际开支时,借记"应付职工薪酬——工会经费""应付职工薪酬——职工教育经费"等科目,贷记"银行存款"等科目。

【例题 4-16】 承[例题 4-12],2023 年 6 月,甲企业根据有关规定,分别按照工资总额的 2%和 8%的计提标准,提取工会经费和职工教育经费。

要求:编制甲企业相关业务会计分录。

【解析】

借:生产成本[151 000×(2%+8%)]	15 100
制造费用[70 000×(2%+8%)]	7 000
管理费用[80 000×(2%+8%)]	8 000
销售费用[11 000×(2%+8%)]	1 100
贷:应付职工薪酬——工会经费(312 000×2%)	6 240
——职工教育经费(312 000×8%)	24 960

4. 社会保险费和住房公积金

社会保险费包括医疗保险费、养老保险费、失业保险费、工伤保险费等。企业承担的社会保险费,除养老保险费和失业保险费按规定确认为离职后福利外,其他的社会保险作为企业的短期薪酬。

住房公积金分为职工所在单位为职工缴存和职工个人缴存两部分,但其全部属于职工个人所有。

期末,对于企业应缴纳的社会保险费(不含基本养老保险费和失业保险费)和住房公积金,应按照规定的计提基础和比例,在职工提供服务期间根据受益对象计入当期损益或相关资产成本,并确认相应的应付职工薪酬,借记"生产成本""制造费用""管理费用""销售费用""在建工程""研发支出"等科目,贷记"应付职工薪酬——社会保险费""应付职工薪酬——住房公积金"科目;对于职工个人承担的社会保险费和住房公积金,由职工所在企业每月从其工资中代扣代缴,借记"应付职工薪酬——工资"科目,贷记"其他应付款——社会保险费""其他应付款——住房公积金"科目。

【例题 4-17】 甲企业 2023 年 7 月应付职工工资总额为 693 000 元,"工资费用分配汇总表"中列示的产品生产人员工资为 480 000 元,车间管理人员工资为 105 000 元,企业行政管理人员工资为 90 600 元,专设销售机构人员工资为 17 400 元。该企业根据规定的计提标准,计算应由企业负担的向社会保险经办机构缴纳社会保险费(不含基本养老保险费和失业保险费)共计 83 160 元。按照规定标准计提住房公积金 76 230 元。

要求:编制甲企业计提社会保险费和住房公积金的会计分录。

【解析】

借:生产成本——基本生产成本	110 400
制造费用	24 150
管理费用	20 838
销售费用	4 002
贷:应付职工薪酬——社会保险费	83 160
——住房公积金	76 230

应确认的应付职工薪酬=83 160+76 230=159 390(元)

应记入"生产成本"科目的金额＝159 390×(480 000÷693 000)＝110 400(元)
应记入"制造费用"科目的金额＝159 390×(105 000÷693 000)＝24 150(元)
应记入"管理费用"科目的金额＝159 390×(90 600÷693 000)＝20 838(元)
应记入"销售费用"科目的金额＝159 390－110 400－24 150－20 838＝4 002(元)

假定该企业从应付职工薪酬中代扣个人应缴纳的社会保险费(不含基本养老保险费和失业保险费)为13 860元、住房公积金为76 230元,共计90 090元。甲企业应编制会计分录如下:

借:应付职工薪酬——工资　　　　　　　　　　　　　　　　　　　　90 090
　　贷:其他应付款——社会保险费　　　　　　　　　　　　　　　　　　13 860
　　　　　　　　　　——住房公积金　　　　　　　　　　　　　　　　　76 230

(三)非货币性职工薪酬

1. 企业以自产的产品作为非货币性福利发放给职工

(1) 计提时,应当根据受益对象,按照该产品的含税公允价值,借记"生产成本""制造费用""管理费用"等科目,贷记"应付职工薪酬——非货币性福利"科目。

(2) 发放时,借记"应付职工薪酬——非货币性福利"科目,贷记"主营业务收入"和"应交税费——应交增值税(销项税额)"科目。同时,结转成本,借记"主营业务成本""存货跌价准备"科目,贷记"库存商品"科目。

【例题 4-18】 甲企业为增值税一般纳税人,适用的增值税税率为13％。该企业以其生产的服装作为福利发放给100名生产车间管理人员,每人一套,每套服装不含税售价为350元,成本为280元,不考虑其他因素。

要求:编制甲企业相关业务会计分录。

【解析】

(1) 计提时:

借:制造费用　　　　　　　　　　　　　　　　　　　　　　　　　　　39 550
　　贷:应付职工薪酬——非货币性福利[350×100×(1＋13％)]　　　　　39 550

(2) 实际发放时:

借:应付职工薪酬——非货币性福利　　　　　　　　　　　　　　　　　39 550
　　贷:主营业务收入　　　　　　　　　　　　　　　　　　　　　　　　35 000
　　　　应交税费——应交增值税(销项税额)　　　　　　　　　　　　　　4 550

同时,结转成本:

借:主营业务成本(280×100)　　　　　　　　　　　　　　　　　　　　28 000
　　贷:库存商品　　　　　　　　　　　　　　　　　　　　　　　　　　28 000

2. 企业以外购的商品作为非货币性福利提供给职工

(1) 外购商品时,应当按照该商品的公允价值,借记"库存商品"科目,借记"应交税费——应交增值税(进项税额)"科目,贷记"银行存款"等科目。

(2) 发放时,借记"应付职工薪酬——非货币性福利",贷记"库存商品"科目。同时,按照受益对象,借记"管理费用"等科目,贷记"应付职工薪酬——非货币性福利""应交税费——应交增值税（进项税额转出）"科目。

3. 企业将拥有的或租赁的房屋等资产无偿提供给职工使用

（1）计提时，应当根据受益对象，按照该住房每期应计提的折旧或每期应付的租金金额，借记"管理费用""生产成本""制造费用"等科目，贷记"应付职工薪酬——非货币性福利"科目。

（2）实际计提折旧或支付租金时，按照实际发生额，借记"应付职工薪酬——非货币性福利"科目，贷记"银行存款""累计折旧"等科目。

【例题4-19】 某公司决定为公司的部门经理每人租赁住房一套、提供轿车一辆，免费使用，所有轿车的月折旧为1万元，所有外租住房的月租金为1.5万元。

要求：编制该公司相关业务会计分录。

【解析】

（1）计提轿车折旧费用时：

借：管理费用——非货币性福利　　　　　　　　　　　　　　　　10 000
　　贷：应付职工薪酬　　　　　　　　　　　　　　　　　　　　　10 000

借：应付职工薪酬——非货币性福利　　　　　　　　　　　　　　10 000
　　贷：累计折旧　　　　　　　　　　　　　　　　　　　　　　　10 000

（2）确认租金费用时：

借：管理费用　　　　　　　　　　　　　　　　　　　　　　　　15 000
　　贷：应付职工薪酬——非货币性福利　　　　　　　　　　　　　15 000

借：应付职工薪酬——非货币性福利　　　　　　　　　　　　　　15 000
　　贷：银行存款　　　　　　　　　　　　　　　　　　　　　　　15 000

五、长期职工薪酬的账务处理

（一）离职后福利

对于设定提存计划，企业应当根据在资产负债表日为换取职工在会计期间提供的服务而应向单独主体缴存的提存金，确认为应付职工薪酬，并计入当期损益或相关资产成本，借记"生产成本""制造费用""管理费用""销售费用"等科目，贷记"应付职工薪酬——设定提存计划"科目。

【例题4-20】 承[例题4-12]，甲公司根据有关规定，计提当月基本养老保险费用共计37 440元，各部门人员应负担的费用为：生产车间人员18 120元，车间管理人员8 400元，行政管理部门人员9 600元，销售部门人员1 320元。

要求：编制甲公司相关业务会计分录。

【解析】

借：生产成本　　　　　　　　　　　　　　　　　　　　　　　　18 120
　　制造费用　　　　　　　　　　　　　　　　　　　　　　　　　8 400
　　管理费用　　　　　　　　　　　　　　　　　　　　　　　　　9 600
　　销售费用　　　　　　　　　　　　　　　　　　　　　　　　　1 320
　　贷：应付职工薪酬——设定提存计划（基本养老保险）　　　　　37 440

（二）辞退福利

企业向职工提供辞退福利的，应当在"企业不能单方面撤回因解除劳动关系或裁减所提供的辞退福利时"和"企业确认涉及支付辞退福利的重组相关的成本或费用时"两者孰早日，确认辞退福利产生的职工薪酬负债，并计入当期损益，借记"管理费用"科目，贷记"应付职工薪酬——辞退福利"科目。

【例题 4-21】 甲公司是一家空调制造企业。2023年9月，为了能够在下一年度顺利实施转产，甲公司管理层制订了一项辞退计划，从2024年1月1日起，甲公司将以职工自愿方式，辞退其柜式空调生产车间的职工。辞退计划的详细内容包括拟辞退的职工所在部门、数量、各级别职工能够获得的补偿及计划实施的时间等均已与职工沟通，并达成一致意见。辞退计划已于2023年12月10日经董事会正式批准，辞退计划将于下一个年度内实施完毕。辞退计划如表4-1所示。

表4-1　　　　　　　　　　　辞退计划

所属部门	职位	辞退数量(人)	工龄(年)	每人补偿额(万元)
空调车间	车间主任副主任	10	1～10	10
			10～20	20
			20～30	30
	高级技工	50	1～10	8
			10～20	18
			20～30	28
	一般技工	100	1～10	5
			10～20	15
			20～30	25
合计		—	160	—

2023年12月31日，甲公司预计各级别职工拟接受辞退职工数量的最佳估计数(最可能发生数)及其应支付的补偿。预计接受辞退补偿如表4-2所示。

表4-2　　　　　　　　　　　预计接受辞退补偿

所属部门	职位	辞退数量(人)	工龄(年)	接受数量(人)	每人补偿额(万元)	补偿金额(万元)
空调车间	车间主任副主任	10	1～10	5	10	50
			10～20	2	20	40
			20～30	1	30	30
	高级技工	50	1～10	20	8	160
			10～20	10	18	180
			20～30	5	28	140

(续表)

所属部门	职位	辞退数量（人）	工龄（年）	接受数量（人）	每人补偿额（万元）	补偿金额（万元）
空调车间	一般技工	100	1～10	50	5	250
			10～20	20	15	300
			20～30	10	25	250
合计		160	—	123		1 400

根据表 4-2，愿意接受辞退职工的最佳估计数为 123 人，预计补偿总额为 1 400 万元，（辞退计划于 2023 年 12 月 10 日由董事会批准）。

要求：编制 2023 年 12 月 31 日甲公司相关业务会计分录。

【解析】
借：管理费用　　　　　　　　　　　　　　　　　　　　　　　　　14 000 000
　　贷：应付职工薪酬——辞退福利　　　　　　　　　　　　　　　　14 000 000

（三）其他长期职工福利

企业向职工提供的其他长期职工福利，符合设定提存计划条件的，应当按照设定提存计划的有关规定进行账务处理；符合设定受益计划条件的，应当按照设定受益计划的有关规定进行账务处理。

长期残疾福利水平取决于职工提供服务期间长短的，企业应在职工提供服务的期间确认应付长期残疾福利义务，计量时应当考虑长期残疾福利支付的可能性和预期支付的期限；与职工提供服务期间长短无关的，企业应当在导致职工长期残疾的事件发生的当期确认应付长期残疾福利。

【例题 4-22】 甲企业与其销售总经理达成协议，3 年后利润达到 1 亿元，销售总经理的薪酬为利润的 2%。甲企业向销售总经理提供薪酬的类别是（　　）。
A. 带薪缺勤　　　　　　　　　　　B. 辞退福利
C. 离职后福利　　　　　　　　　　D. 利润分享计划

【解析】 答案为选项 D。利润分享计划是指因职工提供服务而与职工达成的基于利润或其他经营成果提供薪酬的协议。

任务四　应交税费核算

学习导读：企业在生产经营过程中会涉及很多的税种，如增值税、消费税、城市维护建设税、资源税、企业所得税、土地增值税、房产税、车船税、城镇土地使用税、教育费附加、印花税、耕地占用税、契税等。本任务将带领大家学习应交税费的会计核算。

一、应交税费概述

企业根据税法规定应缴纳的各种税费包括增值税、消费税、城市维护建设税、资源税、企业所得税、土地增值税、房产税、车船税、城镇土地使用税、教育费附加、印花税、耕地占用税、契税、环境保护税、车辆购置税等。企业应通过"应交税费"科目，核算各种税费的应交、缴纳等情况。

学习提示： 不通过"应交税费"科目核算的包括印花税、耕地占用税、契税、车辆购置税。

二、应交增值税

（一）增值税的概念及征税范围

增值税是以商品（含应税劳务、应税行为）在流转过程中实现的增值额作为计税依据而征收的流转税。按照我国现行增值税制度的规定，在我国境内销售货物、加工修理修配劳务、服务、无形资产和不动产及进口货物的企业、单位和个人为增值税的纳税人。其中"服务"是指交通运输服务、建筑服务、邮政服务、电信服务、金融服务、现代服务、生活服务。

（二）增值税的纳税义务人

根据经营规模大小及会计核算水平的健全程度，增值税纳税人分为一般纳税人和小规模纳税人。一般纳税人是指年应税销售额超过财政部、国家税务总局规定标准的增值税纳税人。小规模纳税人是指年应税销售额未超过规定标准，并且会计核算不健全，不能够提供准确税务资料的增值税纳税人。

（三）增值税的计税方法

计算增值税的方法分为一般计税方法和简易计税方法。

1. 一般计税方法

一般计税方法是指一般纳税人采用购进扣税法计算当期增值税应纳税额，即先按当期销售额和适用税率计算出销项税额，然后对当期购进项目向对方支付的税款（即进项税额）进行抵扣，从而间接算出当期的应纳税额的方法。其计算公式如下：

$$应纳税额 = 当期销项税额 - 当期进项税额$$

当期销项税额是指纳税人当期销售货物、加工修理修配劳务、服务、无形资产和不动产时按照销售额和增值税税率计算并收取的增值税税额。其中，销售额是指纳税人销售货物、加工修理修配劳务、服务、无形资产和不动产向购买收取的全部价款和价外费用，但是不包括收取的销项税额。当期销项税额的计算公式如下：

$$当期销项税额 = 销售额 \times 增值税税率$$

当期进项税额是指购进货物、加工修理修配劳务、服务、无形资产和不动产支付或负担的增值税额。可以抵扣增值税进项税额的法定凭证通常包括以下内容：

（1）从销售方取得的增值税专用发票（含《机动车销售统一发票》，下同）上注明的增值税税额。

（2）从海关取得的海关进口增值税专用缴款书上注明的增值税税额。

（3）购进农产品，除取得增值税专用发票或海关进口增值税专用缴款书外，按照农产品收购发票或销售发票上注明的农产品买价和9%的扣除率计算的进项税额；如用于生产销售或委托加工13%税率货物的农产品，按照农产品收购发票或销售发票上注明的农产品买价和10%的扣除率计算的进项税额。

(4) 从境外单位或个人购进服务、无形资产或不动产,从税务机关或扣缴义务人取得的解缴税款的完税凭证上注明的增值税税额。

(5) 一般纳税人支付的道路通行费,取得的收费公路通行费增值税电子普通发票上注明的增值税税额;桥、闸通行费,凭取得的通行费发票上注明的收费金额和规定的方法计算的可抵扣的增值税进项税额。

学习提示: 当期销项税额小于当期进项税额不足抵扣时,其不足部分可以结转下期继续抵扣。

增值税税率表如表4-3所示。

表4-3　　　　　　　　　　　　　增值税税率表

项目	税率	内容
基本税率	13%	(1) 销售或进口货物(适用低税率和零税率的除外) (2) 提供加工、修理修配劳务 (3) 有形动产租赁服务
低税率	9%	(1) 粮食等农产品、食用植物油、食用盐 (2) 自来水、暖气、冷气、热水、煤气、石油液化气、天然气、二甲醚、沼气、居民用煤炭制品 (3) 图书、报纸、杂志、音像制品、电子出版物 (4) 饲料、化肥、农药、农机、农膜及国务院及其有关部门规定的其他货物 (5) 交通运输业服务 (6) 邮政服务 (7) 基础电信服务 (8) 建筑服务 (9) 不动产租赁服务 (10) 销售不动产 (11) 转让土地使用权
	6%	(1) 现代服务(租赁服务除外) (2) 增值电信服务 (3) 金融服务 (4) 生活服务 (5) 销售无形资产(转让土地使用权除外)
征收率	3%	(1) 增值税小规模纳税人 (2) 简易计税方法
零税率	0	(1) 除国务院另有规定外,纳税人出口货物,税率为零 (2) 财政部和国家税务总局规定的跨境应税行为,税率为零

2. 简易计税方法

简易计税方法是指按照销售额与征收率的乘积计算应纳税额,不得抵扣进项税额的方法。其计算公式如下:

$$应纳税额 = 销售额 \times 征收率$$

公式中的销售额不包括应纳税额。如销售额为含税的,应换算成不含税销售额进行计

算,计算公式如下:

$$销售额 = 含税销售额 \div (1 + 征收率)$$

增值税一般纳税人计算增值税大多采用一般计税方法,小规模纳税人一般采用简易计税方法;一般纳税人发生财政部和国家税务总局规定的特定应税销售行为,也可以选择简易计税方法,但是不得抵扣进项税额。

采用简易计税方式的增值税征收率为3%,国务院另有规定的除外。

(四) 一般纳税人的账务处理

1. 增值税核算的会计科目设置

增值税一般纳税人应当在"应交税费"科目下设置"应交增值税""未交增值税""预交增值税""待抵扣进项税额""待认证进项税额""待转销项税额""增值税留抵税额""简易计税""转让金融商品应交增值税""代扣代交增值税"等明细科目。

(1) "应交增值税"明细科目,核算一般纳税人进项税额、销项税额抵减、已交税金、转出未交增值税、减免税款、出口抵减内销产品应纳税额、销项税额、出口退税、进项税额转出、转出多交增值税等情况。该明细账设置以下专栏:

"进项税额"专栏,记录一般纳税人购进货物、加工修理修配劳务、服务、无形资产或不动产而支付或负担的、准予从当期销项税额中抵扣的增值税税额。

"销项税额"专栏,记录一般纳税人销售货物、加工修理修配劳务、服务、无形资产或不动产应收取的增值税税额。

"进项税额转出"专栏,记录一般纳税人购进货物、加工修理修配劳务、服务、无形资产或不动产等发生非正常损失及其他原因而不应从销项税额中抵扣、按规定转出的进项税额。

"已交税金"专栏,记录一般纳税人当月已缴纳的应交增值税税额。

"销项税额抵减"专栏,记录一般纳税人按照现行增值税制度规定因扣减销售额而减少的销项税额。

"减免税款"专栏,记录一般纳税人按现行增值税制度规定准予减免的增值税税额。

"出口抵减内销产品应纳税额"专栏,记录实行"免、抵、退"办法的一般纳税人按规定计算的出口货物的进项税抵减内销产品的应纳税额。

"出口退税"专栏,记录一般纳税人出口货物、加工修理修配劳务、服务、无形资产按规定退回的增值税税额。

"转出未交增值税"专栏,记录一般纳税人月度终了转出当月应交未交的增值税税额。

"转出多交增值税"专栏,记录一般纳税人月度终了转出当月多交的增值税税额。

应交增值税明细账专栏总结如图4-1所示。

(2) "应交税费——未交增值税"明细科目,核算一般纳税人月度终了从"应交增值税"或"预交增值税"明细科目转入当月应交未交、多交或预交的增值税税额,以及当月缴纳以前期间未交的增值税税额。

(3) "应交税费——预交增值税"明细科目,核算一般纳税人转让不动产、提供不动产经营租赁服务、提供建筑服务、采用预收款方式销售自行开发的房地产项目等,以及其他按现行增值税制度规定应预交的增值税税额。

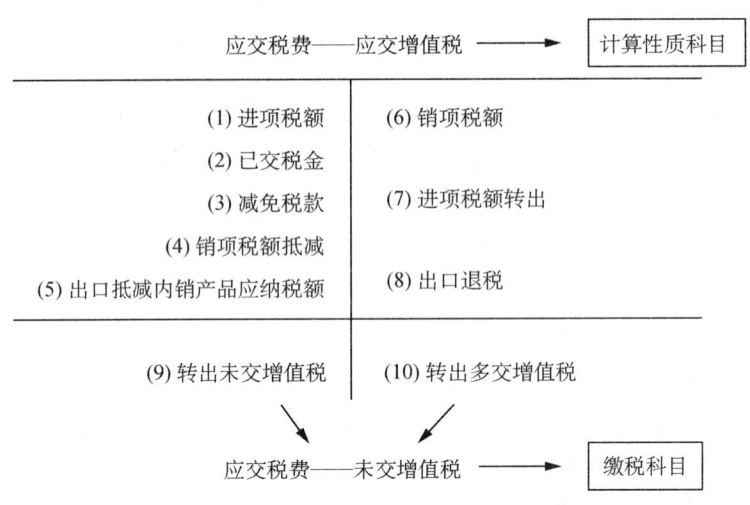

图 4-1 应交增值税明细账专栏总结

(4)"应交税费——待抵扣进项税额"明细科目,核算一般纳税人已取得增值税扣税凭证并经税务机关认证,按照现行增值税制度规定准予以后期间从销项税额中抵扣的进项税额。

(5)"应交税费——待认证进项税额"明细科目,核算一般纳税人由于未经税务机关认证而不得从当期销项税额中抵扣的进项税额。

(6)"应交税费——待转销项税额"明细科目,核算一般纳税人销售货物、加工修理修配劳务、服务、无形资产或不动产,已确认相关收入(或利得)但尚未发生增值税纳税义务而需于以后期间确认为销项税额的增值税税额。

(7)"应交税费——简易计税"明细科目,核算一般纳税人采用简易计税方法发生的增值税计提、扣减、预缴、缴纳等业务。

(8)"应交税费——转让金融商品应交增值税"明细科目,核算增值税纳税人转让金融商品发生的增值税税额。

(9)"应交税费——代扣代交增值税"明细科目,核算一般纳税人购进在境内未设经营机构的境外单位或个人在境内的应税行为代扣代缴的增值税税额。

学习提示: "应交税费——代扣代交增值税"明细科目期末余额为零,仅核算境外单位或个人代扣代缴的税额。

2. 取得资产、接受劳务或服务等业务

(1) 一般纳税人购进货物、加工修理修配劳务、服务、无形资产或固定资产,按应计入相关成本费用或资产的金额,借记"材料采购""原材料""固定资产"等科目,按合法扣税凭证注明的增值税税额,借记"应交税费——应交增值税(进项税额)"科目,按实际支付的金额,贷记"银行存款"等科目。

购进货物等发生的退货,如原增值税专用发票已做认证,应根据税务机关开具的红字增值税专用发票作相反的会计分录;如原增值税专用发票未做认证,应将发票退回并作相反的会计分录。

企业购进农产品,除取得增值税专用发票或海关进口增值税专用缴款书外,可以按照买

价和规定的扣除率计算进项税额,并准予从企业的销项税额中抵扣(计算抵扣)。相关计算公式如下:

$$计算抵扣进项税额 = 买价 \times 扣除率$$

【例题 4-23】 甲公司为一般纳税人,适用的增值税税率为 13%,原材料按照实际成本法核算。2023 年 5 月,甲公司发生以下交易或事项:

(1) 5 月 5 日,购入原材料一批,增值税专用发票上注明的金额为 500 000 元,增值税税额为 65 000 元,材料尚未到达,全部款项用银行存款支付。

(2) 5 月 8 日,收到 5 日购入的原材料并验收入库,实际成本为 500 000 元。同日,与运输公司结清运输费用,增值税专用发票注明的运输费用为 5 000 元,增值税税额为 450 元,运输费用和增值税用转账支票付讫。

(3) 5 月 10 日,购入农产品一批,其收购发票上注明的买价为 450 000 元,该农产品用来生产增值税税率为 13% 的产品,货物验收入库,款项用银行存款支付。

(4) 5 月 15 日,公司管理部门委托外单位修理机器设备一台,取得对方开具的增值税专用发票上注明的修理费为 85 000 元,增值税税额为 11 050 元,全部款项已用银行存款支付。

(5) 5 月 20 日,该公司购进一幢简易办公楼作为固定资产核算,并投入使用。已取得增值税专用发票并经税务机关认证,增值税专用发票上注明的价款为 1 500 000 元,增值税税额为 135 000 元,全部款项以银行存款支付。不考虑其他相关因素。

要求:编制甲公司相关业务会计分录。

【解析】

(1) 5 月 5 日,原材料入库。

借:在途物资	500 000
应交税费——应交增值税(进项税额)	65 000
贷:银行存款	565 000

(2) 5 月 8 日,收到 5 日购入原材料,结清运费。

借:原材料	505 000
应交税费——应交增值税(进项税额)	450
贷:银行存款	5 450
在途物资	500 000

(3) 5 月 10 日,购入农产品。

可以抵扣的增值税进项税额 = 450 000 × 10% = 45 000(元)

借:原材料	405 000
应交税费——应交增值税(进项税额)	45 000
贷:银行存款	450 000

(4) 5 月 15 日,维修设备。

借:管理费用	85 000
应交税费——应交增值税(进项税额)	11 050
贷:银行存款	96 050

(5) 5月20日,购买简易办公楼。

借:固定资产　　　　　　　　　　　　　　　　　　　　　　　1 500 000
　　应交税费——应交增值税(进项税额)　　　　　　　　　　　　135 000
　　贷:银行存款　　　　　　　　　　　　　　　　　　　　　　1 635 000

(2) 一般纳税人购进的货物等已到达并验收入库,但尚未收到增值税扣税凭证并未付款的,应在月末按货物清单或相关合同协议上的价格暂估入账,但不需要将增值税的进项税额暂估入账。暂估入库时,按照暂估价值,借记"原材料"等科目,贷记"应付账款"科目,月初用红字将暂估入账分录冲回。待取得增值税专用发票后,再按照发票上的金额,借记"原材料""库存商品""无形资产""固定资产""管理费用"等科目,按照发票上的税额,借记"应交税费——应交增值税(进项税额)"科目,贷记"应付账款""银行存款"等科目。

【例题4-24】 承[例题4-23],2023年5月25日,甲公司购入原材料一批已经验收入库,但尚未收到对方开具的增值税专用发票,甲公司尚未支付货款。随货同行单注明的该批原材料价格为250 000元。6月5日,甲公司收到对方开具的增值税专用发票,发票注明的金额为250 000元,增值税税额为32 500元,增值税专用发票已经认证,并用银行存款支付所有货款。

要求:编制甲公司相关业务会计分录。

【解析】

(1) 5月月末,材料暂估入库。

借:原材料　　　　　　　　　　　　　　　　　　　　　　　　250 000
　　贷:应付账款——暂估入库　　　　　　　　　　　　　　　　250 000

(2) 6月月初,红字冲回。

借:原材料　　　　　　　　　　　　　　　　　　　　　　　　250 000
　　贷:应付账款——暂估入库　　　　　　　　　　　　　　　　250 000

(3) 6月5日,收到发票并付款。

借:原材料　　　　　　　　　　　　　　　　　　　　　　　　250 000
　　应交税费——应交增值税(进项税额)　　　　　　　　　　　　32 500
　　贷:银行存款　　　　　　　　　　　　　　　　　　　　　　282 500

(3) 进项税额转出。企业已单独确认进项税额的购进货物、加工修理修配劳务或服务、无形资产或不动产但其事后改变用途(如用于简易计税方法计税项目、免征增值税项目、非增值税应税项目等)或发生非正常损失,原已计入进项税额、待抵扣进项税额或待认证进项税额,按照现行增值税制度规定不得从销项税额中抵扣。这里所说的"非正常损失",根据现行增值税制度规定,是指因管理不善造成货物被盗、丢失、霉烂变质,以及因违反法律法规造成货物或不动产被依法没收、销毁、拆除的情形。

【例题4-25】 承[例题4-23],2023年5月25日,甲公司库房因管理不善造成火灾,致使库内原材料毁损,损失材料实际成本为30 000元,相关增值税进项税额为3 900元。

要求:编制甲公司相关业务会计分录。

【解析】

借：待处理财产损溢 33 900
　　贷：原材料 30 000
　　　　应交税费——应交增值税（进项税额转出） 3 900

假如，6月18日，甲公司领用一批外购原材料用于集体福利，该批原材料的实际成本为60 000元，相关增值税专用发票上注明的增值税税额为7 800元。

借：应付职工薪酬——职工福利费 67 800
　　贷：原材料 60 000
　　　　应交税费——应交增值税（进项税额转出） 7 800

需要说明的是，一般纳税人购进货物、加工修理修配劳务、服务、无形资产或不动产，用于简易计税方法计税项目、免征增值税项目、集体福利或个人消费等，即使取得的增值税专用发票上已注明增值税进项税额，该税额按照现行增值税制度规定也不得从销项税额中抵扣的，取得增值税专用发票时，应将待认证的目前不可抵扣的增值税进项税额，借记"应交税费——待认证进项税额"科目，贷记"银行存款""应付账款"等科目；经税务机关认证为不可抵扣的增值税进项税额时，借记"应交税费——应交增值税（进项税额）"科目，贷记"应交税费——待认证进项税额"科目；同时，将增值税进项税额转出，借记相关成本费用或资产科目，贷记"应交税费——应交增值税（进项税额转出）"科目。

【例题4-26】 承[例题4-23]，2023年5月28日，甲公司外购空调扇300台作为福利发放给直接从事生产的职工，取得的增值税专用发票上注明的价款为150 000元、增值税税额为19 500元，以银行存款支付了购买空调扇的价款和增值税进项税额，增值税专用发票尚未经税务机关认证。

要求：编制甲公司相关业务会计分录。

【解析】

（1）购入时：

借：库存商品——空调扇 150 000
　　应交税费——待认证进项税额 19 500
　　贷：银行存款 169 500

（2）经税务机关认证不可抵扣时：

借：应交税费——应交增值税（进项税额） 19 500
　　贷：应交税费——待认证进项税额 19 500

同时：

借：库存商品——空调扇 19 500
　　贷：应交税费——应交增值税（进项税额转出） 19 500

（3）实际发放时：

借：应付职工薪酬——非货币性福利 169 500
　　贷：库存商品——空调扇 169 500

3. 销售货物、提供劳务或服务等业务

（1）企业销售货物、加工修理修配劳务、服务、无形资产或不动产，应当按照应收或已收的金额，借记"应收账款""应收票据""银行存款"等科目，按照取得的收益金额，贷记"主营业务收入""其他业务收入""固定资产清理"等科目，按照计算的销项税额，贷记"应交税费——应交增值税（销项税额）"或"应交增值税——简易计税"科目。

按照纳税义务发生时间的不同，其账务处理有以下不同：

第一，按照国家统一的会计制度确认收入或利得的时点早于按照现行增值税制度确认增值税纳税义务发生时点的，应将相关销项税额记入"应交税费——待转销项税额"科目，待实际发生纳税义务时再转入"应交税费——应交增值税（销项税额）"或"应交税费——简易计税"科目。

第二，按照增值税制度确认增值税纳税义务发生时点早于按照国家统一的会计制度确认收入或利得的时点的，应将应纳增值税税额，借记"应收账款"科目，贷记"应交税费——应交增值税（销项税额）"或"应交税费——简易计税"科目，按照国家统一的会计制度确认收入或利得时，应按扣除增值税销项税额后的金额确认收入。

学习提示：发生销售退回的，应根据按规定开具的红字增值税专用发票作相反的会计分录。

【例题4-27】 承[例题4-23]，2023年5月，甲公司发生与销售相关的交易或事项如下：

（1）5月12日，销售产品一批，开具增值税专用发票上注明的价款为3 000 000元，增值税税额为390 000元，提货单和增值税专用发票已交给买方，款项尚未收到。

（2）5月28日，为外单位代加工电脑桌500个，每个收取加工费80元，已加工完成。开具增值税专用发票上注明的价款为40 000元，增值税税额为5 200元，款项已收到并存入银行。

要求：编制甲公司销售业务会计分录。

【解析】

（1）5月12日，销售产品。

借：应收账款　　　　　　　　　　　　　　　　　　　　　　　　　　3 390 000
　　贷：主营业务收入　　　　　　　　　　　　　　　　　　　　　　3 000 000
　　　　应交税费——应交增值税（销项税额）　　　　　　　　　　　　390 000

（2）5月28日，提供加工劳务。

借：银行存款　　　　　　　　　　　　　　　　　　　　　　　　　　　45 200
　　贷：主营业务收入　　　　　　　　　　　　　　　　　　　　　　　40 000
　　　　应交税费——应交增值税（销项税额）　　　　　　　　　　　　　5 200

（2）视同销售。企业有些交易或事项按照现行增值税制度规定，应视同对外销售处理，计算应交增值税。视同销售需要缴纳增值税的事项主要包括企业将自产或委托加工的货物用于集体福利或个人消费、作为投资提供给其他单位或个体工商户、分配给股东或投资者、对外捐赠等。在这些情况下，企业应当根据视同销售的具体内容，按照现行增值税制度规定计算的增值税销项税额（或采用简易计税方法计算的应纳增值税税额），借记"长期股权投资""应付职工薪酬""利润分配""营业外支出"等科目，贷记"应交税费——应交增值税（销项

税额)"或"应交税费——简易计税"科目。

将自产或委托加工的货物用于集体福利或个人消费的,应按售价及相关增值税制度计算的增值税销项税额,借记"应付职工薪酬"科目,按取得的收益金额,贷记"主营业务收入"等科目,按照计算的销项税额,贷记"应交税费——应交增值税(销项税额)"科目。同时,结转销售成本,借记"主营业务成本"等科目,贷记"库存商品"科目。

将自产或委托加工的货物用于对外投资的,应按照售价及相关增值税制度计算的增值税销项税额,借记"长期股权投资"等科目,按取得的收益金额,贷记"主营业务收入"等科目,按照计算的销项税额,贷记"应交税费——应交增值税(销项税额)"科目。同时,结转销售成本,借记"主营业务成本"等科目,贷记"库存商品"科目。

将自产或委托加工的货物用于(以实物)支付(分配)股利的,应按照售价及相关增值税制度计算的增值税销项税额,借记"应付股利"等科目,按取得的收益金额,贷记"主营业务收入"等科目,按照计算的销项税额,贷记"应交税费——应交增值税(销项税额)"科目。同时,结转销售成本,借记"主营业务成本"等科目,贷记"库存商品"科目。

将自产或委托加工的货物用于对外捐赠的,应按照商品成本价和按商品公允价值计算的增值税销项金额之和,借记"营业外支出"科目,按照成本价,贷记"库存商品"科目,按照公允价值计算的增值税销项税额,贷记"应交税费——应交增值税(销项税额)"科目(计税价或公允价或市场价×增值税税率)。

学习提示:如果企业销售货物或提供应税劳务采用销售额和销项税额合并定价方法的,先按公式"不含税销售额=含税销售额÷(1+税率)"还原为不含税销售额,再按不含税销售额计算销项税额。

【例题 4-28】 承[例题 4-23],2023 年 5 月,甲公司发生视同销售交易或事项如下:

(1)5 月 10 日,以公司生产的产品对外捐赠,该批产品的实际成本为 200 000 元,市场不含税售价为 250 000 元,开具的增值税专用发票上注明的增值税税额为 32 500 元。

(2)5 月 26 日,甲公司用一批原材料对外进行长期股权投资。该批原材料实际成本为 300 000 元,双方协商不含税价值为 450 000 元,开具的增值税专用发票上注明的增值税税额为 58 500 元。

要求:编制甲公司视同销售业务会计分录。

【解析】

(1)5 月 10 日,对外捐赠。

借:营业外支出　　　　　　　　　　　　　　　　　　　　　　　232 500
　　贷:库存商品　　　　　　　　　　　　　　　　　　　　　　200 000
　　　　应交税费——应交增值税(销项税额)　　　　　　　　　32 500

甲公司以自产产品对外捐赠应交的增值税销项税额=250 000×13%=32 500(元)

(2)5 月 26 日,以原材料对外投资。

借:长期股权投资　　　　　　　　　　　　　　　　　　　　　　508 500
　　贷:其他业务收入　　　　　　　　　　　　　　　　　　　　450 000
　　　　应交税费——应交增值税(销项税额)　　　　　　　　　58 500

同时:

借：其他业务成本	300 000	
贷：原材料		300 000

甲公司对外投资原材料应交的增值税销项税额＝450 000×13％＝58 500(元)

4. 缴纳增值税

企业缴纳当月应交的增值税，借记"应交税费——应交增值税(已交税金)"科目，贷记"银行存款"科目。企业缴纳以前期间未交的增值税，借记"应交税费——未交增值税"科目，贷记"银行存款"科目。

5. 月末转出多交增值税和未交增值税

月度终了，企业应当将当月应交未交或多交的增值税自"应交增值税"明细科目转入"未交增值税"明细科目。对于当月应交未交的增值税，借记"应交税费——应交增值税(转出未交增值税)"科目，贷记"应交税费——未交增值税"科目；对于当月多交的增值税，借记"应交税费——未交增值税"科目，贷记"应交税费——应交增值税(转出多交增值税)"科目。

【例题 4-29】 承[例题 4-23]至[例题 4-28]，2023 年 5 月，甲公司当月发生增值税销项税额合计为 486 200 元，进项税额合计为 276 000 元，进项税额转出合计为 23 400 元。因此，甲公司当月应缴纳增值税税额为 233 600 元(486 200＋23 400－276 000)。

要求：编制甲公司相关业务会计分录。

【解析】

(1) 5 月月末，甲公司应编制会计分录如下：

借：应交税费——应交增值税(转出未交增值税)	233 600	
贷：应交税费——未交增值税		233 600

(2) 2023 年 6 月，甲公司缴纳 5 月未交的增值税 233 600 元，应编制会计分录如下：

借：应交税费——未交增值税	233 600	
贷：银行存款		233 600

需要说明的是，企业购入材料、商品等不能取得增值税专用发票的，发生的增值税应计入材料采购成本，借记"材料采购""在途物资""原材料""库存商品"等科目，贷记"银行存款"等科目。

(三)小规模纳税人的账务处理

小规模纳税人核算增值税采用简易计税的方法，即购进货物、应税服务或应税行为，取得增值税专用发票上注明的增值税，一律不予抵扣，直接计入相关成本费用或资产。小规模纳税人销售货物、应税服务或应税行为时，按照不含税的销售额和规定的增值税征收率计算应缴纳的增值税税额(即应纳税额)，但不得开具增值税专用发票。

一般来说，小规模纳税人采用销售额和应纳税额合并定价的方法并向客户结算款项，销售货物、应税服务或应税行为后，应进行价税分离，确定不含税的销售额。不含税销售额的相关计算公式如下：

$$不含税销售额 ＝ 含税销售额 \div (1＋征收率)$$

$$应纳税额 ＝ 不含税销售额 \times 征收率$$

小规模纳税人进行账务处理时，只需在"应交税费"科目下设置"应交增值税"明细科目，该明细科目不再设置增值税专栏。"应交税费——应交增值税"科目贷方登记应缴纳的增值税税额,借方登记已缴纳的增值税税额;期末余额在贷方,反映小规模纳税人尚未缴纳的增值税税额,期末余额在借方,反映小规模纳税人多缴纳的增值税税额。

小规模纳税人购进货物、应税服务或应税行为,按照应付或实际支付的全部款项(包括支付的增值税税额),借记"材料采购""在途物资""原材料""库存商品"等科目,贷记"应付账款""应付票据""银行存款"等科目;销售货物、应税服务或应税行为,应按照全部价款(包括应交的增值税税额),借记"银行存款"等科目,按不含税的销售额,贷记"主营业务收入"等科目,按照应交增值税税额,贷记"应交税费——应交增值税"科目。

学习提示:小规模纳税人实行简易办法征收,按照销售价款(不含税)的3%(或5%)的征收率征收。

【**例题4-30**】 某企业为增值税小规模纳税人。适用增值税征收率为3%。2023年4月该企业购入一批原材料,取得增值税专用发票上注明的价款为1 500 000元,增值税税额为195 000元;另付运费10 000元,增值税税额为900元。销售产品一批,开具的增值税普通发票注明的金额(含税)为41 200元,货款尚未收到。用银行存款缴纳增值税1 200元。

要求:编制该企业相关业务会计分录。

【**解析**】
(1) 购入原材料时:

借:原材料　　　　　　　　　　　　　　　　　　　　　　　　　1 705 900
　　贷:银行存款　　　　　　　　　　　　　　　　　　　　　　　　1 705 900

(2) 销售产品时:

不含税销售额 = 41 200 ÷ (1 + 3%) = 40 000(元)
应交增值税税额 = 40 000 × 3% = 1 200(元)

借:应收账款　　　　　　　　　　　　　　　　　　　　　　　　41 200
　　贷:主营业务收入　　　　　　　　　　　　　　　　　　　　　　40 000
　　　　应交税费——应交增值税　　　　　　　　　　　　　　　　　1 200

(3) 缴纳增值税时:

借:应交税费——应交增值税　　　　　　　　　　　　　　　　　1 200
　　贷:银行存款　　　　　　　　　　　　　　　　　　　　　　　　1 200

三、应交消费税

(一) 消费税的概念及征收方法

消费税是指在我国境内生产、委托加工和进口应税消费品的单位和个人,按其流转额缴纳的税。消费税有从价定率、从量定额、从价定率和从量定额复合计税(简称复合计税)3种征收方法。

采取从价定率计征的消费税,以不含增值税的销售额为税基,按照税法规定的税率计算确定。企业的销售收入包含增值税的,应将其换算为不含增值税的销售额。采取从量定额计征的消费税,按照税法确定的企业应税消费品的数量和单位应税消费品应缴纳的消费计算确定。采取复合计税计征的消费税,由以不含增值税的销售额为税基,按照税法规定的税率计算的消费税和根据按照税法确定的企业应税消费品的数量和单位应税消费品应缴纳的消费税计算的消费税合计确定。价内税的特点如图 4-2 所示。

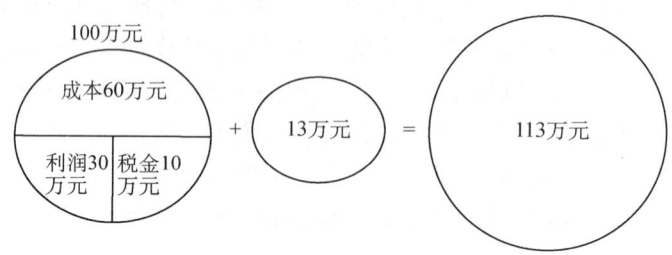

图 4-2　价内税的特点

(二)应交消费税的账务处理

企业应当设置"应交税费——应交消费税"科目,用来核算应交消费税的发生、缴纳情况。该科目贷方登记应缴纳的消费税税额,借方登记已缴纳的消费税税额。期末余额在贷方,反映企业尚未缴纳的消费税税额;期末余额在借方,反映企业多缴纳的消费税税额。

1. 销售应税消费品

企业应税消费品直接对外销售的,按照应缴纳的消费税税额,借记"税金及附加"科目,贷记"应交税费——应交消费税"科目。

【例题 4-31】　某企业为高档化妆品生产企业,2023 年 5 月销售本企业生产的高档化妆品,开具的增值税专用发票上注明的金额为 500 000 元,增值税税额为 65 000 元。适用的消费税税率为 15%。款项尚未收到。

要求:编制该企业相关业务会计分录。

【解析】

(1) 实现销售时:

借:应收账款　　　　　　　　　　　　　　　　　　　　　565 000
　　贷:主营业务收入　　　　　　　　　　　　　　　　　　　500 000
　　　　应交税费——应交增值税(销项税额)　　　　　　　　65 000

(2) 缴纳消费税时:

应交消费税税额=500 000×15%=75 000(元)

借:税金及附加　　　　　　　　　　　　　　　　　　　　75 000
　　贷:应交税费——应交消费税　　　　　　　　　　　　　75 000

2. 自产自用应税消费品

企业将生产的应税消费品用于在建工程等非生产机构时,按规定应交消费税税额,借记"在建工程"等科目,贷记"应交税费——应交消费税"科目;将自产应税消费品用于对外投资、分配给职工等时,借记"税金及附加"科目,贷记"应交税费——应交消费税"科目。

【例题 4-32】　某企业在建工程领用自产柴油 30 000 元,应交消费税税额为 4 500 元。

要求:编制该企业相关业务会计分录。

【解析】
借:在建工程　　　　　　　　　　　　　　　　　　　　　　　　　　34 500
　　贷:库存商品　　　　　　　　　　　　　　　　　　　　　　　　　　30 000
　　　　应交税费——应交消费税　　　　　　　　　　　　　　　　　　4 500

【例题 4-33】 丙企业下设的职工食堂享受企业提供的补贴,本月领用自产产品一批,该产品的成本为 20 000 元,市场不含税售价为 30 000 元,适用的增值税税率为 13%、消费税税率为 10%。

要求:编制丙企业相关业务会计分录。

【解析】
借:应付职工薪酬——职工福利费　　　　　　　　　　　　　　　　33 900
　　税金及附加　　　　　　　　　　　　　　　　　　　　　　　　　3 000
　　贷:主营业务收入　　　　　　　　　　　　　　　　　　　　　　　30 000
　　　　应交税费——应交增值税(销项税额)　　　　　　　　　　　　3 900
　　　　　　　　——应交消费税　　　　　　　　　　　　　　　　　　3 000

同时:

借:主营业务成本　　　　　　　　　　　　　　　　　　　　　　　　20 000
　　贷:库存商品　　　　　　　　　　　　　　　　　　　　　　　　　　20 000

3. 委托加工应税消费品

委托加工应税消费品在账务处理时,需要交纳消费税的委托加工物资,于委托方提货时,由受托方代收代缴税款。受托方按应扣税款金额,借记"应收账款""银行存款"等科目,贷记"应交税费——应交消费税"科目。

委托加工物资收回后,直接用于销售的,委托方应将受托方代收代缴的消费税计入委托加工物资的成本;委托加工物资收回后用于连续生产应税消费品,按规定准予抵扣的,委托方应按已由受托方代收代缴的消费税,借记"应交税费——应交消费税"科目,贷记"应付账款""银行存款"等科目,待用委托加工的应税消费品生产出应交消费税产品销售时,再缴纳消费税。

委托加工应税消费品示意图如图 4-3 所示。

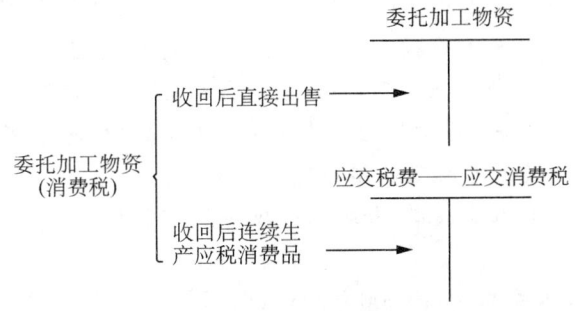

图 4-3　委托加工应税消费品示意图

【例题 4-34】 甲企业委托乙企业代为其加工一批应交消费税的材料(非金银首饰)。

甲企业发出材料的成本为1 000 000元,应付加工费为150 000元,增值税税率为13%,由乙企业代收代缴的消费税税额为60 000元。材料已经加工完成,并由甲企业收回验收入库,加工费及相关税费尚未支付。甲企业采用实际成本法进行原材料的核算。甲、乙企业均为增值税一般纳税人。

要求:编制甲企业相关业务会计分录。

【解析】

(1)如果委托加工物资收回继续用于生产应税消费品。

借:委托加工物资　　　　　　　　　　　　　　　　1 000 000
　　贷:原材料　　　　　　　　　　　　　　　　　　　　1 000 000

借:委托加工物资　　　　　　　　　　　　　　　　　150 000
　　应交税费——应交增值税(进项税额)　　　　　　　19 500
　　　　　　——应交消费税　　　　　　　　　　　　60 000
　　贷:应付账款　　　　　　　　　　　　　　　　　　　229 500

借:原材料　　　　　　　　　　　　　　　　　　　1 150 000
　　贷:委托加工物资　　　　　　　　　　　　　　　　　1 150 000

(2)如果委托加工物资收回直接对外销售。

借:委托加工物资　　　　　　　　　　　　　　　　1 000 000
　　贷:原材料　　　　　　　　　　　　　　　　　　　　1 000 000

借:委托加工物资　　　　　　　　　　　　　　　　　210 000
　　应交税费——应交增值税(进项税额)　　　　　　　19 500
　　贷:应付账款　　　　　　　　　　　　　　　　　　　229 500

借:库存商品　　　　　　　　　　　　　　　　　　1 210 000
　　贷:委托加工物资　　　　　　　　　　　　　　　　　1 210 000

4. 进口应税消费品

企业进口应税物资缴纳的消费税由海关代征。应交消费税按照组成计税价格和规定的税率计算,消费税计入该项物资成本,借记"在途物资""材料采购""原材料""库存商品"等科目,贷记"银行存款"等科目。

【例题4-35】　甲企业从国外进口一批需要缴纳消费税的商品,已知该商品关税完税价格为540 000元,按规定应缴纳关税108 000元,假定进口的应税消费品的消费税税率为10%、增值税税率为13%。货物报关后,自海关取得的"海关进口消费税专用缴款书"注明的消费税税额为72 000元,"海关进口增值税专用缴款书"注明的增值税税额为93 600元。进口商品已验收入库,全部货款和税款已用银行存款支付。

要求:计算进口商品的入账成本,并编制相应的会计分录。

【解析】

(1)进口商品的入账成本=540 000+108 000+72 000=720 000(元)
(2)应交消费税税额=[(540 000+108 000)÷(1-10%)]×10%=72 000(元)
　　应交增值税税额=(540 000+108 000+72 000)×13%=93 600(元)

甲企业应编制会计分录如下：

借：库存商品　　　　　　　　　　　　　　　　　　　　　　720 000
　　应交税费——应交增值税（进项税额）　　　　　　　　　 93 600
　　贷：银行存款　　　　　　　　　　　　　　　　　　　　　　 813 600

四、其他应交税费

（一）其他应交税费的概念及会计科目设置

其他应交税费是指除上述应交税费以外的其他各种应上交国家的税费，包括应交资源税、应交城市维护建设税、应交土地增值税、应交所得税、应交房产税、应交城镇土地使用税、应交车船税、应交教育费附加、应交环境保护税、应交个人所得税等。

企业应当在"应交税费"科目下设置相应的明细科目进行核算，贷方登记应缴纳的有关税费金额，借方登记已缴纳的有关税费金额；期末余额在贷方，反映企业尚未缴纳的有关税费金额。

（二）应交资源税

资源税是对在我国境内开采矿产品或生产盐的单位和个人征收的税。在发生资源税应税行为时，应按照计算的资源税金额，借记相关科目。对外销售应税产品应缴纳的资源税，借记"税金及附加"科目；自产自用的应税产品应缴纳的资源税，借记"生产成本""制造费用"等科目，同时，贷记"应交税费——应交资源税"科目。

【例题4-36】　甲企业对外销售资源税应税矿产品8 000吨，将自产资源税应税矿产品1 200吨用于其产品的生产，按规定，每吨矿产品应交资源税为5元。

要求：编制甲企业相关业务会计分录。

【解析】

（1）计算对外销售应税矿产品应交资源税。

借：税金及附加（8 000×5）　　　　　　　　　　　　　　　40 000
　　贷：应交税费——应交资源税（8 000×5）　　　　　　　　　40 000

（2）计算自用应税矿产品应交资源税。

借：生产成本（1 200×5）　　　　　　　　　　　　　　　　 6 000
　　贷：应交税费——应交资源税（1 200×5）　　　　　　　　　 6 000

（3）缴纳资源税。

借：应交税费——应交资源税　　　　　　　　　　　　　　　46 000
　　贷：银行存款　　　　　　　　　　　　　　　　　　　　　　 46 000

（三）应交城市维护建设税

城市维护建设税是以增值税和消费税为计税依据征收的税。其纳税人为缴纳增值税和消费税的单位和个人，以纳税人实际缴纳的增值税税额和消费税税额为计税依据，并分别与两项税金同时缴纳。税率根据应纳税人所在地不同从1%～7%不等。应纳税额的计算公式为：

$$应纳税额 =（实际缴纳的增值税 + 实际缴纳的消费税）\times 适用税率$$

城市维护建设税在计提时,按照计算的应纳税额,借记"税金及附加"等科目,贷记"应交税费——应交城市维护建设税"科目。实际缴纳时,借记"应交税费——应交城市维护建设税"科目,贷记"银行存款"科目。

(四)应交教育费附加

教育费附加是指为了加快发展地方教育事业,扩大地方教育经费资金来源而向企业征收的附加费用。教育费附加以各单位实际缴纳的增值税和消费税额为计征依据,按一定比例与增值税、消费税同时缴纳。应交教育费附加的计算公式为:

应交教育费附加 =(实际缴纳的增值税 + 实际缴纳的消费税)× 适用征收率

教育费附加在计提时,按照计算的应纳税额,借记"税金及附加"等科目,贷记"应交税费——应交教育费附加"科目。实际缴纳时,借记"应交税费——应交教育费附加"科目,贷记"银行存款"科目。

【例题4-37】 2023年6月,甲企业实际缴纳的增值税税额为562 000元,消费税税额为220 000元。适用的城市维护建设税税率为7%,教育费附加征收率为3%。

要求:编制甲企业相关业务会计分录。

【解析】

(1)计提时:

借:税金及附加[(562 000+220 000)×(7%+3%)]　　　　　　　　　　78 200
　　贷:应交税费——应交城市维护建设税[(562 000+220 000)×7%]　　54 740
　　　　　　　　　——应交教育费附加[(562 000+220 000)×3%]　　　23 460

(2)缴纳时:

借:应交税费——应交城市维护建设税　　　　　　　　　　　　　　　54 740
　　　　　　　——应交教育费附加　　　　　　　　　　　　　　　　23 460
　　贷:银行存款　　　　　　　　　　　　　　　　　　　　　　　　78 200

(五)应交土地增值税

土地增值税是对转让国有土地使用权、地上的建筑物及其附着物(以下简称转让房地产)并取得增值性收入的单位和个人所征收的税。

土地增值税按照转让房地产所取得的增值额和规定的税率计算征收。转让房地产的增值额是转让收入减去税法规定扣除项目金额后的余额,其中转让收入包括货币收入、实物收入和其他收入;扣除项目主要包括取得土地使用权所支付的金额、开发土地的成本及费用、新建房及配套设施的成本及费用、与转让房地产有关的税金、旧房及建筑物的评估价格、财政部确定的其他扣除项目等。土地增值税采用四级超率累进税率,其中最低税率为30%,最高税率为60%。

根据企业对房地产核算的方法不同,企业应交土地增值税的账务处理也有所区别。企业转让的土地使用权连同地上建筑物及其附着物一并在"固定资产"科目核算的,按照转让时应交的土地增值税税额,借记"固定资产清理"科目,贷记"应交税费——应交土地增值税"科目;土地使用权在"无形资产"科目核算的,借记"银行存款""累计摊销""无形资产减值准备"等科目,按应交的土地增值税税额,贷记"应交税费——应交土地增值税"科目,同时冲销土地使用权的账面价值,贷记"无形资产"科目,按其差额,借记或贷记"资产处置损益"科目。

房地产开发经营企业按照销售房地产应交的土地增值税税额,借记"税金及附加"科目,贷记"应交税费——应交土地增值税"科目;缴纳土地增值税时,借记"应交税费——应交土地增值税"科目,贷记"银行存款"科目。

【例题 4-38】 某企业对外转让一栋办公楼,按照税法规定应交的土地增值税税额为 30 000 元。

要求:编制该企业相关业务会计分录。

【解析】

借:固定资产清理	30 000
贷:应交税费——应交土地增值税	30 000
借:应交税费——应交土地增值税	30 000
贷:银行存款	30 000

(六)应交房产税、城镇土地使用税和车船税

1. 应交房产税

房产税是国家对在城市、县城、建制镇和工矿区征收的由产权所有人缴纳的税。房产税依照房产原值一次减除 10%~30% 后的余额计算缴纳。没有房产原值作为依据的,由房产所在地税务机关参考同类房产核定;房产出租的,以房产租金收入为房产税的计税依据。企业应交的房产税,借记"税金及附加"科目,贷记"应交税费——应交房产税"科目。

2. 应交城镇土地使用税

城镇土地使用税是以城市、县城、建制镇、工矿区范围内使用土地的单位和个人为纳税人,以其实际占用的土地面积和规定税额计算征收的税。企业应交的城镇土地使用税,借记"税金及附加"科目,贷记"应交税费——城镇土地使用税"科目。

3. 应交车船税

车船税是以车辆、船舶(简称车船)为课征对象,向车船的所有人或管理人征收的税。企业应交的车船税,借记"税金及附加"科目,贷记"应交税费——应交车船税"科目。

【例题 4-39】 某企业按照税法规定应缴纳的房产税税额为 150 000 元、车船税税额为 53 000 元、城镇土地使用税税额为 36 000 元。

要求:编制该企业相关业务会计分录。

【解析】

(1)计算应缴纳的上述税金。

借:税金及附加	239 000
贷:应交税费——应交房产税	150 000
——应交车船税	53 000
——应交城镇土地使用税	36 000

(2)用银行存款缴纳上述税金。

借:应交税费——应交房产税	150 000
——应交车船税	53 000
——应交城镇土地使用税	36 000
贷:银行存款	239 000

任务五　非流动负债核算

学习导读：项目导读中提到的甲企业是某市一家知名的家具生产企业,该企业注重产品质量和成本管理,产品销路很好,现准备对现有生产线进行更新换代,需求资金1 500万元,建设期2年。甲企业没有多余资金建设生产线。财务部经过分析计算,提供了以下3个方案:①以厂房为抵押向银行贷款1 500万元。②发行债券1 500万元。③以分期付款方式购入生产线。本任务我们将学习非流动负债的会计核算。通过本任务的学习,思考以上3个方案是否都能解决甲企业的资金筹集问题。

一、长期借款

(一)长期借款的内容

长期借款是指企业从银行或其他金融机构借入的期限在1年以上(不含1年)的借款。长期借款一般用于固定资产购建、改扩建工程、大修理工程、对外投资及为了保持长期经营能力等方面。它是企业长期负债的重要组成部分,必须加强管理与核算。

长期借款按付息的方式与本金的偿还方式分为定期偿还(到期本息一次清)和分期偿还(按规定分期还息,到期还本;分期还本付息)。

学习提示：企业借入长期借款一般有2种方式:一是将借款存入银行,由银行监督随时提取;二是由银行核定一个借款限额,在限额内随用随借。

(二)长期借款的账务处理

企业应设置"长期借款"科目,核算长期借款的借入、归还等情况。该科目按照贷款单位和贷款种类设置明细账,分"本金""利息调整"等进行明细核算。该科目的贷方登记长期借款本息的增加额,借方登记本息的减少额;期末余额在贷方,反映企业尚未偿还的长期借款。

1. 取得长期借款

企业借入各种长期借款,按实际收到的款项,借记"银行存款"科目,按借款本金,贷记"长期借款——本金"科目;按其差额,借记"长期借款——利息调整"科目。

2. 发生长期借款利息

长期借款利息费用应当在资产负债表日按照实际利率法计算确定,实际利率与合同利率差异较小的,也可以采用合同利率计算确定利息费用。长期借款计算确定的利息费用,应当按以下原则计入有关成本、费用:①属于筹建期间的,计入管理费用。②属于生产经营期间的,计入财务费用。

如果长期借款用于购建固定资产等符合资本化条件的,在资产尚未达到预定可使用状态前,所发生的利息支出应当资本化,计入在建工程等相关资产成本;资产达到预定可使用状态后发生的利息支出及按规定不予资本化的利息支出,计入财务费用。

长期借款按合同利率计算确定的应付未付利息,如果属于分期付息的,记入"应付利息"科目;如果属于到期一次还本付息的,记入"长期借款——应计利息"科目,借记"在建工程""财务费用""制造费用""研发支出"等科目,贷记"应付利息"或"长期借款——应计利息"科目。

3. 归还长期借款

企业归还长期借款本金时,按应归还的本金金额,借记"长期借款——本金"科目,贷记"银行存款"科目;按归还的利息金额,借记"应付利息"或"长期借款——应计利息"科目,贷记"银行存款"科目。

【例题 4-40】 甲企业为增值税一般纳税人,于 2023 年 11 月 30 日从银行借入资金 3 000 000 元,借款期限为 3 年,年利率为 4.8%(到期一次还本付息,不计复利)。所借款项已存入银行。甲企业用该借款于当日购买不需安装的设备一台,价款为 2 000 000 元,增值税税额为 260 000 元,另支付保险等费用 100 000 元,设备已于当日投入使用。

要求:编制甲企业相关业务会计分录。

【解析】

(1) 取得借款时:

借:银行存款　　　　　　　　　　　　　　　　　　　　　　　　　　3 000 000
　　贷:长期借款——本金　　　　　　　　　　　　　　　　　　　　　3 000 000

(2) 购买设备款及支付保险费用时:

借:固定资产　　　　　　　　　　　　　　　　　　　　　　　　　　2 100 000
　　应交税费——应交增值税(进项税额)　　　　　　　　　　　　　　260 000
　　贷:银行存款　　　　　　　　　　　　　　　　　　　　　　　　　2 360 000

(3) 2023 年 12 月 31 日,计提长期借款利息时:

借:财务费用　　　　　　　　　　　　　　　　　　　　　　　　　　12 000
　　贷:长期借款——应计利息　　　　　　　　　　　　　　　　　　　12 000

2023 年 12 月 31 日计提的长期借款利息 = 3 000 000 × 4.8% ÷ 12 = 12 000(元)

2024 年 1 月至 2026 年 10 月预提利息分录同上。

(4) 2026 年 11 月 30 日,偿还该笔银行借款本息时:

借:财务费用　　　　　　　　　　　　　　　　　　　　　　　　　　12 000
　　长期借款——本金　　　　　　　　　　　　　　　　　　　　　　3 000 000
　　　　　　　——应计利息　　　　　　　　　　　　　　　　　　　　420 000
　　贷:银行存款　　　　　　　　　　　　　　　　　　　　　　　　　3 432 000

二、应付债券

(一) 债券的发行

企业为筹集长期资金而发行的、期限在 1 年以上的债券为应付债券,构成了企业一项非流动负债。企业会在未来某一特定日期按债券所记载的利率、期限等约定还本付息。债券发行有面值发行、溢价发行和折价发行 3 种情况。其中,债券按其票面金额发行,称为面值发行;以低于债券票面金额的价格发行,称为折价发行;以高于债券票面金额的价格发行,称为溢价发行。债券溢价或折价不是债券发行企业的收益或损失,而是发行债券企业在债券存续期内对利息费用的一种调整。其中,折价是企业以后各期少付利息而预先给投资者的补偿,溢价是企业以后各期多付利息而事先得到的补偿。

(二)应付债券的账务处理

企业应当设置"应付债券"科目,核算应付债券发行、计提利息、还本付息等情况。该科目贷方登记应付的债券本金和利息金额;借方登记归还的债券本金和利息金额;期末余额在贷方,反映企业尚未偿还的长期债券金额。该科目可按"面值""利息调整""应计利息"等设置明细科目进行明细核算。

企业无论是按面值发行债券,还是溢价发行或折价发行债券,应按实际收到的金额,借记"银行存款""库存现金"等科目,按债券票面价值,贷记"应付债券——面值"科目;实际收到的款项与债券票面金额的差额,借记或贷记"应付债券——利息调整"科目。

【例题 4-41】 甲公司于 2020 年 7 月 1 日按面值发行 3 年期、到期时一次还本付息、票面年利率为 8%(不计复利)、面值总额为 50 000 000 元的债券,并于当日收到款项 50 000 000 元。假定票面年利率等于实际利率。甲公司按面值发行债券。

要求:编制甲公司相关业务会计分录。

【解析】

借:银行存款　　　　　　　　　　　　　　　　　　　　　　　　50 000 000
　　贷:应付债券——面值　　　　　　　　　　　　　　　　　　　　50 000 000

企业发行长期债券,应采用实际利率法(即按照债券实际利率计算其摊余成本和各期利息的方法)按期计提利息。

在每期计提利息时,应当将应付债券面值(折价或溢价发行时为摊余成本)和实际利率计算的债券利息费用,按照与长期借款利息相一致的处理原则,根据筹集资金的用途,或资本化计入有关成本或费用化计入当期费用,借记"在建工程""制造费用""财务费用""研发支出"等科目。对于分期付息、到期一次还本的债券,其按票面利率计算确定的应付未付利息金额,贷记"应付利息"科目;对于一次还本付息的债券,其按票面利率计算确定的应付未付利息金额,贷记"应付债券——应计利息"科目。按实际利率计算的利息费用与按票面利率计算的"应付利息"或"应付债券——应计利息"科目的差额,借记或贷记"应付债券——利息调整"科目。

【例题 4-42】 承[例题 4-41],甲公司发行债券所筹资金于当日用于建造固定资产,至 2020 年 12 月 31 日工程尚未完工,计提本年长期债券利息。公司按照《企业会计准则第 17 号——借款费用》的规定,将该期债券产生的实际利息费用应全部资本化,作为在建工程成本。

要求:编制甲公司相关业务会计分录。

【解析】

借:在建工程　　　　　　　　　　　　　　　　　　　　　　　　2 000 000
　　贷:应付债券——应计利息　　　　　　　　　　　　　　　　　　2 000 000

本例中,至 2020 年 12 月 31 日,甲公司债券发行在外的时间为 6 个月,该年应计的债券利息为 2 000 000 元(50 000 000×8%÷12×6)。由于该长期债券为到期一次还本付息,利息 2 000 000 元记入"应付债券——应计利息"科目。

对于一次还本付息的长期债券,到期支付债券本息时,借记"应付债券——面值"和"应付债券——应计利息"科目,贷记"银行存款"科目。对于分期付息、到期一次还本的长期债券,企业在每期支付利息时,借记"应付利息"科目,贷记"银行存款"等科目;到期偿还债券本金并支付最后一期利息时,借记"应付债券——面值""在建工程""财务费用"等科目,贷记"银行存款"等科目;借方和贷方存在差额的,借记或贷记"应付债券——利息调整"科目。

【例题4-43】 承[例题4-41]和[例题4-42],2023年7月1日,甲公司以银行存款偿还债券本金和利息。

要求:编制甲公司相关业务会计分录。

【解析】

借:应付债券——面值　　　　　　　　　　　　　　　　　50 000 000
　　　　　　——应计利息　　　　　　　　　　　　　　　 12 000 000
　　贷:银行存款　　　　　　　　　　　　　　　　　　　　　　62 000 000

2020年7月1日至2023年7月1日,甲公司长期债券的应计利息为12 000 000元(50 000 000×8%×3)。

三、长期应付款

(一)长期应付款的概念

长期应付款是指企业除长期借款和应付债券以外的其他各种长期应付款项,如以分期付款方式购入固定资产发生的应付款项等。

(二)长期应付款的账务处理

企业应设置"长期应付款"科目,核算企业应付的款项及偿还情况。该科目可按长期应付款的种类和债权人进行明细核算。该科目的贷方登记发生的长期应付款金额,借方登记偿还的应付款项金额;期末余额在贷方,反映企业尚未偿还的长期应付款金额。

企业购买资产有可能延期支付有关价款。如果延期支付的购买价款超过正常信用条件,实质上具有融资性质的,所购资产的成本不能以各期付款额之和直接确定,应当以延期支付购买价款的现值之和为基础确认。固定资产购买价款的现值,应当按照各期支付的价款选择适当的折现率进行折现后的金额加以确定。其中,折现率是反映当前市场资金时间价值和延期付款债务特定风险的利率,实质上是供货企业的必要报酬率。各期实际支付的价款之和与其现值之和之间的差额,应当在信用期间内采用实际利率法进行摊销,计入相关资产成本或当期损益。

具体来说,企业购入资产超过正常信用条件延期付款实质上具有融资性质时,应按购买价款的现值之和,借记"固定资产""在建工程"等科目,按应支付的价款总额,贷记"长期应付款"科目,按其差额,借记"未确认融资费用"科目。

【例题4-44】 2023年1月1日,甲公司采用分期付款方式购入大型设备一套,当日投入使用。合同约定的价款为2 700万元,分3年等额支付;该分期支付购买价款的现值为2 460万元。假定不考虑其他因素,甲公司该设备的入账价值为(　　)万元。

A. 810　　　　　　B. 2 460　　　　　　C. 900　　　　　　D. 2 700

【解析】 答案为选项B,如采用分期付款方式购买资产,且在合同中规定的付款期限比较长,超过了正常信用条件。在这种情况下,该类购货合同实质上具有融资性质,购入资产的成本不能以各期付款额之和确定,而应以各期付款额的现值之和确定。

【例题 4-45】 甲公司与乙公司签订购销合同,约定甲公司从乙公司购入一台机器设备,分 5 年等额支付购货款项,每年支付 100 万元,该笔购货款的现值为 456 万元,则甲公司在购入固定资产时确认的未确认融资费用的金额为(　　)万元。

A. 456　　　　　B. 500　　　　　C. 0　　　　　D. 44

【解析】 答案为选项 D,具有融资性质的延期付款购买固定资产,固定资产的入账金额应当以购买价款的现值入账,实际支付价款与购买价款现值的差额记入"未确认融资费用"科目。甲公司应编制会计分录如下:

借:固定资产　　　　　　　　　　　　　　　　　　　　　　4 560 000
　　未确认融资费用　　　　　　　　　　　　　　　　　　　　440 000
　　贷:长期应付款　　　　　　　　　　　　　　　　　　　　5 000 000

实务案例

4-2 负债核算思维导图

2021 年 3 月 22 日,国家开发银行在北京成功面向全球投资人发行首单 3 年期、200 亿元的"碳中和"专题"债券通"绿色金融债券,发行利率为 3.07%,所募资金将用于风电、光伏等碳减排项目,有效推动电力系统脱碳,助力实现能源系统跃迁。

企业债券种类很多,绿色债券是指将募集资金专门用于资助符合规定条件的绿色项目或为这些项目进行再融资的债券工具。"碳中和"是绿色债券的子品种。与一般绿色债券相比,其募集资金专门用于具有碳减排效益的绿色项目,募集资金用途须专门用于低碳减排领域。

2021 年,"碳达峰"和"碳中和"首次写入我国政府工作报告。碳达峰是指我国承诺 2030 年前,二氧化碳的排放不再增长,达到峰值之后逐步降低。碳中和是指企业、团体或个人测算在一定时间内直接或间接产生的温室气体排放总量,然后通过植树造林、节能减排等形式,抵消自身产生的二氧化碳排放量,实现二氧化碳"零排放"。《2023 全球碳中和年度进展报告》于 2023 年 9 月在北京正式发布,这是我国为推动全球各国深化"碳中和"转型,提供的重要信息和参考。

习近平总书记指出,我们要坚持绿色低碳,促进人与自然和谐共生,"碳中和"绿色债券的发行将更为精准地支持绿色低碳发展需求,推进绿色发展。通过发行债券筹集资金,也是企业筹资的重要方式。

资料来源:国开行成功发行首单"碳中和"专题绿色金融债券[EB/OL]. 金融时报. 2021-03-22. https://jrj.wuhan.gov.cn/ztzl_57/xyrd/yxy/202103/t20210322_1654322.shtml. 有删节.

问题与思考: 从会计核算的角度,绿色债券发行应如何核算?

课后练习: 请扫描二维码,完成本项目的练习题。

4-3 项目四练习题

项目五
所有者权益核算

学习目标

◇ **知识目标**
1. 掌握所有者权益的构成内容。
2. 掌握实收资本、其他权益工具、资本公积、其他综合收益的来源与变动。
3. 掌握留存收益的来源与用途。

◇ **能力目标**
1. 能正确地对实收资本(股本)、库存股进行账务处理。
2. 能正确地对其他权益工具、资本公积、其他综合收益进行账务处理。
3. 能正确地对盈余公积计提、使用进行账务处理,能正确地对未分配利润进行账务处理。

◇ **素养目标**
1. 培养创业精神,激发创新意识,鼓励创造财富。
2. 结合《公司法》相关规定,提高据实出资、正确履行股东权利与义务等法律意识。
3. 正确处理留存收益与股东分配关系,避免短期意识,着眼长远发展。
4. 培养"坚持诚信,守法奉公;坚持准则,守责敬业;坚持学习,守正创新"的会计人员基本素养。

项目导读

陈东、刘升、周军酷爱汉服,3人大学毕业后,响应国家"大众创业、万众创新"号召,每人出资100万元,创立了汉唐有限责任公司(以下简称汉唐公司),专门生产销售汉服。3人都是汉唐公司的股东,汉唐公司成立时3人投入的300万元便是汉唐公司的所有者权益。汉唐公司以后不断发展壮大,赚取的利润按照规定上缴国家税费和提取相关准备后,剩下的利润也都是汉唐公司的所有者权益,归公司股东所有。本项目将带领大家学习所有者权益的会计核算。

所有者权益又称股东权益,是指企业资产扣除负债后由所有者享有的剩余权益。所有者权益是由资产和负债决定的,资产-负债=所有者权益。

所有者权益具有以下特征:
(1) 除非发生减资、清算或分派现金股利,企业不需要偿还所有者权益。
(2) 企业清算时,只有在清偿所有的负债后,所有者权益才能返还给所有者。

5-1 课程思政:凝心聚力共谋长远发展

(3) 所有者凭借所有者权益能够参与企业利润的分配。

所有者权益通常由实收资本(或股本)、其他权益工具(如优先股、永续债等)、资本公积、其他综合收益、专项储备、留存收益构成。所有者权益的来源包括所有者投入的资本、直接计入所有者权益的利得和损失、留存收益等。其中,直接计入所有者权益的利得和损失是指不应计入当期损益、会导致所有者权益发生增减变动的、与所有者投入资本或向所有者分配利润无关的利得或损失。

任务一 实收资本或股本核算

学习导读:汉唐公司在公司初创时,陈东、刘升、周军3人共投资300万元,公司注册资本300万元,各占1/3汉唐公司股份,这是汉唐公司的实收资本。实收资本一般是将来股东进行利益分配的基础,它是能分属到股东个人的。实收资本二级科目也可按照股东来设置,如"实收资本——周军"科目。本任务将带领大家学习实收资本或股本的会计核算。

一、实收资本或股本的管理

(一) 实收资本或股本的概念

实收资本是指企业按照章程规定或合同、协议约定,接受投资者投入企业的资本。实收资本的构成比例或股东的股份比例,既是确定所有者在企业所有者权益中所占份额的基础,又是企业进行利润或股利分配的主要依据。

对股份有限公司而言,实收资本又称股本,即发起人按照合同或协议约定投入的资本和社会公众在公司发行股票时认购股票缴入的资本,其在金额上等于股份面值和股份总额的乘积。投资者投入企业资本以分享企业经营未来收益为目标,同时承担相应的风险,分担不完全合约下企业未来经营的不确定性。因此,对实收资本或股本进行真实、准确、完整的确认与计量,是保护投资者合法权益的会计基本职责,是建立投资者权益得到充分保护的股票市场和发挥资本市场直接融资功能的基础。

(二) 股东出资形式

我国《公司法》规定,股东可以用货币出资,也可以用实物、知识产权、土地使用权等可以用货币估价并可以依法转让的非货币财产作价出资;但是,法律、行政法规规定不得作为出资的财产除外。

企业应当对作为出资的非货币财产评估作价,核实财产,不得高估或低估作价。法律、行政法规对评估作价有规定的,从其规定。股东应当按期足额缴纳公司章程中规定的各自所认缴的出资额。股东以货币出资的,应当将货币出资足额存入有限责任公司在银行开设的账户;以非货币财产出资的,应当依法办理其财产权的转移手续。股东不按照前款规定缴纳出资的,除应当向公司足额缴纳外,还应当向已按期足额缴纳出资的股东承担违约责任。企业收到所有者投入企业的资本后,应根据有关原始凭证(如投资清单、银行通知单等),分别对不同的出资方式进行账务处理。

（三）增减变动

一般情况下，企业的实收资本应相对固定不变，但在某些特定情况下，实收资本也可能发生增减变化。我国《企业法人登记管理条例施行细则》规定，除国家另有规定外，企业的注册资金应当与实收资本相一致，当实收资本比原注册资金增加或减少超过20%时，应持资金使用证明或验资证明，向原登记主管机关申请变更登记。如擅自改变注册资本或抽逃资金，要受到市场监督管理部门的处罚。

二、实收资本或股本的会计科目设置

除股份有限公司外，其他企业应设置"实收资本"科目，核算投资者投入资本的增减变动情况。该科目的贷方登记实收资本的增加数额，借方登记实收资本的减少数额；期末余额在贷方，反映企业期末实收资本实有数额。

股份有限公司应设置"股本"科目，核算公司实际发行股票的面值总额。该科目贷方登记公司在核定的股份总额及股本总额范围内实际发行股票的面值总额，借方登记公司按照法定程序经批准减少的股本数额；期末余额在贷方，反映公司股本实有数额。"实收资本（或股本）"账户的结构如图5-1所示。

借　　　实收资本（或股本）　　　贷
①撤资　　　　①投资者投入资本
②减资　　　　②追加投资
③资本公积、盈余公积转增资本
余额：反映实收资本（或股本）实有数额

图5-1 "实收资本（或股本）"账户的结构

三、实收资本或股本的账务处理

（一）接受现金资产投资

1. 股份有限公司以外的其他企业接受现金资产投资

企业接受现金投资时，应按实际收到的金额或存入企业开户银行的金额，借记"银行存款"等科目，按投资合同或协议约定的投资者在企业注册资本中所占份额的部分，贷记"实收资本"科目，实际收到或存入开户银行的金额超过企业投资者在企业注册资本中所占份额的部分，贷记"资本公积——资本溢价"科目。

2. 股份有限公司接受现金资产投资

股份有限公司发行股票时，可以按面值发行，也可以溢价发行，我国目前不允许公司折价发行股票。股份有限公司在核定的股本总额及核定的股份总额的范围内发行股票时，应在实际收到现金资产时进行账务处理；实际收到现金资产时，借记"银行存款"等科目，按每股股票面值和发行股份总数的乘积计算的金额，贷记"股本"科目，实际收到的金额与企业投资者在企业股本中所占份额的差额，贷记"资本公积——股本溢价"科目。

股份有限公司发行股票产生的手续费、佣金等交易费用,应从溢价中抵扣,冲减资本公积(股本溢价)。

【例题5-1】 甲、乙、丙共同投资设立A有限责任公司,注册资本为2 000 000元,甲、乙、丙持股比例分别为60%、25%和15%。按照章程规定,甲、乙、丙投入资本分别为1 200 000元、500 000元和300 000元。A有限责任公司已如期收到各投资者一次缴足的款项。

要求:编制A公司相关业务会计分录。

【解析】

借:银行存款 2 000 000
　　贷:实收资本——甲 1 200 000
　　　　　　　　——乙 500 000
　　　　　　　　——丙 300 000

【例题5-2】 甲股份有限公司委托乙证券公司发行普通股,股票面值总额4 000 000元,发行总额16 000 000元,发行费按发行总额的2%计算(不考虑其他因素),股票发行净收入全部收到。

要求:计算甲股份有限公司资本公积的入账金额,并编制相关业务会计分录。

【解析】

应记入"资本公积"科目的金额 = 16 000 000 − 4 000 000 − 16 000 000 × 2%
　　　　　　　　　　　　　　= 11 680 000(元)

借:银行存款 16 000 000
　　贷:股本 4 000 000
　　　　资本公积——股本溢价 12 000 000

支付发行费:

借:资本公积——股本溢价 320 000
　　贷:银行存款 320 000

(二)接受非现金资产投资

企业接受投资者作价投入的房屋、建筑物、机器设备等固定资产、存货、无形资产等非现金资产,应按投资合同或协议约定价值确定资产入账价值(但投资合同或协议约定价值不公允的除外),按投资合同或协议约定的投资者在企业注册资本(或股本)中所占有的份额部分作为实收资本或股本入账。如果投入的资产价值超过投资者在企业注册资本(或股本)中所占份额的部分,应当计入资本公积(资本溢价或股本溢价)。

【例题5-3】 甲有限责任公司收到B企业以机器设备出资,该设备的原价为1 000 000元,已计提折旧600 000元,未计提减值准备,投资合同约定该设备价值为500 000元(与公允价值相同且不考虑增值税),其中在企业注册资本中享有份额为400 000元。

要求:假定不考虑其他因素,编制甲公司相关业务会计分录。

【解析】

借:固定资产 500 000
　　贷:实收资本 400 000
　　　　资本公积——资本溢价 100 000

【例题 5-4】 甲、乙公司均为增值税一般纳税人,适用的增值税税率为 13%,甲公司接受乙公司投资转入的原材料一批,账面价值 100 000 元,投资协议约定价值 120 000 元,假定投资协议约定的价值与公允价值相符,该项投资没有产生资本溢价。

要求:假定不考虑其他因素,编制甲公司相关业务会计分录。

【解析】

借:原材料	120 000
应交税费——应交增值税(进项税额)	15 600
贷:实收资本	135 600

【例题 5-5】 丙有限责任公司于设立时收到 A 公司作为资本投入的非专利技术一项。该非专利技术投资合同约定价值为 60 000 元,增值税进项税额为 3 600 元(由投资方支付税款,并提供或开具增值税专用发票),同时收到 B 公司作为资本投入的土地使用权一项,投资合同约定价值为 80 000 元,增值税进项税额为 7 200 元(由投资方支付税款,并提供或开具增值税专用发票)。合同约定的资产价值与公允价值相符。

要求:假定不考虑其他因素,编制丙有限责任公司相关业务会计分录。

【解析】

借:无形资产——非专利技术	60 000
——土地使用权	80 000
应交税费——应交增值税(进项税额)	10 800
贷:实收资本——A 公司	63 600
——B 公司	87 200

本例中,非专利技术和土地使用权的合同约定价值均与其公允价值相符,因此,应分别按 60 000 元和 80 000 元的金额,借记"无形资产"科目;同时,该进项税额允许抵扣,因此增值税专用发票上注明的增值税税额分别为 3 600 元和 7 200 元,应借记"应交税费——应交增值税(进项税额)"科目。A、B 公司投入的非专利技术和土地使用权按合同约定金额作为实收资本,因此应分别按 63 600 元和 87 200 元的金额,贷记"实收资本"科目。

(三) 实收资本(或股本)的增减变动

我国《企业法人登记管理条例施行细则》规定,除国家另有规定外,企业的实收资本应当与注册资本一致。企业实收资本比原注册资本数额增减超过 20% 时,应持资金使用证明或验资证明,向原登记主管机关申请变更登记。如擅自改变注册资本或抽逃资金,要受到市场监督管理部门的处罚。股东应当按期缴纳公司章程规定的各自所认缴的出资额,由股东自公司成立之日起 5 年内缴足。

1. 实收资本(或股本)的增加

一般企业增加资本主要有以下 3 个途径:

(1) 接受投资者追加投资,账务处理与初次投入时相同。

(2) 将资本公积转为实收资本或股本,应借记"资本公积——资本溢价(股本溢价)"科目,贷记"实收资本"或"股本"科目。

(3) 将盈余公积转为实收资本或股本,应借记"盈余公积"科目,贷记"实收资本"或"股本"科目。

需要注意,资本公积和盈余公积均属于所有者权益,用其转增实收资本或股本时,如为独资企业,核算比较简单,直接结转即可;如为股份有限公司或有限责任公司,应按原投资者所持股份比例增加各股东的股份份额。实收资本(或股本)增加账务处理流程如图5-2所示。

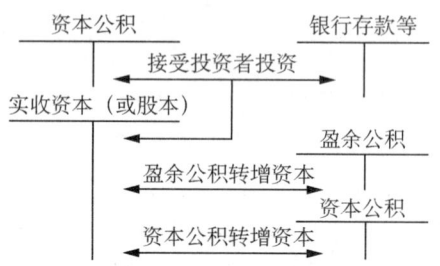

图5-2 实收资本(或股本)增加账务处理流程

学习提示:资本公积、盈余公积转增股本,企业的所有者权益总额不会发生变化。

【例题5-6】 甲、乙、丙3人共同投资设立了A有限责任公司,原注册资本为4 000 000元,甲、乙和丙分别出资500 000元、2 000 000元和1 500 000元。为了扩大经营规模,经批准,A有限责任公司注册资本扩大为5 000 000元,甲、乙和丙按照原出资比例分别追加投资125 000元、500 000元和375 000元。A有限责任公司如期收到甲、乙和丙追加的现金投资。

要求:编制A有限责任公司相关业务会计分录。

【解析】

借:银行存款　　　　　　　　　　　　　　　　　　　　　　　　1 000 000
　　贷:实收资本——甲　　　　　　　　　　　　　　　　　　　　　125 000
　　　　　　　　——乙　　　　　　　　　　　　　　　　　　　　　500 000
　　　　　　　　——丙　　　　　　　　　　　　　　　　　　　　　375 000

本例中,甲、乙和丙3人按原出资比例(甲、乙和丙分别为12.5%、50%和37.5%)追加实收资本。因此,A有限责任公司应分别按照125 000元、500 000元和375 000元的金额,贷记"实收资本"科目中甲、乙和丙的明细分类账。

【例题5-7】 承[例题5-6],因扩大经营规模需要,经批准,A有限责任公司按原出资比例将资本公积1 000 000元转增资本。

要求:编制A有限责任公司相关业务会计分录。

【解析】

借:资本公积　　　　　　　　　　　　　　　　　　　　　　　　1 000 000
　　贷:实收资本——甲　　　　　　　　　　　　　　　　　　　　　125 000
　　　　　　　　——乙　　　　　　　　　　　　　　　　　　　　　500 000
　　　　　　　　——丙　　　　　　　　　　　　　　　　　　　　　375 000

本例中,资本公积1 000 000元按原出资比例转增实收资本,因此,A有限责任公司应分别按照125 000元、500 000元和375 000元的金额,贷记"实收资本"科目中甲、乙和丙的明细分类账。

【例题5-8】 B公司由甲、乙投资者分别出资1 000 000元设立。为扩大经营规模,该公司的注册资本由2 000 000元增加到2 500 000元,丙企业以货币资金出资1 000 000元,享有公司20%的注册资本成为B公司新股东,投资款已收到存入银行。

要求:假定不考虑其他因素,编制B公司相关业务会计分录。

【解析】

借:银行存款　　　　　　　　　　　　　　　　　　　　　　　　　1 000 000
　　贷:实收资本　　　　　　　　　　　　　　　　　　　　　　　　　500 000
　　　　资本公积——资本溢价　　　　　　　　　　　　　　　　　　　500 000

2. 实收资本(或股本)的减少

企业实收资本减少的原因一般包括以下3种:

(1)资本过剩,企业经营规模下降,资金不能有效利用,资金成本的上升造成资金的浪费。

(2)企业发生重大亏损而需要减少实收资本。

(3)因企业发展需要而调节资本结构。

企业因资本过剩而减资,一般需要返还投资款。企业按照法定程序报经批准减少注册资本的,按返还投资款的数额,借记"实收资本"科目,贷记"库存现金""银行存款"等科目。

股份有限公司返还投资时,采用收购本公司股票方式减资的,应通过"库存股"科目核算回购股份的金额。回购本公司股份时,按实际支付的价款,借记"库存股"科目,贷记"银行存款"科目;减资时(注销股份时),按股票面值和注销股数计算的股票面值总额,借记"股本"科目,按注销库存股的账面余额,贷记"库存股"科目。

如果回购股票支付的价款高于股票面值总额(溢价回购),按其差额,借记"资本公积——股本溢价"科目,股本溢价不足冲减的,应借记"盈余公积""利润分配——未分配利润"科目;如果回购股票支付的价款低于股票面值总额(折价回购),应按股票面值总额,借记"股本"科目,按所注销的库存股账面余额,贷记"库存股"科目,按其差额,贷记"资本公积——股本溢价"科目。

学习提示:库存股属于所有者权益的备抵项,回购时,所有者权益减少;注销时,所有者权益总额不会发生变动。

【例题5-9】 甲股份有限公司2023年12月31日的股本为100 000 000元(每股面值1元),资本公积(股本溢价)为15 000 000元,盈余公积为10 000 000元。经股东大会批准以每股3元价格回购本公司股票10 000 000股并予以注销。

要求:假定不考虑其他因素,编制甲股份有限公司相关业务会计分录。

【解析】

库存股的成本=10 000 000×3=30 000 000(元)

(1)回购本公司股票时:

借:库存股　　　　　　　　　　　　　　　　　　　　　　　　　　30 000 000
　　贷:银行存款　　　　　　　　　　　　　　　　　　　　　　　　30 000 000

(2)注销本公司股票时:

借：股本		10 000 000
资本公积——股本溢价		15 000 000
盈余公积		5 000 000
贷：库存股		30 000 000

【例题5-10】 承[例题5-9]，若批准以每股2元价格回购本公司股票。

要求：假定不考虑其他因素，编制甲股份有限公司相关业务会计分录。

【解析】

库存股的成本＝10 000 000×2＝20 000 000（元）

（1）回购本公司股票时：

借：库存股	20 000 000
贷：银行存款	20 000 000

（2）注销本公司股票时：

借：股本	10 000 000
资本公积——股本溢价	10 000 000
贷：库存股	20 000 000

【例题5-11】 承[例题5-9]，若经股东大会批准以每股0.9元价格回购本公司股票。

要求：假定不考虑其他因素，编制甲股份有限公司相关业务会计分录。

【解析】

库存股的成本＝10 000 000×0.9＝9 000 000（元）

（1）回购本公司股票时：

借：库存股	9 000 000
贷：银行存款	9 000 000

（2）注销本公司股票时：

借：股本	10 000 000
贷：库存股	9 000 000
资本公积——股本溢价	1 000 000

有限责任公司返还投资的账务处理比较简单，按法定程序报经批准减少注册资本的，按减少的注册资本金额减少实收资本，借记"实收资本""资本公积"等科目，贷记"库存现金""银行存款"等科目。

四、其他权益工具

（一）其他权益工具的概念

其他权益工具是企业发行的除普通股以外的按照准则规定归类为权益工具的各种金融工具，如优先股、永续债等。企业应根据所签订金融工具的合同条款及其所反映的经济实质而非仅以法律形式，结合金融资产、金融负债和权益工具的定义，在初始确认时将该金融工具或其组成部分分类为金融资产、金融负债或权益工具。

优先股是指依照《公司法》，在一般规定的普通种类股份之外，另行规定的其他种类股份，其股份持有人优先于普通股股东分配公司利润和剩余财产，但参与公司决策管理等权利受到限制。其特点有：①优先股的股东对公司资产、利润分配等享有优先权，其风险较小。②对公司的经营没有参与权，优先股股东不能退股，只能通过优先股的赎回条款被公司赎回。

永续债是指没有到期日的债券，一般由主权国家、大型企业发行，持有人不能要求清偿本金，但可以按期取得利息。永续债的特点主要体现在高票息、长久期、附加赎回条款并伴随利率调整条款。

符合负债条件的优先股、永续债，应当分类为金融负债。

（二）其他权益工具的账务处理

其他权益工具账务处理的基本原则：①对于归类为权益工具的金融工具，无论其名称中是否包含"债"，其利息支出或股利分配都应当作为发行企业的利润分配，其回购、注销等作为权益的变动处理。②对于归类为金融负债的金融工具，无论其名称中是否包含"股"，其利息支出或股利分配都按照借款费用进行处理，其回购或赎回产生的利得或损失等计入当期损益。

企业（发行方）发行金融工具，其发生的手续费、佣金等交易费用，如分类为债务工具且以摊余成本计量的，应当计入所发行工具的初始计量金额；如分类为权益工具的，应当从权益（其他权益工具）中扣除。

为加强对其他权益工具的核算和监督，企业应当设置所有者权益类"其他权益工具"科目，核算企业发行的除普通股以外的归类为权益工具的各种金融工具，并按发行其他权益工具的种类设置"优先股""永续债"等明细科目进行明细核算。

企业按规定发行其他权益工具时，应按照实际收到的金额（发行价扣除发生的手续费、佣金等交易费用），借记"银行存款"等科目，贷记"其他权益工具"科目；在存续期间分派股利的，作为利润分配处理，应根据经批准的股利分配方案，按照应分配给金融工具持有者的股利金额，借记"利润分配——应付优先股股利""利润分配——应付永续债股利"科目，贷记"应付股利——优先股股利""应付股利——永续债股利"等科目；企业按规定赎回其他权益工具时，借记"库存股——其他权益工具"科目，贷记"银行存款"等科目；注销时，借记"其他权益工具"科目，贷记"库存股——其他权益工具"科目。

任务二 资本公积与其他综合收益核算

学习导读：汉唐公司在3人的合法经营下，由于讲诚信，产品质量过硬，其产品很快打开销路，公司蒸蒸日上。赵珍见汉唐公司发展前景好，也想入股。经全体股东同意，汉唐公司注册资本扩充到400万元，赵珍以150万元入股，但是只占汉唐公司25%股份，即赵珍名下只有汉唐公司100万元的股份，超过的50万元作为汉唐公司的所有股东都享有的部分，作为对汉唐公司3位初创人辛苦创立公司的补偿。本任务将带领大家学习资本公积和其他综合收益的会计核算。

一、资本公积

(一) 资本公积的概念

资本公积是企业收到投资者出资额超出其在注册资本(或股本)中所占份额的部分,以及其他资本公积等。

资本公积包括资本溢价(或股本溢价)和其他资本公积。资本溢价(或股本溢价)是指投资者投入的资本超出其在注册资本中所占份额的投资。其他资本公积是指除资本溢价(或股本溢价)以外所形成的资本公积。

(二) 资本公积与实收资本(或股本)的区别

资本公积与实收资本(或股本)主要有以下几个区别:

(1) 实收资本(或股本)是指投资者实际投入并依法进行注册的资本;而资本公积是投资者的出资中超出其在注册资本中所占份额的部分,以及其他资本公积。

(2) 实收资本(或股本)表明了投资者依法享有的资本金额,是所有者参与企业财务经营决策或进行利润分配或股利分配及在企业清算时确定对企业净资产的要求权的依据;资本公积的主要用途是转增资本,不能代表投资者所享有的在所有者权益中的份额,不能作为企业持续经营期间进行利润或股利分配的依据。

(三) 资本公积的确认与计量

1. 资本溢价(或股本溢价)的确认与计量

资本溢价按投资者超额缴入资本的数额,即投资者实际缴入的款额超过其在企业注册资本中所占份额的数额确认与计量。股本溢价按发行股票的溢价扣除发行费用后的数额,即股份有限公司发行股票实际收到的款额超过其股票面值总额的部分确认与计量。

2. 其他资本公积的确认与计量

其他资本公积涉及的情况相对比较复杂,以下简单介绍3种常见情况:

(1) 企业的长期股权投资采用权益法核算时,因被投资单位除净损益、其他综合收益及利润分配以外的所有者权益的其他变动(主要包括被投资单位接受其他股东的资本性投入、被投资单位发行可分离交易的可转债中包含的权益成分、以权益结算的股份支付、其他股东对被投资单位增资导致投资方持股比例变动等),投资企业按应享有份额而增加或减少的资本公积,直接计入投资方所有者权益(资本公积——其他资本公积)。

(2) 以权益结算的股份支付换取职工或其他方提供服务的,应按照确定的金额,将当期取得的服务计入相关资产成本或当期费用,同时增加资本公积(其他资本公积)。企业根据国家有关规定实行股权激励的,如果在等待期内取消了授予的权益工具,企业应在进行权益工具加速行权处理时,将剩余等待期内应确认的金额计入当期损益,并同时确认资本公积(其他资本公积)。

(3) 企业集团(由母公司和其全部子公司构成)内发生的股份支付交易,如结算企业为接受服务企业的投资者,应当按照授予日权益工具的公允价值或应承担负债的公允价值确认为对接受服务企业的长期股权投资,同时确认资本公积(其他资本公积)或负债。

(四) 资本公积的账务处理

为了反映和监督企业资本公积的增减变动情况,企业应设置"资本公积"科目。该科目贷方登记资本公积的增加额,借方登记资本公积的减少额;期末余额在贷方,反映企业资本公积结余额。该科目的明细账按资本公积的类别设置。

资本公积的核算包括资本溢价(或股本溢价)的核算、其他资本公积的核算和资本公积转增资本的核算等内容。

1. 资本溢价的核算

除股份有限公司外的其他类型的企业,在企业创立时,投资者认缴的出资额与注册资本一致,一般不会产生资本溢价。但在企业重组或有新的投资者加入时,常常会出现资本溢价。因为在企业进行正常生产经营后,其资本利润率通常要高于企业初创阶段;另外,企业有内部积累的,新投资者加入企业后,对这些积累将来也要分享。所以,新加入的投资者往往要付出大于原投资者的出资额,才能取得与原投资者相同的出资比例。投资者多缴的部分计入资本溢价。

【例题 5-12】 甲有限责任公司由 2 位投资者投资 200 000 元设立,每人各出资 100 000 元。1 年后,为扩大经营规模,经批准,甲有限责任公司注册资本增加到 300 000 元,并引入第三位投资者加入。按照投资协议,新投资者需缴入现金 110 000 元,同时享有该公司 1/3 的股份。甲有限责任公司已收到该现金投资。

要求:假定不考虑其他因素,编制甲有限责任公司相关业务会计分录。

【解析】

借:银行存款 110 000
　　贷:实收资本 100 000
　　　　资本公积——资本溢价 10 000

本例中,甲有限责任公司收到第三位投资者的现金投资 110 000 元中,100 000 元属于第三位投资者在注册资本中所享有的份额,应记入"实收资本"科目,10 000 元属于资本溢价,应记入"资本公积——资本溢价"科目。

2. 股本溢价的核算

在按面值发行股票的情况下,企业发行股票取得的收入,应全部作为股本处理;在溢价发行股票的情况下,企业发行股票取得的收入,等于股票面值的部分计入股本,超出股票面值的溢价收入计入股本溢价。

发行股票相关的手续费、佣金等交易费用,如果是溢价发行股票的,应从溢价中抵扣,冲减资本公积(股本溢价);无溢价发行股票或溢价金额不足以抵扣的,应将不足抵扣的部分冲减盈余公积;盈余公积不足抵扣的,冲减未分配利润。

【例题 5-13】 A 股份有限公司首次公开发行普通股 50 000 000 股,每股面值 1 元,每股发行价格为 4 元。A 股份有限公司与证券公司约定,按发行收入的 3% 收取佣金,从发行收入中扣除。假定收到的股款已存入银行。

要求:假定不考虑其他因素,编制 A 股份有限公司相关业务会计分录。

【解析】

A 公司收到证券公司转来的发行收入 = 50 000 000 × 4 × (1−3%) = 194 000 000(元)

应计入资本公积的金额 = 溢价收入 − 发行佣金
　　　　　　　　　　 = 50 000 000 × (4−1) − 50 000 000 × 4 × 3%
　　　　　　　　　　 = 144 000 000(元)

借：银行存款	194 000 000	
贷：股本		50 000 000
资本公积——股本溢价		144 000 000

3. 其他资本公积的核算

1) 采用权益法核算的长期股权投资

企业对被投资单位的长期股权投资采用权益法核算的,在持股比例不变的情况下,对因被投资单位除净损益、其他综合收益和利润分配以外的所有者权益的其他变动,应按持股比例计算其应享有或应分担被投资单位所有者权益的增减数额,调整长期股权投资的账面价值和资本公积(其他资本公积)。在处置长期股权投资时,应转销与该笔投资相关的其他资本公积。

【例题 5-14】 2023 年 1 月 1 日,甲公司向乙公司投资 10 000 000 元,持有乙公司 30%的股份,能够对其施加重大影响。甲公司对其持有乙公司的股权投资采用权益法进行核算。2023 年年末,乙公司除净损益、其他综合收益和利润分配外的所有者权益增加了 1 500 000 元;除此之外,乙公司的所有者权益无其他变化。甲公司的持股比例没有变化,乙公司可辨认净资产账面价值与公允价值一致。

要求:不考虑其他因素,编制甲公司相关业务会计分录。

【解析】

甲公司对乙公司投资增加的资本公积＝1 500 000×30%＝450 000(元)

借：长期股权投资——乙公司——其他权益变动	450 000	
贷：资本公积——其他资本公积		450 000

【例题 5-15】 承[例题 5-14],假如甲公司于 2024 年 1 月 10 日决定出售对乙公司的全部股权投资,出售时甲公司对乙公司股权投资的账面价值构成为:投资成本 10 000 000 元,其他权益变动 450 000 元。出售价款 10 500 000 元,款项已收到并存入银行。

要求:不考虑其他因素,编制甲公司相关业务会计分录。

【解析】

应计入投资收益的金额＝10 500 000－(10 000 000＋450 000)＋450 000
　　　　　　　　　　＝500 000(元)

借：银行存款	10 500 000	
贷：长期股权投资——乙公司——投资成本		10 000 000
——其他权益变动		450 000
投资收益		50 000
借：资本公积——其他资本公积	450 000	
贷：投资收益		450 000

2) 以权益结算的股份支付

以权益结算的股份支付换取职工或其他方提供服务的,应按照确定的金额,记入"管理费用"科目,同时增加资本公积(其他资本公积)。在职工或其他方行权日,应按实际行权的权益数量计算确定的金额,借记"资本公积——其他资本公积"科目,按计入实收资本或股本的金额,贷记"实收资本"或"股本"科目,并将其差额记入"资本公积——资本溢价"或"资本公积——股本溢价"科目。

【例题 5-16】 甲公司为一家上市公司。2020年1月1日,甲公司向其管理人员授予股票期权,并要求该部分管理人员自2020年1月1日起在公司连续服务3年,但每年均有管理人员离职。因此,甲公司在2020年至2022年的每年年末,根据管理人员离职情况,以可行权权益工具数量的最佳估计为基础,确认了股票期权的公允价值分别为96 000元、108 000元和75 000元。2023年12月31日,未离职的管理人员均行权购买股票,甲公司收到银行存款77 500元,并确认股本15 500元。

要求:计算甲公司行权日累计计入资本公积的金额,并编制相关业务会计分录。

【解析】

行权日累计记入"资本公积——其他资本公积"科目贷方的金额＝96 000＋108 000＋75 000＝279 000(元)

甲公司对上述业务应编制会计分录如下:

(1) 2020年12月31日。

| 借:管理费用 | 96 000 |
| 贷:资本公积——其他资本公积 | 96 000 |

(2) 2021年12月31日。

| 借:管理费用 | 108 000 |
| 贷:资本公积——其他资本公积 | 108 000 |

(3) 2022年12月31日。

| 借:管理费用 | 75 000 |
| 贷:资本公积——其他资本公积 | 75 000 |

(4) 2023年12月31日。

借:银行存款	77 500
资本公积——其他资本公积	279 000
贷:股本	15 500
资本公积——股本溢价	341 000

4. 资本公积转增资本的核算

经股东大会或类似机构决议,用资本公积转增资本时,应冲减资本公积,同时按照转增资本前的实收资本(或股本)的结构或比例,将转增的金额记入"实收资本"(或"股本")科目下各所有者权益的明细分类科目。

二、其他综合收益

(一)其他综合收益的概念

其他综合收益是指企业根据其他会计准则规定未在当期损益中确认的各项利得和损失。其中,包括以后会计期间不能重分类进损益的其他综合收益和以后会计期间满足规定条件时将重分类进损益的其他综合收益。

学习提示：其他综合收益属于所有者权益类科目（贷方表示增加，借方表示减少），它在利润表、资产负债表、所有者权益变动表上均能反映，反映的主要是非日常经营活动形成的利得和损失，最终都会影响所有者权益。

（二）其他综合收益的账务处理

1. 以后会计期间不能重分类进损益的其他综合收益

（1）重新计量设定受益计划变动额。企业在报告期末，重新计量设定受益计划净负债或净资产所产生的变动，计入其他综合收益。

（2）权益法下不能转损益的其他综合收益。投资方对长期股权投资采用权益法核算时，被投资单位其他综合收益发生变动的，投资方应当按照归属于本企业的部分，相应调整长期股权投资的账面价值，同时增加或减少其他综合收益。未来投资方在处置该项长期股权投资时，采用与被投资单位直接处置相关资产或负债相同的基础进行账务处理。

如果被投资单位该其他综合收益属于不能重分类进损益的，投资方按照权益法确认的其他综合收益，以后期间也不能重分类进损益。

（3）其他权益工具投资公允价值变动。企业指定为以公允价值计量且其变动计入其他综合收益的非交易性权益工具投资发生的公允价值变动，计入其他综合收益。

（4）企业自身信用风险公允价值变动。企业指定为以公允价值计量且其变动计入当期损益的金融负债，由企业自身信用风险变动引起的公允价值变动，计入其他综合收益。

2. 以后会计期间满足规定条件时将重分类进损益的其他综合收益

（1）权益法下可转损益的其他综合收益。投资方对长期股权投资采用权益法核算时，被投资单位其他综合收益发生变动的，投资方应当按照归属于本企业的部分，相应调整长期股权投资的账面价值，同时增加或减少其他综合收益。如果被投资单位该其他综合收益属于满足规定条件时将重分类进损益的，投资方按照权益法确认的其他综合收益，以后期间也能重分类进损益。

（2）其他债权投资公允价值变动。企业分类为以公允价值计量且其变动计入其他综合收益的债权投资发生的公允价值变动，计入其他综合收益。企业将一项以公允价值计量且其变动计入其他综合收益的金融资产，重分类为以摊余成本计量的金融资产的，应当将之前计入其他综合收益的累计利得或损失转出，调整该金融资产在重分类日的公允价值，并以调整后的金额作为新的账面价值，即视同该金融资产一直以摊余成本计量。企业将一项以公允价值计量且其变动计入其他综合收益的金融资产，重分类为以公允价值计量且其变动计入当期损益的金融资产时，应当继续以公允价值计量该金融资产，同时，之前计入其他综合收益的累计利得或损失从其他综合收益转入当期损益。

（3）金融资产重分类计入其他综合收益的金额。企业将一项以摊余成本计量的金融资产，重分类为以公允价值计量且其变动计入其他综合收益的金融资产时，原账面价值与公允价值之间的差额，计入其他综合收益。

（4）其他债权投资信用减值准备。企业对以公允价值计量且其变动计入其他综合收益的债权类资产确认资产减值损失，借记"信用减值损失"科目，贷记"其他综合收益——信用减值准备"科目。

（5）现金流量套期储备。企业套期工具产生的利得或损失中属于套期有效的部分，计入其他综合收益。

(6) 外币财务报表折算差额。企业对境外经营的财务报表进行折算时,将外币财务报表折算差额,计入其他综合收益。企业在处置境外经营时,当期将已列入合并财务报表所有者权益的外币报表折算差额中与该境外经营相关部分,自其他综合收益项目转入处置当期损益。如果是部分处置境外经营,应当按处置的比例计算处置部分的外币报表折算差额,转入处置当期损益。

任务三 留存收益核算

学习导读:汉唐公司经过吸收投资者将公司注册资本扩资到400万元后,公司发展更加迅速。经过4人的不懈努力,公司汉服销量可观,创造了丰厚的营业利润。公司诚信缴纳国家的相关税费后,按照《公司法》和公司章程有关规定,提取了足够的用来改善职工福利等的资金,这部分用来改善职工福利的资金叫盈余公积。经全体股东大会决议,公司正处在高速发展时期,赚取的净利润暂时不分红,继续用来扩大再生产。这部分未分配的利润和盈余公积共同构成了汉唐公司的留存收益。本任务将带领大家学习留存收益的会计核算。

一、留存收益概述

留存收益是指企业从历年实现的利润中提取或形成的留存于企业的内部积累,包括盈余公积和未分配利润。

(一) 盈余公积的管理

盈余公积是指企业按照有关规定从净利润中提取的积累资金。公司制企业的盈余公积包括法定盈余公积和任意盈余公积。其中,法定盈余公积是指企业按照规定的比例从净利润中提取的盈余公积;任意盈余公积是指企业按照股东会或股东大会决议提取的盈余公积。

企业提取的盈余公积经批准可用于弥补亏损、转增资本、发放现金股利或利润等。

按照《公司法》有关规定,公司制企业应按照净利润(减弥补以前年度亏损,下同)的10%提取法定盈余公积。非公司制企业法定盈余公积的提取比例可超过净利润的10%。法定盈余公积累计额已达注册资本的50%时可以不再提取。

值得注意的是,如果以前年度未分配利润有盈余(即年初未分配利润余额为正数),在计算提取法定盈余公积的基数时,不应包括企业年初未分配利润;如果以前年度有未弥补的亏损(即年初未分配利润余额为负数),应先弥补以前年度亏损再提取盈余公积。法定公积金(盈余公积)转增资本时,所留存的该项公积金不得少于转增前公司注册资本的25%。

公司制企业可根据股东会或股东大会的决议提取任意盈余公积。非公司制企业经类似权力机构批准,也可提取任意盈余公积。

(二) 未分配利润的管理

未分配利润是指企业实现的净利润经过弥补亏损、提取盈余公积和向投资者分配利润后留存在企业的、历年结存的利润。相对于所有者权益的其他部分来说,企业对于未分配利润的使用有较大的自主权。

上述过程中的利润分配,是指企业根据国家有关规定和企业章程、投资者协议等,对企业当年可供分配的利润所进行的分配。利润分配以可供分配利润为基础,按以下顺序进行:①提取法定盈余公积。②提取任意盈余公积。③向投资者分配利润。可供分配利润的计算公式如下:

可供分配利润 = 当年实现的净利润(或净亏损) + 年初未分配利润(或 – 年初未弥补亏损) + 其他转入

二、留存收益的账务处理

(一) 盈余公积的账务处理

为了反映和监督盈余公积的形成和使用情况,企业应设置"盈余公积"科目。该科目贷方登记按规定提取的盈余公积数额,借方登记用盈余公积弥补亏损和转增资本的实际数额;期末余额在贷方,反映企业的盈余公积。"盈余公积"科目应按照盈余公积形成的来源分设"法定盈余公积"和"任意盈余公积"明细科目。

1. 提取盈余公积

企业按规定提取盈余公积时,应通过"利润分配""盈余公积"等科目核算。

【例题5-17】 甲股份有限公司本年实现净利润 4 000 000 元,年初"利润分配——未分配利润"明细科目余额为 0,经股东大会批准,按照当年净利润额的 10% 提取法定盈余公积 400 000 元,提取任意盈余公积 100 000 元,宣告发放现金股利 1 500 000 元。

要求:假定不考虑其他因素,编制甲股份有限公司相关业务会计分录。

【解析】

(1) 结转本年实现的净利润。

借:本年利润　　　　　　　　　　　　　　　　　　　　　　　4 000 000
　　贷:利润分配——未分配利润　　　　　　　　　　　　　　　　4 000 000

(2) 提取法定盈余公积、任意盈余公积,宣告发放现金股利。

借:利润分配——提取法定盈余公积　　　　　　　　　　　　　　400 000
　　　　　　——提取任意盈余公积　　　　　　　　　　　　　　100 000
　　　　　　——应付现金股利　　　　　　　　　　　　　　　1 500 000
　　贷:盈余公积——法定盈余公积　　　　　　　　　　　　　　　400 000
　　　　　　　　——任意盈余公积　　　　　　　　　　　　　　100 000
　　　　应付股利　　　　　　　　　　　　　　　　　　　　1 500 000

(3) 将"利润分配"科目下所属其他明细科目的余额,转入"未分配利润"明细科目。

借:利润分配——未分配利润　　　　　　　　　　　　　　　　2 000 000
　　贷:利润分配——提取法定盈余公积　　　　　　　　　　　　　400 000
　　　　　　　　——提取任意盈余公积　　　　　　　　　　　　100 000
　　　　　　　　——应付现金股利　　　　　　　　　　　　　1 500 000

2. 盈余公积补亏

【例题5-18】 经股东大会批准,乙股份有限公司用以前年度提取的盈余公积弥补当年亏损,当年弥补亏损的金额为 600 000 元。

要求：假定不考虑其他因素，编制乙股份有限公司相关业务会计分录。

【解析】

借：盈余公积　　　　　　　　　　　　　　　　　　　　　　　　　600 000
　　贷：利润分配——盈余公积补亏　　　　　　　　　　　　　　　　　600 000

同时：

借：利润分配——盈余公积补亏　　　　　　　　　　　　　　　　　　600 000
　　贷：利润分配——未分配利润　　　　　　　　　　　　　　　　　　600 000

3. 盈余公积转增资本

【例题5-19】 因扩大经营规模需要，经股东大会批准，丙股份有限公司将盈余公积400 000元转增股本。假定不考虑其他因素。

要求：假定不考虑其他因素，编制丙股份有限公司相关业务会计分录。

【解析】

借：盈余公积　　　　　　　　　　　　　　　　　　　　　　　　　400 000
　　贷：股本　　　　　　　　　　　　　　　　　　　　　　　　　　400 000

4. 用盈余公积发放现金股利或利润

【例题5-20】 丁股份有限公司2022年12月31日股本为50 000 000元（每股面值1元），可供投资者分配的利润为6 000 000元，盈余公积为20 000 000元。2023年3月20日，股东大会批准了2022年利润分配方案，按每10股2元发放现金股利。丁公司共需要分派10 000 000元现金股利，其中动用可供投资者分配的利润6 000 000元、盈余公积4 000 000元。

要求：假定不考虑其他因素，编制丁股份有限公司相关业务会计分录。

【解析】

（1）发放现金股利时：

借：利润分配——应付现金股利或利润　　　　　　　　　　　　　　6 000 000
　　盈余公积　　　　　　　　　　　　　　　　　　　　　　　　　4 000 000
　　贷：应付股利　　　　　　　　　　　　　　　　　　　　　　　10 000 000

（2）支付股利时：

借：应付股利　　　　　　　　　　　　　　　　　　　　　　　　10 000 000
　　贷：银行存款　　　　　　　　　　　　　　　　　　　　　　　10 000 000

本例中，丁股份有限公司经股东大会批准，按每10股2元发放现金股利，丁公司共需要分派10 000 000元（50 000 000÷10×2）现金股利。其中，属于以未分配利润发放现金股利的部分6 000 000元，应记入"利润分配——应付现金股利或利润"科目，属于以盈余公积发放现金股利的部分4 000 000元，应记入"盈余公积"科目。

（二）未分配利润的账务处理

在账务处理上，"未分配利润"科目应设置"利润分配——未分配利润"明细科目进行明细核算，反映企业利润的分配（或亏损的弥补）和历年分配（或弥补）后的未分配利润（或未弥补亏损）。"利润分配"科目应设置"提取法定盈余公积""提取任意盈余公积""应付现金股利或利润""盈余公积补亏""未分配利润"等明细科目行明细核算。

年度终了,企业应将全年实现的净利润或发生的净亏损,自"本年利润"科目转入"利润分配——未分配利润"科目,并将"利润分配"科目所属其他明细科目的余额,转入"未分配利润"明细科目。结转后,"利润分配——未分配利润"科目如为贷方余额,表示累积未分配的利润金额;如为借方余额,则表示累积未弥补的亏损金额。

【例题5-21】 甲股份有限公司年初未分配利润为1 000 000元,本年实现净利润2 000 000元,本年提取法定盈余公积200 000元,宣告发放现金股利800 000元。

要求:假定不考虑其他因素,编制甲股份有限公司年度结转的会计分录。

【解析】

(1) 结转实现净利润时:

借:本年利润 2 000 000
　　贷:利润分配——未分配利润 2 000 000

(2) 提取法定盈余公积,宣告发放现金股利时:

借:利润分配——提取法定盈余公积 200 000
　　　　　　——应付现金股利或利润 800 000
　　贷:盈余公积——提取法定盈余公积 200 000
　　　　应付股利 800 000

(3) 将"利润分配"科目所属其他明细科目的余额结转至"未分配利润"明细科目。

借:利润分配——未分配利润 1 000 000
　　贷:利润分配——提取法定盈余公积 200 000
　　　　　　　　——应付现金股利或利润 800 000

本例中,"利润分配——未分配利润"明细科目的余额在贷方,贷方余额的2 000 000元(1 000 000+2 000 000-200 000-800 000)为甲股份有限公司本年年末的累积未分配利润。

如果企业当年发生亏损,则应借记"利润分配——未分配利润"科目,贷记"本年利润"科目。

5-2 所有者权益核算思维导图

实务案例

福耀玻璃工业集团股份有限公司(以下简称福耀玻璃),是一家专注于汽车玻璃生产的供应商,主要从事浮法玻璃及汽车用玻璃制品的生产及销售,产品不但配套国内汽车品牌,更已成为德国奥迪、德国大众、韩国现代、澳大利亚Holdea、日本铃木、日本三菱、捷克途胜等的合格供应商。公司自1993年上市,迄今有30个年头,市值达到740亿元。通过对该公司财务报表穿透式分析及各层面分析,可以发现该公司经营非常稳健。自上市以来,连续30个会计年度,销售收入保持了持续稳定的增长,只有增长速度的快慢,但从来没有过不增长或负增长的年度,这在上市公司中非常罕见。

福耀玻璃有很强的信托责任,上市近30年,仅有一次增发募资,近50%的税后利润通过现金分红,回馈股东。2022年实现归属于上市公司股东的净利润47.56亿元,2023年5月,公告利润分配方案,税后净利润提取盈余公积后,向每股A股股东派发现金红利1.25元(含税),共计向公司A股股东派发现金红利约25亿元,是一家高现金分红的公司。

福耀玻璃发展至今,在追求自我完善的同时,有一种与生俱来的使命感。从最早的"为中国人做一片汽车玻璃"到"树立汽车玻璃供应商的典范"到"福耀全球",以及董事长曹德旺先生为核心的团队回报社会的行动,出资100亿元建设福耀科技大学等。福耀玻璃秉承勤劳、朴实、学习、创新的价值观,以技术和创新的文化和人才,系统打造福耀玻璃可持续的竞争优势和盈利能力,成为一家让客户、股东、员工、供应商、政府、经销商、社会长期信赖的公司。

资料来源:福耀玻璃2022年度社会责任报告.

问题与思考: 创业需要什么样的精神与素养?

课后练习: 请扫描二维码,完成本项目的练习题。

5-3 项目五练习题

项目六
收入、费用和利润核算

学习目标

◇ **知识目标**
1. 理解收入确认与计量的步骤。
2. 掌握某一时点内履行的履约义务确认收入的条件。
3. 掌握某一时段内履行的履约义务确认收入的条件。
4. 掌握收入的计量,交易价格的确定与分摊。
5. 掌握合同成本的种类和内容。
6. 掌握营业成本、税金及附加、期间费用的核算内容。
7. 掌握利润的构成及其内容、营业外收支的内容、年度利润结转的方法。
8. 掌握所得税费用的构成及递延所得税的确认。

◇ **能力目标**
1. 能熟练地进行某一时点内履行的履约义务确认收入的核算,包括一般交易和特定交易的会计处理。
2. 能熟练地进行某一时段内履行的履约义务确认收入的核算。
3. 能熟练地进行合同成本的核算。
4. 能熟练地进行营业成本、税金及附加、期间费用的核算。
5. 能熟练地进行营业外收支、所得税费用的核算。
6. 能熟练地利用账结法或表结法进行年度利润结转核算。

◇ **素养目标**
1. 培养法治意识,做到遵纪守法、廉洁自律。
2. 培养"坚持诚信,守法奉公;坚持准则,守责敬业;坚持学习,守正创新"的会计人员基本素养。
3. 培养严谨细致的工匠精神,具备收入、费用和利润核算岗位的基本素养。
4. 培养沟通协作意识、大数据思维意识、会计职业判断能力。
5. 培养资源节约观念,抵制浪费,树立正确的财富再分配观。

6-1 课程思政:转型中的新东方"退钱"与"遣散"

项目导读

甲企业是某市一家生产、销售男士羽绒服的企业,由于甲企业讲信用、注重产品质量,其生产的男士羽绒服很受市场欢迎。2023年,甲企业创造羽绒服销售收入800万元,其中生产费用 500 万元,实现会计利润 300 万元。本项目将带领大家学习收入、费用和利润的会计核算。

任务一 收入核算

学习导读：甲企业销售生产的男士羽绒服,这是它的主营业务收入;有时会把多余的羽绒和布料进行销售,也是它的日常业务收入,称为其他业务收入;有时会把多余的设备出租给别的单位使用,也属于其他业务收入。偶尔,甲企业也会把旧的生产设备变卖掉,这是非日常业务。本任务将带领大家学习收入的会计核算。

一、收入概述

(一) 收入的定义与分类

收入是指企业在日常活动中形成的、会导致所有者权益增加的、与所有者投入资本无关的经济利益的总流入。日常活动是指企业为完成其经营目标所从事的经常性活动及与之相关的其他活动。

企业为获得市场地位、竞争优势都有其所从事的主要业务、主要产品和相应的经营模式,为如实反映企业的业绩驱动因素、业绩变化是否符合行业发展状况等情况,按照企业主要经营业务等经常性经营活动实现的收入,通常将收入分为主营业务收入和其他业务收入。

(二) 收入确认与计量的步骤

按照《企业会计准则第 14 号——收入》的相关规定,收入确认和计量的基本步骤包括以下 5 步:

第一步,识别与客户订立的合同。
第二步,识别合同中的单项履约义务。
第三步,确定交易价格。
第四步,将交易价格分摊至各单项履约义务。
第五步,履行各单项履约义务时确认收入。

上述第一步、第二步和第五步主要与收入的确认有关,第三步和第四步主要与收入的计量有关。

(三) 收入的会计科目设置

企业为了核算与客户之间的合同产生的收入及相关的成本费用,一般需要设置"主营业务收入""其他业务收入""主营业务成本""其他业务成本""合同取得成本""合同履约成本""合同资产""合同负债"等科目。

"主营业务收入"科目核算企业确认的销售商品、提供服务等主营业务的收入。该科目贷方登记企业主营业务活动实现的收入金额,借方登记期末转入"本年利润"科目的主营业务收入金额,结转后该科目应无余额。该科目可按主营业务的种类进行明细核算。

"其他业务收入"科目核算企业确认的除主营业务活动以外的其他经营活动实现的收

入,包括出租固定资产、出租无形资产、出租包装物和商品、销售材料等实现的收入。该科目贷方登记企业其他业务活动实现的收入金额,借方登记期末转入"本年利润"科目的其他业务收入金额,结转后该科目应无余额。该科目可按其他业务的种类进行明细核算。

"主营业务成本"科目核算企业确认销售商品、提供服务等主营业务收入时应结转的成本。该科目借方登记企业应结转的主营业务成本金额,贷方登记期末转入"本年利润"科目的主营业务成本金额,结转后该科目应无余额。该科目可按主营业务的种类进行明细核算。

"其他业务成本"科目核算企业确认的除主营业务活动以外的其他经营活动所形成的成本,包括出租固定资产的折旧额、出租无形资产的摊销额、出租包装物的成本或摊销额、销售材料的成本等。该科目借方登记企业应结转的其他业务成本金额,贷方登记期末转入"本年利润"科目的其他业务成本金额,结转后该科目应无余额。该科目可按其他业务的种类进行明细核算。

"合同取得成本"科目核算企业取得合同发生的、预计能够收回的增量成本。该科目借方登记发生的合同取得成本金额,贷方登记摊销的合同取得成本金额;期末余额在借方,反映企业尚未结转的合同取得成本金额。该科目可按合同进行明细核算。

"合同履约成本"科目核算企业为履行当前或预期取得的合同所发生的、不属于其他《企业会计准则》规范范围且按照收入准则应当确认为一项资产的成本。该科目借方登记发生的合同履约成本金额,贷方登记摊销的合同履约成本金额;期末余额在借方,反映企业尚未结转的合同履约成本金额。该科目可按合同分别设置"服务成本""工程施工"等明细科目进行明细核算。

"合同资产"科目核算企业已向客户转让商品而有权收取对价的权利,且该权利取决于时间流逝之外的其他因素(如履行合同中的其他履约义务)。该科目借方登记因已转让商品而有权收取的对价金额,贷方登记取得无条件收款权的金额;期末余额在借方,反映企业已向客户转让商品而有权收取的对价金额。该科目按合同进行明细核算。

"合同负债"科目核算企业已收或应收客户对价而应向客户转让商品的义务。该科目贷方登记企业在向客户转让商品之前,已经收到或已经取得无条件收取合同对价权利的金额;借方登记企业向客户转让商品时冲销的金额;期末余额在贷方,反映企业在向客户转让商品之前,已经收到的合同对价或已经取得的无条件收取合同对价权利的金额。该科目按合同进行明细核算。

此外,企业发生减值的,还应当设置"合同履约成本减值准备""合同取得成本减值准备""合同资产减值准备"等科目进行核算。

二、收入的确认

(一)识别与客户订立的合同

合同是指双方或多方之间订立有法律约束力的权利义务的协议。合同有书面形式、口头形式及其他形式。合同的存在是企业确认客户合同收入的前提,企业与客户之间的合同一经签订,企业即享有从客户取得与转移商品和服务对价的权利,同时负有向客户转移商品和服务的履约义务。

企业与客户之间的合同同时满足下列5项条件的,企业应当在客户取得相关商品控制权时确认收入。

(1) 合同各方已批准该合同并承诺将履行各自义务。

(2) 该合同明确了合同各方与所转让商品相关的权利和义务。

(3) 该合同有明确的与所转让商品相关的支付条款。

(4) 该合同具有商业实质,即履行该合同将改变企业未来现金流量的风险、时间分布或金额。

(5) 企业因向客户转让商品而有权取得的对价很可能收回。

学习提示:没有商业实质的非货币性资产交换,无论何时,均不应确认收入。例如,两家石油公司之间相互交换石油,以便满足各自不同地点客户的需要,不具有商业实质,不应确认收入。

(二) 识别合同中的单项履约义务

履约义务是指合同中企业向客户转让可明确区分商品或服务的承诺。企业应当将向客户转让可明确区分商品(或商品的组合)的承诺,以及向客户转让一系列实质相同且转让模式相同的、可明确区分商品的承诺作为单项履约义务。

满足下列条件之一的,属于在某一时段内履行的履约义务。否则,属于在某一时点履行的履约义务。

(1) 客户在企业履约的同时即取得并消耗企业履约所带来的经济利益。

(2) 客户能够控制企业履约过程中在建的商品。

(3) 企业履约过程中所产出的商品具有不可替代用途,且该企业在整个合同期间内有权就累计至今已完成的履约部分收取款项。"具有不可替代用途"是指因合同限制或实际可行性限制,企业不能轻易地将商品用于其他用途。"有权就累计至今已完成的履约部分收取款项"是指在由于客户或其他方原因终止合同的情况下,企业有权就累计至今已完成的履约部分收取能够补偿其已发生成本和合理利润的款项,并且该权利具有法律约束力。

(三) 履行每一单项履约义务时确认收入

企业应当在履行了合同中的履约义务,即在客户取得相关商品控制权时确认收入。"取得相关商品控制权"是指客户能够主导该商品的使用并从中获得几乎全部经济利益,包括有能力阻止其他方主导该商品的使用并从中获得经济利益。当企业将商品转移给客户,客户取得了相关商品的控制权,意味着企业履行了合同履约义务,此时企业应确认收入。企业将商品控制权转移给客户,可能是在某一时段内(即履行履约义务的过程中)发生,也可能是在某一时点(即履约义务完成时)发生。

1. 在某一时点履行的履约义务

对于在某一时点履行的履约义务,企业在判断控制权是否转移时,应当综合考虑下列迹象:

(1) 企业就该商品享有现时收款权利,即客户就该商品负有现时付款义务。例如,甲企业与客户签订销售商品合同,约定客户有权定价且在收到商品无误后10日内付款。在客户收到甲企业开具的发票、商品验收入库后,客户能够自主确定商品的销售价格或商品的使用情况,此时甲企业享有收款权利,客户负有现时付款义务。

(2) 企业已将该商品的法定所有权转移给客户,即客户已拥有该商品的法定所有权。例如,房地产企业向客户销售商品房,在客户付款后取得房屋产权证时,表明企业已将该商品房的法定所有权转移给客户。

(3) 企业已将该商品实物转移给客户,即客户已占有该商品实物。例如,企业与客户签订交款提货合同,在企业销售商品并送货到客户指定地点,客户验收合格并付款时,表明企业已将该商品实物转移给客户,即客户已占有该商品实物。

(4) 企业已将该商品所有权上的主要风险和报酬转移给客户,即客户已取得该商品所有权上的主要风险和报酬。例如,甲房地产公司向客户销售商品房办理产权转移手续后,该商品房价格上涨或下跌带来的利益或损失全部属于客户,表明客户已取得该商品房所有权上的主要风险和报酬。

(5) 客户已接受该商品。例如,企业向客户销售为其定制生产的节能设备,客户收到并验收合格后办理入库手续,表明客户已接受该商品。

(6) 其他表明客户已取得商品控制权的迹象。

【例题6-1】 2023年6月1日,甲公司向乙公司销售一批商品,开具的增值税专用发票上注明售价为200 000元,增值税税额为26 000元;当日,甲公司收到乙公司支付的款项并存入银行;该批商品的实际成本为180 000元;乙公司收到商品并验收入库。

要求:假定不考虑其他因素,编制甲公司相关业务会计分录。

【解析】

本例中,甲公司已经收到乙公司支付的货款,客户乙公司收到商品并验收入库,因此,该项业务为单项履约义务且属于在某一时点履行的履约义务。甲公司应编制会计分录如下:

(1) 确认收入时:

借:银行存款　　　　　　　　　　　　　　　　　　　　　226 000
　　贷:主营业务收入　　　　　　　　　　　　　　　　　　200 000
　　　　应交税费——应交增值税(销项税额)　　　　　　　　26 000

(2) 结转销售商品成本时:

借:主营业务成本　　　　　　　　　　　　　　　　　　　180 000
　　贷:库存商品　　　　　　　　　　　　　　　　　　　180 000

如果企业向客户转让商品的对价未达到"很可能收回"收入确认条件,在发出商品时,企业不应确认收入,将发出商品的成本记入"发出商品"科目。

【例题6-2】 甲公司与乙公司均为增值税一般纳税人。2023年6月1日,甲公司与乙公司签订委托代销合同,甲公司委托乙公司销售W商品2 000件,W商品当日发出,每件成本为70元。合同约定乙公司应按每件100元对外销售,甲公司按不含增值税的销售价格的10%向乙公司支付手续费。除非这些商品在乙公司存放期间内由于乙公司的责任发生毁损或丢失,否则在W商品对外销售之前,乙公司没有义务向甲公司支付货款。乙公司不承担包销责任,没有售出的W商品须退回给甲公司,同时,甲公司也有权要求收回W商品或将其销售给其他的客户。

要求：编制甲公司发出 W 商品的会计分录。

【解析】

借：发出商品　　　　　　　　　　　　　　　　　　　　　　　　　140 000
　　贷：库存商品　　　　　　　　　　　　　　　　　　　　　　　　140 000

2. 在某一时段内履行的履约义务

对于在某一时段内履行的履约义务，企业应当考虑商品的性质，采用实际测量的完工进度，评估已实现的结果、时间进度、已完工或交付的产品等产出指标，或采用投入的材料数量、花费的人工工时、机器工时、发生的成本和时间进度等投入指标确定恰当的履约进度，并且在确定履约进度时，应当扣除那些控制权尚未转移给客户的商品和服务。

对于每一项履约义务，企业只能采用一种方法来确定其履约进度，并加以一贯运用。对于类似情况下的类似履约义务，企业应当采用相同的方法确定履约进度。资产负债表日，企业按照合同的交易价格总额乘以履约进度扣除以前会计期间累计已确认的收入后的金额，确认当期收入。当履约进度不能合理确定时，企业已经发生的成本预计能够得到补偿的，应当按照已经发生的成本金额确认收入，直到履约进度能够合理确定为止。

学习提示： 本期应确认收入＝资产负债表日合同交易价格总额×履约进度－以前会计期间累计已确认的收入。

【例题 6-3】　甲公司为增值税一般纳税人，装修服务适用增值税税率为 9%。2023 年 12 月 1 日，甲公司与乙公司签订一项为期 3 个月的装修合同，合同约定装修价款为 500 000 元，增值税税额为 45 000 元，装修费用每月月末按完工进度支付。2023 年 12 月 30 日，经专业测量师测量后，确定该项劳务的完工程度为 25%；乙公司按完工进度支付价款及相应的增值税税款。截至 2023 年 12 月 30 日，甲公司为完成该合同累计发生劳务成本 100 000 元（假定均为装修人员薪酬），估计还将发生劳务成本 300 000 元。

要求：编制甲公司相关业务会计分录。

【解析】

假定该业务属于甲公司的主营业务，全部由其自行完成；该装修服务构成单项履约义务，并属于在某一时段内履行的履约义务；甲公司按照实际测量的完工进度确定履约进度。甲公司应编制会计分录如下：

（1）实际发生劳务成本。

借：合同履约成本　　　　　　　　　　　　　　　　　　　　　　　100 000
　　贷：应付职工薪酬　　　　　　　　　　　　　　　　　　　　　　100 000

（2）2023 年 12 月 30 日，确认劳务收入，结转劳务成本。

2023 年 12 月 30 日应确认的劳务收入＝500 000×25%－0＝125 000（元）

借：银行存款　　　　　　　　　　　　　　　　　　　　　　　　　136 250
　　贷：主营业务收入　　　　　　　　　　　　　　　　　　　　　　125 000
　　　　应交税费——应交增值税（销项税额）　　　　　　　　　　　 11 250

借：主营业务成本　　　　　　　　　　　　　　　　　　　　　　　100 000
　　贷：合同履约成本　　　　　　　　　　　　　　　　　　　　　　100 000

三、收入的计量

(一)确定交易价格

交易价格是指企业因向客户转让商品而预期有权收取的对价金额,不包括企业代第三方收取的款项(如增值税)及企业预期将退还给客户的款项。企业与客户的合同中约定的对价金额可能是固定的,也可能会因折扣、价格折让、返利、退款、奖励积分、激励措施、业绩奖金、索赔等因素而变化。此外,根据一项或多项或有事项的发生而收取不同对价金额的合同,也属于可变对价的情形。

若合同中存在可变对价,企业应当对计入交易价格的可变对价进行估计。企业应当按照期望值或最可能发生金额确定可变对价的最佳估计数。但是,企业不能在两种方法之间随意进行选择。期望值是按照各种可能发生的对价金额及相关概率计算确定的金额;最可能发生金额是一系列可能发生的对价金额中最可能发生的单一金额,即合同最可能产生的单一结果。此外,需要注意的是,企业确定可变对价金额之后,计入交易价格的可变对价金额还应满足限制条件,即包含可变对价的交易价格,应当不超过在相关不确定性消除时,累计已确认的收入极可能不会发生重大转回的金额。

【例题6-4】 甲企业与客户签订合同为其建造一栋厂房,约定的价款为100万元,4个月完工,交易价格为固定金额100万元;假如合同中约定若提前1个月完工,客户将额外奖励甲企业10万元,甲企业对合同估计工程提前1个月完工的概率为95%。

要求:确定甲企业本次交易的交易价格。

【解析】

本例中甲企业对合同估计工程提前1个月完工的概率为95%,则预计有权收取的对价为110万元,即交易价格应包括固定金额100万元和可变金额10万元,总计为110万元。

(二)将交易价格分摊至各单项履约义务

当合同中包含两项或多项履约义务时,需要将交易价格分摊至各单项履约义务,分摊的方法是在合同开始日,按照各单项履约义务所承诺商品的单独售价(企业向客户单独销售商品的价格)的相对比例,将交易价格分摊至各单项履约义务。通过分摊交易价格,使企业分摊至各单项履约义务的交易价格能够反映其因向客户转让已承诺的相关商品而有权收取的对价金额。

【例题6-5】 甲企业与客户签订合同,向其销售A、B、C三件产品,不含增值税的合同总价款为10 000元。A、B、C产品的不含增值税单独售价分别为5 000元、3 500元和7 500元,合计16 000元。

要求:确定A、B、C产品分摊的交易价格。

【解析】

本例中,甲企业应按照A、B、C产品各单项履约义务所承诺商品的单独售价的相对比例进行分摊:

A产品应当分摊的交易价格=5 000÷16 000×10 000=3 125(元)

B产品应当分摊的交易价格=3 500÷16 000×10 000=2 187.5(元)

C产品应当分摊的交易价格=7 500÷16 000×10 000=4 687.5(元)

四、合同成本

(一) 合同履约成本

企业为履行合同可能会发生各种成本,企业在确认收入的同时应当对这些成本进行分析,若不属于存货、固定资产、无形资产等规范范围且同时满足下列条件的,应当作为合同履约成本确认为一项资产。

(1) 该成本与一份当前或预期取得的合同直接相关。包括直接人工(如支付给直接为客户提供所承诺服务的人员的工资、奖金等),直接材料(如为履行合同耗用的原材料、辅助材料、构配件、零件、半成品的成本和周转材料的摊销及租赁费用等),制造费用或类似费用(如组织和管理相关生产、施工、服务等活动发生的费用,包括车间管理人员的职工薪酬、劳动保护费、固定资产折旧费及修理费、物料消耗、取暖费、水电费、办公费、差旅费、财产保险费、工程保修费、临时设施摊销费等)。

(2) 该成本增加了企业未来用于履行(包括持续履行)履约义务的资源。

(3) 该成本预期能够收回。

企业应当在下列支出发生时,将其计入当期损益:①管理费用,除非这些费用明确由客户承担。②非正常消耗的直接材料、直接人工和制造费用(或类似费用),这些支出为履行合同发生,但未反映在合同价格中。③与履约义务中已履行(包括已全部履行或部分履行)部分相关的支出,即该支出与企业过去的履约活动相关。④无法在尚未履行的与已履行(或已部分履行)的履约义务之间区分的相关支出。

企业发生合同履约成本时,借记"合同履约成本"科目,贷记"银行存款""应付职工薪酬""原材料"等科目;对合同履约成本进行摊销时,借记"主营业务成本""其他业务成本"等科目,贷记"合同履约成本"科目。涉及增值税的,还应进行相应的处理。

【例题6-6】 甲公司经营一家酒店,为增值税一般纳税人,适用的增值税税率为6%,该酒店是甲公司的自有资产。2023年12月,甲公司计提与酒店经营直接相关的酒店、客房及客房内的设备家具等折旧120 000元、酒店土地使用权摊销费用65 000元。经计算,当月确认房费、餐饮等服务含税收入424 000元,全部存入银行。

要求:编制甲公司相关业务会计分录。

【解析】

本例中,甲公司经营酒店主要是通过提供客房服务赚取收入,而客房服务的提供直接依赖于酒店物业(包含土地)及家具等相关资产,这些资产折旧和摊销属于甲公司为履行与客户的合同而发生的合同履约成本。已确认的合同履约成本在收入确认时予以摊销,计入营业成本。甲公司应编制会计分录如下:

(1) 确认资产折旧、摊销费用。

借:合同履约成本　　　　　　　　　　　　　　　　　　　　185 000
　　贷:累计折旧　　　　　　　　　　　　　　　　　　　　　120 000
　　　　累计摊销　　　　　　　　　　　　　　　　　　　　　 65 000

(2) 12月，确认酒店服务收入，摊销合同履约成本。

借：银行存款	424 000
贷：主营业务收入	400 000
应交税费——应交增值税（销项税额）	24 000
借：主营业务成本	185 000
贷：合同履约成本	185 000

（二）合同取得成本

企业为取得合同发生的增量成本预期能够收回的，应作为合同取得成本确认为一项资产。增量成本是指企业不取得合同就不会发生的成本，也就是企业发生的与合同直接相关，但又不是所签订合同的对象或内容（如建造商品或提供服务）本身所直接发生的费用。例如，销售佣金，若预期可通过未来的相关服务收入予以补偿，该销售佣金（即增量成本）应在发生时确认为一项资产，即合同取得成本。

企业为取得合同发生的、除预期能够收回的增量成本之外的其他支出，如无论是否取得合同均会发生的差旅费、投标费、为准备投标资料发生的相关费用等，应当在发生时计入当期损益，除非这些支出明确由客户承担。

企业对已确认为资产的合同取得成本，应当采用与该资产相关的商品收入确认相同的基础进行摊销，计入当期损益。为简化实务操作，该资产摊销期限不超过1年的，可以在发生时计入当期损益。

企业发生合同取得成本时，借记"合同取得成本"科目，贷记"银行存款""应付职工薪酬"等科目；对合同取得成本进行摊销时，借记"销售费用"等科目，贷记"合同取得成本"科目。

【例题6-7】 甲公司是一家咨询公司，为增值税一般纳税人，对外提供咨询服务适用的增值税税率为6%。2023年甲公司通过竞标赢得一个服务期为5年的客户，该客户每年年末支付含税咨询费1 908 000元。为取得与该客户的合同，甲公司聘请外部律师进行尽职调查支付相关费用15 000元，为投标而发生的差旅费10 000元，支付销售人员佣金60 000元。甲公司预期这些支出未来均能够收回。此外，甲公司根据其年度销售目标、整体盈利情况及个人业绩等，向销售部门经理支付年度奖金10 000元。

要求：编制甲公司相关业务会计分录。

【解析】

本例中，甲公司因签订该客户合同而向销售人员支付的佣金属于取得合同发生的增量成本，应当将其作为合同取得成本确认为一项资产；甲公司聘请外部律师进行尽职调查发生的支出、为投标发生的差旅费及向销售部门经理支付的年度奖金（不能直接归属于可识别的合同）不属于增量成本，应当于发生时直接计入当期损益。甲公司应编制会计分录如下：

（1）支付与取得合同相关的费用时：

借：合同取得成本	60 000
管理费用	25 000
贷：银行存款	85 000

（2）每月确认服务收入，摊销合同取得成本时：

每月服务收入=[1 908 000÷(1+6%)]÷12=150 000（元）

每月摊销合同取得成本＝60 000÷5÷12＝1 000(元)

借：应收账款　　　　　　　　　　　　　　　　　　　　　　　159 000
　　贷：主营业务收入　　　　　　　　　　　　　　　　　　　　　150 000
　　　　应交税费——应交增值税(销项税额)　　　　　　　　　　　9 000
借：销售费用　　　　　　　　　　　　　　　　　　　　　　　　1 000
　　贷：合同取得成本　　　　　　　　　　　　　　　　　　　　　1 000

（3）确认销售部门经理奖金时：

借：销售费用　　　　　　　　　　　　　　　　　　　　　　　　10 000
　　贷：应付职工薪酬　　　　　　　　　　　　　　　　　　　　　10 000

（4）发放销售部门经理奖金时：

借：应付职工薪酬　　　　　　　　　　　　　　　　　　　　　　10 000
　　贷：银行存款　　　　　　　　　　　　　　　　　　　　　　　10 000

五、特定交易的账务处理

（一）附有销售退回条款的销售

企业将商品控制权转让给客户之后，可能会因为各种原因（如客户对所购商品的款式不满意等）允许客户依照有关合同、法律要求、声明或承诺、以往的习惯做法等选择退货，此销售为附有销售退回条款的销售。

企业应在客户取得相关商品控制权时，按照因向客户转让商品而预期有权收取的对价金额（即不包含预期因销售退回将退还的金额）确认收入，按照预期因销售退回将退还的金额确认负债；同时，按照预期将退回商品转让时的账面价值，扣除收回该商品预计发生的成本（包括退回商品的价值减损）后的余额确认一项资产，按照所转让商品转让时的账面价值，扣除上述资产成本的净额结转成本。每一资产负债表日，企业应当重新估计未来销售退回情况，如有变化，应当作为会计估计变更进行账务处理。

【例题6-8】 甲公司是一家健身器材销售公司，2023年10月1日，甲公司向乙公司销售5 000件健身器材，单位销售价格为500元，单位成本为400元，开出的增值税专用发票上注明的销售价格为250万元，增值税税额为32.5万元。健身器材已经发出，但款项尚未收到。根据协议约定，乙公司应于2023年12月1日之前支付货款，在2024年3月31日之前有权退还健身器材。甲公司根据过去的经验，估计该批健身器材的退货率约为20%。2023年12月31日，甲公司对退货率进行了重新评估，认为只有10%的健身器材会被退回。甲公司为增值税一般纳税人，健身器材发出时纳税义务已经发生，实际发生退回时取得税务机关开具的红字增值税专用发票。假定健身器材发出时控制权转移给乙公司。

要求：编制甲公司相关业务会计分录。

【解析】

（1）2023年10月1日，发出健身器材。

借：应收账款　　　　　　　　　　　　　　　　　　　　　　　2 825 000
　　贷：主营业务收入(2500 000×80%)　　　　　　　　　　　　2 000 000
　　　　预计负债——应付退货款　　　　　　　　　　　　　　　500 000
　　　　应交税费——应交增值税(销项税额)　　　　　　　　　　325 000

借:主营业务成本	1 600 000
应收退货成本	400 000
贷:库存商品(400×5 000)	2 000 000

(2) 2023年12月1日前,收到货款。

| 借:银行存款 | 2 825 000 |
| 贷:应收账款 | 2 825 000 |

(3) 2023年12月1日,甲公司对退货率进行重新评估。

| 借:预计负债——应付退货款 | 250 000 |
| 贷:主营业务收入 | 250 000 |

| 借:主营业务成本 | 200 000 |
| 贷:应收退货成本 | 200 000 |

(4) 2024年3月31日,发生销售退回,实际退货量为400件,退货款项已经支付。

借:库存商品[400×400]	160 000
应交税费——应交增值税(销项税额)[500×400×13%]	26 000
预计负债——应付退货款	250 000
贷:主营业务收入	50 000
银行存款[500×400×113%]	226 000
应收退货成本	160 000

| 借:主营业务成本[少退100件结转的成本] | 40 000 |
| 贷:应收退货成本 | 40 000 |

(二) 附有质量保证条款的销售

企业在向客户销售商品时,根据合同约定、法律规定或本企业以往的习惯做法等,可能会为所销售的商品提供质量保证。对于客户能够选择单独购买质量保证的,表明该质量保证构成单项履约义务;对于客户虽然不能选择单独购买质量保证,但如果该质量保证在向客户保证所销售的商品符合既定标准之外提供了一项单独服务的,也应当作为单项履约义务。作为单项履约义务的质量保证应当进行相应的账务处理,并将部分交易价格分摊至该项履约义务。

【例题6-9】 甲公司与客户签订合同,销售一部手机。该手机自售出起1年内如果发生质量问题,甲公司负责提供质量保证服务。此外,在此期间内,由于客户使用不当(如手机进水)等原因造成的产品故障,甲公司也免费提供维修服务,该维修服务不能单独购买。

本例中,甲公司的承诺包括销售手机、提供质量保证服务及维修服务。

要求:分析甲公司应如何确认收入。

【解析】 甲公司针对产品的质量问题提供的质量保证服务是为了向客户保证所销售商品符合既定标准,因此不构成单项履约义务。

甲公司对由于客户使用不当而导致的产品故障提供的免费维修服务,属于在向客户保证所销售商品符合既定标准之外提供的单独服务,尽管其没有单独销售,但该服务与手机可明确区分,应该作为单项履约义务。

因此,在该合同下,甲公司的履约义务有2项:销售手机和提供维修服务,甲公司应当按照其各自单独售价的相对比例,将交易价格分摊至这两项履约义务,并在各项履约义务履行时分别确认收入。甲公司提供的质量保证服务,应当按照《企业会计准则第13号——或有事项》的规定进行账务处理。

(三)附有客户额外购买选择权的销售

企业在销售商品的同时,有时会向客户授予选择权、允许客户据此免费或以折扣价格购买额外的商品,此种情况称为附有客户额外购买选择权的销售。企业向客户授予的额外购买选择权的形式包括销售激励、客户奖励积分、未来购买商品的折扣券及合同续约选择权等。

对于附有客户额外购买选择权的销售,企业应当评估该选择权是否向客户提供了一项重大权利。如果客户只有在订立了一项合同的前提下才取得了额外购买选择权,并且客户行使该选择权购买额外商品时,能够享受到超过该地区或该市场中其他同类客户所能够享有的折扣,通常认为该选择权向客户提供了一项重大权利。对于该项重大权利,企业应当将其与原购买的商品单独区分,作为单项履约义务。按照各单项履约义务的单独售价的相对比例,将交易价格分摊至各单项履约义务。其中,分摊至重大选择权的交易价格与未来的商品相关,企业应当在客户未来行使该选择权取得相关商品的控制权时,或在该选择权失效时确认为收入。

【例题6-10】 2023年1月1日,甲公司开始推行一项奖励积分计划。根据该计划,客户在甲公司每消费10元可获得1个积分,每个积分从次月开始在购物时可以抵减1元。截至2023年1月31日,客户共消费100 000元,可获得10 000个积分,根据历史经验,甲公司估计该积分的兑换率为95%。

上述金额均不包含增值税,且假定不考虑相关税费影响(计算结果保留整数)。

要求:分析甲公司应如何确认收入。

【解析】

本例中,甲公司认为其授予客户的积分为客户提供了一项重大权利,应当作为一项单独的履约义务。客户购买商品的单独售价合计100 000元,考虑积分的兑换率,甲公司估计积分的单独售价为9 500元(10 000×1×95%)。甲公司按照商品和积分单独售价的相对比例对交易价格进行分摊。

商品分摊的交易价格=[100 000÷(100 000+9 500)]×100 000=91 324(元)

积分分摊的交易价格=[9 500÷(100 000+9 500)]×100 000=8 676(元)

因此,甲公司应当在商品的控制权转移时确认收入91 324元,同时确认合同负债8 676元。

借:银行存款　　　　　　　　　　　　　　　　　　　　　　　　100 000
　　贷:主营业务收入　　　　　　　　　　　　　　　　　　　　　　91 324
　　　　合同负债　　　　　　　　　　　　　　　　　　　　　　　　8 676

截至2023年12月31日,客户共兑换了4 500个积分,甲公司对该积分的兑换率进行了重新估计,仍然预计客户总共将会兑换9 500个积分。因此,甲公司以客户已兑换的积分数占预期将兑换的积分总数的比例为基础确认收入。

积分应当确认的收入＝4 500÷9 500×8 676＝4 110(元)

剩余未兑换的积分＝8 676－4 110＝4 566(元)

剩余未兑换的积分仍然作为合同负债。

借：合同负债　　　　　　　　　　　　　　　　　　　　　　　　　　　4 110
　　贷：主营业务收入　　　　　　　　　　　　　　　　　　　　　　　　4 110

(四) 售后回购

售后回购是指企业销售商品的同时承诺或有权选择日后再将该商品购回的销售方式。企业应当区分下列 2 种情形分别对售后回购交易进行账务处理。

1. 企业因存在与客户的远期安排而负有回购义务或企业享有回购权利的

企业因存在与客户的远期安排而负有回购义务或企业享有回购权利的，尽管客户可能已经持有了该商品的实物，但是，由于企业将会回购或有权回购该商品，导致客户主导该商品的使用并从中获取几乎全部经济利益的能力受到限制。因此，在销售时点客户并没有取得该商品的控制权，企业应根据下列情况分别进行相应的账务处理：一是回购价格低于原售价的，应当视为租赁交易进行账务处理；二是回购价格不低于原售价的，应当视为融资交易，在收到客户款项时确认金融负债，而不是终止确认该资产，并将该款项和回购价格的差额在回购期间内确认为利息费用等。判断流程图如图 6-1 所示。

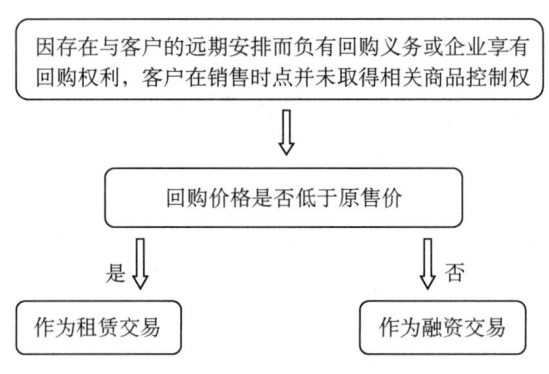

图 6-1　判断流程图

2. 企业应客户要求回购商品的

企业负有应客户要求回购商品义务的，应当在合同开始日评估客户是否具有行使该要求权的重大经济动因。

客户具有行使该要求权的重大经济动因的，企业应当将回购价格与原售价进行比较，并按照第一种情形下的原则将该售后回购作为租赁交易或融资交易进行相应的账务处理。客户不具有行使该要求权的重大经济动因的，企业应当将该售后回购作为附有销售退回条款的销售交易进行相应的账务处理。

在判断客户是否具有行权的重大经济动因时，企业应当综合考虑各种相关因素，包括回购价格与预计回购时市场价格之间的比较、权利的到期日等。当回购价格明显高于该商品回购时的市场价值时，通常表明客户有行权的重大经济动因。判断流程图如图 6-2 所示。

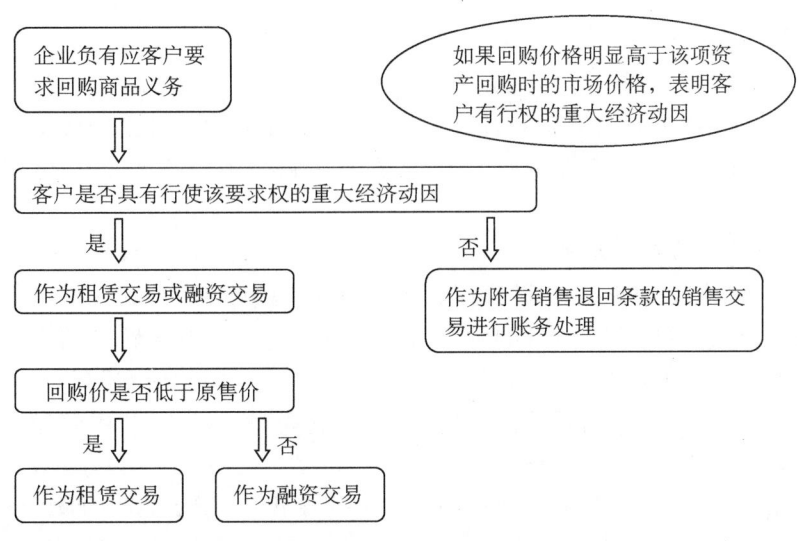

图 6-2　判断流程图

【例题 6-11】　甲公司向乙公司销售其生产的一台设备,销售价格为 2 000 万元,双方约定,乙公司在 5 年后有权要求甲公司以 2 500 万元的价格回购该设备。

要求:分析甲公司应如何确认收入。

【解析】

本例中,假定不考虑时间价值的影响,该交易的实质是甲公司以该设备作为质押取得了 2 000 万元的借款,5 年后归还本息合计 2 500 万元。甲公司应当将该交易视为融资交易,不应当终止确认该设备,而应在收到客户款项时确认金融负债,并将该款项和回购价格的差额在回购期间内确认为利息费用等。

任务二　费用核算

学习导读: 生产、销售男士羽绒服的甲企业,在销售其产品时,要确认主营业务收入,同时,产生的跟产品有关的对象化支出是成本,发生的与产品成本无关的期间化支出称为期间费用;甲企业有时会把多余的羽绒和布料进行销售,也是企业的日常业务,因其不在主营范围内故称为其他业务,与其相关的业务成本被称为其他业务成本。无论是营业成本,还是期间费用,都构成企业的费用,本任务将带领大家学习费用的会计核算。

费用包括企业日常活动所发生的经济利益的总流出,主要是指企业为取得营业收入进行产品销售等营业活动所发生的营业成本、税金及附加和期间费用。

一、营业成本

营业成本是指企业为生产产品、提供服务等发生的可归属于产品成本、服务成本等的费用,应当在确认销售商品收入、提供服务收入等时,将已销售商品、已提供服务的成本等计入当期损益。营业成本包括主营业务成本和其他业务成本。

(一)主营业务成本

1. 主营业务成本的概念

主营业务成本是指企业销售商品、提供服务等经常性活动所发生的成本。企业一般在确认销售商品、提供服务等主营业务收入时,或在月末将已销售商品、已提供服务的成本计入主营业务成本。

2. 主营业务成本的账务处理

企业应当设置"主营业务成本"科目,用于核算企业因销售商品、提供服务等日常活动而发生的实际成本,该科目按主营业务的种类进行明细核算。企业结转已销售商品或提供服务成本时,借记"主营业务成本"科目,贷记"库存商品""合同履约成本"等科目。期末,将主营业务成本的余额转入"本年利润"科目,借记"本年利润"科目,贷记"主营业务成本"科目,结转后,"主营业务成本"科目无余额。

【例题6-12】 2023年5月20日,甲公司向乙公司销售一批产品,开具的增值税专用发票上注明的价款为200 000元,增值税税额为26 000元;甲公司已收到乙公司支付的款项226 000元,并将提货单送交乙公司;该批产品成本为190 000元。该项销售业务属于某一时点履行的履约义务。

要求:编制甲公司相关业务会计分录。

【解析】

(1)销售实现时:

借:银行存款　　　　　　　　　　　　　　　　　　　　　　　　　226 000
　　贷:主营业务收入　　　　　　　　　　　　　　　　　　　　　　200 000
　　　　应交税费——应交增值税(销项税额)　　　　　　　　　　　 26 000
借:主营业务成本　　　　　　　　　　　　　　　　　　　　　　　 190 000
　　贷:库存商品　　　　　　　　　　　　　　　　　　　　　　　　190 000

(2)期末,将主营业务成本结转至本年利润时:

借:本年利润　　　　　　　　　　　　　　　　　　　　　　　　　 190 000
　　贷:主营业务成本　　　　　　　　　　　　　　　　　　　　　　190 000

【例题6-13】 2023年5月10日,某公司销售甲产品100件,单价为1 000元,单位成本为800元,开具的增值税专用发票上注明的价款为100 000元,增值税税额为13 000元,购货方尚未付款,该项销售业务属于某一时点履行的履约义务。7月25日,因产品质量问题购货方退货,并开具增值税专用发票(红字)。

要求:假定不考虑其他因素,编制甲公司相关业务会计分录。

【解析】

(1)销售产品时:

借:应收账款　　　　　　　　　　　　　　　　　　　　　　　　　113 000
　　贷:主营业务收入　　　　　　　　　　　　　　　　　　　　　　100 000
　　　　应交税费——应交增值税(销项税额)　　　　　　　　　　　 13 000
借:主营业务成本　　　　　　　　　　　　　　　　　　　　　　　　80 000
　　贷:库存商品——甲产品　　　　　　　　　　　　　　　　　　　 80 000

(2) 销售退回时：

借：主营业务收入 100 000
　　应交税费——应交增值税(销项税额) 13 000
　　　贷：应收账款 113 000
借：库存商品——甲产品 80 000
　　　贷：主营业务成本 80 000

【例题 6-14】 2023 年 8 月月末，某公司计算已销售的甲、乙、丙 3 种产品的实际成本，分别为 10 000 元、20 000 元和 25 000 元。

要求：编制该公司月末结转已销甲、乙、丙产品成本时的会计分录。

【解析】

借：主营业务成本 55 000
　　贷：库存商品——甲产品 10 000
　　　　　　　　——乙产品 20 000
　　　　　　　　——丙产品 25 000

(二) 其他业务成本

1. 其他业务成本的概念

其他业务成本是指企业确认的除主营业务活动以外的其他日常经营活动所发生的支出。其他业务成本包括销售材料的成本、出租固定资产的折旧额、出租无形资产的摊销额、出租包装物的成本或摊销额等。采用成本模式计量投资性房地产的，其投资性房地产的折旧额或摊销额，也构成其他业务成本。

2. 其他业务成本的账务处理

企业应当设置"其他业务成本"科目，核算企业确认的除主营业务活动以外的其他日常经营活动所发生的支出。"其他业务成本"科目按其他业务成本的种类进行明细核算。企业发生的其他业务成本，借记"其他业务成本"科目，贷记"原材料""周转材料""累计折旧""累计摊销""应付职工薪酬""银行存款"等科目。期末，"其他业务成本"科目余额转入"本年利润"科目，结转后，"其他业务成本"科目无余额。

【例题 6-15】 2023 年 5 月 10 日，甲公司销售一批原材料，开具的增值税专用发票上注明的价款为 10 000 元，增值税税额为 1 300 元，款项已由银行收妥。该批原材料的实际成本为 7 000 元。该项销售业务属于某一时点履行的履约义务。

要求：编制甲公司销售材料的相关业务会计分录。

【解析】

(1) 销售实现时：

借：银行存款 11 300
　　贷：其他业务收入 10 000
　　　　应交税费——应交增值税(销项税额) 1 300
借：其他业务成本 7 000
　　贷：原材料 7 000

(2) 期末,将其他业务成本结转至本年利润时:

借:本年利润　　　　　　　　　　　　　　　　　　　　　　　　　　7 000
　　贷:其他业务成本　　　　　　　　　　　　　　　　　　　　　　　　　　7 000

【例题 6-16】 2023 年 1 月 5 日,甲公司将自行开发完成的非专利技术出租给一家公司,该非专利技术成本为 240 000 元,双方约定的租赁期限为 10 年,甲公司每月应摊销 2 000 元(240 000÷10÷12)。

要求:不考虑其他因素,编制甲公司出租业务的会计分录。

【解析】

甲公司每月摊销非专利技术成本时,应编制会计分录如下:

借:其他业务成本　　　　　　　　　　　　　　　　　　　　　　　　　2 000
　　贷:累计摊销　　　　　　　　　　　　　　　　　　　　　　　　　　　2 000

【例题 6-17】 2023 年 11 月 22 日,甲公司因销售商品领用单独计价的包装物的实际成本为 40 000 元,开具的增值税专用发票上注明价款为 100 000 元,增值税税额为 13 000 元,款项已存入银行。销售商品领用单独计价包装物属于销售商品和包装物两项履约义务,且属于某一时点履行的履约义务。

要求:不考虑其他因素,编制甲公司出售包装物的会计分录。

【解析】

甲公司确认商品销售收入时,应编制会计分录如下:

(1) 出售包装物时:

借:银行存款　　　　　　　　　　　　　　　　　　　　　　　　　113 000
　　贷:其他业务收入　　　　　　　　　　　　　　　　　　　　　　　　100 000
　　　　应交税费——应交增值税(销项税额)　　　　　　　　　　　　　　13 000

(2) 结转出售包装物成本时:

借:其他业务成本　　　　　　　　　　　　　　　　　　　　　　　　40 000
　　贷:周转材料——包装物　　　　　　　　　　　　　　　　　　　　　40 000

(3) 期末,将其他业务成本结转至本年利润时:

借:本年利润　　　　　　　　　　　　　　　　　　　　　　　　　　40 000
　　贷:其他业务成本　　　　　　　　　　　　　　　　　　　　　　　　40 000

二、税金及附加

1. 税金及附加的概念

税金及附加是指企业经营活动应负担的相关税费,包括消费税、城市维护建设税、教育费附加、资源税、土地增值税、房产税、环境保护税、城镇土地使用税、车船税、印花税等。

2. 税金及附加的账务处理

企业应当设置"税金及附加"科目,核算企业经营活动发生的消费税、城市维护建设税、教育费附加、资源税、房产税、环境保护税、城镇土地使用税、车船税、印花税等相关税费。其中,按规定计算确定的与经营活动相关的消费税、城市维护建设税、资源税、教育费附加、房产税、环境保护税、城镇土地使用税、车船税等税费,企业应借记"税金及附加"科目,贷记"应交税费"科目。期末,应将"税金及附加"科目余额转入"本年利润"科目,结转后,"税金及附加"科目无余额。

企业缴纳的印花税,不会发生应付未付税款的情况,不需要预计应纳税金额,同时也不存在与税务机关结算或清算的问题。因此,企业缴纳的印花税不通过"应交税费"科目核算,于购买印花税票时,直接借记"税金及附加"科目,贷记"银行存款"科目。

【例题6-18】 2023年8月31日,甲公司取得应纳消费税的销售商品收入2 000 000元,该商品适用的消费税税率为25%。

要求:计算甲公司应交消费税税额,并编制相关业务会计分录。

【解析】

(1) 计算确认应交消费税税额时:

消费税税额=2 000 000×25%=500 000(元)

借:税金及附加　　　　　　　　　　　　　　　　　　　　　　　500 000
　　贷:应交税费——应交消费税　　　　　　　　　　　　　　　　　500 000

(2) 实际缴纳消费税时:

借:应交税费——应交消费税　　　　　　　　　　　　　　　　　500 000
　　贷:银行存款　　　　　　　　　　　　　　　　　　　　　　　　500 000

【例题6-19】 2023年9月,甲公司当月实际缴纳的增值税税额为620 000元、消费税税额为500 000元,适用的城市维护建设税税率为7%,教育费附加征收比率为3%。

要求:计算甲公司应交城市维护建设税和教育费附加,并编制相关业务会计分录。

【解析】

(1) 计算确认应交城市维护建设税和教育费附加时:

城市维护建设税=(620 000+500 000)×7%=78 400(元)

教育费附加=(620 000+500 000)×3%=33 600(元)

借:税金及附加　　　　　　　　　　　　　　　　　　　　　　　112 000
　　贷:应交税费——应交城市维护建设税　　　　　　　　　　　　　78 400
　　　　　　　　——应交教育费附加　　　　　　　　　　　　　　　33 600

(2) 实际缴纳城市维护建设税和教育费附加时:

借:应交税费——应交城市维护建设税　　　　　　　　　　　　　78 400
　　　　　　——应交教育费附加　　　　　　　　　　　　　　　33 600
　　贷:银行存款　　　　　　　　　　　　　　　　　　　　　　　112 000

【例题6-20】 2023年12月,甲公司一幢房产的原值为5 000 000元,已知房产税税率为1.2%,当地规定的房产税扣除比例为30%。

要求:计算甲公司应交房产税税额,并编制相关业务会计分录。

【解析】

(1) 计算确认应交房产税税额时:

房产税税额=5 000 000×(1-30%)×1.2%=42 000(元)

借：税金及附加	42 000	
贷：应交税费——应交房产税		42 000

（2）实际缴纳房产税时：

借：应交税费——应交房产税	42 000	
贷：银行存款		42 000

【例题 6-21】 2023 年 12 月，甲公司按规定当月实际应交车船税税额为 12 000 元，应交城镇土地使用税税额为 30 000 元。

要求：编制甲公司相关业务会计分录。

【解析】

（1）确认应交车船税税额和城镇土地使用税税额时：

借：税金及附加	42 000	
贷：应交税费——应交车船税		12 000
——应交城镇土地使用税		30 000

（2）实际缴纳车船税和城镇土地使用税时：

借：应交税费——应交车船税	12 000	
——应交城镇土地使用税	30 000	
贷：银行存款		42 000

三、期间费用

（一）期间费用概述

1. 期间费用的概念

期间费用是指企业日常活动发生的不能计入特定核算对象的成本，而应计入发生当期损益的费用，包括销售费用、管理费用和财务费用。

期间费用是企业日常活动中所发生的经济利益的流出，通常不计入特定的成本核算对象。期间费用是企业为组织和管理整个经营活动所发生的费用，与可以确定特定成本核算对象的材料采购、产成品生产等没有直接关系，因此，期间费用不计入有关核算对象的成本，而是直接计入当期损益。

2. 期间费用的确认与计量

费用的确认与计量，应按照权责发生制确认，凡应属于本期发生的费用，不论其款项是否支付，均确认为本期费用；反之，不属于本期发生的费用，即使其款项已在本期支付，也不确认为本期费用。

期间费用包含以下 2 种情况：一是企业发生的不符合或不再符合资产确认条件的支出，应当在发生时确认为费用，计入当期损益；二是企业发生的交易或事项导致其承担了一项负债，而又不确认为一项资产的，应当在发生时确认为费用，计入当期损益。

（二）销售费用

1. 销售费用的概念

销售费用是指企业销售商品和材料、提供服务的过程中发生的各种费用，包括企业在销售商品过程中发生的保险费、包装费、展览费和广告费、商品维修费、预计产品质量保证损失、运输费、装卸费等,以及为销售本企业商品而专设的销售机构(含销售网点、售后服务网点等)的职工薪酬、业务费、折旧费等经营费用。企业发生的与专设销售机构相关的固定资产修理费用等后续支出也属于销售费用。

销售费用是与企业销售商品活动有关的费用,但不包括销售商品本身的成本,该成本属于主营业务成本。

2. 销售费用的账务处理

企业应设置"销售费用"科目,核算销售费用的发生和结转情况。该科目借方登记企业所发生的各项销售费用,贷方登记期末转入"本年利润"科目的销售费用,结转后,"销售费用"科目应无余额。"销售费用"科目应按销售费用的费用项目进行明细核算。

学习提示:出借包装物的摊销、随同产品出售不单独计价的包装物成本、委托代销商品委托方支付的手续费也计入销售费用。

【例题6-22】 甲公司为增值税一般纳税人,2023年8月1日为宣传新产品发生广告费,取得的增值税专用发票上注明的价款为150 000元,增值税税额为9 000元,价税款项用银行存款支付。

要求:编制甲公司相关业务会计分录。

【解析】

借:销售费用　　　　　　　　　　　　　　　　　　　　　　150 000
　　应交税费——应交增值税(进项税额)　　　　　　　　　　9 000
　　贷:银行存款　　　　　　　　　　　　　　　　　　　　159 000

【例题6-23】 甲公司为增值税一般纳税人,2023年8月10日,甲公司销售一批产品,取得的增值税专用发票上注明的运输费为8 000元,增值税税额为720元,取得的增值税普通发票上注明的装卸费价税合计为2 180元,上述款项均用银行存款支付。

要求:编制甲公司相关业务会计分录。

【解析】

借:销售费用　　　　　　　　　　　　　　　　　　　　　　10 180
　　应交税费——应交增值税(进项税额)　　　　　　　　　　720
　　贷:银行存款　　　　　　　　　　　　　　　　　　　　10 900

【例题6-24】 甲公司为增值税一般纳税人,2023年8月15日,甲公司用银行存款支付所销产品保险费合计53 000元,取得的增值税专用发票上注明的保险费为50 000元,增值税税额为3 000元。

要求:编制甲公司相关业务会计分录。

【解析】

借:销售费用　　　　　　　　　　　　　　　　　　　　　　50 000
　　应交税费——应交增值税(进项税额)　　　　　　　　　　3 000
　　贷:银行存款　　　　　　　　　　　　　　　　　　　　53 000

【例题6-25】 2023年8月,甲公司销售部共发生费用290 000元,其中销售人员薪酬为140 000元,销售部专用办公设备和房屋的折旧费为70 000元,业务费为80 000元(用银行存款支付)。

要求：假设不考虑其他因素，编制甲公司相关业务会计分录。

【解析】

借：销售费用	290 000
贷：应付职工薪酬	140 000
累计折旧	70 000
银行存款	80 000

【例题6-26】 承[例题6-22]至[例题6-25]，2023年8月31日，甲公司将"销售费用"科目余额500 180元结转至"本年利润"科目。

要求：编制甲公司相关业务会计分录。

【解析】

借：本年利润	500 180
贷：销售费用	500 180

(三) 管理费用

1. 管理费用的概念

管理费用是指企业为组织和管理生产经营发生的各种费用，包括企业在筹建期间内发生的开办费、董事会和行政管理部门在企业的经营管理中发生的及应由企业统一负担的公司经费（包括行政管理部门职工薪酬、物料消耗、低值易耗品摊销、办公费和差旅费等）、行政管理部门负担的工会经费、董事会费（包括董事会成员津贴、会议费和差旅费等）、聘请中介机构费、咨询费（含顾问费）、诉讼费、业务招待费、技术转让费、研究费用等。

2. 管理费用的账务处理

企业应设置"管理费用"科目，核算管理费用的发生和结转情况。"管理费用"科目借方登记企业发生的各项管理费用，贷方登记期末转入"本年利润"科目的管理费用，结转后，"管理费用"科目应无余额。"管理费用"科目按管理费用的费用项目进行明细核算。商品流通企业管理费用不多的，可不设"管理费用"科目，相关核算内容可并入"销售费用"科目核算。

【例题6-27】 2023年9月10日，甲公司为拓展产品销售市场发生业务招待住宿费50 000元，取得的增值税专用发票上注明的增值税税额为3 000元，已用银行存款支付全部款项。

要求：假设不考虑其他因素，编制甲公司相关业务会计分录。

【解析】

借：管理费用——业务招待费	50 000
应交税费——应交增值税（进项税额）	3 000
贷：银行存款	53 000

【例题6-28】 2023年9月，甲公司行政管理部发生费用205 000元，其中行政管理人员薪酬为180 000元，报销行政管理人员差旅费为12 000元（假定报销人员均未预借差旅费），其他办公费、水电费为13 000元（均用银行存款支付）。

要求：假设不考虑增值税等因素，编制甲公司相关业务会计分录。

【解析】

借：管理费用 205 000
　　贷：应付职工薪酬 180 000
　　　　库存现金 12 000
　　　　银行存款 13 000

【例题 6-29】 2023 年 9 月，甲公司计提行政管理部固定资产折旧 90 000 元，摊销公司行政管理部用无形资产成本 50 000 元。

要求：假设不考虑其他因素，编制甲公司相关业务会计分录。

【解析】

借：管理费用 140 000
　　贷：累计折旧 90 000
　　　　累计摊销 50 000

【例题 6-30】 承[例题 6-27]至[例题 6-29]，2023 年 9 月 30 日，甲公司将"管理费用"科目余额 395 000 元结转至"本年利润"科目。

要求：假设不考虑其他因素，编制甲公司相关业务会计分录。

【解析】

借：本年利润 395 000
　　贷：管理费用 395 000

(四) 财务费用

1. 财务费用的概念

财务费用是指企业为筹集生产经营所需资金等而发生的筹资费用，包括利息支出（减利息收入）、汇兑损益及相关业务手续费等。

2. 财务费用的账务处理

企业应设置"财务费用"科目，核算财务费用的发生和结转情况。"财务费用"科目借方登记企业发生的各项财务费用，贷方登记期末转入"本年利润"科目的财务费用，结转后"财务费用"科目应无余额。"财务费用"科目应按财务费用的费用项目进行明细核算。

【例题 6-31】 2023 年 12 月 1 日，甲公司向银行借入生产经营用短期借款 300 000 元，期限为 6 个月，年利率为 5%，该借款本金到期后一次归还，利息分月预提，按季支付。

要求：计算甲公司月末应计提的利息，并编制相关业务会计分录。

【解析】

甲公司每月月末，预提当月应计利息 = 300 000 × 5% ÷ 12 = 1 250（元）。

12 月 31 日，应编制会计分录如下：

借：财务费用——利息支出 1 250
　　贷：应付利息 1 250

【例题 6-32】 甲公司 2023 年 12 月 21 日支付本月应负担的短期借款利息 25 000 元（未预提）。

要求：编制甲公司相关业务会计分录。

【解析】

借：财务费用——利息支出　　　　　　　　　　　　　　　　　　　　　25 000
　　贷：银行存款　　　　　　　　　　　　　　　　　　　　　　　　　　　25 000

【例题 6-33】 2023 年 12 月 21 日，甲公司收到开户银行转来活期存款利息清单 1 000 元。

要求：编制甲公司相关业务会计分录。

【解析】

借：银行存款　　　　　　　　　　　　　　　　　　　　　　　　　　　1 000
　　贷：财务费用——利息收入　　　　　　　　　　　　　　　　　　　　　1 000

【例题 6-34】 2023 年 12 月 31 日，甲公司将"财务费用"科目余额 25 250 元结转至"本年利润"科目。

要求：编制甲公司相关业务会计分录。

【解析】

借：本年利润　　　　　　　　　　　　　　　　　　　　　　　　　　　25 250
　　贷：财务费用　　　　　　　　　　　　　　　　　　　　　　　　　　　25 250

任务三　利润核算

学习导读：甲企业是某市一家生产、销售男士羽绒服的企业。2023 年，甲企业羽绒服销售收入 800 万元，其生产费用 500 万元，实现会计利润 300 万元。企业的利润体现了其管理层业绩的实现程度，同时也为财务报告使用者的决策提供了依据。那么利润具体是怎么核算，如何计量的呢？本任务将带领大家学习利润的会计核算。

一、利润的构成

利润包括收入减去费用后的净额、直接计入当期利润的利得和损失等。利得是指由企业非日常活动所形成的、会导致所有者权益增加的、与所有者投入资本无关的经济利益的流入。损失是指由企业非日常活动所发生的、会导致所有者权益减少的、与向所有者分配利润无关的经济利益的流出。

（一）营业利润

按照利润表的列报要求，营业利润的计算公式如下：

营业利润 = 营业收入 − 营业成本 − 税金及附加 − 销售费用 − 管理费用 − 研发费用 − 财务费用 + 其他收益 + 投资收益（− 投资损失）+ 净敞口套期收益（− 净敞口套期损失）+ 公允价值变动收益（− 公允价值变动损失）− 信用减值损失 − 资产减值损失 + 资产处置收益（− 资产处置损失）

其中：营业收入是指企业经营业务所实现的收入总额，包括主营业务收入和其他业务收入。营业成本是指企业经营业务所发生的实际成本总额，包括主营业务成本和其他业务成本。

研发费用是指企业计入管理费用的进行研究与开发过程中发生的费用化支出，以及计入管理费用的自行开发无形资产的摊销。

其他收益主要是指与企业日常活动相关，除冲减相关成本费用以外的政府补助，以及其他应计入其他收益的内容。

投资收益（或损失）是指企业以各种方式对外投资所取得的收益（或损失）。

净敞口套期收益（或损失）是指企业使用套期保值策略来规避风险并获得的收益（或损失）。

公允价值变动收益（或损失）是指企业交易性金融资产等公允价值变动形成的应计入当期损益的利得（或损失）。

信用减值损失是指企业计提各项金融资产信用减值准备所确认的信用损失。

资产减值损失是指企业计提有关资产减值准备所形成的损失。

资产处置收益（或损失）是指企业出售划分为持有待售的非流动资产（金融工具、长期股权投资和投资性房地产除外）或处置组（子公司和业务除外）时确认的处置利得或损失，以及处置未划分为持有待售的固定资产、在建工程、生产性生物资产及无形资产而产生的处置利得或损失和非货币性资产交换中换出非流动资产产生的利得或损失。

（二）利润总额

利润总额的计算公式如下：

$$利润总额 = 营业利润 + 营业外收入 - 营业外支出$$

其中：营业外收入是指企业发生的与其日常活动无直接关系的各项利得。

营业外支出是指企业发生的与其日常活动无直接关系的各项损失。

（三）净利润

净利润的计算公式如下：

$$净利润 = 利润总额 - 所得税费用$$

其中：所得税费用是指企业确认的应从当期利润总额中扣除的所得税费用。

二、营业外收入与营业外支出

（一）营业外收入

1. 营业外收入的内容

营业外收入是指企业确认的与其日常活动无直接关系的各项利得。营业外收入并不是企业经营资金耗费所产生的，实际上是经济利益的净流入，不需要与有关的费用进行配比。营业外收入主要包括非流动资产毁损报废收益、与企业日常活动无关的政府补助、盘盈利得、捐赠利得等。

其中：非流动资产毁损报废收益是指因自然灾害等发生毁损、已丧失使用功能而报废非流动资产所产生的清理收益。

与企业日常活动无关的政府补助是指企业从政府无偿取得货币性资产或非货币性资

产,且与企业日常活动无关的利得。

盘盈利得是指企业对现金等资产清查盘点时发生盘盈,报经批准后计入营业外收入的金额。

捐赠利得是指企业接受捐赠产生的利得。

2. 营业外收入的账务处理

企业应设置"营业外收入"科目,核算营业外收入的取得及结转情况。该科目贷方登记企业确认的营业外收入,借方登记期末将"营业外收入"科目余额转入"本年利润"科目的营业外收入,结转后,"营业外收入"科目无余额。"营业外收入"科目可按营业外收入项目进行明细核算。

(1) 企业确认处置非流动资产毁损报废收益时,借记"固定资产清理""银行存款""待处理财产损溢"等科目,贷记"营业外收入"科目。

【例题6-35】 甲公司将固定资产报废清理的净收益8 500元转作营业外收入。

要求:编制甲公司相关业务会计分录。

【解析】

借:固定资产清理　　　　　　　　　　　　　　　　　　　　　　　　　　　　8 500
　　贷:营业外收入　　　　　　　　　　　　　　　　　　　　　　　　　　　　　　8 500

(2) 企业确认盘盈利得、捐赠利得,计入营业外收入时,借记"库存现金""待处理财产损溢"等科目,贷记"营业外收入"科目。

【例题6-36】 甲公司在现金清查中盘盈200元,按管理权限报经批准后转作营业外收入。

要求:编制甲公司相关业务会计分录。

【解析】

(1) 发现盘盈时:

借:库存现金　　　　　　　　　　　　　　　　　　　　　　　　　　　　　　　　200
　　贷:待处理财产损溢　　　　　　　　　　　　　　　　　　　　　　　　　　　　200

(2) 经批准转入营业外收入时:

借:待处理财产损溢　　　　　　　　　　　　　　　　　　　　　　　　　　　　200
　　贷:营业外收入　　　　　　　　　　　　　　　　　　　　　　　　　　　　　　200

(3) 期末,应将"营业外收入"科目余额转入"本年利润"科目,借记"营业外收入"科目,贷记"本年利润"科目。

【例题6-37】 承[例题6-35]和[例题6-36],甲公司本期营业外收入总额为8 700元,期末结转本年利润。

要求:编制甲公司相关业务会计分录。

【解析】

借:营业外收入　　　　　　　　　　　　　　　　　　　　　　　　　　　　　　8 700
　　贷:本年利润　　　　　　　　　　　　　　　　　　　　　　　　　　　　　　　8 700

(二) 营业外支出

1. 营业外支出的内容

营业外支出是指企业发生的与其日常活动无直接关系的各项损失,主要包括非流动资产毁损报废损失、捐赠支出、盘亏损失、非常损失、罚款支出等。

其中:非流动资产毁损报废损失是指因自然灾害等发生毁损、已丧失使用功能而报废非流动资产所产生的清理损失。

捐赠支出是指企业对外进行捐赠发生的支出。

盘亏损失是指对于财产清查盘点中盘亏的资产,查明原因并报经批准计入营业外支出的损失。

非常损失是指企业对于因客观因素(如自然灾害等)造成的损失,扣除保险公司赔偿后应计入营业外支出的净损失。

罚款支出是指企业支付的行政罚款、税务罚款,以及其他违反法律法规、合同协议等而支付的罚款、违约金、赔偿金等支出。

2. 营业外支出的账务处理

企业应设置"营业外支出"科目,核算营业外支出的发生及结转情况。该科目借方登记确认的营业外支出,贷方登记期末将"营业外支出"科目余额转入"本年利润"科目的营业外支出,结转后,"营业外支出"科目无余额。"营业外支出"科目可按营业外支出项目进行明细核算。

(1) 企业确认处置非流动资产毁损报废损失时,借记"营业外支出"科目,贷记"固定资产清理""无形资产"等科目。

【例题6-38】 2023年9月1日,甲公司的一项非专利技术因被其他新技术所替代,公司决定将其转入报废处理;该项非专利技术原值为2 000 000元,已摊销1 800 000元,未计提减值准备。

要求:编制甲公司相关业务会计分录。

【解析】

借:营业外支出　　　　　　　　　　　　　　　　　　　　　　　　200 000
　　累计摊销　　　　　　　　　　　　　　　　　　　　　　　　1 800 000
　　贷:无形资产　　　　　　　　　　　　　　　　　　　　　　2 000 000

(2) 确认盘亏、罚款支出计入营业外支出时,借记"营业外支出"科目,贷记"待处理财产损溢""库存现金"等科目。

【例题6-39】 2023年9月10日,甲公司发生原材料自然灾害损失160 000元;9月15日,经批准全部转作营业外支出。该公司对原材料采用实际成本法进行日常核算。

要求:编制甲公司相关业务会计分录。

【解析】

(1) 9月10日,发生原材料自然灾害损失时:

借:待处理财产损溢　　　　　　　　　　　　　　　　　　　　　160 000
　　贷:原材料　　　　　　　　　　　　　　　　　　　　　　　160 000

(2) 9月15日,经批准转作营业外支出时:

借:营业外支出　　　　　　　　　　　　　　　　　　　　　　　160 000
　　贷:待处理财产损溢　　　　　　　　　　　　　　　　　　　160 000

【例题6-40】 2023年9月21日,甲公司收到税款滞纳金通知,用银行存款支付税款滞纳金30 000元。

要求:编制甲公司相关业务会计分录。

【解析】

借:营业外支出　　　　　　　　　　　　　　　　　　　　　　　　　30 000
　　贷:银行存款　　　　　　　　　　　　　　　　　　　　　　　　　30 000

(3)期末,应将"营业外支出"科目余额转入"本年利润"科目,借记"本年利润"科目,贷记"营业外支出"科目。

【例题6-41】 承[例6-38]至[例题6-40],2023年9月30日,甲公司本期营业外支出总额为390 000元,期末结转本年利润。

要求:编制甲公司相关业务会计分录。

【解析】

借:本年利润　　　　　　　　　　　　　　　　　　　　　　　　　　390 000
　　贷:营业外支出　　　　　　　　　　　　　　　　　　　　　　　　390 000

三、所得税费用

(一)暂时性差异及递延所得税

1. 暂时性差异

暂时性差异是指资产、负债的账面价值与其计税基础不同产生的差异,该差异的存在将影响未来期间的应纳税所得额。其中,资产的计税基础是指企业收回资产账面价值的过程中,计算应纳税所得额时,按照税法规定可以自应税经济利益中抵扣的金额,即某一项资产在未来期间计税时,可以税前扣除的金额;负债的计税基础是指负债的账面价值减去未来期间计算应纳税所得额时按照税法规定可予抵扣的金额。

按照暂时性差异对未来期间应纳税所得额的不同影响,分为应纳税暂时性差异和可抵扣暂时性差异。

(1)应纳税暂时性差异。资产的账面价值大于其计税基础,或负债的账面价值小于其计税基础,产生应纳税暂时性差异。应纳税暂时性差异在未来期间转回时,会增加转回期间的应纳税所得额和相应的应交所得税,导致经济利益流出企业,因而在其发生当期,一般情况下应确认相关的递延所得税负债。

(2)可抵扣暂时性差异。资产的账面价值小于其计税基础或负债的账面价值大于其计税基础,将产生可抵扣暂时性差异。可抵扣暂时性差异在未来期间转回时,会减少转回期间的应纳税所得额和相应的应交所得税,因而在其产生当期,符合确认条件时,应确认相关的递延所得税资产。

2. 递延所得税

递延所得税是指按照会计准则规定应予确认的递延所得税资产和递延所得税负债在会计期末应有的金额相对于原已确认金额之间的差额,即递延所得税资产和递延所得税负债的当期发生额,但不包括计入所有者权益的交易或事项的所得税影响。其计算公式为:

递延所得税 =（递延所得税负债的期末余额－递延所得税负债的期初余额）－
（递延所得税资产的期末余额－递延所得税资产的期初余额）

（二）应纳税所得额及应交所得税

应纳税所得额是在企业税前会计利润（即利润总额）的基础上调整确定的，其计算公式为：

$$应纳税所得额 = 税前会计利润 + 纳税调整增加额 - 纳税调整减少额$$

纳税调整增加额主要包括《中华人民共和国企业所得税法》（以下简称《企业所得税法》）规定允许扣除项目中，企业已计入当期费用但超过税法规定扣除标准的金额（如超过《企业所得税法》规定标准的职工福利费、工会经费、职工教育经费、业务招待费、公益性捐赠支出、广告费和业务宣传费等），以及企业已计入当期损失但《企业所得税法》规定不允许扣除项目的金额（如税收滞纳金、罚金、罚款等）。

纳税调整减少额主要包括按《企业所得税法》规定允许弥补的亏损和准予免税的项目，如前5年内未弥补亏损、国债利息收入，以及符合条件的居民企业之间的股息、红利等权益性投资收益等。

【例题6-42】 下列各项中，企业在计算应纳税所得额时应在利润总额基础上进行纳税调增的内容有（ ）。

A. 企业投资国债取得利息收入8 000元
B. 企业支付的税收滞纳金30 000元
C. 企业从其投资的居民企业取得的现金股利70 000元
D. 企业支付超过《企业所得税法》规定标准的职工福利费5 000元

【解析】 答案为选项B,D。选项A,C属于纳税调整减少的内容。

应交所得税是指企业按照《企业所得税法》规定计算确定的针对当期发生的交易和事项，应缴纳给税务部门的所得税金额，即当期应交所得税。

企业当期应交所得税的计算公式为：

$$应交所得税 = 应纳税所得额 \times 适用税率$$

【例题6-43】 甲公司2023年利润总额（税前会计利润）为19 800 000元，适用的企业所得税税率为25%。甲公司全年实发工资、薪金为2 000 000元，职工福利费为300 000元，工会经费为50 000元，职工教育经费为210 000元；经查，甲公司当年营业外支出中有120 000元为税收滞纳罚金。假定甲公司全年无其他纳税调整。

要求：计算甲公司当期应交所得税税额。

【解析】

《企业所得税法》规定，企业发生的合理的工资、薪金支出准予据实扣除；企业发生的职工福利费支出，不超过工资薪金总额14%的部分准予扣除；企业拨缴的工会经费，不超过工资、薪金总额2%的部分准予扣除；除国务院财政、税务主管部门另有规定外，企业发生的职工教育经费支出，不超过工资、薪金总额8%的部分准予扣除，超过部分准予结转以后纳税年度扣除。

本例中，按《企业所得税法》规定，企业在计算当期应纳税所得额时，可以扣除工资、薪金支出 2 000 000 元,扣除职工福利费支出 280 000 元(2 000 000×14%),工会经费支出 40 000 元(2 000 000×2%),职工教育经费支出 160 000 元(2 000 000×8%)。

甲公司有 2 种纳税调整因素:一是已计入当期费用但超过《企业所得税法》规定标准的费用支出;二是已计入当期营业外支出但按《企业所得税法》规定不允许扣除的税收滞纳金。这 2 种因素均应调整增加应纳税所得额。甲公司当期所得税的计算如下:

纳税调整增加额=(300 000－280 000)＋(50 000－40 000)＋(210 000－160 000)＋120 000＝200 000(元)

应纳税所得额=税前会计利润＋纳税调整增加额=19 800 000＋200 000=20 000 000(元)

当期应交所得税额=20 000 000×25%=5 000 000(元)

【例题 6-44】 2023 年甲公司全年利润总额(即税前会计利润)为 10 200 000 元,其中包括本年实现的国债利息收入 200 000 元,企业所得税税率为 25%。假定甲公司全年无其他纳税调整因素。

要求:计算甲公司当期应交所得税税额。

【解析】

按照《企业所得税法》的有关规定,企业购买国债的利息收入免交所得税,即在计算应纳税所得额时可将其扣除。甲公司当期所得税的计算如下:

应纳税所得额=税前会计利润－纳税调整减少额=10 200 000－200 000=10 000 000(元)

当期应交所得税税额=10 000 000×25%=2 500 000(元)

(三)所得税费用的账务处理

根据《企业会计准则》的规定,企业计算确定的当期所得税和递延所得税之和,即应从当期利润总额中扣除的所得税费用。所得税费用的计算公式为:

所得税费用 ＝ 当期所得税 ＋ 递延所得税

企业应设置"所得税费用"科目,核算企业所得税费用的确认及其结转情况。期末,应将"所得税费用"科目的余额转入"本年利润"科目,借记"本年利润"科目,贷记"所得税费用"科目,结转后,"所得税费用"科目应无余额。

【例题 6-45】 2023 年甲公司应交所得税税额为 5 000 000 元;递延所得税负债年初数为 400 000 元,年末数为 500 000 元;递延所得税资产年初数为 250 000 元,年末数为 200 000 元。

要求:假定不考虑其他因素,计算甲公司应交所得税税额并编制相关业务会计分录。

【解析】

递延所得税=(500 000－400 000)－(200 000－250 000)=150 000(元)

所得税费用=5 000 000＋150 000=5 150 000(元)

甲公司应编制会计分录如下:

借:所得税费用　　　　　　　　　　　　　　　　　　　　　　　　　5 150 000
　　贷:应交税费——应交所得税　　　　　　　　　　　　　　　　　5 000 000
　　　　递延所得税负债　　　　　　　　　　　　　　　　　　　　　　100 000
　　　　递延所得税资产　　　　　　　　　　　　　　　　　　　　　　 50 000

四、本年利润

(一) 本年利润的结转方法

会计期末,结转本年利润的方法有表结法和账结法。

1. 表结法

表结法下,各损益类科目每月月末只需结计出本月发生额和月末累计余额,不结转到"本年利润"科目,只有在年末时才将全年累计余额结转入"本年利润"科目。但每月月末要将损益类科目的本月发生额合计数填入利润表的本月数栏,同时将本月月末累计余额填入利润表的本年累计数栏,通过利润表计算反映各期的利润(或亏损)。表结法下,年中损益类科目无须结转入"本年利润"科目,从而减少了转账环节和工作量,同时并不影响利润表的编制及有关损益指标的利用。

2. 账结法

账结法下,每月月末均需编制转账凭证,将在账上结计出的各损益类科目的余额结转入"本年利润"科目。结转后"本年利润"科目的本月余额反映当月实现的利润或发生的亏损,"本年利润"科目的本年余额反映本年累计实现的利润或发生的亏损。账结法在各月均可通过"本年利润"科目提供当月及本年累计的利润(或亏损)额,但增加了转账环节和工作量。

(二) 结转本年利润的账务处理

企业应设置"本年利润"科目,核算企业本年度实现的净利润(或发生的净亏损)。

会计期末,企业应将"主营业务收入""其他业务收入""其他收益""营业外收入"等科目的余额分别转入"本年利润"科目的贷方,将"主营业务成本""其他业务成本""税金及附加""销售费用""管理费用""财务费用""信用减值损失""资产减值损失""营业外支出""所得税费用"等科目的余额分别转入"本年利润"科目的借方。

企业还应将"投资收益""公允价值变动损益""资产处置损益"科目的净收益转入"本年利润"科目的贷方,将"投资收益""公允价值变动损益""资产处置损益"科目的净损失转入"本年利润"科目的借方。结转后"本年利润"科目如为贷方余额,表示当年实现的净利润;如为借方余额,表示当年发生的净亏损。

年度终了,企业应将"本年利润"科目的本年累计余额转入"利润分配——未分配利润"科目。如"本年利润"科目为贷方余额,借记"本年利润"科目,贷记"利润分配——未分配利润"科目;如为借方余额,作相反的会计分录,借记"利润分配——未分配利润"科目,贷记"本年利润"科目。结转后,"本年利润"科目应无余额。

【例 6-46】 甲公司 2023 年损益类科目余额如表 6-1 所示。该公司采用表结法年末一次结转损益类科目,企业所得税税率为 25%。

表 6-1　　　　　　　　　2023 年损益类科目余额　　　　　　　金额单位:元

科目名称	借或贷	结账前余额
主营业务收入	贷	7 250 000
其他业务收入	贷	630 000

(续表)

科目名称	借或贷	结账前余额
其他收益	贷	250 000
投资收益	贷	800 000
营业外收入	贷	157 000
主营业务成本	借	5 100 000
其他业务成本	借	480 000
税金及附加	借	80 000
销售费用	借	680 000
管理费用	借	660 000
财务费用	借	240 000
信用减值损失	借	120 000
营业外支出	借	120 000

要求：编制甲公司 2023 年年末结转本年利润的会计分录。

【解析】

(1) 将各损益类科目年末余额结转入"本年利润"科目。

结转各项收入、利得类科目：

借：主营业务收入　　　　　　　　　　　　　　　　　　7 250 000
　　其他业务收入　　　　　　　　　　　　　　　　　　　630 000
　　其他收益　　　　　　　　　　　　　　　　　　　　　250 000
　　投资收益　　　　　　　　　　　　　　　　　　　　　800 000
　　营业外收入　　　　　　　　　　　　　　　　　　　　157 000
　贷：本年利润　　　　　　　　　　　　　　　　　　　9 087 000

结转各项费用、损失类科目：

借：本年利润　　　　　　　　　　　　　　　　　　　　7 480 000
　贷：主营业务成本　　　　　　　　　　　　　　　　　5 100 000
　　　其他业务成本　　　　　　　　　　　　　　　　　　480 000
　　　税金及附加　　　　　　　　　　　　　　　　　　　 80 000
　　　销售费用　　　　　　　　　　　　　　　　　　　　680 000
　　　管理费用　　　　　　　　　　　　　　　　　　　　660 000
　　　财务费用　　　　　　　　　　　　　　　　　　　　240 000
　　　信用减值损失　　　　　　　　　　　　　　　　　　120 000
　　　营业外支出　　　　　　　　　　　　　　　　　　　120 000

(2) 经过上述结转后，"本年利润"科目的贷方发生额 9 087 000 元减去借方发生额 7 480 000 元，即税前会计利润为 1 607 000 元。

(3) 假设甲公司不存在纳税调整及递延所得税因素。

(4) 当期应纳税所得额为 1 607 000 元,则当期应交所得税税额为 401 750 元(1 607 000×25%)。

确认所得税费用时:

借:所得税费用　　　　　　　　　　　　　　　　　　　　401 750
　　贷:应交税费——应交所得税　　　　　　　　　　　　　　　　401 750

将所得税费用结转入"本年利润"科目时:

借:本年利润　　　　　　　　　　　　　　　　　　　　　401 750
　　贷:所得税费用　　　　　　　　　　　　　　　　　　　　　　401 750

(5) 将"本年利润"科目年末余额 1 205 250 元(9 087 000－7 480 000－401 750)转入"利润分配——未分配利润"科目。

借:本年利润　　　　　　　　　　　　　　　　　　　　1 205 250
　　贷:利润分配——未分配利润　　　　　　　　　　　　　　　1 205 250

实务案例

2019 年 8 月 16 日,证监会公布了关于康美药业股份有限公司(以下简称康美药业)的调查结果。2016—2018 年,康美药业涉嫌通过仿造、变造增值税发票等方式虚增营业收入 291.28 亿元,通过伪造、变造大额定期存单等方式虚增货币资金 886 亿元,将不满足会计确认和计量条件工程项目纳入报表,虚增固定资产等。同时,涉嫌未在相关年度报告中披露控股股东及关联方非经营性占用资金情况。披露的相关年度报告存在虚假记载和重大遗漏。证监会正式宣布对康美药业的恶性财务造假作出顶格处罚。

6-2 收入、费用和利润核算思维导图

本案例中,上市公司实际控制人频繁滥用信息优势和控股地位,通过虚假记载,欺骗会计信息使用者和潜在投资者,最终不但没有达到不可告人的目的,反而受到证监会顶格处罚,对主要责任人采取 10 年至终身证券市场禁入措施,相关的主要责任人均获罪判刑。作为未来会计工作者,我们一定要坚守职业道德底线,不做假账,不违法对财务报表进行粉饰,牢固树立诚信理念,以诚立身、以信立业,严于律己、心存敬畏。

资料来源:解旖媛.康美药业财务造假恶意欺骗投资者 业内人士表示守住资本市场"生命线"刻不容缓[EB/OL]金融时报. 2019-08-20. https://www.financialnews.com.cn/jigou/ssgs/201908/t20190820_166315.html. 有删节.

问题与思考:以诚立身、以信立业,青年学子应从哪些身边事做起?

课后练习:请扫描二维码,完成本项目的练习题。

6-3 项目六练习题

项目七 财务报告编制

学习目标

◇ **知识目标**

1. 掌握财务报告概念及其目标,财务报表的组成。
2. 掌握资产负债表的概念、作用和结构。
3. 掌握利润表的概念、作用和结构。
4. 掌握现金流量表的概念、作用和结构。
5. 掌握所有者权益变动表作用和结构。
6. 掌握财务报表附注的作用和主要内容。

◇ **能力目标**

1. 能熟练地编制资产负债表。
2. 能熟练地编制利润表。
3. 能熟练地编制现金流量表。
4. 能熟练地编制所有者权益变动表。
5. 能熟练地编制财务报表附注。

◇ **素养目标**

1. 培养全局观,用发展的长远眼光看问题。
2. 养成严谨细致的工作态度,确保报表数据的准确性和真实性。杜绝人为调节报表项目,作不实披露,强化客观诚信的职业道德。
3. 培养"坚持诚信,守法奉公;坚持准则,守责敬业;坚持学习,守正创新"的会计人员基本素养。

项目导读

汉唐公司由陈东、刘升、周军创立,是一家专门从事汉服生产和销售的公司。公司合法经营,诚信纳税,按照《企业会计准则》及其相关规定真实、可靠地编制财务报表。财务报表显示汉唐公司经营成果可观,财务状况良好,前景一片光明。因此,吸引了资本所有者赵珍关注,并决定入股汉唐公司。本项目将带领大家学习财务报告编制的有关内容。

7-1 课程思政:辨析财务报表的真真假假

任务一 财务报告认知

学习导读：赵珍手上有150万元资金，正准备寻找实体经济进行投资。听说有一家成立不久的汉唐公司发展得不错，于是赵珍找来了汉唐公司经法定程序对外公布的财务报表。赵珍大学时选修过会计相关课程，具备一定的财务知识，不需要找专人分析，自己就能从资产负债表中看出汉唐公司的财务状况如何，从利润表中看出经营成果怎么样，从现金流量表中看出生产经营现金是否充足，从所有者权益变动表中看出股份总额和股份构成。本任务将带领大家学习财务报告认知的有关内容。

一、财务报告的概念及目标

1. 财务报告的概念

财务报告是指企业对外提供的反映企业某一特定日期的财务状况和某一会计期间的经营成果、现金流量等会计信息的文件。财务报告包括财务报表和其他应当在财务报告中披露的相关信息和资料。

2. 财务报告的目标

财务报告的目标是向财务报告使用者提供与企业财务状况、经营成果和现金流量等有关的会计信息，反映企业管理层受托责任履行情况，有助于财务报告使用者作出经济决策。财务报告使用者通常包括投资者、债权人、政府及其有关部门和社会公众等。

二、财务报告体系的构成

财务报告包括财务报表和其他应当在财务报告中披露的相关信息和资料。财务报表是财务报告的主体和核心内容，其他应当在财务报告中披露的相关信息和资料是对财务报表的补充和说明，共同构成财务报告体系。

财务报表是对企业财务状况、经营成果和现金流量的结构性表达。一套完整的财务报表至少应当包括资产负债表、利润表、现金流量表、所有者权益（或股东权益）变动表及附注。资产负债表、利润表和现金流量表分别从不同角度反映企业的财务状况、经营成果和现金流量。

（1）资产负债表反映企业在某一特定日期所拥有或控制的经济资源、所承担的现时义务和所有者对净资产的要求权。

（2）利润表反映企业一定期间的经营成果即利润或亏损的情况，表明企业运用所拥有的资产的获利能力。

（3）现金流量表反映企业在一定会计期间现金和现金等价物流入和流出的情况。

（4）所有者权益变动表反映构成所有者权益的各组成部分当期的增减变动情况。企业的净利润及其分配情况是所有者权益变动的组成部分，相关信息已经在所有者权益变动表及其附注中反映，企业不需要再单独编制利润分配表。

（5）附注是财务报表不可或缺的组成部分，是对在资产负债表、利润表、现金流量表和所有者权益变动表等报表中列示项目的文字描述或明细资料,以及对未能在这些报表中列示项目的说明等。

任务二 资产负债表

学习导读:赵珍在认真查看汉唐公司 2023 年的资产负债表。汉唐公司资产负债表显示,公司共有资产 500 万元,其中货币资金 150 万元,应收账款 50 万元,应收票据 50 万元,存货等其他流动资产 50 万元,固定资产等非流动资产 200 万元;短期银行贷款 80 万元,应付职工薪酬 20 万元;实收资本 300 万元,盈余公积和未分配利润等留存收益 100 万元。赵珍觉得汉唐公司偿债能力很好,财务状况良好。本任务将带领大家学习资产负债表的基本知识和编制方法。

一、资产负债表概述

(一)资产负债表的概念

资产负债表是反映企业在某一特定日期的财务状况的报表,是对企业特定日期的资产、负债和所有者权益的结构性表述。它反映企业在某一特定日期所拥有或控制的经济资源、所承担的现时义务和所有者对净资产的要求权。其中,特定日期分别指会计期间中会计年度的年末及中期的月末、季末和半年末(如 6 月 30 日)等;财务状况是指企业经营活动及其结果在某一特定日期的资金结构状况及其表现,表明企业取得资金的方式与来路和这些资金的使用状态与去向。例如,资产负债率是企业财务状况的重要财务指标,表明企业在特定日期的资产所使用的资金中通过负债取得资金的比率。

学习提示:资产负债表是时点报表,属于静态报表,具体到某一天。利润表、现金流量表和所有者权益变动表是时期报表,属于动态报表,时间通常是 1 个月、1 个季度或 1 年。

(二)资产负债表的结构原理

资产负债表是根据"资产=负债+所有者权益"平衡公式,按照各具体项目的性质和功能作为分类标准,依次将某一特定日期的资产、负债和所有者权益的具体项目予以适当的排列编制而成。

资产负债表主要由表首、表体两部分组成。表首部分应列明报表名称、编制单位名称、资产负债表日、报表编号和计量单位;表体部分是资产负债表的主体,列示了用以说明企业财务状况的各个项目。

资产负债表的表体格式一般有两种:报告式资产负债表和账户式资产负债表。报告式资产负债表是上下结构,上半部分列示资产各项目,下半部分列示负债和所有者权益各项目。账户式资产负债表是左右结构,左边列示资产各项目,反映全部资产的分布及存在状态;右边列示负债和所有者权益各项目,反映全部负债和所有者权益的内容及构成情况。资产各项目的合计金额等于负债和所有者权益各项目的合计金额。

我国企业的资产负债表采用账户式结构,分为左右两方,左方为资产项目,一般按资的流动性强弱排列,流动性强的资产如"货币资金""交易性金融资产"等排在前面,流动性弱的资产如"长期股权投资""固定资产"等排在后面。右方为负债及所有者权益项目,一般按要求清偿期限长短的先后顺序排列,"短期借款""应付票据""应付账款"等需要在1年内或长于1年的一个正常营业周期内偿还的流动负债排在前面,"长期借款"等在1年以上才需偿还的非流动负债排在中间,在企业清算之前不需要偿还的所有者权益项目排在后面,表明负债具有优先偿还的要求权,所有者权益对负债具有担保责任。

账户式资产负债表中资产各项目的合计等于负债和所有者权益各项目的合计,即资产负债表左方和右方平衡。通过账户式资产负债表,可以反映资产、负债和所有者权益之间的内在关系,即"资产=负债+所有者权益"。一般企业的资产负债表如表7-1所示。

表7-1　　　　　　　　　　　　　资产负债表　　　　　　　　　　　　　会企01表
编制单位　　　　　　　　　　　　　年　月　日　　　　　　　　　　　　　单位:元

资产	期末余额	上年年末余额	负债及所有者权益（或股东权益）	期末余额	上年年末余额
流动资产:			流动负债:		
货币资金			短期借款		
交易性金融资产			交易性金融负债		
应收票据			应付票据		
应收账款			应付账款		
应收款项融资			预收款项		
预付款项			合同负债		
其他应收款			应付职工薪酬		
存货			应交税费		
合同资产			其他应付款		
持有待售资产			持有待售负债		
一年内到期的非流动资产			一年内到期的非流动负债		
其他流动资产			其他流动负债		
流动资产合计			流动负债合计		
非流动资产:			非流动负债:		
债权投资			长期借款		
其他债权投资			应付债券		
长期应收款			其中:优先股		
长期股权投资			永续债		
其他权益工具投资			租赁负债		

(续表)

资产	期末余额	上年年末余额	负债及所有者权益（或股东权益）	期末余额	上年年末余额
其他非流动金融资产			长期应付款		
投资性房地产			预计负债		
固定资产			递延收益		
在建工程			递延所得税负债		
生产性生物资产			其他非流动负债		
油气资产			非流动负债合计		
使用权资产			负债合计		
无形资产			所有者权益（或股东权益）：		
开发支出			实收资本（或股本）		
商誉			其他权益工具		
长期待摊费用			其中：优先股		
递延所得税资产			永续债		
其他非流动资产			资本公积		
非流动资产合计			减：库存股		
			其他综合收益		
			专项储备		
			盈余公积		
			未分配利润		
			所有者权益（或股东权益）合计		
资产总计			负债及所有者权益（或股东权益）总计		

（三）资产负债表的内容

资产负债表主要反映资产、负债和所有者权益三方面的内容，并满足"资产＝负债＋所有者权益"平衡式。

1. 资产

资产反映由过去的交易或事项形成并由企业在某一特定日期所拥有或控制的，预期会给企业带来经济利益的资源。资产应当按照流动资产和非流动资产两大类别在资产负债表中列示，在流动资产和非流动资产类别下进一步按性质分项列示。

流动资产是指预计在一个正常营业周期中变现、出售或耗用，或者主要为交易目的而持有，或者预计在资产负债表日起1年内（含1年）变现，或者自资产负债表日起1年内交换其他资产或清偿负债的能力不受限制的现金或现金等价物。

资产负债表中列示的流动资产项目通常包括货币资金、交易性金融资产、应收票据、应收账款、应收款项融资、预付款项、其他应收款、存货、合同资产、持有待售资产、一年内到期的非流动资产和其他流动资产等。

非流动资产是指流动资产以外的资产。资产负债表中列示的非流动资产项目通常包括债权投资、其他债权投资、长期应收款、长期股权投资、其他权益工具投资、其他非流动金融资产、投资性房地产、固定资产、在建工程、无形资产、开发支出、长期待摊费用、递延所得税资产和其他非流动资产等。

学习提示：长期待摊费用、制造费用都不是费用。"长期待摊费用"是资产类科目；"制造费用"是成本类科目，若有借方余额，在资产负债表的"存货"项目反映。

2. 负债

负债反映在某一特定日期企业所承担的、预期会导致经济利益流出企业的现时义务。负债应当按照流动负债和非流动负债在资产负债表中列示，在流动负债和非流动负债类别下再进一步按性质分项列示。

学习提示：现时义务是指企业在现行条件下已承担的义务。未来发生的交易或事项形成的义务，不属于现时义务。例如，结果取决于不确定未来事项的可能义务属于潜在义务，不属于现时义务。

流动负债是指预计在一个正常营业周期中清偿，或者主要为交易目的而持有，或者自资产负债表日起1年内（含1年）到期应予以清偿，或者企业无权自主地将清偿推迟至资产负债表日后1年以上的负债。

资产负债表中列示的流动负债项目通常包括短期借款、交易性金融负债、应付票据、应付账款、预收款项、合同负债、应付职工薪酬、应交税费、其他应付款、持有待售负债、一年内到期的非流动负债等。

非流动负债是指流动负债以外的负债。资产负债中列示的非流动负债项目通常包括长期借款、应付债券、长期应付款、预计负债、递延收益、递延所得税负债和其他非流动负债等。

3. 所有者权益

所有者权益是指企业资产扣除负债后的剩余权益，反映企业在某一特定日期股东（投资者）拥有的净资产的总额，一般按照实收资本（或股本）、其他权益工具、资本公积、其他综合收益、盈余公积和未分配利润分项列示。

如存在下列情况，应当在资产负债表中调整或增设相关项目：

（1）高危行业企业如有按国家规定提取安全生产费的，应当在资产负债表所有者权益项下的"其他综合收益"项目和"盈余公积"项目之间增设"专项储备"项目，反映企业提取的安全生产费期末余额。

（2）企业衍生金融工具业务具有重要性的，应当在资产负债表资产项下的"交易性金融资产"项目和"应收票据"项目之间增设"衍生金融资产"项目，反映企业衍生工具形成资产的期末余额；在资产负债表负债项下的"交易性金融负债"项目和"应付票据"项目之间增设"衍生金融负债"项目，反映企业衍生工具形成负债的期末余额。

（四）资产负债表的作用

（1）资产负债表能够使财务报表使用者了解企业的资产、负债和所有者权益金额及其结构情况,帮助财务报表使用者全面了解企业的财务状况。

(2)资产负债表能够使财务报表使用者了解企业资产的质量,以及短期偿债能力、长期偿债能力,帮助使用者分析企业偿债能力等情况,从而为其作出经济决策提供依据。

学习提示:长期偿债能力是指企业对债务的承担能力和对偿还债务的保障能力。

二、资产负债表的编制

(一)资产负债表项目的填列方法

资产负债表各项目均需填列"上年年末余额"栏和"期末余额"栏。

资产负债表的"上年年末余额"栏内各项数字,应根据上年年末资产负债表的"期末余额"栏内所列数字填列。如果上年度资产负债表规定的各项目的名称和内容与本年度不相一致,应按照本年度的规定对上年年末资产负债表各项目的名称和数字进行调整,填入本表"上年年末余额"栏内。资产负债表的"期末余额"栏内各项数字的填列方法如下。

1. 根据总账科目余额填列

(1)资产负债表中的有些项目,可直接根据有关总账科目的期末余额填列,如"短期借款""资本公积"等项目。

(2)资产负债表中还有些项目需要根据几个总账科目的期末余额计算填列,如"货币资金"项目,需根据"库存现金""银行存款"和"其他货币资金"3个总账科目的期末余额合计数填列。

学习提示:这些项目基本有对应的总账科目,而且没有减值准备等备抵科目。

2. 根据明细账科目余额计算填列

(1)"应付账款"项目,需要根据"应付账款"和"预付账款"2个科目所属的相关明细科目的期末贷方余额计算填列。

(2)"应收账款"项目,需要根据"应收账款"和"预收账款"2个科目所属的相关明细科目的期末借方余额和应收账款有关的坏账准备贷方余额计算填列。

(3)"预付款项"项目,需要根据"预付账款"科目借方余额和"应付账款"科目借方余额减去与"预付账款"有关的坏账准备贷方余额计算填列。

(4)"预收款项"项目,需要根据"应收账款"科目贷方余额和"预收账款"科目贷方余额计算填列。

(5)"开发支出"项目,需要根据"研发支出"科目中所属的"资本化支出"明细科目期末余额计算填列。

(6)"应付职工薪酬"项目,需要根据"应付职工薪酬"科目的明细科目期末余额计算填列。

(7)"一年内到期的非流动资产""一年内到期的非流动负债"项目,需要根据有关非流动资产和非流动负债项目的明细科目余额计算填列。

(8)"未分配利润"项目,需要根据"利润分配"科目中所属的"未分配利润"明细科目期末余额填列。

3. 根据总账科目和明细账科目余额分析计算填列

例如,"长期借款"项目,需要根据"长期借款"总账科目余额扣除"长期借款"科目所属的明细科目中将在资产负债表日起1年内到期且企业不能自主地将清偿义务展期的长期借款后的金额计算填列;"长期待摊费用"项目,需要根据总账科目余额扣除所属明细科目中将于1年内(含1年)摊销的数额后的金额分析填列。

4. 根据有关科目余额减去其备抵科目余额后的净额填列

(1)"应收票据""应收账款""长期股权投资""在建工程"等项目,应当根据"应收票据""应收账款""长期股权投资""在建工程"等科目的期末余额减去"坏账准备""长期股权投资减值准备""在建工程减值准备"等科目的期末余额后的净额填列。

(2)"投资性房地产""固定资产"项目,应当根据"投资性房地产""固定资产"科目的期末余额,减去"投资性房地产累计折旧""投资性房地产减值准备""累计折旧""固定资产减值准备"等备抵科目的期末余额及"固定资产清理"科目期末余额后的净额填列。

(3)"无形资产"项目,应当根据"无形资产"科目的期末余额,减去"累计摊销""无形资产减值准备"等备抵科目期末余额后的净额填列。

5. 综合运用上述填列方法分析填列

例如,资产负债表中的"存货"项目,需要根据"原材料""库存商品""委托加工物资""周转材料""材料采购""在途物资""发出商品""材料成本差异"等总账科目期末余额的分析汇总数,再减去"存货跌价准备"科目余额后的净额填列。

(二)资产负债表项目的填列说明

资产负债表中资产、负债和所有者权益主要项目的填列说明如下。

1. 资产项目的填列说明

(1)"货币资金"项目,反映企业库存现金、银行结算户存款、外埠存款、银行汇票存款、银行本票存款、信用卡存款、信用证保证金存款等的合计数。该项目应根据"库存现金""银行存款""其他货币资金"科目期末余额的合计数填列。

【例题7-1】 长鑫机械设备制造有限公司于2023年12月31日的"库存现金"科目期末余额为5 000元,"银行存款"科目余额为1 056 700元。

要求:计算长鑫机械设备制造有限公司资产负债表中"货币资金"项目期末列报金额。

【解析】

期末列报金额=5 000+1 056 700=1 061 700(元)

(2)"交易性金融资产"项目,反映企业资产负债表日分类为以公允价值计量且其变动计入当期损益的金融资产,以及企业持有的直接指定为以公允价值计量且其变动计入当期损益的金融资产的期末账面价值。该项目应根据"交易性金融资产"科目的相关明细科目期末余额分析填列。自资产负债表日起超过1年到期且预期持有超过1年的以公允价值计量且其变动计入当期损益的非流动金融资产的期末账面价值,在"其他非流动金融资产"项目反映。

(3)"应收票据"项目,反映资产负债表日以摊余成本计量的、企业因销售商品、提供服务等收到的商业汇票,包括银行承兑汇票和商业承兑汇票。该项目应根据"应收票据"科目的期末余额,减去"坏账准备"科目中相关坏账准备期末余额后的金额分析填列。

(4)"应收账款"项目,反映资产负债表日以摊余成本计量的、企业因销售商品、提供服务等经营活动应收取的款项。该项目应根据"应收账款"科目的期末余额,减去"坏账准备"科目中相关坏账准备期末余额后的金额分析填列。

【例题 7-2】 长鑫机械设备制造有限公司于 2023 年 12 月 31 日的"应收账款"科目期末余额为 924 300 元,"坏账准备"科目贷方余额为 6 300 元。

要求:计算长鑫机械设备制造有限公司资产负债表中"应收账款"项目期末列报金额。

【解析】

期末列报金额＝924 300－6 300＝918 000(元)

(5)"应收款项融资"项目,反映资产负债表日以公允价值计量且其变动计入其他综合收益的应收票据和应收账款等。

(6)"预付款项"项目,反映资产负债表日企业按照购货合同规定预付给供应单位的款项等。该项目应根据"预付账款"和"应付账款"科目所属各明细科目的期末借方余额合计数,减去"坏账准备"科目中有关预付账款计提的坏账准备期末余额后的净额填列。如"预付账款"科目所属明细科目期末有贷方余额的,应在资产负债表"应付账款"项目内填列。

(7)"其他应收款"项目,反映企业除应收票据、应收账款、预付账款等经营活动以外的其他各种应收、暂付的款项。该项目应根据"应收利息""应收股利""其他应收款"科目的期末余额合计数,减去"坏账准备"科目中相关坏账准备期末余额后的金额填列。

(8)"存货"项目,反映企业期末在库、在途和在加工中的各种存货的可变现净值或成本(成本与可变现净值孰低)。该项目应根据"材料采购""原材料""低值易耗品""库存商品""周转材料""委托加工物资""委托代销商品""生产成本""受托代销商品"等科目的期末余额合计数,减去"受托代销商品款""存货跌价准备"科目期末余额后的净额填列。材料采用计划成本核算,以及库存商品采用计划成本核算或售价核算的企业,还应按加或减材料成本差异、商品进销差价后的金额填列。

【例题 7-3】 长鑫机械设备制造有限公司于 2023 年 12 月 31 日的"原材料"科目期末余额为 513 000 元,"库存商品"科目期末余额为 897 000 元,"周转材料"科目期末余额为 231 000 元,无其他存货相关科目。

要求:计算长鑫机械设备制造有限公司资产负债表中"存货"项目期末列报金额。

【解析】

期末列报金额＝513 000＋897 000＋231 000＝1 641 000(元)

(9)"合同资产"项目,反映企业按照《企业会计准则第 14 号——收入》的相关规定,根据本企业履行履约义务与客户付款之间的关系在资产负债表中列示合同资产。"合同资产"项目应根据"合同资产"科目的相关明细科目期末余额分析填列。

学习提示:合同资产是指企业已向客户转让商品而有权收取对价的权利,且该权利取决于时间流逝之外的其他因素。企业拥有的无条件(即仅取决于时间流逝)向客户收取对价的权利应当作为应收账款单独列示。

(10)"持有待售资产"项目,反映资产负债表日划分为持有待售类别的非流动资产及划分为持有待售类别的处置组中的流动资产和非流动资产的期末账面价值。该项目应根据"持有待售资产"科目的期末余额,减去"持有待售资产减值准备"科目的期末余额后的金额填列。

学习提示:持有待售资产和负债不应当相互抵消。"持有待售资产"项目和"持有待售负债"项目应当分别作为流动资产和流动负债列示。

(11)"一年内到期的非流动资产"项目,反映企业将于 1 年内到期的"非流动资产"项目金额。该项目应根据有关科目的期末余额分析填列。

(12)"债权投资"项目,反映资产负债表日企业以摊余成本计量的长期债权投资的期末账面价值。该项目应根据"债权投资"科目的相关明细科目期末余额,减去"债权投资减值准备"科目中相关减值准备的期末余额后的金额分析填列。自资产负债表日起1年内到期的长期债权投资的期末账面价值,在"一年内到期的非流动资产"项目反映。企业购入的以摊余成本计量的1年内到期的债权投资的期末账面价值,在"其他流动资产"项目反映。

学习提示:摊余成本＝初始确认金额－已偿还的本金－累计摊销额－累计信用减值损失

(13)"其他债权投资"项目,反映资产负债表日企业分类为以公允价值计量且其变动计入其他综合收益的长期债权投资的期末账面价值。该项目应根据"其他债权投资"科目的相关明细科目期末余额分析填列。自资产负债表日起1年内到期的长期债权投资的期末账面价值,在"一年内到期的非流动资产"项目反映。企业购入的以公允价值计量且其变动计入其他综合收益的1年内到期的债权投资的期末账面价值,在"其他流动资产"项目反映。

(14)"长期应收款"项目,反映企业融资租赁产生的应收款项和采用递延方式分期收款、实质上具有融资性质的销售商品和提供劳务等经营活动产生的应收款项。该项目应根据"长期应收款"科目的期末余额,减去相应的"未实现融资收益"科目和"坏账准备"科目所属相关明细科目的期末余额后的金额填列。

(15)"长期股权投资"项目,反映投资方对被投资单位实施控制、重大影响的权益性投资,以及对其合营企业的权益性投资。该项目应根据"长期股权投资"科目的期末余额,减去"长期股权投资减值准备"科目的期末余额后的净额填列。

(16)"其他权益工具投资"项目,反映资产负债表日企业指定为以公允价值计量且其变动计入其他综合收益的非交易性权益工具投资的期末账面价值。该项目应根据"其他权益工具投资"科目的期末余额填列。

(17)"固定资产"项目,反映资产负债表日企业固定资产的期末账面价值和企业尚未清理完毕的固定资产清理净损益。该项目应根据"固定资产"科目的期末余额,减去"累计折旧"和"固定资产减值准备"科目的期末余额后的金额,以及"固定资产清理"科目的期末余额填列。

【例题7-4】 长鑫机械设备制造有限公司于2023年12月31日的"固定资产"科目借方余额为8 387 250元,"累计折旧"科目贷方余额为1 648 500万元,未计提减值准备。

要求:计算长鑫机械设备制造有限公司年末"固定资产"项目列报金额。

【解析】

"固定资产"项目列报金额＝8 387 250－1 648 500＝6 738 750(元)

学习提示:固定资产进入清理程序,将其账面价值转入固定资产清理后,可能在资产负债表日尚未完成处置,所以仍应将"固定资产清理"科目余额(借方余额加上,贷方余额减去)作为企业的固定资产在资产负债表中列示。

(18)"在建工程"项目,反映资产负债表日企业尚未达到预定可使用状态的在建工程的期末账面价值和企业为在建工程准备的各种物资的期末账面价值。该项目应根据"在建工程"科目的期末余额减去"在建工程减值准备"科目的期末余额后的金额,以及"工程物资"科目的期末余额减去"工程物资减值准备"科目的期末余额后的净额填列。

（19）"使用权资产"项目，反映资产负债表日承租人企业持有的使用权资产的期末账面价值。该项目应根据"使用权资产"科目的期末余额，减去"使用权资产累计折旧"和"使用权资产减值准备"科目的期末余额后的金额填列。

（20）"无形资产"项目，反映企业持有的专利权、非专利技术、商标权、著作权、土地使用权等无形资产的成本减去累计摊销和减值准备后的净值。该项目应根据"无形资产"科目的期末余额，减去"累计摊销"和"无形资产减值准备"科目期末余额后的净额填列。

学习提示：商誉不在无形资产中反映，它在资产负债表中单独列示。

（21）"开发支出"项目，反映企业开发无形资产过程中能够资本化形成无形资产成本的支出部分。该项目应根据"研发支出"科目中所属的"资本化支出"明细科目的期末余额填列。

（22）"长期待摊费用"项目，反映企业已经发生但应由本期和以后各期负担的分摊期限在1年以上的各项费用。长期待摊费用中在1年内（含1年）摊销的部分，在资产负债表"一年内到期的非流动资产"项目填列。该项目应根据"长期待摊费用"科目的期末余额减去将于1年内（含1年）摊销的数额后的金额分析填列。

（23）"递延所得税资产"项目，反映企业根据所得税准则确认的可抵扣暂时性差异产生的所得税资产。该项目应根据"递延所得税资产"科目的期末余额填列。

（24）"其他非流动资产"项目，反映企业除上述非流动资产以外的其他非流动资产。该项目应根据有关科目的期末余额填列。

2. 负债项目的填列说明

（1）"短期借款"项目，反映企业向银行或其他金融机构等借入的期限在1年以下（含1年）的各种借款。该项目应根据"短期借款"科目的期末余额填列。

（2）"交易性金融负债"项目，反映企业资产负债表日承担的交易性金融负债，以及企业持有的直接指定为以公允价值计量且其变动计入当期损益的金融负债的期末账面价值。该项目应根据"交易性金融负债"科目的相关明细科目期末余额填列。

（3）"应付票据"项目，反映资产负债表日以摊余成本计量的、企业因购买材料、商品和接受服务等开出、承兑的商业汇票，包括银行承兑汇票和商业承兑汇票。该项目应根据"应付票据"科目的期末余额填列。

（4）"应付账款"项目，反映资产负债表日以摊余成本计量的、企业因购买材料、商品和接受服务等经营活动应支付的款项。该项目应根据"应付账款"和"预付账款"科目所属的相关明细科目的期末贷方余额合计数填列。

（5）"预收款项"项目，反映企业按照销货合同规定预收客户的款项。该项目应根据"预收账款"和"应收账款"科目所属各明细科目的期末贷方余额合计数填列。如"预收账款"科目所属明细科目期末有借方余额的，应在资产负债表"应收账款"项目填列。

（6）"合同负债"项目，根据本企业履行履约义务与客户付款之间的关系在资产负债表中列示合同负债。"合同负债"项目应根据"合同负债"科目的相关明细科目的期末余额分析填列。

学习提示：合同负债是指企业已收或应收客户对价而应向客户转让商品的义务。如企业在转让承诺的商品之前已收取的款项。此项目是财会〔2017〕22号文件对原收入准则做了重大修订后新增的报表项目。

（7）"应付职工薪酬"项目，反映企业为获得职工提供的服务或解除劳动关系而给予的各种形式的报酬或补偿。企业提供给职工配偶、子女、受赠养人、已故员工遗属及其他受益人等的福利，也属于职工薪酬。职工薪酬主要包括短期薪酬、离职后福利、辞退福利和其他长期职工福利。该项目应根据"应付职工薪酬"科目所属各明细科目的期末贷方余额分析填列。外商投资企业按规定从净利润中提取的职工奖励及福利基金，也在"应付职工薪酬"项目列示。

（8）"应交税费"项目，反映企业按照税法规定计算应缴纳的各种税费，包括增值税、消费税、资源税、土地增值税、城市维护建设税、房产税、城镇土地使用税、车船税、教育费附加、企业所得税、矿产资源补偿费等。企业代扣代缴的个人所得税，也通过该项目列示。企业所缴纳的税金不需要预计应交数的，如印花税、耕地占用税等，不在该项目列示。该项目应根据"应交税费"科目的期末贷方余额填列，如"应交税费"科目期末为借方余额，应以"－"号填列。

学习提示：应交税费科目下的"应交增值税""未交增值税"等明细科目借方余额，应根据情况，在资产负债表中的"其他流动资产"或"其他非流动资产"项目列示。

（9）"其他应付款"项目，反映企业除应付票据、应付账款、预收账款、应付职工薪酬、应交税费等经营活动以外的其他各项应付、暂收的款项。该项目应根据"应付股利""应付利息""其他应付款"科目的期末余额合计数填列。

【例题 7-5】 长鑫机械设备制造有限公司于 2023 年 12 月 31 日的"应付利息"科目贷方余额为 111 000 元，"应付股利"科目贷方余额为 208 200 元。

要求：计算长鑫机械设备制造有限公司年末"其他应付款"项目列报金额。

【解析】

"其他应付款"项目列报金额＝111 000＋208 200＝319 200（元）

（10）"持有待售负债"项目，反映资产负债表日处置组中与划分为持有待售类别的资产直接相关的负债的期末账面价值。该项目应根据"持有待售负债"科目的期末余额填列。

（11）"一年内到期的非流动负债"项目，反映企业非流动负债中将于资产负债表日后一年内到期部分的金额，如将于 1 年内偿还的长期借款。该项目应根据有关科目的期末余额分析填列。

学习提示：在核算时，依然在原有科目处理；只是在列报项目上进行区别调整。

（12）"长期借款"项目，反映企业向银行或其他金融机构借入的期限在 1 年以上（不含 1 年）的各项借款。该项目应根据"长期借款"科目的期末余额，扣除"长期借款"科目所属的明细科目中将在资产负债表日起 1 年内到期且企业不能自主地将清偿义务展期的长期借款后的金额计算填列。

（13）"应付债券"项目，反映企业为筹集长期资金而发行的债券本金（和利息）。该项目应根据"应付债券"总账科目余额，扣除"应付债券"科目所属的明细科目中将在 1 年内到期且企业不能自主地将清偿义务展期的应付债券后的余额计算填列。

学习提示："应付债券"科目是长期负债类科目。

（14）"长期应付款"项目，反映除长期借款和应付债券以外的其他各种长期应付款，主要有应付补偿贸易引进设备款、采用分期付款方式购入固定资产和无形资产发生的应付账款、应付融资租入固定资产租赁费等。该项目应根据"长期应付款"科目的期末余额，减去相关的"未确认融资费用"科目的期末余额后的金额,以及"专项应付款"科目的期末余额,再减去所属相关明细科目中将于1年内到期的部分后的金额填列。

(15)"预计负债"项目,反映企业根据或有事项等相关准则确认的各项预计负债,包括对外提供担保、未决诉讼、产品质量保证、重组义务及固定资产和矿区权益弃置义务等产生的预计负债。该项目应根据"预计负债"科目的期末余额填列。

学习提示:不属于弃置义务的固定资产报废清理费,应当在发生时作为固定资产处置费用处理。

(16)"递延收益"项目,反映尚待确认的收入或收益。该项目核算包括企业根据政府补助准则确认的应在以后期间计入当期损益的政府补助金额、售后租回形成融资租赁的售价与资产账面价值差额等其他递延性收入。该项目应根据"递延收益"科目的期末余额填列。

学习提示:在实际工作中,政府补助的形式主要有财政拨款、财政贴息、税收返还和无偿划拨货币性资产等。

(17)"递延所得税负债"项目,反映企业根据所得税准则确认的应纳税暂时性差异产生的所得税负债。该项目应根据"递延所得税负债"科目的期末余额填列。

(18)"其他非流动负债"项目,反映企业除上述非流动负债以外的其他非流动负债。该项目应根据有关科目的期末余额,减去将于1年内(含1年)到期偿还数后的余额分析填列。非流动负债各项目中将于1年内(含1年)到期的非流动负债,应在"一年内到期的非流动负债"项目反映。

3. 所有者权益项目的填列说明

(1)"实收资本(或股本)"项目,反映企业各投资者实际投入的资本(或股本)总额。该项目应根据"实收资本(或股本)"科目的期末余额填列。

(2)"其他权益工具"项目,反映企业发行的除普通股以外分类为权益工具的金融工具的账面价值,并下设"优先股"和"永续债"2个项目,分别反映企业发行的分类为权益工具的优先股和永续债的账面价值。

(3)"资本公积"项目,反映企业收到投资者出资超出其在注册资本或股本中所占的份额及直接计入所有者权益的利得和损失等。该项目应根据"资本公积"科目的期末余额填列。

(4)"其他综合收益"项目,反映企业其他综合收益的期末余额。该项目应根据"其他综合收益"科目的期末余额填列。

(5)"盈余公积"项目,反映企业盈余公积的期末余额。该项目应根据"盈余公积"科目的期末余额填列。

(6)"未分配利润"项目,反映企业尚未分配的利润。该项目应根据"本年利润"科目和"利润分配"科目的余额计算填列。未弥补的亏损在该项目内以"—"号填列。

学习提示:针对资产负债表中"应收票据""应收账款""预付款项""应付票据""应付账款""预收款项"项目的填列,可以结合"收对收、付对付、资产为借、负债为贷"的口诀记忆。

【**例题 7-6**】 长鑫机械设备制造有限公司为增值税一般纳税人,增值税税率为13%,企业所得税税率为25%。该公司2022年12月31日的资产负债表如表7-2所示,2023年12月31日的科目余额表如表7-3所示。

表 7-2　　　　　　　　　　　　　　　资产负债表　　　　　　　　　　　　　　会企 01 表

编制单位:长鑫机械设备制造有限公司 2022 年 12 月 31 日　　　　　　　　　　　单位:元

资产	期末余额	上年年末余额	负债及所有者权益（或股东权益）	期末余额	上年年末余额
流动资产：			流动负债：		
货币资金	962 250.00		短期借款		
交易性金融资产			交易性金融负债		
应收票据	252 000.00		应付票据	244 500.00	
应收账款	747 000.00		应付账款	1 128 000.00	
应收款项融资			预收款项	67 500.00	
预付款项			合同负债		
其他应收款	87 000.00		应付职工薪酬	207 000.00	
存货	1 894 500.00		应交税费	264 000.00	
合同资产			其他应付款	217 500.00	
持有待售资产			持有待售负债		
一年内到期的非流动资产			一年内到期的非流动负债	180 000.00	
其他流动资产			其他流动负债		
流动资产合计	3 942 750.00		流动负债合计	2 308 500.00	
非流动资产：			非流动负债：		
债权投资	199 500.00		长期借款	1 260 000.00	
其他债权投资			应付债券		
长期应收款			其中:优先股		
长期股权投资	852 000.00		永续债		
其他权益工具投资			租赁负债		
其他非流动金融资产			长期应付款		
投资性房地产			预计负债		
固定资产	6 588 450.00		递延收益		
在建工程	805 350.00		递延所得税负债		
生产性生物资产			其他非流动负债		
油气资产			非流动负债合计	1 260 000.00	
使用权资产			负债合计	3 568 500.00	
无形资产	456 000.00		所有者权益(或股东权益):		

(续表)

资产	期末余额	上年年末余额	负债及所有者权益（或股东权益）	期末余额	上年年末余额
开发支出			实收资本（或股本）	7 527 000.00	
商誉			其他权益工具		
长期待摊费用			其中：优先股		
递延所得税资产	13 350.00		永续债		
其他非流动资产			资本公积		
非流动资产合计	8 914 650.00		减：库存股		
			其他综合收益		
			专项储备		
			盈余公积	1 274 400.00	
			未分配利润	487 500.00	
			所有者权益（或股东权益）合计	9 288 900.00	
资产总计	12 857 400.00		负债及所有者权益（或股东权益）总计	12 857 400.00	

表 7-3　　　　　　　　　　　　　　科目余额表

2023 年 12 月 31 日　　　　　　　　　　　　　　　　　　单位：元

科目名称	期末余额	
	借方	贷方
库存现金	5 000.00	
银行存款	1 056 700.00	
交易性金融资产	217 500.00	
债权投资	79 500.00	
应收账款	924 300.00	
应收票据	222 000.00	
预付账款	75 000.00	
其他应收款	0.00	
应收利息	5 850.00	
应收股利	142 500.00	
坏账准备		6 300.00
库存商品	897 000.00	

(续表)

科目名称	期末余额	
	借方	贷方
原材料	513 000.00	
周转材料	231 000.00	
长期股权投资	853 500.00	
固定资产	8 387 250.00	
累计折旧		1 648 500.00
在建工程	805 200.00	
工程物资	120 150.00	
无形资产	456 000.00	
累计摊销		132 000.00
长期待摊费用	0.00	
递延所得税资产	9 750.00	
短期借款		229 500.00
应付票据		204 000.00
应付账款		1 177 500.00
应付职工薪酬		214 500.00
应交税费		201 000.00
应付利息		111 000.00
应付股利		208 200.00
其他应付款		0.00
长期借款		1 260 000.00
长期应付款		15 000.00
预计负债		0.00
实收资本		7 527 000.00
资本公积		0.00
其他综合收益		1 500.00
盈余公积		1 378 200.00
利润分配		687 000.00

长鑫机械设备制造有限公司"长期借款"总账科目贷方余额1 260 000元中有180 000元将于1年内到期。2023年没有发生会计政策变更、前期差错更正等需要调整年初余额的事项。坏账准备计提的金额数仅与应收账款有关明细科目相关。

要求：根据表7-2及表7-3，编制2023年12月31日的资产负债表。

【解析】 2023年12月31日长鑫机械设备制造有限公司的资产负债表如表7-4所示。

表7-4　　　　　　　　　　　　　　资产负债表　　　　　　　　　　　　　　会企01表

编制单位:长鑫机械设备制造有限公司　　2023年12月31日　　　　　　　　　　单位:元

资产	期末余额	上年年末余额	负债及所有者权益（或股东权益）	期末余额	上年年末余额
流动资产：			流动负债：		
货币资金	1 061 700.00	962 250.00	短期借款	229 500.00	
交易性金融资产	217 500.00		交易性金融负债		
应收票据	222 000.00	252 000.00	应付票据	204 000.00	244 500.00
应收账款	918 000.00	747 000.00	应付账款	1 177 500.00	1 128 000.00
应收款项融资			预收款项		67 500.00
预付款项	75 000.00		合同负债		
其他应收款	148 350.00	87 000.00	应付职工薪酬	214 500.00	207 000.00
存货	1 641 000.00	1 894 500.00	应交税费	201 000.00	264 000.00
合同资产			其他应付款	319 200.00	217 500.00
持有待售资产			持有待售负债		
一年内到期的非流动资产			一年内到期的非流动负债	180 000.00	180 000.00
其他流动资产			其他流动负债		
流动资产合计	4 283 550.00	3 942 750.00	流动负债合计	2 525 700.00	2 308 500.00
非流动资产：			非流动负债：		
债权投资	79 500.00	199 500.00	长期借款	1 080 000.00	1 260 000.00
其他债权投资			应付债券		
长期应收款			其中:优先股		
长期股权投资	853 500.00	852 000.00	永续债		
其他权益工具投资			租赁负债		
其他非流动金融资产			长期应付款	15 000.00	
投资性房地产			预计负债		
固定资产	6 738 750.00	6 588 450.00	递延收益		
在建工程	925 350.00	805 350.00	递延所得税负债		
生产性生物资产			其他非流动负债		
油气资产			非流动负债合计	1 095 000.00	1 260 000.00
使用权资产			负债合计	3 620 700.00	3 568 500.00
无形资产	324 000.00	456 000.00	所有者权益(或股东权益):		

(续表)

资产	期末余额	上年年末余额	负债及所有者权益（或股东权益）	期末余额	上年年末余额
开发支出			实收资本（或股本）	7 527 000.00	7 527 000.00
商誉			其他权益工具		
长期待摊费用			其中：优先股		
递延所得税资产	9 750.00	13 350.00	永续债		
其他非流动资产			资本公积		
非流动资产合计	8 930 850.00	8 914 650.00	减：库存股		
			其他综合收益	1 500.00	
			专项储备		
			盈余公积	1 378 200.00	1 274 400.00
			未分配利润	687 000.00	487 500.00
			所有者权益（或股东权益）合计	9 593 700.00	9 288 900.00
资产总计	13 214 400.00	12 857 400.00	负债及所有者权益（或股东权益）总计	13 214 400.00	12 857 400.00

任务三 利润表

学习导读：赵珍在认真查看汉唐公司2023年的利润表。汉唐公司利润表显示，公司营业收入510万元，营业成本300万元，税金及附加20万元，管理费用、财务费用等其他费用80万元。公司营业利润110万元，上交企业所得税10万元。赵珍觉得汉唐公司经营成果不错。本任务将带领大家学习利润表的基本知识和编制方法。

一、利润表概述

（一）利润表的概念

利润表又称损益表，是指反映企业在一定会计期间的经营成果的报表。它是在会计凭证、会计账簿等会计资料的基础上，进一步确认企业一定会计期间经营成果的结构性表述，综合反映企业利润的实现过程和利润的来源及构成情况，是对企业一定会计期间经营业绩的系统总结。

（二）利润表的结构原理

利润表主要由表首、表体两部分组成。表首部分应列明报表名称、编制单位名称、编制日期、报表编号和计量单位；表体部分是利润表的主体，列示了形成经营成果的各个项目和计算过程。

利润表表体部分的基本结构主要根据"收入－费用＝利润"平衡公式,按照各具体项目的性质和功能作为分类标准,依次将某一会计期间的收入、费用和利润的具体项目予以适当的排列编制而成。利润表项目的性质是指各具体项目的经济性质,如营业利润是指企业一定会计期间通过日常营业活动所实现的利润额,利润总额则是指营业利润和非经常性损益净额(即损失和利得)的总和,净利润是指利润总额减去所得税费用的净额。利润表项目的功能是指各具体项目在创造和实现利润的经营业务活动过程中的功能与作用,如利润表中对于费用列报通常按照功能进行分类,包括从事经营业务发生的成本、管理费用、销售费用、研发费用和财务费用等。

利润表的表体结构有单步式和多步式。单步式利润表是将当期所有的收入列在一起,所有的费用列在一起,然后将两者相减得出当期净损益。我国企业的利润表采用多步式结构,即通过对当期的收入、费用、支出项目按性质加以归类,按利润形成的主要环节列示一些中间性利润指标,分步计算当期净损益,以便财务报表使用者理解企业经营成果的不同来源。

为了使财务报表使用者通过比较不同期间利润的实现情况,判断企业经营成果的未来发展趋势,企业需要提供比较利润表。为此,应将利润表金额栏分为"本期金额"和"上期金额"两栏分别填列。一般企业的利润表如表7-5所示。

表7-5　　　　　　　　　　　利润表　　　　　　　　　　　会企02表
编制单位:　　　　　　　　　　年　月　　　　　　　　　　单位:元

项目	本期金额	上期金额
一、营业收入		
减:营业成本		
税金及附加		
销售费用		
管理费用		
研发费用		
财务费用		
其中:利息费用		
利息收入		
加:其他收益		
投资收益(损失以"－"号填列)		
其中:对联营企业和合营企业的投资收益		
以摊余成本计量的金融资产终止确认收益(损失以"－"号填列)		
净敞口套期收益(损失以"－"号填列)		
公允价值变动收益(损失以"－"号填列)		

(续表)

项目	本期金额	上期金额
信用减值损失		
资产减值损失		
资产处置收益(损失以"－"号填列)		
二、营业利润(亏损以"－"号填列)		
加：营业外收入		
减：营业外支出		
三、利润总额(亏损总额以"－"号填列)		
减：所得税费用		
四、净利润(净亏损以"－"号填列)		
(一)持续经营净利润(净亏损以"－"号填列)		
(二)终止经营净利润(净亏损以"－"号填列)		
五、其他综合收益的税后净额		
(一)不能重分类进损益的其他综合收益		
1. 重新计量设定受益计划变动额		
2. 权益法下不能转损益的其他综合收益		
3. 其他权益工具投资公允价值变动		
4. 企业自身信用风险公允价值变动		
……		
(二)将重分类进损益的其他综合收益		
1. 权益法下可转损益的其他综合收益		
2. 其他债权投资公允价值变动		
3. 金融资产重分类计入其他综合收益的金额		
4. 其他债权投资信用减值准备		
5. 现金流量套期		
6. 外币财务报表折算差额		
……		
六、综合收益总额		
七、每股收益		
(一)基本每股收益		
(二)稀释每股收益		

（三）利润表的作用

利润表的主要作用是有助于使用者分析判断企业净利润的质量及其风险，评价企业经营管理效率；有助于使用者预测企业净利润的持续性，从而作出正确的决策。

（1）利润表可以反映企业在一定会计期间的收入实现情况，如实现的营业收入、取得的投资收益、发生的公允价值变动损益及营业外收入等对利润的贡献大小。

（2）利润表可以反映企业一定会计期间的费用耗费情况，如发生的营业成本、税金及附加、销售费用、管理费用、财务费用、营业外支出等对利润的影响程度。

（3）利润表可以反映企业一定会计期间的净利润实现情况，分析判断企业受托责任的履行情况，进而还可以反映企业资本的保值增值情况，为企业管理者解脱受托责任提供依据。

（4）将利润表资料及信息与资产负债表资料及信息相结合进行综合计算分析，如将营业成本与存货或资产总额的平均余额进行比较，可以反映企业运用其资源的能力和效率，便于分析判断企业资金周转情况及盈利能力和水平，进而判断企业未来的盈利增长和发展趋势，作出相应经济决策。

二、利润表的编制

（一）利润表的编制要求

利润表中一般应单独列报的项目主要有营业利润、利润总额、净利润、其他综合收益的税后净额、综合收益总额和每股收益等。

1. 计算营业利润

营业利润的计算公式如下：

$$\text{营业利润} = \text{营业收入} - \text{营业成本} - \text{税金及附加} - \text{销售费用} - \text{管理费用} - \text{研发费用} - \text{财务费用} - \text{资产减值损失} - \text{信用减值损失} + \text{其他收益} + \text{投资收益(或} - \text{投资损失)} + \text{净敞口套期收益(或} - \text{净敞口套期损失)} + \text{公允价值变动收益(或} - \text{公允价值变动损失)} + \text{资产处置收益(或} - \text{资产处置损失)}$$

2. 计算利润总额

利润总额的计算公式如下：

$$\text{利润总额} = \text{营业利润} + \text{营业外收入} - \text{营业外支出}$$

3. 计算净利润（或净亏损）

净利润的计算公式如下：

$$\text{净利润} = \text{利润总额} - \text{所得税费用}$$

学习提示： "所得税费用"科目核算企业负担的所得税，是损益类科目。所得税费用是指企业经营利润应缴纳的所得税。由于可能存在暂时性差异，所得税费用通常不等于当期应交所得税，而是等于当期所得税和递延所得税之和，即从当期利润总额中扣除的所得税费用。如果只有永久性差异，则等于当期应交所得税。

4. 计算综合收益总额

以净利润(或净亏损)和其他综合收益的税后净额为基础,计算出综合收益总额。其中,其他综合收益的税后净额包括不能重分类进损益的其他综合收益和将重分类进损益的其他综合收益等项目。

5. 计算每股收益

以净利润(或净亏损)为基础,计算每股收益,包括基本每股收益和稀释后每股收益。

学习提示：每股收益是衡量上市公司盈利能力最重要的财务指标,该比率反映了每股创造的税后利润。比率越高,表明所创造的利润越多。

利润表各项目需填列"本期金额"栏和"上期金额"栏。其中"上期金额"栏内各项数据,应根据上年该期利润表的"本期金额"栏内所列数字填列。"本期金额"栏内各期数字,除"基本每股收益"和"稀释每股收益"项目外,应按照相关科目的发生额分析填列。例如,"营业收入"项目,根据"主营业务收入""其他业务收入"科目的发生额分析计算填列;"营业成本"项目,根据"主营业务成本""其他业务成本"科目的发生额分析计算填列。

(二)利润表的填列方法及填列说明

利润表的"本期金额"栏,一般应根据损益类科目和所有者权益类有关科目的发生额填列。

(1) "营业收入"项目,反映企业经营主要业务和其他业务所确认的收入总额。该项目应根据"主营业务收入"和"其他业务收入"科目的发生额分析填列。

【例题7-7】 长鑫机械设备制造有限公司2023年销售X产品取得收入1 250 000元,销售Y产品取得收入1 506 550元。

要求：计算长鑫机械设备制造有限公司2023年利润表"营业收入"项目本期列报金额。

【解析】

"营业收入"项目列报金额＝1 250 000＋1 506 550＝2 756 550(元)

(2) "营业成本"项目,反映企业经营主要业务和其他业务所发生的成本总额。该项目应根据"主营业务成本"和"其他业务成本"科目的发生额分析填列。

【例题7-8】 长鑫机械设备制造有限公司2023年销售X产品的成本为540 000元,销售Y产品的成本为952 500元。

要求：计算长鑫机械设备制造有限公司2023年利润表"营业成本"项目本期列报金额。

【解析】

"营业成本"项目列报金额＝540 000＋952 500＝1 492 500(元)

(3) "税金及附加"项目,反映企业经营业务应负担的消费税、城市维护建设税、资源税、土地增值税、教育费附加、房产税、车船税、城镇土地使用税、印花税等相关税费。该项目应根据"税金及附加"科目的发生额分析填列。

学习提示：印花税计提时借方是"税金及附加",但是贷方不是"应交税费"。

(4) "销售费用"项目,反映企业在销售商品过程中发生的包装费、广告费等费用和为销售本企业商品而专设的销售机构的职工薪酬、业务费等经营费用。该项目应根据"销售费用"科目的发生额分析填列。

【例题7-9】 长鑫机械设备制造有限公司2023年销售商品过程中发生的包装费用合计2 000元,广告费用为100 000元。

要求：计算长鑫机械设备制造有限公司2023年利润表"销售费用"项目本期列报金额。

【解析】"销售费用"项目列报金额＝2 000＋100 000＝102 000（元）

（5）"管理费用"项目，反映企业为组织和管理生产经营发生的管理费用。该项目应根据"管理费用"科目的发生额分析填列。

【例题7-10】 长鑫机械设备制造有限公司2023年职工薪酬合计发生67 500元（全部为管理人员薪酬），管理用固定资产折旧发生额为201 000元，管理用无形资产摊销额为99 000元，支付其他相关管理费用合计为75 000元。

要求：计算长鑫机械设备制造有限公司2023年利润表"管理费用"项目本期列报金额。

【解析】 "管理费用"项目列报金额＝67 500＋201 000＋99 000＋75 000＝442 500（元）

（6）"研发费用"项目，反映企业进行研究与开发过程中发生的费用化支出，以及计入管理费用的自行开发无形资产的摊销。该项目应根据"管理费用"科目下的"研发费用"明细科目的发生额，以及"管理费用"科目下的"无形资产摊销"明细科目的发生额分析填列。

（7）"财务费用"项目，反映企业为筹集生产经营所需资金等而发生的筹资费用。该项目应根据"财务费用"科目的相关明细科目的发生额分析填列。

学习提示：财务部门属于管理部门，该部门所发生的费用应该归入"管理费用"科目。

（8）"资产减值损失"项目，反映企业各项资产发生的减值损失。该项目应根据"资产减值损失"科目的发生额分析填列。

（9）"信用减值损失"项目，反映企业计提的各项金融工具减值准备所形成的预期信用损失。该项目应根据"信用减值损失"科目的发生额分析填列。

（10）"其他收益"项目，反映计入其他收益的政府补助等。该项目应根据"其他收益"科目的发生额分析填列。

（11）"投资收益"项目，反映企业以各种方式对外投资所取得的收益。该项目应根据"投资收益"科目的发生额分析填列；如为投资损失，该项目以"－"号填列。

（12）"公允价值变动收益"项目，反映企业应当计入当期损益的资产或负债公允价值变动收益。该项目应根据"公允价值变动损益"科目的发生额分析填列；如为净损失，该项目以"－"号填列。

（13）"资产处置收益"项目，反映企业出售划分为持有待售的非流动资产或处置组时确认的处置利得或损失，以及处置未划分为持有待售的固定资产、在建工程、生产性生物资产及无形资产而产生的处置利得或损失。债务重组中因处置非流动资产产生的利得或损失、非货币性资产交换中换出非流动资产产生的利得或损失也包括在本项目内。该项目应根据"资产处置损益"科目的发生额分析填列；如为处置损失，该项目以"－"号填列。

学习提示：债务重组又称债务重整，是指债权人在债务人发生严重财务困难情况下，债权人按照与债务人达成的协议或法院的裁定作出的让步的事项。

（14）"营业利润"项目，反映企业实现的营业利润。如为亏损，该项目以"－"号填列。

（15）"营业外收入"项目，反映企业发生的除营业利润以外的收益。该项目应根据"营业外收入"科目的发生额分析填列。

（16）"营业外支出"项目，反映企业发生的除营业利润以外的损失。该项目应根据"营业外支出"科目的发生额分析填列。

(17)"利润总额"项目,反映企业实现的利润。如为亏损,该项目以"—"号填列。

(18)"所得税费用"项目,反映企业应从当期利润总额中扣除的所得税费用。该项目应根据"所得税费用"科目的发生额分析填列。

(19)"净利润"项目,反映企业实现的净利润。如为亏损,该项目以"—"号填列。

(20)"其他综合收益的税后净额"项目,反映企业根据《企业会计准则》规定未在损益中确认的各项利得和损失扣除所得税影响后的净额。

(21)"综合收益总额"项目,反映企业净利润与其他综合收益(税后净额)的合计金额。

(22)"每股收益"项目,包括基本每股收益和稀释每股收益2项指标,反映普通股或潜在普通股已公开交易的企业,以及正处在公开发行普通股或潜在普通股过程中的企业的每股收益信息。

【例题 7-11】 长鑫机械设备制造有限公司为增值税一般纳税人,增值税税率为13%,企业所得税税率为25%。2023年损益科目累计发生额如表7-6所示。

表 7-6　　　　　　　　　　2023 年损益科目累计发生额　　　　　　　　单位:元

科目名称	累计发生额	
	借方	贷方
主营业务收入		2 756 550.00
主营业务成本	1 492 500.00	
税金及附加	81 000.00	
销售费用	102 000.00	
管理费用	442 500.00	
财务费用	111 000.00	
资产减值损失	33 000.00	
信用减值损失	6 900.00	
公允价值变动损益		22 500.00
投资收益		155 850.00
营业外收入		34 500.00
营业外支出		
所得税费用	189 000.00	
合计	2 457 900.00	2 969 400.00

所涉及财务费用均由利息费用产生,长鑫机械设备制造有限公司其他债权投资公允价值增长1 500元。

要求:根据资料,编制长鑫机械设备制造有限公司2023年利润表。

【解析】

长鑫机械设备制造有限公司2023年利润表如表7-7所示。

表 7-7　　　　　　　　　　　　　　　利润表　　　　　　　　　　　　会企 02 表
编制单位:长鑫机械设备制造有限公司　　　2023 年度　　　　　　　　　　单位:元

项目	本期金额	上期金额
一、营业收入	2 756 550.00	略
减:营业成本	1 492 500.00	
税金及附加	81 000.00	
销售费用	102 000.00	
管理费用	442 500.00	
研发费用		
财务费用	111 000.00	
其中:利息费用	111 000.00	
利息收入		
加:其他收益		
投资收益(损失以"—"号填列)	155 850.00	
其中:对联营企业和合营企业的投资收益		
以摊余成本计量的金融资产终止确认收益(损失以"—"号填列)		
净敞口套期收益(损失以"—"号填列)		
公允价值变动收益(损失以"—"号填列)	22 500.00	
信用减值损失	6 900.00	
资产减值损失	33 000.00	
资产处置收益(损失以"—"号填列)		
二、营业利润(亏损以"—"号填列)	666 000.00	
加:营业外收入	34 500.00	
减:营业外支出		
三、利润总额(亏损总额以"—"号填列)	700 500.00	
减:所得税费用	189 000.00	
四、净利润(净亏损以"—"号填列)	511 500.00	
(一)持续经营净利润(净亏损以"—"号填列)		
(二)终止经营净利润(净亏损以"—"号填列)		
五、其他综合收益的税后净额	1 500.00	
(一)不能重分类进损益的其他综合收益		

(续表)

项目	本期金额	上期金额
1. 重新计量设定受益计划变动额		
2. 权益法下不能转损益的其他综合收益		
3. 其他权益工具投资公允价值变动		
4. 企业自身信用风险公允价值变动		
……		
（二）将重分类进损益的其他综合收益	1 500.00	
1. 权益法下可转损益的其他综合收益		
2. 其他债权投资公允价值变动	1 500.00	
3. 金融资产重分类计入其他综合收益的金额		
4. 其他债权投资信用减值准备		
5. 现金流量套期		
6. 外币财务报表折算差额		
……		
六、综合收益总额	513 000.00	
七、每股收益	略	
（一）基本每股收益		
（二）稀释每股收益		

任务四 现金流量表

学习导读：赵珍在认真查看汉唐公司 2023 年的现金流量表。汉唐公司现金流量表显示，公司 2023 年创造了 525 万元营业收入，其中大部分都已经收回资金，只有 50 万元应收账款和 50 万元应收票据没有收回；通过银行借入资金 100 万元；公司刚成立不久，购买材料基本是现款。赵珍觉得汉唐公司总体上创造现金和实现现金流能力都比较强。本任务将带领大家学习现金流量表的基本知识和编制方法。

一、现金流量表概述

（一）现金流量表的概念

现金流量表是指反映企业在一定会计期间现金和现金等价物流入和流出的报表。它是以资产负债表和利润表等会计核算资料为依据，按照收付实现制要求对现金流量的结构性表述,揭示企业在一定会计期间获取现金及现金等价物的能力。

现金是指企业库存现金及可以随时用于支付的存款。不能随时用于支付的存款不属于现金。

现金等价物是指企业持有的期限短、流动性强、易于转换为已知金额现金、价值变动风险很小的投资。期限短一般是指从购买日起3个月内到期。现金等价物通常包括3个月内到期的债券投资等。权益性投资变现的金额通常不确定,因而不属于现金等价物。企业应当根据具体情况,确定现金等价物的范围,一经确定不得随意变更。以下表述现金时,除非同时提及现金等价物,均包括现金和现金等价物。

现金流量是指现金和现金等价物的流入和流出。

学习提示: 企业的净利润是以权责发生制为基础计算出来的,不一定能够真正变成现金,如赊销产生的利润;而现金流量表中的现金流量是以收付实现制为基础编制的,已经实实在在地流入了企业,变成了现金,造不了假。正因如此,现金流量表越来越受到人们的关注。

(二) 现金流量表的结构原理

1. 现金流量表的结构

现金流量表的基本结构根据"现金流入量－现金流出量＝现金净流量"公式设计。现金流量包括现金流入量、现金流出量、现金净流量。根据企业业务活动的性质和现金流量的功能,可以将现金流量分为3类并在现金流量表中列示,即经营活动产生的现金流量、投资活动产生的现金流量和筹资活动产生的现金流量。每一类都分为流入量、流出量和净流量三部分分项列示。此外,企业持有除记账本位币外的以外币为计量单位的资产负债及往来款项的,还应列示汇率变动对现金及现金等价物的影响。一般企业的现金流量表如表7-8所示。

表 7-8　　　　　　　　　　　现金流量表　　　　　　　　　　会企03表

编制单位:　　　　　　　　　　　年　月　　　　　　　　　　　单位:元

项目	本期金额	上期金额
一、经营活动产生的现金流量		
销售商品、提供劳务收到的现金		
收到的税费返还		
收到其他与经营活动有关的现金		
经营活动现金流入小计		
购买商品、接受劳务支付的现金		
支付给职工以及为职工支付的现金		
支付的各项税费		
支付的其他与经营活动有关的现金		
经营活动现金流出小计		

(续表)

项目	本期金额	上期金额
经营活动产生的现金流量净额		
二、投资活动产生的现金流量		
收回投资收到的现金		
取得投资收益收到的现金		
处置固定资产、无形资产和其他长期资产收回的现金净额		
处置子公司及其他经营单位收到的现金净额		
收到的其他与投资活动有关的现金		
投资活动现金流入小计		
购建固定资产、无形资产和其他长期资产所支付的现金		
投资支付的现金		
取得子公司及其他营业单位支付的现金净额		
支付其他与投资活动有关的现金		
投资活动现金流出小计		
投资活动产生的现金流量净额		
三、筹资活动产生的现金流量		
吸收投资收到的现金		
取得借款收到的现金		
收到的其他与筹资活动有关的现金		
筹资活动现金流入小计		
偿还债务所支付的现金		
分配股利、利润或偿付利息所支付的现金		
支付的其他与筹资活动有关的现金		
筹资活动现金流出小计		
筹资活动产生的现金流量净额		
四、汇率变动对现金及现金等价物的影响		
五、现金及现金等价物净增加额		
加:期初现金及现金等价物余额		
六、期末现金及现金等价物余额		
会计报表附注为会计报表的组成部分		

根据《企业会计准则》的规定,企业在编制现金流量表的同时,还应当编制现金流量表补

充资料,用以反映将净利润调节为现金流量表中的经营活动现金流量、不涉及现金收支的重大投资和筹资活动、现金及现金等价物净变动情况等信息,并在附注中披露此信息。现金流量表补充资料如表 7-9 所示。

表 7-9　　　　　　　　　现金流量表补充资料　　　　　　　　　单位:元

补充资料	本期金额	上期金额
1. 将净利润调节为经营活动现金流量		
净利润		
加:资产减值准备		
信用损失准备		
固定资产折旧、油气资产折耗、生产性生物资产折旧		
无形资产摊销		
长期待摊费用摊销		
处置固定资产、无形资产和其他长期资产的损失(收益以"－"填列)		
固定资产报废损失(收益以"－"填列)		
净敞口套期损失(收益以"－"填列)		
公允价值变动损失(收益以"－"填列)		
财务费用(收益以"－"填列)		
投资损失(收益以"－"填列)		
递延所得税资产减少(增加以"－"填列)		
递延所得税负债增加(减少以"－"填列)		
存货的减少(增加以"－"填列)		
经营性应收项目的减少(增加以"－"填列)		
经营性应付项目的增加(减少以"－"填列)		
其他		
经营活动产生的现金流量净额		
2. 不涉及现金收支的重大投资和筹资活动		
债务转为资本		
一年内到期的可转换公司债券		
融资租入固定资产		
3. 现金及现金等价物净变动情况		
现金的期末余额		
减:现金的期初余额		

(续表)

补充资料	本期金额	上期金额
加:现金等价物的期末余额		
减:现金等价物的期初余额		
现金及现金等价物净增加额		

2. 现金流量表的格式

现金流量表的格式是指现金流量表结构内容的编排顺序和方式。现金流量表的格式应有利于反映企业业务活动的性质和现金流量的来源,其基本原理是以权责发生制为基础提供的会计核算资料为依据,按照收付实现制基础进行调整计算,以反映现金流量增减变动及其结果,即将以权责发生制为基础编制的资产负债表和利润表资料按照收付实现制基础调整计算编制现金流量表。调整计算方法包括直接法和间接法。

以直接法编制的现金流量表便于分析经营活动产生的现金流量的来源和用途,预测企业现金流量的未来前景;以间接法编制的现金流量表便于将净利润与经营活动产生的现金流量净额进行比较,了解净利润与经营活动产生的现金流量差异的原因,从现金流量的角度分析净利润的质量。两者可以相互验证和补充。

按照我国企业会计准则规定,企业应当采用直接法列示经营活动产生的现金流量。同时规定,企业应当在附注中披露将净利润调整为经营活动现金流量的信息。由此,现金流量表的格式分为直接法格式和间接法格式,分别如表7-8、表7-9所示。

(三)现金流量表的作用

现金流量表相较于资产负债表和利润表具有许多不同的重要作用,主要表现在以下几个方面:

(1)现金流量表提供了企业一定会计期间内现金和现金等价物流入和流出的现金流量信息,可以弥补基于权责发生制基础编报提供的资产负债表和利润表的某些固有缺陷,在资产负债表与利润表之间架起一条连接的纽带和桥梁,揭示企业财务状况与经营成果之间的内在关系,便于会计报表使用者了解企业净利润的质量。

(2)现金流量表分别提供了经营活动、投资活动和筹资活动产生的现金流量,每类又分为若干具体项目,分别从不同角度反映企业业务活动的现金流入、流出及其影响现金净流量的因素,弥补了资产负债表和利润表分类列报内容的某些不足,从而帮助使用者了解和评价企业获取现金及现金等价物的能力,包括企业支付能力、偿债能力和周转能力,进而预测企业未来的现金流量情况,为其决策提供有力依据。

(3)现金流量表以收付实现制为基础,对现金的确认和计量在不同企业间基本一致,提供了企业之间更加可比的会计信息,有利于会计报表使用者提高决策的质量和效率。

(4)现金流量表以收付实现制为基础编制,降低了企业盈余管理程度,提高了会计信息质量,有利于更好发挥会计监督职能作用,改善公司治理状况,进而促进实现会计决策有用性和维护经济资源配置秩序、提高经济效益的目标要求。

学习提示:现金流量表的编制具有很大的意义:①弥补了资产负债表信息量的不足。②便于从现金流量的角度对企业进行考核。③便于了解企业筹措现金、生成现金的能力。

二、现金流量表的编制

(一) 现金流量表的编制要求

现金流量表应当分别列报经营活动、投资活动和筹资活动的现金流量。现金流量应当分别按照现金流入和现金流出总额列报。但是,下列各项可以按照净额列报:

(1) 代客户收取或支付的现金。

(2) 周转快、金额大、期限短项目的现金流入和现金流出。

(3) 金融企业的有关项目,包括短期贷款发放与收回的贷款本金、活期存款的吸收与支付、同业存款和存放同业款项的存取、向其他金融企业拆借资金,以及证券的买入与卖出等。

(4) 自然灾害损失、保险索赔等特殊项目,应当根据其性质,分别归并到经营活动、投资活动和筹资活动现金流量类别中单独列报。

(5) 外币现金流量及境外子公司的现金流量,应当采用现金流量发生日的即期汇率或按照系统合理的方法确定的、与现金流量发生日即期汇率近似的汇率折算。汇率变动对现金的影响额应当作为调整项目,在现金流量表中单独列报"汇率变动对现金及现金等价物的影响"。

(二) 现金流量表项目的编制方法

1. 直接法和间接法

编制现金流量表时,列报经营活动现金流量的方法主要有以下 2 种。

1) 直接法

直接法是指通过现金收入和现金支出的主要类别列示企业经营活动现金流量的方法。例如,某企业某年度利润表中列示的营业收入为 100 万元,资产负债表中列示的应收账款年末金额为 20 万元、上年年末金额为 15 万元,不考虑其他因素影响,则表明该企业当年度 100 万元的营业收入中有 5 万元尚未收到现金,即销售商品收到的现金为 95 万元。

在直接法下,一般是以利润表中的营业收入为起算点,调节与经营活动有关的项目的增减变动,然后计算出经营活动产生的现金流量。

采用直接法编报的现金流量表,便于分析企业经营活动产生的现金流量的来源和用途,预测企业现金流量的未来前景。我国《企业会计准则》规定企业应当采用直接法编报现金流量表,同时要求在附注中提供以净利润为基础调节到经营活动现金流量的信息。

2) 间接法

间接法是指将净利润调整为经营活动现金流量的方法。例如,某企业某年度利润表中列示的净利润为 10 万元,资产负债表中列示的应收账款年末金额为 20 万元,上年年末金额为 15 万元,不考虑其他因素影响,则表明该企业当年度 10 万元的净利润中有 5 万元尚未收到现金,即经营活动产生的现金流量净额为 5 万元。由此可见,直接法是以利润表中的营业收入为起算点调整计算经营活动产生的现金流量净额,而间接法则是以净利润为起算点调整计算经营活动产生的现金流量净额,两者的结果是一致的。调整计算的经营活动产生的现金流量净额加上投资活动产生的现金流量净额和筹资活动产生的现金流量净额为报告期的现金及现金等价物净增加额,再加上报告期期初现金及现金等价物余额等于期末现金及现金等价物余额。

在间接法下,将净利润调节为经营活动现金流量,实际上就是将按权责发生制原则确定的净利润调整为现金净流入,并剔除投资活动和筹资活动对现金流量的影响。

采用间接法编报现金流量表,便于将净利润与经营活动产生的现金流量净额进行比较,了解净利润与经营活动产生的现金流量差异的原因,从现金流量的角度分析净利润的质量。

学习提示: 工作底稿又称"工作底表",是指当整理信息编写正式报告和财务报表时,会计人员和管理人员编制的分析和非正式报告。

2. 工作底稿法、T型账户法和分析填列法

1) 工作底稿法

采用工作底稿法编制现金流量表,是以工作底稿为手段,以资产负债表和利润表数据为基础,对每一项目进行分析并编制调整分录,从而编制现金流量表。工作底稿法的程序如下:

第一步,将资产负债表的期初数和期末数过入工作底稿的期初数栏和期末数栏。

第二步,对当期业务进行分析并编制调整分录。编制调整分录时,要以利润表项目为基础,从"营业收入"开始,结合资产负债表项目逐一进行分析。在调整分录中,有关现金和现金等价物的事项,并不直接借记或贷记现金,而是分别计入"经营活动产生的现金流量""投资活动产生的现金流量""筹资活动产生的现金流量"有关项目,借记表示现金流入,贷记表示现金流出。

第三步,将调整分录过入工作底稿中的相应部分。

第四步,核对调整分录,借方、贷方合计数均已经相等,资产负债表项目期初数加减调整分录中的借贷金额以后,也等于期末数。

第五步,根据工作底稿中的现金流量表项目部分编制正式的现金流量表。

2) T型账户法

采用T型账户法编制现金流量表,是以T型账户为手段,以资产负债表和利润表数据为基础,对每一项目进行分析并编制调整分录,从而编制现金流量表。T型账户法的程序如下:

第一步,为所有的非现金项目(包括资产负债表项目和利润表项目)分别开设T型账户,并将各自的期末期初变动数过入各该账户。如果项目的期末数大于期初数,则将差额过入和项目余额相同的方向;反之,过入相反的方向。

第二步,开设一个大的"现金及现金等价物"T型账户,每边分为经营活动、投资活动和筹资活动3个部分,左边记现金流入,右边记现金流出。与其他账户一样,过入期末期初变动数。

第三步,以利润表项目为基础,结合资产负债表分析每一个非现金项目的增减变动,并据此编制调整分录。

第四步,将调整分录过入各T型账户,并进行核对,该账户借贷相抵后的余额与原先过入的期末期初变动数应当一致。

第五步,根据大的"现金及现金等价物"T型账户编制正式的现金流量表。

3) 分析填列法

分析填列法是直接根据资产负债表、利润表和有关会计科目明细账的记录,分析计算出现金流量表各项目的金额,并据以编制现金流量表的方法。

(三)现金流量表项目的填列说明

1. 经营活动产生的现金流量

经营活动是指企业投资活动和筹资活动以外的所有交易和事项。各类企业由于行业特点不同,对经营活动的认定存在一定差异。我国企业经营活动产生的现金流量应当采用直接法填列。

(1)"销售商品、提供劳务收到的现金"项目,反映企业本期销售商品、提供劳务收到的现金,以及前期销售商品、提供劳务本期收到的现金(包括销售收入和应向购买者收取的增值税销项税额)和本期预收的款项,减去本期销售本期退回商品和前期销售本期退回商品支付的现金。企业销售材料和代购代销业务收到的现金,也在该项目反映。

(2)"收到的税费返还"项目,反映企业收到返还的所得税、增值税、消费税、关税和教育费附加等各种税费返还款。

(3)"收到其他与经营活动有关的现金"项目,反映企业经营租赁收到的租金等其他与经营活动有关的现金流入,金额较大的应当单独列示。

(4)"购买商品、接受劳务支付的现金"项目,反映企业本期购买商品、接受劳务实际支付的现金(包括增值税进项税额),以及本期支付前期购买商品、接受劳务的未付款项和本期预付款项,减去本期发生的购货退回收到的现金。企业购买材料和代购代销业务支付的现金,也在该项目反映。

(5)"支付给职工以及为职工支付的现金"项目,反映企业本期实际支付给职工的工资、奖金、各种津贴和补贴等职工薪酬(包括代扣代缴的职工个人所得税),不包括支付给在建工程人员及为在建工程人员支付的现金。

学习提示:支付给在建工程人员及为在建工程人员支付的现金属于"购建固定资产、无形资产和其他长期资产所支付的现金"项目。

(6)"支付的各项税费"项目,反映企业本期发生并支付、以前各期发生本期支付及预缴的各项税费,包括所得税、增值税、消费税、印花税、房产税、土地增值税、车船税、教育费附加等。

(7)"支付其他与经营活动有关的现金"项目,反映企业经营租赁支付的租金、支付的差旅费、业务招待费、保险费、罚款支出等其他与经营活动有关的现金流出,金额较大的应当单独列示。

2. 投资活动产生的现金流量

投资活动是指企业长期资产的购建和不包括在现金等价物范围内的投资及其处置活动,既包括实物资产投资,又包括金融资产投资。

(1)"收回投资收到的现金"项目,反映企业出售、转让或到期收回除现金等价物以外的对其他企业的权益工具投资、债务工具投资和合营中的权益。

(2)"取得投资收益收到的现金"项目,反映企业除现金等价物以外的对其他企业的权益工具、债务工具和合营中的权益投资分回的现金股利和利息等。

(3)"处置固定资产、无形资产和其他长期资产收回的现金净额"项目,反映企业出售、报废固定资产、无形资产和其他长期资产所取得的现金(包括因资产毁损而收到的保险赔偿收入),减去为处置这些资产而支付的有关费用后的净额。

(4)"处置子公司及其他营业单位收到的现金净额"项目,反映企业处置子公司及其他营业单位所取得的现金减去相关处置费用,以及子公司及其他营业单位持有的现金和现金等价物后的净额。

(5)"支付的其他与投资活动有关的现金"项目,反映企业除上述项目外支付的其他与投资活动有关的现金流出,金额较大的应当单独列示。

(6)"购建固定资产、无形资产和其他长期资产支付的现金"项目,反映企业购买、建造固定资产、取得无形资产和其他长期资产所支付的现金及增值税款,以及用现金支付的应由在建工程和无形资产负担的职工薪酬。

(7)"投资支付的现金"项目,反映企业取得除现金等价物以外的对其他企业的权益工具、债务工具和合营中的权益所支付的现金及支付的佣金、手续费等附加费用。

(8)"取得子公司及其他营业单位支付的现金净额"项目,反映企业取得子公司及其他营业单位支付的现金,减去子公司或其他营业单位持有的现金和现金等价物后的净额。

(9)"收到其他与投资活动有关的现金"项目,反映企业除上述项目外收到的其他与投资活动有关的现金流入,金额较大的应当单独列示。

3. 筹资活动产生的现金流量

筹资活动是指导致企业资本及债务规模和构成发生变化的活动。这里所说的资本既包括实收资本(或股本),又包括资本溢价(或股本溢价);债务指对外举债,包括向银行借款、发行债券及偿还债务等。

学习提示:应付账款、应付票据等商业应付款通常属于经营活动,不属于筹资活动。

(1)"吸收投资收到的现金"项目,反映企业以发行股票、债券等方式筹集资金实际收到的款项,减去直接支付给金融企业的佣金、手续费、宣传费、咨询费、印刷费等发行费用后的净额。

(2)"取得借款收到的现金"项目,反映企业举借各种短期、长期借款而收到的现金。

(3)"偿还债务支付的现金"项目,反映企业以现金偿还债务的本金。

(4)"分配股利、利润或偿付利息支付的现金"项目,反映企业实际支付的现金股利、支付给其他投资单位的利润或用现金支付的借款利息、债券利息。

(5)"收到其他与筹资活动有关的现金""支付其他与筹资活动有关的现金"项目,反映企业除上述(1)至(4)项目外,收到或支付的其他与筹资活动有关的现金流入或流出,金额较大的应当单独列示。

对于特殊的不经常发生项目,如自然灾害损失、保险赔款、捐赠等,应当归并到相关类别中并单独反映。能够确定属于流动资产损失的,应当列入经营活动产生的现金流量,属于固定资产损失应当列入投资活动产生的现金流量。

4. 汇率变动对现金及现金等价物的影响

编制现金流量表时,应当将企业外币现金流量及境外子公司的现金流量折算成记账本位币。应当采用现金流量发生日的即期汇率或按照系统合理的方法确定的、与现金流量发生日即期汇率近似的汇率折算。

汇率变动对现金的影响额应当作为调节项目,在现金流量表中单独列报。

汇率变动对现金的影响指企业外币现金流量及境外子公司的现金流量折算成记账本位币时,所采用的现金流量发生日的即期汇率或按照系统合理的方法确定的、与现金流量发生日即期汇率近似的汇率,而现金流量表"现金及现金等价物净增加额"项目中外币现金净增加额是按期末汇率折算的。这两者的差额即汇率变动对现金的影响。

在编制现金流量表时对当期发生的外币业务也可不必逐笔计算汇率变动对现金的影响,可以通过现金流表各类项目净额之和与现金流量表补充资料中"现金及现金等价物净增加额"的数据进行比较,算出差额即汇率变动对现金的影响额。

5. 现金流量表补充资料

1) "将净利润调节为经营活动的现金流量"项目

(1) "资产减值准备"项目,反映企业本期计提的存货跌价准备、长期股权投资减值准备、投资性房地产减值准备、固定资产减值准备、在建工程减值准备、无形资产减值准备、商誉减值准备、生产性生物资产减值准备、油气资产减值准备等资产减值准备。

(2) "信用损失准备"项目,反映企业本期计提的坏账准备、债权投资减值准备、合同资产减值准备等资产减值准备。

(3) "固定资产折旧""油气资产折耗""生产性生物资产折旧"项目,分别反映企业本期计提的固定资产折旧、油气资产折耗、生产性生物资产折旧。

(4) "无形资产摊销""长期待摊费用摊销"项目,分别反映企业本期计提的无形资产摊销、长期待摊费用摊销。

(5) "处置固定资产、无形资产和其他长期资产的损失"项目,反映企业本期处置固定资产、无形资产和其他长期资产发生的损失。

(6) "固定资产报废损失"项目,反映企业本期固定资产盘亏发生的损失。

(7) "净敞口套期损失"项目,反映净敞口套期下被套期项目累计公允价值变动转入当期损益的金额或现金流量套期储备转入当期损益的净损失。

(8) "公允价值变动损失"项目,反映企业持有的采用公允价值计量且其变动计入当期损益的金融资产、金融负债等的公允价值变动损益。

(9) "财务费用"项目,反映企业本期发生的应属于投资活动或筹资活动的财务费用。

(10) "投资损失"项目,反映企业本期投资所发生的损失减去收益后的净损失。

(11) "递延所得税资产减少"项目,反映企业资产负债表"递延所得税资产"项目的期初余额与期末余额的差额。

(12) "递延所得税负债增加"项目,反映企业资产负债表"递延所得税负债"项目的期初余额与期末余额的差额。

(13) "存货的减少"项目,反映企业资产负债表"存货"项目的期初余额与期末余额的差额。

(14) "经营性应收项目的减少"项目,反映企业本期经营性应收项目(包括应收票据、应收账款、预付款项、长期应收款和其他应收款中与经营活动有关的部分及应收的增值税销项税额等)的期初余额与期末余额的差额。

(15) "经营性应付项目的增加"项目,反映企业本期经营性应付项目包括应付票据、应付账款、预收款项、应付职工薪酬、应交税费、应付利息、应付股利、长期应付款、其他应付款中与经营活动有关的部分的期初余额与期末余额的差额。

2) "不涉及现金收支的重大投资和筹资活动"项目

"不涉及现金收支的重大投资和筹资活动"项目反映企业一定期间内影响资产或负债,但不形成该期现金收支的所有投资和筹资活动的信息。

(1)"债务转为资本"项目,反映企业本期转为资本的债务金额。

(2)"一年内到期的可转换公司债券"项目,反映企业1年内到期的可转换公司债券的本息。

(3)"融资租入固定资产"项目,反映企业本期融资租入固定资产的最低租赁付款额扣除应分期计入利息费用的未确认融资费用的净额。

3)"现金及现金等价物净增加额"项目

"现金及现金等价物净增加额"项目与现金流量正表中的"现金及现金等价物净增加额"项目的金额应当相等。

【例题7-12】 长鑫机械设备制造有限公司2023年12月31日的资产负债表如表7-4所示,利润表如表7-7所示。其他相关资料如下:

(1)应交税费的明细:本期增值税的销项税额为360 000元,增值税的进项税额为117 000元,本期已交增值税280 500元;应交所得税期末余额为51 000元、期初余额为76 500元。

(2)存货中生产成本和制造费用的组成:当期计入职工薪酬的金额为292 500元,当期计入折旧费用的金额为412 500元。

(3)应付职工薪酬的组成:应付职工薪酬期初余额为207 000元,其中21 000元计入在建工程;应付职工薪酬期末余额为214 500元,其中22 500元计入在建工程。本期已计入在建工程的职工薪酬为36 000元。

(4)债权投资明细构成:本期收回部分债权投资,收到现金127 500元,其中7 500元为收到的利息,记录在投资收益中。

(5)固定资产和工程物资的组成:本期购买了固定资产793 800元,购买工程物资84 000元,融资租入固定资产15 000元。

(6)交易性金融资产的组成:本期用货币资金购买了交易性金融资产195 000元,期末公允价值为217 500元。

(7)其他应收款项目列报:应收股利期末余额为142 500元,应收利息期末余额为5 850元,应收股利期初余额为69 000元,应收利息期初余额为18 000元,其他应收款期初余额为0。

(8)本期取得短期借款229 500元。

(9)本期偿还1年内到期的长期借款180 000元。

(10)本期宣告分派现金股利208 200元,本期分派现金股利支付97 500元。

(11)本期支付上期其他与经营活动有关的现金为3 000元。

(12)应付利息均为借款利息,本期偿付借款利息支付的现金为117 000元。

(13)应收利息均为投资产生的利息收入。

(14)坏账准备期初为3 900元,本期计提6 900元,当期转销4 500元。

(15)财务费用为计提的借款利息111 000元。

(16)管理费用明细账构成:职工薪酬67 500元,固定资产折旧201 000元,无形资产摊销99 000元,支付其他费用合计75 000元。

(17)销售费用明细账构成:本期发生的销售费用102 000元全部支付。

(18)投资收益155 850元均由投资而形成的股利和利息组成。

(19)营业外收入明细构成:处置固定资产净损益34 500元,所处置的固定资产原价为

225 000元,累计折旧180 000元,支付清理费用1 500元,收到处置收入81 000元。

(20)资产减值损失明细构成:计提无形资产减值准备33 000元。

(21)信用减值损失明细构成:当期计提坏账准备6 900元。

(22)所得税费用明细构成:当期所得税费用185 400,递延所得税3 600元。

要求:根据上述资料,编制长鑫机械设备制造有限公司2023年现金流量表。

【解析】

现金流量表主表项目分析确定如下:

(1)销售商品、提供劳务收到的现金=营业收入+应交增值税销项税额+(应收票据期初余额-应收票据期末余额)+(应收账款期初余额-应收账款期末余额)-(预收账款期初余额-预收账款期末余额)-本期计提的坏账准备= 2 756 550+360 000+(252 000-222 000)+(747 000-918 000)-(67 500-0)-6 900=2 901 150(元)

(2)购买商品接受劳务支付的现金=营业成本+应交增值税进项税额-(存货期初余额-存货期末余额)+(应付票据期初余额-应付票据期末余额)+(应付账款期初余额-应付账款期末余额)-(预付账款期初余额-预付账款期末余额)-当期列入生产成本、制造费用的固定资产折旧费用-当期列入生产成本、制造费用的职工薪酬=1 492 500+117 000-(1 894 500-1 641 000)+(244 500-204 000)+(1 128 000-1 177 500)-(0-75 000)-412 500-292 500=717 000(元)

(3)支付给职工以及为职工支付的现金=生产成本、制造费用及管理费用中的职工薪酬+(应付职工薪酬期初余额-应付职工薪酬期末余额)-(应付职工薪酬在建工程部分的期初余额-应付职工薪酬在建工程部分的期末余额)=292 500+67 500+(207 000-214 500)-(21 000-22 500)=354 000(元)

(4)支付的各项税费=当期所得税费用+税金及附加+(应交增值税-已交税金)+(应交所得税期初余额-应交所得税期末余额)=185 400+81 000+280 500+(76 500-51 000)=572 400(元)

(5)支付其他与经营活动有关的现金=销售费用+其他管理费用+支付的其他应付款=102 000+75 000+3 000=180 000(元)

(6)收回投资收到的现金=收回债权投资收到的现金-收到的利息收入=127 500-7 500=120 000(元)

(7)取得投资收益收到的现金=投资收益+(应收股利期初余额-应收股利期末余额)+(应收利息期初余额-应收利息期末余额)=155 850+(69 000-142 500)+(18 000-5 850)=94 500(元)

(8)处置固定资产、无形资产和其他长期资产收回的现金净额=处置固定资产收到的处置收入-处置固定资产支付的清理费用=81 000-1 500=79 500(元)

(9)购建固定资产、无形资产和其他长期资产支付的现金=现金购买的固定资产+现金购买的工程物资+计入在建工程的职工薪酬+(应付在建工程的职工薪酬期初余额-应付在建工程的职工薪酬期末余额)=793 800+84 000+36 000+(21 000-22 500)=912 300(元)

(10)投资支付的现金=购买的交易性金融资产=195 000(元)

(11)取得借款收到的现金=229 500(元)

(12)偿还债务支付的现金=偿还1年内到期的长期借款=180 000(元)

(13) 分配股利、利润或偿付利息支付的现金＝分配股利、利润支付的现金＋偿付利息支付的现金＝97 500＋117 000＝214 500(元)

现金流量表补充资料分析确定如下：

(1) 资产减值准备＝33 000(元)

(2) 信用减值损失＝6 900(元)

(3) 固定资产折旧＝201 000＋412 500＝613 500(元)

(4) 无形资产摊销＝99 000(元)

(5) 处置固定资产、无形资产和其他长期资产的损失(收益以"－"号填列)＝－34 500(元)

(6) 公允价值变动损失(收益以"－"号填列)＝195 000－217 500＝－22 500(元)

(7) 财务费用(收益以"－"号填列)＝111 000(元)

(8) 投资损失(收益以"－"号填列)＝－155 850(元)

(9) 递延所得税资产减少(增加以"－"号填列)＝13 350－9 750＝3 600(元)

(10) 存货的减少(增加以"－"号填列)＝(存货期初数－存货期末数)＝1 894 500－1 641 000＝253 500(元)

(11) 经营性应收项目的减少＝(应收票据期初数－应收票据期末数)＋(应收账款期初数－应收账款期末数)－(预付账款期末数－预付账款期初数)－当期计提的坏账准备＝(252 000－222 000)＋(747 000－918 000)－(75 000－0)－6 900＝－222 900(元)

(12) 经营性应付项目的增加＝(应付票据期末数－应付票据期初数)＋(应付账款期末数－应付账款期初数)＋(预收账款期末数－预收账款期初数)＋(应付职工薪酬期末数－应付职工薪酬期初数)＋(应交税费期末数－应交税费期初数)＋(其他应付款期末数－其他应付款期初数)＝(204 000－244 500)＋(1 177 500－1 128 000)＋(0－67 500)＋[(214 500－22 500)－(207 000－21 000)]＋(201 000－264 000)＋(0－3 000)＝－118 500(元)

长鑫机械设备制造有限公司2023年现金流量表如表7-10所示。

表7-10　　　　　　　　　　　现金流量表　　　　　　　　　　　会企03表
名称：长鑫机械设备制造有限公司　　　2023年度　　　　　　　　　单位：元

项目	本期金额	上期金额	补充资料	本期金额	上期金额
一、经营活动产生的现金流量			1. 将净利润调节为经营活动现金流量		
销售商品、提供劳务收到的现金	2 901 150.00		净利润	511 500.00	
收到的税费返还			加：资产减值准备	33 000.00	
收到其他与经营活动有关的现金			信用损失准备	6 900.00	
经营活动现金流入小计	2 901 150.00		固定资产折旧、油气资产折耗、生产性生物资产折旧	613 500.00	
购买商品、接受劳务支付的现金	717 000.00		无形资产摊销	99 000.00	

(续表)

项目	本期金额	上期金额	补充资料	本期金额	上期金额
支付给职工以及为职工支付的现金	354 000.00		长期待摊费用摊销		
支付的各项税费	572 400.00		处置固定资产、无形资产和其他长期资产的损失（收益以"—"填列）		−34 500.00
支付的其他与经营活动有关的现金	180 000.00		固定资产报废损失（收益以"—"填列）		
经营活动现金流出小计	1 823 400.00		净敞口套期损失（收益以"—"填列）		
经营活动产生的现金流量净额	1 077 750.00		公允价值变动损失（收益以"—"填列）		−22 500.00
二、投资活动产生的现金流量			财务费用（收益以"—"填列）		111 000.00
收回投资收到的现金	120 000.00		投资损失（收益以"—"填列）		−155 850.00
取得投资收益收到的现金	94 500.00		递延所得税资产减少（增加以"—"填列）		3 600.00
处置固定资产、无形资产和其他长期资产收回的现金净额	79 500.00		递延所得税负债增加（减少以"—"填列）		
处置子公司及其他经营单位收到的现金净额			存货的减少（增加以"—"填列）		253 500.00
收到的其他与投资活动有关的现金					
投资活动现金流入小计	294 000.00		经营性应收项目的减少（增加以"—"填列）		−222 900.00
购建固定资产、无形资产和其他长期资产所支付的现金	912 300.00		经营性应付项目的增加（减少以"—"填列）		−118 500.00
投资支付的现金	195 000.00		其他		
取得子公司及其他营业单位支付的现金净额			经营活动产生的现金流量净额		1 077 750.00
支付其他与投资活动有关的现金					
投资活动现金流出小计	1 107 300.00				

(续表)

项目	本期金额	上期金额	补充资料	本期金额	上期金额
投资活动产生的现金流量净额	−813 300.00				
三、筹资活动产生的现金流量					
吸收投资收到的现金			2. 不涉及现金收支的重大投资和筹资活动		
取得借款收到的现金	229 500.00		债务转为资本		
收到其他与筹资活动有关的现金			一年内到期的可转换公司债券		
筹资活动现金流入小计	229 500.00		融资租入固定资产		15 000.00
偿还债务所支付的现金	180 000.00				
分配股利、利润或偿付利息所支付的现金	214 500.00				
支付其他与筹资活动有关的现金			3. 现金及现金等价物净变动情况		
筹资活动现金流出小计	394 500.00		现金的期末余额		1 061 700.00
筹资活动产生的现金流量净额	−165 000.00		减：现金的期初余额		962 250.00
四、汇率变动对现金及现金等价物的影响			加：现金等价物的期末余额		
五、现金及现金等价物净增加额	99 450.00		减：现金等价物的期初余额		
加：期初现金及现金等价物余额	962 250.00				
六、期末现金及现金等价物余额	1 061 700.00		现金及现金等价物净增加额		99 450.00
会计报表附注为会计报表的组成部分					

任务五　所有者权益变动表

学习导读： 赵珍在认真查看汉唐公司2023年的所有者权益变动表。汉唐公司所有者权益变动表显示，公司最开始所有者权益只有实收资本300万元。所有者权益的变化主要是生产经营积累所致,除按照《公司法》和公司章程等相关规定从利润中提取盈余公积和剩下的未分配利润外,其他项目没有变化。赵珍觉得汉唐公司所有者权益构成简单,还未吸收新股东。本任务将带领大家学习所有者权益变动表的基本知识和编制方法。

一、所有者权益变动表的基本原理

(一) 所有者权益变动表的概念

所有者权益变动表是指反映构成所有者权益各组成部分当期增减变动情况的报表。它是对资产负债表的补充及对所有者权益增减变动情况的进一步说明。其主要作用有2个方面:一是通过所有者权益变动表,既可以为财务报表使用者提供所有者权益总量增减变动的信息,又可以为其提供所有者权益增减变动的结构性信息,特别是能够让财务报表使用者理解所有者权益增减变动的根源;二是所有者权益增减变动表将综合收益和所有者(或股东)的资本交易导致的所有者权益的变动分项列示,有利于分清导致所有者权益增减变动缘由与责任,对于考察、评价企业一定时期所有者权益的保全状况,正确评价管理当局受托责任的履行情况等具有重要的作用。

(二) 所有者权益变动表的内容

在所有者权益变动表上,企业至少应单独列示反映下列信息的项目:综合收益总额;会计政策变更和差错更正的累积影响金额;所有者投入资本和向所有者分配利润等;提取的盈余公积;实收资本、其他权益工具、资本公积、其他综合收益、专项储备、盈余公积、未分配利润的期初和期末余额及其调节情况。详细的结构内容如表7-11所示。所有者权益变动表的主要项目内容及其功能如下。

1. "上年年末余额"项目

"上年年末余额",项目反映企业上年资产负债表中实收资本(或股本)、其他权益工具、资本公积、库存股、其他综合收益、专项储备、盈余公积、未分配利润的年末余额。

2. "会计政策变更"和"前期差错更正"项目

"会计政策变更"和"前期差错更正"项目分别反映企业采用追溯调整法处理的会计政策变更的累积影响金额和采用追溯重述法处理的会计差错更正的累积影响金额。追溯调整法是指对某项交易或事项变更会计政策,视同该项交易或事项初次发生时采用变更后的会计政策,并以此对财务报表相关项目进行调整的方法。追溯重述法是指在发现前期差错时,视同该项前期差错从未发生过,从而对财务报表相关项目进行更正的方法。前期差错通常包括计算错误、应用会计政策错误、疏忽或曲解事实及舞弊产生的影响,以及存货、固定资产盘盈等。

3. "本年增减变动金额"项目

"本年增减变动金额"项目反映所有者权益各项目本年增减变动的金额,具体包括以下内容:

(1) "综合收益总额"项目,反映净利润和其他综合收益扣除所得税影响后的净额相加后的合计金额。

(2) "所有者投入和减少资本"项目,反映企业当年所有者投入的资本和减少的资本。该项目内容包括:①"所有者投入的普通股"项目,反映企业接受投资者投入形成的实收资本(或股本)和资本溢价或股本溢价。②"其他权益工具持有者投入资本"项目,反映企业发行的除普通股以外分类为权益工具的金融工具的持有者投入资本的金额。③"股份支付计入所有者权益的金额"项目,反映企业处于等待期中的权益结算的股份支付当年计入资本公积的金额。

(3)"利润分配"项目,反映企业当年的利润分配金额。

(4)"所有者权益内部结转"项目,反映企业构成所有者权益的组成部分之间当年的增减变动情况。该项目内容包括:①"资本公积转增资本(或股本)"项目,反映企业当年以资本公积转增资本或股本的金额。②"盈余公积转增资本(或股本)"项目,反映企业当年以盈余公积转增资本或股本的金额。③"盈余公积弥补亏损"项目,反映企业当年以盈余公积弥补亏损的金额。④"设定受益计划变动额结转留存收益"项目,反映企业因重新计量设定受益计划净负债或净资产所产生的变动计入其他综合收益,结转至留存收益的金额。⑤"其他综合收益结转留存收益"项目,主要反映:第一,企业指定为以公允价值计量且其变动计入其他综合收益的非交易性权益工具投资终止确认时,之前计入其他综合收益的累计利得或损失从其他综合收益中转入留存收益的金额;第二,企业指定为以公允价值计量且其变动计入当期损益的金融负债终止确认时,之前由企业自身信用风险变动引起而计入其他综合收益的累计利得或损失从其他综合收益中转入留存收益的金额等。

(三)所有者权益变动表的结构

所有者权益变动表结构为纵横交叉的矩阵式结构。

1. 纵向结构

纵向结构按所有者权益增减变动时间及内容分为"上年年末余额""本年年初余额""本年增减变动金额""本年年末余额"4栏。

$$上年年末余额 + 会计政策变更、前期差错更正及其他变动 = 本年年初余额$$
$$本年年初余额 + 本年增减变动金额 = 本年年末余额$$

其中,本年增减变动金额按照所有者权益增减变动的交易或事项列示,即:

$$本年增减变动金额 = 综合收益总额 \pm 所有者投入和减少资本 \pm 利润分配 \pm 所有者权益内部结转$$

2. 横向结构

横向结构采用比较式结构,分为"本年金额"和"上年金额"两栏,每栏的具体结构按照所有者权益构成内容逐项列示,即:

$$实收资本(或股本) + 其他权益工具 + 资本公积 - 库存股 + 其他综合收益 + 未分配利润 = 所有者权益合计$$

纵横填列结果归结到本年年末所有者权益合计数,保持所有者权益变动表的表内填列数额的平衡。

所有者权益变动表以矩阵式结构列报,一方面,列示导致所有者权益变动的交易或事项,即所有者权益变动的来源,对一定时期所有者权益的变动情况进行全面反映;另一方面,按照实收资本、其他权益工具、资本公积、库存股、其他综合收益、盈余公积、未分配利润等所有者权益各组成部分及其总额列示交易或事项对所有者权益各部分的影响。此外,所有者权益变动表采用逐项的本年金额和上年金额比较式结构,能够清楚地表明构成所有者权益的各组成部分当期的增减变动情况及与上期的增减变动情况的对照和比较。所有者权益变动表如表7-11所示。

表 7-11

所有者权益变动表

编制单位：　　　　　　　　　　　　　　　　　　　　　　年度　　　　　　　　　　　　　　　　　　　　　　会企 04 表
单位：元

项目	本年金额											上年金额										
	实收资本（或股本）	其他权益工具			资本公积	减：库存股	其他综合收益	专项储备	盈余公积	未分配利润	所有者权益合计	实收资本（或股本）	其他权益工具			资本公积	减：库存股	其他综合收益	专项储备	盈余公积	未分配利润	所有者权益合计
		优先股	永续债	其他									优先股	永续债	其他							
一、上年年末余额																						
加：会计政策变更																						
前期差错更正																						
其他																						
二、本年年初余额																						
三、本年增减变动金额（减少以"-"号填列）																						
（一）综合收益总额																						
（二）所有者投入和减少资本																						
1. 所有者投入的普通股																						
2. 其他权益工具持有者投入资本																						

(续表)

项目	本年金额											上年金额										
	实收资本（或股本）	其他权益工具			资本公积	减：库存股	其他综合收益	专项储备	盈余公积	未分配利润	所有者权益合计	实收资本（或股本）	其他权益工具			资本公积	减：库存股	其他综合收益	专项储备	盈余公积	未分配利润	所有者权益合计
		优先股	永续债	其他									优先股	永续债	其他							
3. 股份支付计入所有者权益的金额																						
4. 其他																						
（三）利润分配																						
1. 提取盈余公积																						
2. 对所有者（或股东）的分配																						
3. 其他																						
（四）所有者权益内部结转																						
1. 资本公积转增资本（或股本）																						
2. 盈余公积转增资本（或股本）																						
3. 盈余公积弥补亏损																						
4. 设定受益计划变动额结转留存收益																						

(续表)

项目	本年金额											上年金额										
	实收资本（或股本）	其他权益工具			资本公积	减：库存股	其他综合收益	专项储备	盈余公积	未分配利润	所有者权益合计	实收资本（或股本）	其他权益工具			资本公积	减：库存股	其他综合收益	专项储备	盈余公积	未分配利润	所有者权益合计
		优先股	永续债	其他									优先股	永续债	其他							
5. 其他综合收益结转留存收益																						
6. 其他																						
四、本年年末余额																						

编制： 审核：

二、所有者权益变动表的编制

所有者权益变动表根据上年度所有者权益变动表和本年已编制的资产负债表、利润表及相关会计政策、前期差错更正和会计科目记录等资料分析计算填列。

(一)所有者权益变动表项目的列报方法

1. 上年金额栏的填列方法

所有者权益变动表"上年金额"栏内各项数字,应根据上年度所有者权益变动表"本年金额"栏内所列数字填列。上年度所有者权益变动表规定的各项目的名称和内容同本年度不一致的,应对上年度所有者权益变动表各项目的名称和数字按照本年度的相关规定进行调整,填入所有者权益变动表的"上年金额"栏内。

2. 本年金额栏的填列方法

所有者权益变动表"本年金额"栏内各项目金额一般应根据资产负债表所有者权益项目金额或"实收资本(或股本)""其他权益工具""资本公积""库存股""其他综合收益""专项储备""盈余公积""利润分配""以前年度损益调整"等科目及其明细科目的发生额分析填列。

(二)所有者权益变动表项目的填列说明

1. "上年年末余额"项目

"上年年末余额"项目,反映企业上年资产负债表中"实收资本(或股本)""资本公积""其他权益工具""库存股""其他综合收益""盈余公积""未分配利润"的年末余额。

2. "会计政策变更"和"前期差错更正"项目

"会计政策变更"和"前期差错更正"项目,分别反映企业采用追溯调整法处理的会计政策变更的累积影响金额和采用追溯重述法处理的会计差错更正的累积影响金额。

3. "本年增减变动额"项目

(1)"净利润"项目,反映企业当年实现的净利润(或净亏损)金额,并对应列在"未分配利润"栏。

(2)"其他综合收益"项目,反映企业当年直接计入所有者权益的利得和损失金额。

(3)"所有者投入和减少资本"项目,反映企业当年所有者投入的资本和减少的资本。其中:"所有者投入资本"项目,反映企业接受投资者投入形成的实收资本(或股本)和资本溢价(或股本溢价),并对应列在"实收资本"和"资本公积"栏。

(4)"利润分配"项目,反映当年对所有者(或股东)分配的利润(或股利)金额和按照规定提取的盈余公积金额,并对应列在"未分配利润"和"盈余公积"栏。"提取盈余公积"项目,反映企业按照规定提取的盈余公积。"对所有者(或股东)的分配"项目,反映对所有者(或股东)分配的利润(或股利)金额。

(5)"所有者权益内部结转"项目,反映不影响当年所有者权益总额的所有者权益各组成部分之间当年的增减变动,包括"资本公积转增资本(或股本)""盈余公积转增资本(或股本)""盈余公积弥补亏损"等项目的金额。"资本公积转增资本(或股本)"项目,反映企业以资本公积转增资本或股本的金额。"盈余公积转增资本(或股本)"项目,反映企业以盈余公积转增资本或股本的金额。"盈余公积弥补亏损"项目,反映企业以盈余公积弥补亏损的金额。

【例题 7-13】 长鑫机械设备制造有限公司 2023 年 12 月 31 日的资产负债表如表 7-4 所示,利润表如表 7-7 所示。其他资料如下:

(1) 本期宣告分派现金股利 208 200 元。

(2) 盈余公积期末数为 1 378 200 元,年初余额为 1 274 400 元,本期计提盈余公积 103 800 元。

要求:根据上述资料编制长鑫机械设备制造有限公司 2023 年所有者权益变动表。

【解析】

长鑫机械设备制造有限公司 2023 年所有者权益变动表如表 7-12 所示。

表 7-12

所有者权益变动表

2023 年度

编制单位：长鑫机械设备制造有限公司   会企 04 表   单位：元

项目	本年金额												上年金额											
	实收资本（或股本）	其他权益工具			资本公积	减：库存股	其他综合收益	专项储备	盈余公积	未分配利润	所有者权益合计	实收资本（或股本）	其他权益工具			资本公积	减：库存股	其他综合收益	专项储备	盈余公积	未分配利润	所有者权益合计
		优先股	永续债	其他									优先股	永续债	其他							
一、上年年末余额	7 527 000.00								1 274 400.00	487 500.00	9 288 900.00	略	略	略	略	略	略	略	略	略	略	略
加：会计政策变更																						
前期差错更正																						
其他																						
二、本年年初余额	7 527 000.00								1 274 400.00	487 500.00	9 288 900.00											
三、本年增减变动金额（减少以"—"号填列）							1 500.00			511 500.00	513 000.00											
（一）综合收益总额																						
（二）所有者投入和减少资本																						
1. 所有者投入的普通股																						

(续表)

项目	本年金额										上年金额									
	实收资本(或股本)	其他权益工具			资本公积	减:库存股	其他综合收益	专项储备	盈余公积	未分配利润	所有者权益合计	实收资本(或股本)	其他权益工具			资本公积	减:库存股	其他综合收益	专项储备	盈余公积	未分配利润	所有者权益合计
		优先股	永续债	其他									优先股	永续债	其他							
2. 其他权益工具持有者投入资本																						
3. 股份支付计入所有者权益的金额																						
4. 其他																						
(三) 利润分配																						
1. 提取盈余公积										103 800.00	−103 800.00											
2. 对所有者(或股东)的分配											−208 200.00	−208 200.00											
3. 其他																						
(四) 所有者权益内部结转																						
1. 资本公积转增资本(或股本)																						

(续表)

项目	本年金额										上年金额									
	实收资本（或股本）	其他权益工具			资本公积	减:库存股	其他综合收益	专项储备	盈余公积	未分配利润	所有者权益合计	实收资本（或股本）	其他权益工具			资本公积	减:库存股	其他综合收益	专项储备	盈余公积	未分配利润	所有者权益合计
		优先股	永续债	其他									优先股	永续债	其他							
2.盈余公积转增资本（或股本）																					
3.盈余公积弥补亏损																					
4.设定受益计划变动额结转留存收益																					
5.其他综合收益结转留存收益																					
6.其他																					
四、本年年末余额	7 527 000.00						1 500.00		1 378 200.00	687 000.00	9 593 700.00										

审核： 编制：

任务六 财务报表附注及财务报告信息披露要求

学习导读：赵珍通过汉唐公司 2023 年报表附注进一步分析，汉唐公司的营业收入 510 万元基本来自销售汉服，这说明汉唐公司很务正业；营业成本不是很高，管理费用大部分是厂房、机器设备等固定资产折旧所致；汉唐公司在开发区，享受很多当地税收优惠政策，所以税金及附加不高，营业利润 110 万元，缴纳企业所得税 10 万元。这些便是报表附注披露的信息。本任务将带领大家学习财务报表附注及财务报告信息披露要求的有关内容。

一、附注的作用

附注的主要有以下 3 个方面的作用：

（1）附注的编制和披露，是对资产负债表、利润表、现金流量表和所有者权益变动表列示项目含义的补充说明，以帮助财务报表使用者更准确地把握其含义。例如，通过阅读附注中披露的固定资产折旧政策的说明，财务报表使用者可以掌握报告企业与其他企业在固定资产折旧政策上的异同，以便进行更准确地比较。

（2）附注提供了对资产负债表、利润表、现金流量表和所有者权益变动表中未列示项目的详细或明细说明。例如，通过阅读附注中披露的存货增减变动情况，财务报表使用者可以了解资产负债表中未单列的存货分类信息。

（3）通过附注与资产负债表、利润表、现金流量表和所有者权益变动表列示项目的相互参照关系，以及对未能在财务报表中列示项目的说明，可以使财务报表使用者全面了解企业的财务状况、经营成果、现金流量及所有者权益的情况。

学习提示：财务报表附注拓展了企业会计信息的内容。打破了 3 张主要报表内容必须符合会计要素的定义，又必须同时满足相关性和可比性的限制，突破了揭示项目必须用货币加以计量的局限性。

二、附注的主要内容

附注是财务报表的重要组成部分。根据《企业会计准则》的规定，企业应当按照以下顺序编制披露附注的主要内容。

（一）企业简介和主要财务指标

（1）企业的名称、注册地、组织形式和总部地址。

（2）企业的业务性质和主要经营活动。

（3）母公司及集团最终母公司的名称。

（4）财务报告的批准报出者和财务报告的批准报出日。

（5）营业期限有限的企业，还应当披露有关营业期限的信息。

（6）截至报告期末企业近 3 年的主要会计数据和财务指标。

（二）财务报表的编制基础

财务报表的编制基础是指财务报表是在持续经营基础上还是在非持续经营基础上编制的。企业一般是在持续经营基础上编制财务报表，清算、破产属于非持续经营基础。

（三）遵循《企业会计准则》的声明

企业应当声明编制的财务报表符合《企业会计准则》的要求，真实、完整地反映企业的财务状况、经营成果和现金流量等有关信息，以此明确企业编制财务报表所依据的制度基础。

（四）重要会计政策和会计估计

企业应当披露采用的重要会计政策和会计估计，不重要的会计政策和会计估计可以不披露。在披露重要会计政策和会计估计时，企业应当披露重要会计政策的确定依据和财务报表项目的计量基础，以及会计估计中所采用的关键假设和不确定因素。

会计政策的确定依据主要是指企业在运用会计政策过程中所做的对报表中确认的项目金额最具影响的判断，有助于财务报表使用者理解企业选择和运用会计政策的背景，增加财务报表的可理解性。财务报表项目的计量基础是指企业计量该项目采用的是历史成本、重置成本、可变现净值、现值，还是公允价值，这直接影响财务报表使用者对财务报表的理解和分析。

在确定财务报表中确认的资产和负债的账面价值过程中，企业需要对不确定的未来事项在资产负债表日对这些资产和负债的影响加以估计，如企业预计固定资产未来现金流量采用的折现率和假设。这类假设的变动对这些资产和负债项目金额的确定影响很大，有可能会在下一个会计年度内作出重大调整。因此，强调这一披露要求，有助于提高财务报表的可理解性。

（五）会计政策和会计估计变更及差错更正的说明

企业应当按照会计政策、会计估计变更和差错更正会计准则的规定，披露会计政策和会计估计变更及差错更正的有关情况。

（六）报表重要项目的说明

企业对报表重要项目的说明，应当按照资产负债表、利润表、现金流量表、所有者权益变动表及其项目列示的顺序，采用文字和数字描述相结合的方式进行披露。报表重要项目的明细金额合计应当与报表项目金额相衔接，其主要包括应收款项、存货、长期股权投资、投资性房地产、固定资产、无形资产、职工薪酬、应交税费、短期借款和长期借款、应付债券、长期应付款、营业收入、公允价值变动收益、投资收益、资产减值损失、营业外收入、营业外支出、所得税费用、其他综合收益、政府补助、借款费用等重要项目。

（七）其他事项

企业应当在附注中披露其或有事项和承诺事项、资产负债表日后非调整事项、关联方关系及其交易等需要说明的事项；有助于财务报表使用者评价企业管理资本的目标、政策及程序的信息等。

三、财务报告信息披露的要求

（一）财务报告信息披露的概念

财务报告信息披露又称会计信息披露，是指企业对外发布有关其财务状况、经营成果、现金流量等财务信息的过程。按照我国《企业会计准则》的规定,披露主要是指会计报表附注的披露。广义的信息披露除财务信息外,还包括非财务信息。信息披露是企业治理的决定性因素,既是保护投资者合法权益的基本手段和制度安排,又是会计决策有用性目标所决定的内在必然要求。对上市公司而言,信息披露也是公司的法定义务和责任。

(二) 财务报告信息披露的基本要求

财务报告信息披露的基本要求又称财务报告信息披露的基本质量,主要包括真实、准确、完整、及时和公平5个方面。

真实是指上市公司及相关信息披露义务人披露的信息应当以客观事实或具有事实基础的判断和意见为依据,如实反映客观情况,不得有虚假记载和不实陈述。虚假记载是指公司在披露信息时,将不存在的事实在信息披露文件中予以记载的行为。

准确是指上市公司及相关信息披露义务人披露的信息应当使用明确、贴切的语言和简明扼要、通俗易懂的文字,不得含有任何宣传、广告、恭维或夸大等性质的词句,不得有误导性陈述。误导性陈述是指在信息披露文件中或通过媒体,作出使投资人对其投资行为发生错误判断并产生重大影响的陈述。公司披露预测性信息及其他涉及公司未来经营和财务状况等信息时,应当合理、谨慎、客观。

完整是指上市公司及相关信息披露义务人披露的信息应当内容完整、文件齐备,格式符合规定要求,不得有重大遗漏。重大遗漏是指信息披露义务人在信息披露文件中,未将应当记载的事项完全或部分予以记载。公司信息提供给使用者的信息应当完整,不得忽略、隐瞒重要信息,使信息使用者了解公司治理结构、财务状况、经营成果、现金流量、经营风险及风险程度等。

及时是指上市公司及相关信息披露义务人应当在规定的期限内披露所有对公司股票及其衍生品种交易价格可能产生较大影响的信息。

公平是指上市公司及相关信息披露义务人应当同时向所有投资者公开披露重大信息,确保所有投资者可以平等地获取同一信息,不得提前向特定对象单独披露、泄露或透露。

企业披露信息应当勤勉尽责,保证披露信息的真实、准确、完整、及时、公平。勤勉尽责是指企业应当本着对投资者等利害关系者、对国家、对社会、对职业高度负责的精神,应当爱岗敬业、勤勉高效、严谨细致,认真履行会计职责,保证会计信息披露工作质量。

企业应当在附注中对"遵循了《企业会计准则》"作出声明。同时,企业不应以在附注中披露代替对交易和事项的确认和计量,即企业采用的不恰当的会计政策,不得通过在附注中披露等其他形式予以更正,企业应当对交易和事项进行正确的确认和计量。此外,如果按照各项会计准则规定披露的信息不足以让报表使用者了解特定交易或事项对企业财务状况、经营成果和现金流量的影响,企业还应当披露其他的必要信息。

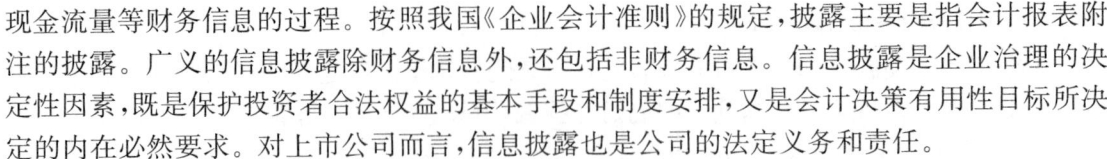

7-2 财务报表编制思维导图

实务案例

上海飞乐音响股份有限公司(以下简称飞乐音响)创立于1984年11月,在1990年12月上市,曾是中国第一家股份制上市公司,因此被称为"中国第一股"。这只在A股走过33年历程的"老股票"早期以音响业务起家,在后来的发展中,飞乐音响走上了并购之路。经过多年转型,飞乐音响的主营业务已变更为为工程项目和整体照明提供解决方案。但是飞乐音响在2018—2019年业绩连续亏损,2019年还被查实财务造假,违法披露信息,受到中国证监会上海证监局行政处罚的顶格处罚。2020年8月，飞乐音响再次实施重大资产重组，转变主营业务，扭亏为盈，在2021年4月成功"摘星脱帽"。

2020年8月曾经的"中国第一股"却变成了全国首例证券纠纷普通代表人诉讼案的被告。原告魏某等34名个人投资者共同推选其中4人作为诉讼代表人发起诉讼，状告飞乐音响的虚假陈述行为造成个人投资者重大投资损失，要求获得赔偿。经上海金融法院审理，飞乐音响在财务报表中虚增营业收入、虚增利润总额的行为构成证券虚假陈述侵权，推定投资者的交易与飞乐音响虚假陈述存在因果关系，飞乐音响应当承担民事赔偿责任。最终在2021年5月，315位投资者胜诉，飞乐音响一审被判赔1.23亿元。这是我国首例投资者胜诉的财务造假侵权案。

该事件给各大企业敲响了警钟，无论处于什么样的困境和挑战之中，企业都应该思考自身存在的不足，采取有效措施解决问题，而不是想着投机取巧，通过虚构和造假的方式获得更多的市场份额。财会人员乃至企业的每个人都要遵守法律法规和职业道德，诚信经营、坚守商业伦理道德才是企业长远发展的基石。

资料来源：朱成祥.为改善财务及现金流困境飞乐音响拟剥离亏损照明业务[N].每日经济新闻，2022-02-23(008).有删节.

问题与思考：飞乐音响财务造假侵权案给予会计人员哪些启示？

课后练习：请扫描二维码，完成本项目的练习题。

7-3 项目七练习题

项目八 产品成本核算

学习目标

◇ **知识目标**
1. 掌握成本会计的基本概念、原则和方法。
2. 掌握约当产量比例法、在产品按定额成本计价法、定额比例法的基本原理。
3. 掌握成本核算的基本方法，如品种法、分批法、分步法的特点和一般程序。

◇ **能力目标**
1. 能准确地对基本生产费用进行归集与分配。
2. 能准确地对生产费用在完工产品和在产品之间进行归集与分配。
3. 能准确地用品种法、分批法、分步法进行产品成本的计算。

◇ **素养目标**
1. 培养严谨细致、勤俭节约的职业素养。
2. 培养责任意识，能负责地对待成本会计工作。
3. 培养"坚持诚信，守法奉公；坚持准则，守责敬业；坚持学习，守正创新"的职业道德素养。
4. 培养团队协作意识、沟通协调能力、逻辑思维能力和应变能力。

项目导读

电视剧《理想之城》改编自若花燃燃所著职场小说《苏筱的战争》，讲述了造价师苏筱的成长之路，反映了中国建筑行业现状。剧中的天成建筑公司在进行工程项目时，需要对材料成本、人工成本、间接费用进行控制，建筑造价师苏筱一直秉持"造价表的干净就是工程的干净"的职业信仰。那么材料成本包括哪些内容？人工成本涵盖什么？间接费用与直接费用有什么区别？带着这些问题，开始本项目的学习吧。

8-1 课程思政："一带一路"绿色技术彰显社会责任，"一分一毫"绿色成本树立环保意识

成本会计是基于商品经济条件下，为求得产品的总成本和单位成本而核算全部生产成本和费用的会计活动。成本会计作为一种管理经济的活动，在生产经营过程中所能发挥的作用。成本会计的任务是成本会计职能的具体化，也是成本会计应完成的工作。其主要任务是进行成本预测，参与经营决策，编制成本计划，严格成本控制，准确地进行成本核算，分析成本计划的执行情况，考核成本计划的完成情况，开展成本分析。

任务一 成本核算概述

学习导读：阿花和阿牛夫妻俩到城里办事，中午到一家饭馆吃饭，因为怕花钱，只点了一个青菜和两碗白饭。吃完饭后，找服务员结账，服务员说："您好！一共是40元。"阿花和阿牛说："什么？一盘青菜和两碗白饭就要40元？你们抢劫呀！我们在乡下，1千克青菜才0.5元，油盐也只要0.1～0.2元。"

这时，老板过来了，他说："客人，您说得没错，但是您只算了菜钱，没算我们其他的成本呀，租个店面要钱吧，烧个煤气要钱吧，大厨要发工资吧，给您端茶倒水的服务员也要发工资吧，这样算下来，我们这盘青菜可没向您多要钱。"阿花和阿牛说："唉，早知这么贵，我们还不如带个馒头出门！"

一、产品成本核算概述

产品成本是指企业在生产产品（包括提供劳务）过程中所发生的材料费用、职工薪酬等，以及不能直接计入而按一定标准分配计入的各种间接费用。产品成本核算是对生产经营过程中实际发生的成本、费用进行计算，并进行相应的账务处理。成本核算一般是对成本计划执行的结果进行事后的反映。企业通过产品成本核算，一方面，可以审核各项生产费用和经营管理费用的支出，分析和考核产品成本计划的执行情况，促使企业降低成本和费用；另一方面，还可以为计算利润、进行成本和利润预测提供数据，有助于提高企业生产技术和经营管理水平。

企业生产类型不同、管理要求不同，对产品成本计算的影响也不同，这些都影响甚至决定着产品成本核算对象的确定。根据成本核算程序，成本核算对象的确定是产品成本计算的前提，在这些基础上，按照本章所述在各成本核算对象之间分配和归集费用，然后在一个成本核算对象的完工产品和月末在产品之间分配和归集费用，计算各个成本核算对象的完工产品成本和月末在产品成本。

二、产品成本核算的要求

（一）做好各项基础工作

为进行成本核算，企业应当建立健全各项原始记录，并做好各项材料物资的计量、收发、领退、转移、报废和盘点工作，包括材料物资收发领用、劳动用工和工资发放、机器设备交付使用及水、电、暖等消耗的原始记录，并做好相应的管理工作及定额的制定和修订工作等。同时，产品成本计算需要以产品原材料和工时的定额消耗量和定额费用作为分配标准，因此，也需要制定或修订材料、工时、费用的各项定额，使成本核算具有可靠的基础。

企业应当充分利用现代信息技术，编制、执行企业产品成本预算，对执行情况进行分析、考核，落实成本管理责任制，加强对产品生产事前、事中、事后的全过程控制，加强产品成本核算与管理各项基础工作。

(二)正确划分各种费用支出的界限

产品成本是为生产产品而发生的各种耗费的总和,是企业存货的主要构成内容。成本着重于按产品进行归集,一般以成本计算单或成本汇总表及产品入库单等为计算依据。

为正确计算产品成本,必须正确划分以下5个方面的费用界限:

(1)正确划分收益性支出和资本性支出的界限。
(2)正确划分成本费用、期间费用和营业外支出的界限。
(3)正确划分本期成本费用与以后期间成本费用的界限。
(4)正确划分各种产品成本费用的界限。
(5)正确划分本期完工产品与期末在产品成本的界限。

上述5个方面成本费用的划分应当遵循受益原则,即谁受益谁负担、何时受益何时负担、负担费用应与受益程度成正比。上述成本费用划分的过程,也是产品成本的计算过程。

(三)选择适当的成本计算方法

产品成本计算的关键是选择适当的产品成本计算方法。产品成本计算的方法必须根据产品的生产特点、管理要求及工艺过程等予以确定。否则,产品成本就会失去真实性,无法进行成本分析和考核。目前,企业常用的产品成本计算方法有品种法、分批法、分步法、分类法、定额法和标准成本法等。

(四)遵守一致性原则

企业产品成本核算采用的会计政策和会计估计一经确定,不得随意变更。在成本核算中,各种会计处理方法要前后一致,使前后各项的成本资料相互可比。例如,企业应根据《企业会计准则》的规定,正确确定固定资产的折旧方法、使用年限、预计净残值、无形资产的摊销方法和摊销期限等。各种方法一经确定,应保持相对稳定,不能随意变更。

(五)编制产品成本报表

企业一般应当按月编制产品成本报表,全面反映企业生产成本、成本计划执行情况、产品成本及其变动情况等。企业可以根据自身管理要求,确定成本报表的具体格式和列报方式。

三、产品成本核算的一般程序

产品成本核算的一般程序是指对企业在生产经营过程中发生的各项生产费用和期间费用,按照成本核算的要求,逐步进行归集和分配,最后计算出各种产品的生产成本和各项期间费用的过程。成本核算的一般程序如下:

(1)根据生产特点和成本管理的要求,确定成本核算对象。
(2)确定成本项目。企业计算产品生产成本,一般应当设置"直接材料""燃料及动力""直接人工""制造费用"等成本项目。
(3)设置有关成本和费用明细账,如生产成本明细账、制造费用明细账、产成品和自制半成品明细账等。
(4)收集确定各种产品的生产量、入库量、在产品盘存量,以及材料、工时、动力消耗等,并对所有已发生的生产费用进行审核。

(5) 归集所发生的全部生产费用,并按照确定的成本计算对象予以分配,按成本项目计算各种产品的在产品成本、产成品成本和单位成本。

(6) 结转产品销售成本。为了进行产品成本和期间费用核算,企业一般应设置"生产成本""制造费用""主营业务成本""税金及附加""销售费用""管理费用""财务费用"等科目。

四、产品成本核算对象

(一) 产品成本核算对象的概念

产品成本核算对象是指确定归集和分配生产费用的具体对象,即生产费用承担的客体。成本核算对象的确定是设立成本明细分类账户、归集和分配生产费用及正确计算产品成本的前提。

(二) 产品成本核算对象的确定

由于产品工艺、生产方式、成本管理等要求不同。产品项目不等同于成本核算对象企业应当根据生产经营特点和管理要求来确定成本核算对象。一般情况下,对制造企业而言,大批大量单步骤生产产品或管理上不要求提供有关生产步骤成本信息的,以产品品种为成本核算对象;小批单件生产产品的,以每批或每件产品为成本核算对象;多步骤连续加工产品且管理上要求提供有关生产步骤成本信息的,以每种产品及各生产步骤为成本核算对象;产品规格繁多的,可将产品结构、耗用原材料和工艺过程基本相同的各种产品,适当合并作为成本核算对象。

企业内部管理有相关要求的,还可以按照现代企业多维度、多层次的管理要求,确定多元化的产品成本核算对象。多维度是指以产品的最小生产步骤或作业为基础,按照企业有关部门的生产流程及其相应的成本管理要求,利用现代信息技术,组合出产品维度、工序维度、车间班组维度、生产设备维度、客户订单维度、变动成本维度和固定成本维度等不同的成本核算对象。多层次是指根据企业成本管理需要,划分为企业管理部门、工厂、车间和班组等成本管理层次。

五、产品成本项目

(一) 产品成本项目的概念

为具体反映计入产品生产成本的生产费用的各种经济用途,还应将其进一步划分为若干个项目,即产品生产成本项目,简称产品成本项目或成本项目。设置成本项目可以反映产品成本的构成情况,满足成本管理的目的和要求,有利于了解企业生产费用的经济用途,便于企业分析和考核产品成本计划的执行情况。

(二) 产品成本项目的设置

企业应当根据生产经营特点和管理要求,按照成本的经济用途和生产要素内容相结合的原则或成本性态等设置成本项目。例如,对制造企业而言,一般可设置"直接材料""燃料及动力""直接人工""制造费用"等项目。

(1) 直接材料。直接材料是指构成产品实体的原材料,以及有助于产品形成的主要材料和辅助材料,包括原材料、辅助材料、备品配件、外购半成品、包装物、低值易耗品等费用。

(2) 燃料及动力。燃料及动力是指直接用于产品生产的外购和自制的燃料和动力。

(3) 直接人工。直接人工是指直接从事产品生产的工人的职工薪酬。

(4) 制造费用。制造费用是指企业为生产产品和提供劳务而发生的各项间接费用。

由于生产的特点、各种生产费用支出的比重及成本管理和核算的要求不同,企业可根据具体情况,适当增加一些项目,如"废品损失"等成本项目。企业内部管理有相关要求的,还可以按照现代企业多维度、多层次的成本管理要求,利用现代信息技术对有关成本项目进行组合,输出有关成本信息。

任务二　产品成本的归集和分配

学习导读:有一家制造玩具的小作坊,生产各种各样的玩具,从可爱的娃娃到精致的小汽车,每一件都充满了童趣。但是,小作坊的老板面临着一个问题:如何准确计算每种玩具的生产成本?

老板决定请教一位被称为"成本大师"的专家。成本大师听完老板的困惑后,微笑着说:"要解决这个问题,先要了解成本归集和分配的概念。"

老板好奇地问:"什么是成本归集和分配?"

成本大师解释道:"成本归集就是把生产过程中产生的所有费用收集起来,按照不同的产品进行汇总。而成本分配则是将这些费用按照一定的标准,分摊到每一个产品上。"

老板若有所思地点点头:"原来如此。那我们应该怎么操作呢?"

成本大师回答:"我们先要记录下每一种玩具的生产过程,明确哪些材料、人工等费用是直接用于这种玩具的。这些费用可以直接计入该玩具的成本。而对于那些由多个产品共同承担的费用,我们需要选择一个合理的标准,如生产工时、材料消耗量等,将这些费用分摊到各个产品上。"

老板明白了:"也就是说,我们要搞清楚每种玩具的成本构成,然后才能准确计算出它们的生产成本。"

成本大师赞许地点头:"没错。通过这样的方法,我们不仅能知道每种玩具的成本,还能找出是哪些环节导致成本增加,从而优化生产流程,减少浪费。"

在成本大师的指导下,小作坊的老板终于掌握了成本归集和分配的诀窍。从此,他可以准确地计算每种玩具的生产成本,不仅让作坊的运营更加高效,还为客户提供了更有竞争力的价格。而这一切,都源于对成本归集和分配的深入理解。

一、基本生产费用的归集和分配

制造业企业的生产费用按照经济内容可划分为外购材料、外购燃料、外购动力、职工薪酬、折旧费、利息费用、税金、其他费用等要素费用。按照要素费用分类核算制造业企业的费用,反映了制造业企业在一定时期内发生了哪些费用及其金额,可以分析各时期的费用构成和各要素费用所占的比重,进而分析考核各时期内各种要素费用计划的执行情况。

（一）成本核算的会计科目设置

1. "生产成本"科目

"生产成本"科目核算企业进行工业性生产发生的各项生产成本,包括生产各种产品(产成品、自制半成品等)、自制材料、自制工具、自制设备等。该科目借方反映所发生的各项生产费用,贷方反映完工转出的产品成本;期末余额在借方,反映尚未加工完成的各项在产品的成本。该科目应按产品品种等成本核算对象设置"基本生产成本"和"辅助生产成本"明细科目。基本生产成本应当分别按照基本生产车间和成本核算对象(产品的品种、类别、订单、批别、生产阶段等)设置明细账(或成本计算单),并按规定的成本项目设置专栏。基本生产成本明细账如表8-1所示。

表8-1 　　　　　　　　　　　基本生产成本明细账

车间:第一车间

产品:甲　　　　　　　　　　　　　　　　　　　　　　　　　　　　　　　　金额单位:元

月	日	摘要	产量(件)	成本项目			成本合计
				直接材料	直接人工	制造费用	
5	31	月初在产品成本		3 800	2 200	4 600	10 600
6	30	本月生产费用		12 600	6 000	12 200	30 800
6	30	生产费用累计		16 400	8 200	16 800	41 400
6	30	本月完工产品成本	100	10 800	5 600	11 600	28 000
6	30	月末在产品成本		5 600	2 600	5 200	13 400
6	30	完工单位产品成本		108	56	116	280

辅助生产是为基本生产服务而进行的产品生产和劳务供应。"辅助生产成本"科目按辅助生产车间和提供的产品、劳务分设辅助生产成本明细账,按辅助生产的成本项目分设专栏。期末,对共同负担的生产费用按照一定的分配标准分配至各受益对象。

小企业对外提供劳务发生的成本,可将"辅助生产成本"科目改为"劳务成本"科目,或单独设置"劳务成本"科目进行核算。

2. "制造费用"科目

制造费用是指制造业企业为生产产品(或提供劳务)而发生的,应计入产品成本但没有专设成本项目的各项间接生产费用。"制造费用"科目核算企业生产车间(部门)为生产产品和提供劳务而发生的各项间接生产费用,以及虽然直接用于产品生产但管理上不要求或不便于单独核算的生产费用。企业可按不同的生产车间、部门和费用项目进行明细核算。期末,将共同负担的制造费用按照一定的标准分配计入各成本核算对象,除季节性生产外,该科目期末应无余额。

小企业经过1年期以上的制造才能达到预定可销售状态的产品发生的借款费用,也在"制造费用"科目核算。单独核算废品损失和停工损失的企业,还可以另外增设相应的明细科目。

（二）材料、燃料、动力费用

1. 材料、燃料、动力费用的归集和分配

制造业企业发生的直接材料,能够直接计入成本核算对象的,应当直接计入成本核算对

象的生产成本,否则应当按照合理的分配标准分配计入。

制造业企业外购燃料和动力的,应当根据实际耗用数量或合理的分配标准对燃料和动力费用进行归集分配,生产部门直接用于生产的燃料和动力,计入生产成本。生产部门间接用于生产(如照明、取暖等)的燃料和动力,计入制造费用。

无论是外购的,还是自制的,发生材料、燃料和动力等各项要素费用时,对于直接用于产品生产、构成产品实体的原材料,一般分产品领用,应根据领退料凭证直接计入相应产品成本的"直接材料"项目。

对于不能分产品领用的材料,如化工生产中几种产品共同耗用的材料,需要采用适当的分配方法,分配计入各相关产品成本的"直接材料"成本项目。分配标准的选择可依据材料消耗与产品的关系,对于材料、燃料耗用量与产品重量、体积有关的,按其重量或体积分配,如以生铁为原材料生产各种铁铸件,应以生产的铁铸件的重量比例为分配依据,燃料也可以按耗用的原材料作为分配标准,动力一般按用电度数或用水吨数进行分配,也可按产品的生产工时或机器工时进行分配。相应的计算公式为:

$$\text{材料、燃料、动力费用分配率} = \frac{\text{材料、燃料、动力消耗总额}}{\text{分配标准(如产品重量、耗用的原材料、生产工时等)}}$$

$$\text{某种产品应负担的材料、燃料、动力费用} = \text{该产品的重量、耗用的原材料、生产工时等} \times \text{材料、燃料、动力费用分配率}$$

在消耗定额比较准确的情况下,原材料、燃料也可按照产品的材料定额消耗量比例或材料定额费用比例进行分配。

按材料定额消耗量比例分配材料费用的计算公式为:

$$\text{某种产品材料定额消耗量} = \text{该种产品实际产量} \times \text{单位产品材料消耗定额}$$

$$\text{材料消耗量分配率} = \frac{\text{材料实际总消耗量}}{\text{各种材料定额消耗量之和}}$$

$$\text{某种产品应分配的材料费用} = \text{该种产品的材料定额消耗量} \times \text{材料消耗量分配率} \times \text{材料单价}$$

【例题8-1】 甲工厂2023年6月生产X、Y两种产品领用某材料6 400千克,每千克材料20元。本月投产的X产品为200件,Y产品为300件。X产品的材料消耗定额为10千克,Y产品的材料消耗定额为20千克。

要求:计算X、Y产品应分配的材料费用。

【解析】

X产品的材料定额消耗量=200×10=2 000(千克)

Y产品的材料定额消耗量=300×20=6 000(千克)

材料消耗量分配率=6 400÷(2 000+6 000)=0.8(元/千克)

X产品分配负担的材料费用=2 000×0.8×20=32 000(元)

Y产品分配负担的材料费用=6 000×0.8×20=96 000(元)

X、Y产品材料费用合计=32 000+96 000=128 000(元)

2. 材料、燃料、动力费用的账务处理

材料、燃料、动力费用的分配,一般通过材料、燃料、动力分配表进行。材料、燃料分配表应根据领退料凭证和有关资料编制,其中,退料凭证的数额可以从相应的领料凭证的数额中扣除。对外购电力而言,动力分配表应根据有关的转账凭证或付款凭证等资料编制。

【例题 8-2】 承[例题 8-1],编制材料费用分配表如表 8-2 所示。

表 8-2　　　　　　　　　　　　材料费用分配表
编制单位:甲工厂　　　　　　　　2023 年 6 月 30 日　　　　　　　　　　　　单位:元

应借科目		成本项目	直接计入	分配计入 (分配率 0.8)	材料费用合计
基本生产成本	X 产品	直接材料	80 000	32 000	112 000
	Y 产品	直接材料	62 000	96 000	158 000
	小计		142 000	128 000	270 000
辅助生产成本	供电车间				
	维修车间	直接材料	10 000		10 000
	小计		10 000		10 000
制造费用	基本车间	燃料	5 200		5 200
	维修车间	燃料	3 600		3 600
	供电车间	燃料	2 300		2 300
	小计		11 100		11 100
合计			—	—	291 100

要求:根据表 8-2 编制相关业务会计分录。

【解析】

借:生产成本——基本生产成本——X 产品　　　　　　　　　　　　112 000
　　　　　　　　　　　　　　——Y 产品　　　　　　　　　　　　158 000
　　　　　——辅助生产成本　　　　　　　　　　　　　　　　　　 10 000
　　制造费用　　　　　　　　　　　　　　　　　　　　　　　　　 11 100
　　贷:原材料　　　　　　　　　　　　　　　　　　　　　　　　　291 100

(三) 职工薪酬

职工薪酬是企业在生产产品或提供劳务活动过程中所发生的各种直接和间接人工费用的总和。对于职工薪酬的分配,实务中通常有 2 种处理方法:一是按本月应付金额分配本月职工薪酬费用,该方法适用于月份之间职工薪酬差别较大的情况;二是按本月支付职工薪酬金额分配本月职工薪酬费用,该方法适用于月份之间职工薪酬差别不大的情况。

1. 职工薪酬的归集和分配

职工薪酬的归集必须以一定的原始记录作为依据。计时工资以考勤记录中的工作时间记录为依据;计件工资以产量记录中的产品数量和质量记录为依据;计时工资和计件工资以外的各种奖金、津贴、补贴等,按照国家和企业的有关规定计算。

工资结算和支付的凭证为工资结算单或工资单,为便于成本核算和管理,一般按车间、部门分别填制,是职工薪酬分配的依据。直接进行产品生产的生产工人的职工薪酬,直接计入产品成本的"直接人工"成本项目;不能直接计入产品成本的职工薪酬,按工时、产品产量、产

值比例等方式进行合理分配,计入各有关产品成本的"直接人工"项目。相应的计算公式为:

生产职工薪酬费用分配率 = 各种产品生产职工薪酬总额 ÷ 各种产品生产工时之和

某种产品应分配的生产职工薪酬 = 该种产品生产工时 × 生产职工薪酬费用分配率

如果取得各种产品的实际生产工时数据比较困难,而各种产品的单件工时定额比较准确,也可按产品的定额工时比例分配职工薪酬。相应的计算公式为:

某种产品耗用的定额工时 = 该种产品投产量 × 单位产品工时定额

生产职工薪酬费用分配率 = 各种产品生产职工薪酬总额 ÷ 各种产品定额工时之和

某种产品应分配的生产职工薪酬 = 该种产品定额工时 × 生产职工薪酬费用分配率

【例题8-3】 长河制造股份有限公司生产甲、乙两种产品,生产工人计件工资分别为:甲产品3 920元,乙产品3 280元;甲、乙两种产品计时工资共计16 800元。甲、乙产品生产工时分别为7 200小时、4 800小时。

要求:按生产工时比例计算甲、乙产品分配的工资费用。

【解析】

工资费用分配率 = 16 800 ÷ (7 200 + 4 800) = 1.4(元/小时)

甲产品分配的工资费用 = 7 200 × 1.4 = 10 080(元)

乙产品分配的工资费用 = 4 800 × 1.4 = 6 720(元)

2. 职工薪酬的账务处理

职工薪酬的分配应通过职工薪酬分配表进行,该表根据职工薪酬结算单和有关的分配标准等资料编制。

【例题8-4】 工资费用分配表如表8-3所示。

表8-3　　　　　　　　　　　工资费用分配表

2023年6月　　　　　　　　　　　　　　　　　　　　金额单位:元

应借科目		成本或费用项目	直接计入	分配计入			工资费用合计
				生产工时（小时）	分配率	分配金额	
基本生产成本	甲产品	直接人工	3 920	7 200	1.4	10 080	14 000
	乙产品	直接人工	3 280	4 800	1.4	6 720	10 000
	小计		7 200	12 000		16 800	24 000
	供电	职工薪酬	800				800
	供水	职工薪酬	400				400
	小计		1 200				1 200
制造费用		职工薪酬	1 600				1 600
管理费用		职工薪酬	2 200				2 200
销售费用		职工薪酬	1 200				1 200
合计			13 400	—	—	16 800	30 200

要求：根据工资费用分配表，编制相关业务会计分录。

【解析】

借：基本生产成本		24 000
	辅助生产成本	1 200
	制造费用	1 600
	管理费用	2 200
	销售费用	1 200
贷：应付职工薪酬——工资、奖金、津贴和补贴		30 200

（四）辅助生产费用

1. 辅助生产费用的归集

辅助生产费用的归集是通过辅助生产成本总账及明细账进行。一般按车间及产品和劳务设立明细账。当辅助生产发生各项生产费用时，记入"生产成本——辅助生产成本"科目及其明细科目。一般情况下，辅助生产的制造费用与基本生产的制造费用一样，先通过"制造费用"科目进行单独归集，再转入"辅助生产成本"科目。对于辅助生产车间规模很小、制造费用很少且辅助生产不对外提供产品和劳务的，为简化核算工作，辅助生产的制造费用也可以不通过"制造费用"科目，而直接记入"生产成本——辅助生产成本"科目。

2. 辅助生产费用的分配

辅助生产费用的分配应通过辅助生产费用分配表进行。辅助生产费用的分配方法很多，如直接分配法、交互分配法、计划成本分配法、顺序分配法和代数分配法等。以下主要介绍辅助生产费用分配的直接分配法、交互分配法和计划成本分配法。

1）直接分配法

直接分配法是指将各辅助生产车间发生的费用直接分配给除辅助生产车间以外的各受益产品、单位，而不考虑各辅助生产车间之间相互提供产品或劳务的情况。

直接分配法的特点是不考虑各辅助生产车间之间相互提供劳务或产品的情况，将各种辅助生产费用直接分配给辅助生产以外的各受益单位。采用此方法，各辅助生产费用只进行对外分配，只分配一次，计算简单，但分配结果不够准确。直接分配法适用于辅助生产内部相互提供产品和劳务不多、不进行费用的交互分配、对辅助生产成本和企业产品成本影响不大的情况。

【例题 8-5】 长河制造股份有限公司有供水和供电两个辅助生产车间，主要为本企业基本生产车间和行政管理部门等服务。供水车间本月发生费用 4 130 元，供电车间本月发生费用 9 480 元。各辅助生产车间供应产品或提供劳务数量如表 8-4 所示。

表 8-4　　　　　各辅助生产车间供应产品或提供劳务数量

受益单位	耗水（立方米）	耗电（度）
基本生产——甲产品		10 300
基本生产车间	2 050	8 000
辅助车间——供电 　　　　——供水	1 000	3 000

(续表)

受益单位	耗水(立方米)	耗电(度)
行政管理部门	800	1 200
专设销售机构	280	500
合计	4 130	23 000

要求：用直接分配法分配辅助生产费用。

【解析】
辅助生产费用分配表(直接分配法)如表8-5所示。

表8-5　　　　辅助生产费用分配表(直接分配法)　　　　金额单位：元

项目		供水车间	供电车间	合计
待分配辅助生产费用		4 130.00	9 480.00	13 610.00
供应辅助生产以外的劳务量		3 130 立方米	20 000 度	—
单位成本(分配率)		1.319	0.474	
基本生产——甲产品	耗用数量		10 300 度	
	分配金额		4 882.20	4 882.20
基本生产车间	耗用数量	2 050 立方米	8 000 度	
	分配金额	2 703.95	3 792.00	6 495.95
行政管理部门	耗用数量	800 立方米	1 200 度	—
	分配金额	1 055.20	568.80	1 624.00
专设销售机构	耗用数量	280 立方米	500 度	
	分配金额	370.85	237.00	607.85
合计		4 130.00	9 480.00	13 610.00

借：基本生产成本——甲产品　　　　　　　　　　　　　　　　　　4 882.20
　　制造费用　　　　　　　　　　　　　　　　　　　　　　　　　6 495.95
　　管理费用　　　　　　　　　　　　　　　　　　　　　　　　　1 624.00
　　销售费用　　　　　　　　　　　　　　　　　　　　　　　　　　607.85
　贷：辅助生产成本——供水　　　　　　　　　　　　　　　　　　4 130.00
　　　　　　　　　——供电　　　　　　　　　　　　　　　　　　9 480.00

2) 交互分配法

采用交互分配法要对各辅助生产车间的成本费用进行两次分配：一是根据各辅助生产车间相互提供的产品或劳务的数量和交互分配前的单位成本(费用分配率)，在各辅助生产车间之间进行一次交互分配；二是将各辅助生产车间交互分配后的实际费用(交互分配前的成本费用加上交互分配转入的成本费用，减去交互分配转出的成本费用)按提供产品或劳务的数量和交互分配后的单位成本(费用分配率)，在辅助生产车间以外的各受益单位进行分配。交互分配方法提高了分配的正确性，但同时加大了分配的工作量。

【例题 8-6】 承[例题 8-5]，长河制造股份有限公司按交互分配法编制辅助生产费用分配表。辅助生产费用分配表(交互分配法)如表 8-6 所示。

表 8-6 辅助生产费用分配表(交互分配法) 金额单位：元

项目		供水车间			供电车间			合计
		数量（立方米）	单位成本（费用分配率）	分配金额	数量（度）	单位成本（费用分配率）	分配金额	
待分配辅助生产费用		4 130.00	1.000 0	4 130.00	23 000.00	0.410 0	9 480.00	13 610.00
交互分配	辅助生产——供水			+1 230.00	−3 000.00		−1 230.00	—
	辅助生产——供电	−1 000.00		−1 000.00			+1 000.00	—
对外分配辅助生产费用		3 130.00	1.393 0	4 360.00	20 000.00	0.462 5	9 250.00	13 610.00
对外分配	基本生产——甲产品				10 300.00		4 763.75	4 763.75
	基本生产车间	2 050.00		2 855.65	8 000.00		3 700.00	6 555.65
	行政管理部门	800.00			1 200.00		555.00	1 669.40
	专设销售机构	280.00			500.00		231.25	621.20
	合计	3 130.00	—	—	20 000.00		9 250.00	13 610.00

要求：按交互分配法编制辅助生产费用。

【解析】

(1) 交互分配前的单位成本。

供水：$4\,130 \div 4\,130 = 1.00$（元/立方米）

供电：$9\,480 \div 23\,000 = 0.41$（元/度）

(2) 交互分配。

供水分配电费 $= 3\,000 \times 0.41 = 1\,230$（元）

供电分配水费 $= 1\,000 \times 1.00 = 1\,000$（元）

交互分配后的实际费用（对外分配费用）：

供水 $= 4\,130 + 1\,230 - 1\,000 = 4\,360$（元）

供电 $= 9\,480 + 1\,000 - 1\,230 = 9\,250$（元）

交互分配后的单位成本（对外分配单位成本）：

供水：$4\,360 \div 3\,130 = 1.393\,0$（元/立方米）

供电：$9\,250 \div 20\,000 = 0.462\,5$（元/度）

(3) 对外分配。

基本生产——甲产品：

电费：$10\,300 \times 0.462\,5 = 4\,763.75$（元）

基本生产车间：

电费:8 000×0.462 5=3 700(元)

水费:2 050×1.393 0=2 855.65(元)

行政管理部门:

电费:1 200×0.462 5=555(元)

水费:800×1.393 0=1 114.40(元)

销售部门:

电费:500×0.462 5=231.25(元)

水费:280×1.393 0=389.95(元)

(4)根据辅助生产费用分配表编制会计分录。

交互分配:

借:辅助生产成本——供水　　　　　　　　　　　　　　　　　　　　　　　　1 230
　　　　　　　——供电　　　　　　　　　　　　　　　　　　　　　　　　1 000
　　贷:辅助生产成本——供电　　　　　　　　　　　　　　　　　　　　　　　　1 230
　　　　　　　——供水　　　　　　　　　　　　　　　　　　　　　　　　1 000

对外分配:

借:基本生产成本——甲产品　　　　　　　　　　　　　　　　　　　　　　　　4 763.75
　　制造费用　　　　　　　　　　　　　　　　　　　　　　　　　　　　　6 555.65
　　管理费用　　　　　　　　　　　　　　　　　　　　　　　　　　　　　1 669.40
　　销售费用　　　　　　　　　　　　　　　　　　　　　　　　　　　　　621.20
　　贷:辅助生产成本——供水　　　　　　　　　　　　　　　　　　　　　　　　4 360.00
　　　　　　　——供电　　　　　　　　　　　　　　　　　　　　　　　　9 250.00

采用交互分配法,辅助生产内部相互提供产品或劳务全都进行了交互分配,从而提高了分配结果的正确性,但各辅助生产费用要计算两个单位成本(费用分配率),进行两次分配,因而增加了计算工作量。在各月辅助生产费用水平相差不大的情况下,为了简化计算工作,也可以用上月的辅助生产单位成本作为本月交互分配的单位成本。

3)计划成本分配法

计划成本分配法是指辅助生产车间生产的产品或提供的劳务,按照计划单位成本计算、分配辅助生产费用的方法。辅助生产为各受益单位(包括其他辅助生产车间)提供的产品或劳务,一律按产品或劳务的实际耗用量和计划单位成本进行分配。辅助生产车间实际发生的费用,包括辅助生产交互分配转入的费用在内,与按计划单位成本分配转出的费用之间的差额,即辅助生产产品或提供劳务的成本差异,可以追加分配给辅助生产以外的各受益单位,为了简化计算工作,也可以全部记入"管理费用"科目。

【例题8-7】 承[例题8-5],假设长河制造股份有限公司按计划成本分配法分配辅助生产费用,每立方米水的计划成本为1.50元,每度电的计划成本为0.48元,编制辅助生产费用分配表。辅助生产费用分配表(计划成本分配法)如表8-7所示。

表8-7　　　　　　　　辅助生产费用分配表(计划成本分配法)　　　　　　　金额单位:元

辅助生产车间名称		供水车间	供电车间	合计
待分配辅助生产费用	"辅助生产成本"科目发生额	4 130	9 480	13 610

(续表)

辅助生产车间名称			供水车间	供电车间	合计
	供应劳务量		4 130 立方米	23 000 度	
	计划单位成本		1.50	0.48	
辅助生产成本	供水车间	耗用数量		3 000 度	
		分配金额		1 440	1 440
	供电车间	耗用数量	1 000 立方米		
		分配金额	1 500		1 500
	基本生产车间	耗用数量	2 050 立方米	8 000 度	
		分配金额	3 075	3 840	6 915
	甲产品	耗用数量		10 300 度	
		分配金额		4 944	4 944
	企业行政管理部门	耗用数量	800 立方米	1 200 度	
		分配金额	1 200	576	1 776
	专设销售机构	耗用数量	280 立方米	500 度	
		分配金额	420	240	660
按计划成本分配合计			6 195	11 040	17 235
辅助生产实际成本			5 570	10 980	16 550
辅助生产成本差异			−625	−60	−685

要求：按计划成本分配法分配辅助生产费用。

【解析】

辅助生产实际成本：

供水：4 130+1 440＝5 570(元)

供电：9 480+1 500＝10 980(元)

(1) 按计划成本分配。

借：辅助生产成本——供水车间　　　　　　　　　　　　　　　　1 440
　　　　　　　　——供电车间　　　　　　　　　　　　　　　　1 500
　　制造费用——基本生产车间　　　　　　　　　　　　　　　　6 915
　　基本生产成本　　　　　　　　　　　　　　　　　　　　　　4 944
　　管理费用　　　　　　　　　　　　　　　　　　　　　　　　1 776
　　销售费用　　　　　　　　　　　　　　　　　　　　　　　　　660
　　贷：辅助生产成本——供水车间　　　　　　　　　　　　　　6 195
　　　　　　　　——供电车间　　　　　　　　　　　　　　　11 040

(2) 计算并结转辅助生产成本差异，为了简化核算，将辅助生产成本差异记入"管理费用"科目。

借：管理费用 685
　　贷：辅助生产成本——供水车间 625
　　　　　　　　　　　——供电车间 60

采用计划成本分配法，由于辅助生产车间的产品或劳务的计划单位成本有现成资料，只要有各受益单位耗用辅助生产车间的产品或劳务量，便可进行分配，从而简化和加速了分配的计算工作；按照计划单位成本分配，排除了辅助生产实际费用的高低对各受益单位成本的影响，便于考核和分析各受益单位的经济责任，同时，能够反映辅助生产车间产品或劳务的实际成本脱离计划成本的差异。但是采用该种分配方法，辅助生产产品或提供劳务的计划单位成本必须比较准确。

（五）制造费用

1. 制造费用的归集

制造费用是指工业企业为生产产品（或提供劳务）而发生的，应该计入产品成本但没有专设成本项目的各项生产费用。制造费用中的大部分不是直接用于产品生产，而是间接用于产品生产，如机物料的消耗、车间辅助人员的薪酬，以及车间厂房的折旧费等。也有一部分直接用于产品生产，但管理上不要求单独核算，也不专设成本项目，如机器设备的折旧费等。生产工艺用动力如果不专设成本项目，也不单独核算，应包括在制造费用中。制造费用还包括车间用于组织和管理生产的费用，如车间管理人员的薪酬，车间管理用房屋和设备的折旧费、车间照明费、水费、取暖费、差旅费和办公费等，这些费用虽然具有管理费用的性质，但由于车间是企业从事生产活动的单位，其管理费用和制造费用很难严格划分，为了简化核算工作，这些费用也作为制造费用核算。

"制造费用"科目应当根据有关付款凭证、转账凭证和前述各种成本分配表登记。此外，还应按不同的车间设立明细账，账内按照成本项目设立专栏，分别反映各车间各项制造费用的发生情况和分配转出情况。基本生产车间和辅助生产车间发生的直接用于生产，但没有专设成本项目的各种材料成本及用于组织和管理生产活动的各种材料成本，一般应借记"制造费用"科目及其明细科目（基本生产车间或辅助生产车间）的相关成本项目，贷记"原材料"等科目；基本生产车间和辅助生产车间管理人员的工资、福利费等职工薪酬，应记入"制造费用"科目和所属明细科目的借方，同时，贷记"应付职工薪酬"科目。月末，应按照一定的方法将归集的制造费用从"制造费用"科目贷方分配转入有关成本核算对象。

2. 制造费用的分配

制造费用一般应先分配辅助生产的制造费用，将其计入辅助生产成本，再分配辅助生产费用，将其中应由基本生产负担的制造费用计入基本生产的制造费用，最后分配基本生产的制造费用。制造费用应按照生产车间分别进行，不应将各车间的制造费用汇总，在企业范围内统一分配。制造业企业发生的制造费用，应按照合理的分配标准按月分配计入各成本核算对象的生产成本。

企业应当根据制造费用的性质，合理选择分配方法。也就是说，企业选择的制造费用分配方法，必须与制造费用的发生具有密切的相关性，并且使分配到每种产品上的制造费用金额基本合理，同时还应使计算手续较为简便。制造费用分配方法很多，通常采用生产工人工时比例法(或生产工时比例法)、生产工人工资比例法(或生产工资比例法)、机器工时比例法和按年度计划分配率分配法等。企业具体选用哪种分配方法,由企业自行决定。分配方法一经确定,不得随意变更。如需变更,应当在附注中予以说明。

制造费用相关计算公式如下:

$$制造费用分配率 = 制造费用总额 \div 各产品分配标准之和(如产品生产工时总数或生产工人定额工时总数、生产工人工资总和、机器工时总数、产品计划产量的定额工时总数)$$

$$某种产品应分配的制造费用 = 该种产品分配标准 \times 制造费用分配率$$

其中,由于生产工时是分配间接费用的常用标准之一,生产工人工时比例法较为常用。生产工人工资比例法适用于各种产品生产机械化程度相差不多的企业,如果生产工人工资是按生产工时比例分配,该方法实际上等同于生产工人工时比例法。机器工时比例法是按照各产品生产所用机器设备运转时间的比例分配制造费用的方法,适用于产品生产的机械化程度较高的车间。按年度计划分配率分配法是按照年度开始前确定的全年度适用的计划分配率分配费用的方法,分配率计算公式的分母按定额工时计算,年度内如果发生全年的制造费用实际数与计划数差别较大,应及时调整计划分配率,该方法特别适用于季节性生产企业。

3. 制造费用的账务处理

制造费用的分配方法一经确定,不应任意变更。无论采用哪种分配方法,都应根据分配计算结果编制制造费用分配表,根据制造费用分配表进行制造费用分配的总分类核算和明细核算。相关会计分录为借记"生产成本"科目,贷记"制造费用"科目。

将归集在辅助生产成本的费用按照辅助生产费用的方法进行分配,其中,分配给基本生产的制造费用在归集了全部基本生产车间的制造费用后,转入"生产成本——基本生产成本"科目。

【例题 8-8】 承[例题 8-5],假设长河制造股份有限公司 2023 年 6 月制造费用为 42 360 元,基本生产车间甲产品的生产工时为 12 000 小时,乙产品的生产工时为 8 000 小时。

要求:计算分配制造费用。

【解析】

制造费用分配率 = 42 360 ÷ (12 000 + 8 000) = 2.118(元/小时)

甲产品分配的制造费用 = 12 000 × 2.118 = 25 416(元)

乙产品分配的制造费用 = 8 000 × 2.118 = 16 944(元)

按生产工时比例法编制制造费用分配表,如表 8-8 所示。

表 8-8 制造费用分配表

车间:基本生产车间　　　　　　　　　2023 年 6 月　　　　　　　　　金额单位:元

科目	生产工时(小时)	分配金额
基本生产成本——甲产品	12 000	25 416
——乙产品	8 000	16 944
合计	20 000	42 360

根据制造费用分配表,编制会计分录如下:

借:基本生产成本——甲产品　　　　　　　　　　　　　　25 146
　　　　　　　——乙产品　　　　　　　　　　　　　　16 944
　　贷:制造费用　　　　　　　　　　　　　　　　　　　42 360

按生产工时比例分配制造费用是较为常用的一种分配方法,它能将劳动生产率的高低与产品负担费用的多少联系起来,分配结果比较合理。但是,必须正确组织好产品生产工时的记录和核算工作,以保证生产工时的准确、可靠。

学习提示:制造费用、制造成本和销售成本的区别与联系。

制造费用是指工业企业为生产产品(或提供劳务)而发生的,应该计入产品成本,但没有专设成本项目的各项生产费用。制造费用中的大部分不是直接用于产品生产的费用,而是间接用于产品生产的费用。

制造成本又称工厂成本或生产成本,是指形成产品成本的直接和间接费用。在一个会计期间内,企业发生的制造成本为生产产品所消耗的原材料、半成品,支付的直接人工费和制造费用。

销售成本是指已出售产品的制造成本。它与制造成本的关系用公式表示为:

销售成本=期初库存商品的制造成本+本期完工入库产品的制造成本-期末库存商品的制造成本

二、生产费用在完工产品和在产品之间的归集和分配

(一)在产品数量的核算

月末,产品成本明细账按照成本项目归集了相应的生产费用后,为确定完工产品总成本和单位成本,还应当将已经归集的产品成本在完工产品和月末在产品之间进行分配。为此,分配前需要取得完工产品和在产品收发结存的数量资料。

在产品是指没有完成全部生产过程的产品,包括正在车间加工中的在产品(包括正在返修的废品)和已经完成一个或几个生产步骤但还需要继续加工的半成品(包括未经验收入库的产品和等待返修的废品),不包括对外销售的自制半成品。

对某个车间或生产步骤而言,在产品只包括该车间或该生产步骤正在加工中的那部分在产品。为确定在产品结存的数量,企业需要做好两方面工作:一是在产品收发结存的日常核算;二是做好产品的清查工作。车间在产品收发结存的日常核算,通常通过在产品收发结存账进行。在产品清查工作应定期进行,也可以不定期轮流清查,车间没有建立在产品收发日常核算的,应当每月月末清查一次,以取得在产品的实际盘存资料,用来计算产品成本。

清查结果,如在产品发生盘盈的,按盘盈在产品成本(一般按定额成本计算),借记"生产成本——基本生产成本"科目,贷记"待处理财产损溢——待处理流动资产损溢"科目,经批准后转入"制造费用"科目;如在产品发生盘亏和毁损的,借记"待处理财产损溢——待处理流动资产损溢"科目,贷记"生产成本——基本生产成本"科目;取得的残料,应借记"原材料"等科目,贷记"待处理财产损溢——待处理流动资产损溢"科目;经批准处理时,应分别转入相应科目,其中由于车间管理不善造成的损失,应转入"制造费用"科目。在产品盘存盈亏处理的核算,应在"制造费用"科目结账前进行。

(二)生产费用在完工产品和在产品之间的分配

每月月末,当月"生产成本"明细账中按照成本项目归集了本月生产成本以后,这些成本就是本月发生的生产成本,并不是本月完工产品的成本。计算本月完工产品成本,还需要将本月发生的生产成本,加上月初在产品成本,再将其在本月完工产品和月末在产品之间进行分配,计算确认本月完工产品成本。

完工产品、在产品成本之间的关系用公式表示:

本月完工产品成本 = 本月发生生产成本 + 月初在产品成本 - 月末在产品成本

根据完工产品、在产品成本之间的关系,结合生产特点,企业应当根据在产品数量的多少、各月在产品数量变化的大小、各项成本比重的大小,以及定额管理基础的好坏等具体条件,采用适当的分配方法将生产成本在完工产品和在产品之间进行分配。常用的分配方法有不计算在产品成本法、在产品按固定成本计价法、在产品按所耗直接材料成本计价法、约当产量比例法、在产品按定额成本计价法、在产品按完工产品成本计价法、定额比例法等。以下主要介绍约当产量比例法、在产品按定额成本计价法和定额比例法。

1. 约当产量比例法

采用约当产量比例法,应将月末在产品数量按其完工程度折算为相当于完工产品的产量,即约当产量,然后将产品应负担的全部成本按照完工产品产量与月末在产品约当产量的比例分配计算完工产品成本和月末在产品成本。约当产量比例法适用于在产品数量较多,各月在产品数量变化也较大,且生产成本中直接材料成本和直接人工等加工成本的比重相差不大的产品。其相关计算公式如下:

在产品约当产量 = 在产品数量 × 完工程度

单位成本 = (月初在产品成本 + 本月发生生产成本) ÷ (完工产品产量 + 在产品约当产量)

完工产品成本 = 完工产品产量 × 单位成本 在产品成本 = 在产品约当产量 × 单位成本

【例题 8-9】 长河制造股份有限公司生产 J 产品,本月完工 1 500 件,月末在产品为 300 件,在产品完工程度为 60%;月初在产品和本月原材料费用共计 90 000 元,职工薪酬等加工费为 42 000 元。原材料是在生产开始时一次投入的,原材料费用按照完工产品和月末在产品数量比例分配,职工薪酬等加工费用按照完工产品数量和月末在产品约当产量的比例分配。

要求:计算 J 产品成本。

【解析】

(1) 计算月末在产品约当产量。

月末在产品约当产量 = 300 × 60% = 180(件)

(2) 分配原材料费用。

原材料费用分配率 = 90 000 ÷ (1 500 + 300) = 50(元/件)

完工产品原材料费用 = 1 500 × 50 = 75 000(元)

在产品原材料费用 = 300 × 50 = 15 000(元)

(3) 分配职工薪酬等加工费用。

职工薪酬等分配率 = 42 000 ÷ (1 500 + 180) = 25(元/件)

完工产品的职工薪酬等 = 1 500 × 25 = 37 500(元)

在产品的职工薪酬等=180×25=4 500(元)

(4) 计算产品成本。

完工产品成本=75 000+37 500=112 500(元)

在产品成本=15 000+4 500=19 500(元)

有了各工序在产品完工程度和各工序在产品盘存数量,即可求得在产品的约当产量。各工序产品的完工程度可事先制定,产品工时定额不变时可长期使用。如果各工序在产品数量和单位工时定额都相差不多,在产品的完工程度也可按50%计算。

【例题8-10】 长江制造股份有限公司2023年6月生产的丙产品,单位工时定额为40小时,经过三道工序制成。第一道工序工时定额为8小时,第二道工序工时定额为16小时,第三道工序工时定额为16小时。各道工序内各件在产品的加工程度均按50%计算。

要求:计算各道工序完工率。

【解析】

第一道工序完工率=$[(8 \times 50\%) \div 40] \times 100\% = 10\%$

第二道工序完工率=$[(8 + 16 \times 50\%) \div 40] \times 100\% = 40\%$

第三道工序完工率=$[(8 + 16 + 16 \times 50\%) \div 40] \times 100\% = 80\%$

根据各道工序的月末在产品数量和各道工序完工率,计算出月末各道工序在产品的约当产量及其总数,据以分配费用。

【例题8-11】 承[例题8-10],假定丙产品本月完工400件:第一道工序在产品40件,第二道工序在产品80件,第三道工序在产品120件。

要求:根据各道工序月末在产品的数量和各道工序的完工率,分别计算各道工序月末在产品的约当产量及其总数。

【解析】

约当产量计算表如表8-9所示。

表8-9　　　　　　　　　约当产量计算表

2023年6月　　　　　　　　　　　　　　　　　　　　　　　单位:件

在产品所在工序	完工率	在产品数量		完工产品产量	产量合计
		结存量	约当产量		
第一道工序	10%	40	4		
第二道工序	40%	80	32		
第三道工序	80%	120	96		
合计		240	132	400	532

【例题8-12】 承[例题8-10],假定丙产品月初生产费用加上本月发生的生产费用为:原材料32 000元(原材料在生产开始时一次投入);职工薪酬15 960元;制造费用17 024元。

要求:计算完工产品与月末在产品费用分配。

【解析】

原材料费用分配率=$[32 000 \div (400 + 240)] = 50$(元/件)

完工产品原材料费用＝400×50＝20 000(元)
月末在产品原材料费用＝240×50＝12 000(元)
职工薪酬分配率＝[15 960÷(400+132)]＝30(元/件)
完工产品的职工薪＝400×30＝12 000(元)
月末在产品的职工薪额＝132×30＝3 960(元)
制造费用分配率＝[17 024÷(400+132)]＝32(元/件)
完工产品制造费用＝400×32＝12 800(元)
月末在产品制造费用＝132×32＝4224(元)
完工产品成本＝20 000+12 000+12 800＝44 800(元)
月末在产品成本＝12 000+3 960+4 224＝20 184(元)

应当指出的是,在很多加工生产中,材料是在生产开始时一次性投入的。这时,在产品无论完工程度如何,都应和完工产品负担同样的材料成本,材料费用应按完工产品和在产品实际数量比例进行分配。如果材料是随着生产过程陆续投入的,则应按照各工序投入的材料成本在全部材料成本中所占的比例计算在产品的约当产量。

2. 在产品按定额成本计价法

采用在产品按定额成本计价法,月末在产品成本按定额成本计算,该种产品的全部成本(如果有月初在产品,包括月初在产品成本在内)减去按定额成本计算的月末在产品成本,余额作为完工产品成本;每月生产成本脱离定额的节约差异或超支差异全部计入当月完工产品成本。在产品按定额成本计价法是事先经过调查研究、技术测定或按定额资料,对各个加工阶段上的在产品直接确定一个单位定额成本。这种方法适用于各项消耗定额或成本定额比较准确、稳定,而且各月末在产品数量变化不是很大的产品。其相关计算公式如下:

月末在产品成本 ＝ 月末在产品数量×在产品单位定额成本
完工产品总成本 ＝ (月初在产品成本＋本月发生生产成本)－月末在产品成本

【例题 8-13】 长河制造股份有限公司生产的 A 产品由一道工序完成,采用按定额成本计算在产品成本的方法,原材料在生产开始时一次投入,月末在产品 200 件,每件在产品原材料费用定额为 60 元,在产品单位定额工时为 18 小时,每小时各项加工费用的计划分配率为:燃料和动力 1.5 元,职工薪酬 5.3 元,制造费用 5.2 元。

要求:计算月末在产品定额成本。

【解析】

原材料:200×60＝12 000(元)
燃料和动力:200×18×1.5＝5 400(元)
职工薪酬:200×18×5.3＝19 080(元)
制造费用:200×18×5.2＝18 720(元)
月末在产品定额成本:12 000+5 400+19 080+18 720＝55 200(元)

如果该公司所产 A 产品由 2 道工序完成,第一道工序的月末在产品为 160 件,第二道工序的月末在产品为 40 件。各道工序的定额工时为:第一道工序 30 小时,第二道工序 10 小时;其他资料不变,则月末在产品定额成本应按下列步骤计算:

第一道工序在产品累计工时定额:30×50%＝15(小时)

第二道工序在产品累计工时定额：30＋10×50％＝35（小时）

月末在产品定额工时：160×15＋40×35＝3 800（小时）

原材料：200×60＝12 000（元）

燃料和动力：3 800×1.5＝5 700（元）

职工薪酬：3 800×5.3＝20 140（元）

制造费用：3 800×5.2＝19 760（元）

月末在产品定额成本：12 000＋5 700＋20 140＋19 760＝57 600（元）

需要注意的是，采用在产品按定额成本计价法时，如果产品成本中原材料费用所占比重较大，为了进一步简化成本计算工作，月末在产品成本可以只按定额原材料费用计算。也就是说，月末在产品的原材料费用脱离定额的差异，以及其他各项实际费用都可以计入完工产品成本。该方法是将在产品按所耗原材料费用计价法和按定额成本计价法两者结合应用的一种分配方法。

3. 定额比例法

采用定额比例法是指产品的生产成本在完工产品和月末在产品之间按照两者的定额消耗量或定额成本比例分配。其中，直接材料成本按直接材料的定额消耗量或定额成本比例分配；直接人工等加工成本可以按各该定额成本的比例分配，也可以按定额工时比例分配。定额比例法适用于各项消耗定额或成本定额比较准确、稳定，但各月末在产品数量变动较大的产品。其相关计算公式如下（以按定额成本比例为例）：

直接材料成本分配率＝（月初在产品实际材料成本＋本月投入的实际材料成本）÷
（完工产品定额材料成本＋月末在产品定额材料成本）

完工产品应负担的直接材料成本＝完工产品定额材料成本×直接材料成本分配率

月末在产品应负担的直接材料成本＝月末在产品定额材料成本×直接材料成本分配率

直接人工成本分配率＝（月初在产品实际人工成本＋本月投入的实际人工成本）÷
（完工产品定额工时＋月末在产品定额工时）

完工产品应负担的直接人工成本＝完工产品定额工时×直接人工成本分配率

月末在产品应负担的直接人工成本＝月末在产品定额工时×直接人工成本分配率

制造费用分配率＝（月初在产品制造费用＋本月实际发生制造费用）÷
（完工产品定额工时＋月末在产品定额工时）

完工产品应负担的制造费用＝完工产品定额工时×制造费用分配率

月末在产品应负担的制造费用＝月末在产品定额工时×制造费用分配率

【例题8-14】 长河制造股份有限公司生产的B产品月初在产品费用为：原材料2 800元，职工薪酬1 200元，制造费用800元，本月生产费用为：原材料16 400元，职工薪酬6 000元，制造费用4 000元。完工产品为4 000件，原材料定额费用为16 000元，定额工时为10 000小时。月末在产品1 000件，原材料定额费用为4 000元，定额工时为2 000小时。完工产品与月末在产品之间，原材料费用按原材料定额费用比例分配，其他费用按定额工时比例分配。

要求：计算分配各项费用。

【解析】

产品成本明细账如表8-10所示。

表 8-10　　　　　　　　　　　　产品成本明细账

产品名称：B产品　　　　　　　　　　　　　　　　　　　　　　　　　　单位：元

成本项目	月初在产品费用	本月费用	生产费用合计	费用分配率	完工产品费用		月末在产品费用	
					定额	实际费用	定额	实际费用
(1)	(2)	(3)	(4)=(2)+(3)	(5)=(4)÷[(6)+(8)]	(6)	(7)=(6)×(5)	(8)	(9)=(8)×(5)
直接材料	2 800	16 400	19 200	0.96	16 000	15 360	4 000	3 840
直接人工	1 200	6 000	7 200	0.6	10 000	6 000	2 000	1 200
制造费用	800	4 000	4 800	0.4		4 000		800
合计	4 800	26 400	31 200			25 360		5 840

（三）完工产品成本的结转

企业完工产品经产成品仓库验收入库后,其成本应从"生产成本——基本生产成本"科目及所属产品成本明细账的贷方转出,转入"库存商品"科目的借方。"生产成本——基本生产成本"科目的月末余额,是基本生产在产品的成本,也是在基本生产过程中占用的生产资金,应与所属各种产品成本明细账中月末在产品成本之和核对相符。

任务三　产品成本计算方法

学习导读：在一个遥远的小村庄里,有一位聪明的手艺人叫阿明。阿明是一个制作手工陶瓷器皿的专家。他的手艺非常出色,受到了村民们的喜爱。然而,阿明面临着一个小问题：他需要准确地计算出每个陶瓷器皿的成本,以确保他的生意能够盈利。

阿明开始思考如何计算每个陶瓷器皿的成本。他明白,制作一个陶瓷器皿需要耗费许多原材料和时间,而且每个器皿的制造成本可能会有所不同。

于是,阿明开始详细记录每个器皿的制作过程和所需材料。他发现,制作一个陶瓷器皿需要耗费3个陶瓷土、2个陶工、1个小时的时间和1个燃料。每个原材料和时间的成本都是固定的,阿明可以通过将这些成本相加来计算每个器皿的总成本。

阿明开始与村民们分享他的发现。他告诉村民们,通过准确地计算每个器皿的成本,他可以更好地管理自己的生意,确保每个器皿都有合理的售价。村民们听从了阿明的建议,并开始效仿他的做法。

随着时间的推移,这个小村庄逐渐发展成了一个知名的陶瓷制品生产中心。阿明的计算方法也得到了广泛的推广和应用,成了当地企业计算产品成本的标准方法。

一、产品成本计算方法概述

（一）生产特点对产品成本计算的影响

根据生产工艺过程的特点,工业企业的生产可分为单步骤生产和多步骤生产。根据生产组织的特点,工业企业生产可分为大量生产、成批生产和单件生产。结合两者考虑,工业企业的生产可分为大量大批单步骤生产、大量大批连续式多步骤生产、大量大批平行式加工多步骤生产、单件小批平行式加工多步骤生产。不同的生产工艺和生产组织,形成不同的生产类型,从而对成本管理的要求也不同。

确定产品成本计算方法的主要因素有成本计算对象、成本计算期及生产费用在完工产品与在产品之间的分配。上述三方面是相互联系、相互影响的,其中生产类型对成本计算对象的影响是主要的。不同的成本计算对象决定了不同的成本计算期和生产费用在完工产品与在产品之间的分配。因此,成本计算对象的确定,是正确计算产品成本的前提,也是区别各种成本计算方法的主要标志。

(二)产品成本计算的主要方法

适应各种类型生产的特点和管理要求,产品成本计算的方法主要包括以下 3 种:一是以产品品种为成本计算对象,简称品种法;二是以产品批别为成本计算对象,简称分批法;三是以产品生产步骤为成本计算对象,简称分步法。各产品成本计算的基本方法如表 8-11 所示。

表 8-11　　　　　　　　　　　产品成本计算的基本方法

产品成本计算方法	成本计算对象	生产类型		
		生产组织特点	生产工艺特点	成本管理
品种法	产品品种	大量大批生产	单步骤生产	
			多步骤生产	不要求分步计算成本
分批法	产品批别	单件小批生产	单步骤生产	
			多步骤生产	不要求分步计算成本
分步法	生产步骤	大量大批生产	多步骤生产	要求分步计算成本

除上述方法外,在产品的品种、规格繁多的工业企业中,为简化成本计算,可采用分类法;在定额管理工作有一定基础的工业企业中,为配合和加强生产费用和产品成本的定额管理,还可以采用定额法。

二、品种法

(一)品种法的概念及特点

品种法是指以产品品种作为成本核算对象,归集和分配生产成本,计算产品成本的一种方法。这种方法适用于单步骤、大量生产的企业,如发电、供水、采矿等企业,在这种类型的生产中,产品的生产技术过程不能从技术上划分为步骤。例如,企业或车间的规模较小,或者车间是封闭的,即从材料投入到产品产出的全部生产过程都是在一个车间内进行的。或者生产按流水线组织,管理上不要求按照生产步骤计算产品成本,都可以按照品种计算产品成本。

品种法计算成本的主要特点包括:①成本核算对象是产品品种。如果企业只生产一种产品、全部生产成本都是直接成本,可直接计入该产品生产成本明细账的有关成本项目中,不存在各种成本核算对象之间分配成本的问题;如果生产多种产品,间接生产成本则要采用适当的方法,在各成本核算对象之间进行分配。②品种法一般定期(每月月末)计算产品成本。③月末一般不存在在产品,如果有在产品且数量很少,一般不需要将生产费用在完工产品与在产品之间进行划分,当期发生的生产费用总和就是该种完工产品的总成本;如果企业月末有在产品,要将生产成本在完工产品和在产品之间进行分配。

(二)品种法成本核算的一般程序

(1)按产品品种设立成本明细账,根据各项费用的原始凭证及相关资料编制有关记账凭证并登记有关明细账,并编制各种费用分配表分配各种要素费用。

(2)根据上述各种费用分配表和其他有关资料,登记辅助生产成本明细账、基本生产成本明细账、制造费用明细账等。

(3)根据辅助生产成本明细账编制辅助生产成本分配表,分配辅助生产成本。

(4)根据制造费用明细账编制制造费用分配表,在各种产品之间分配制造费用,并据以登记基本生产成本明细账。

(5)根据各产品基本生产成本明细账编制产品成本计算单,分配完工产品成本和在产品成本。

(6)编制产成品的成本汇总表,结转产成品成本。

三、分批法

(一)分批法的概念及特点

分批法是指以产品的批别作为产品成本核算对象,归集和分配生产成本,计算产品成本的一种方法。这种方法主要适用于单件、小批生产的企业,如造船、重型机器制造、精密仪器制造等,也可用于一般企业中的新产品试制或试验的生产、在建工程及设备修理作业等。

分批法计算成本的主要特点包括:①成本核算对象是产品的批别。产品的批别大多是根据销货订单确定的,因此这种方法又称订单法。成本核算对象是购买者事先订货或企业规定的产品批别。②产品成本的计算是与生产任务通知单的签发和结束紧密配合的,因此,产品成本计算是不定期的。成本计算期与产品生产周期基本一致,但与财务报告期不一致。③由于成本计算期与产品的生产周期基本一致,在计算月末在产品成本时,一般不存在在完工产品和在产品之间分配成本的问题。

(二)分批法成本核算的一般程序

(1)按产品批别设置产品基本生产成本明细账、辅助生产成本明细账。账内按成本项目设置专栏,按车间设置制造费用明细账。同时,设置待摊费用、预提费用等明细账。

(2)根据各生产费用的原始凭证或原始凭证汇总表和其他有关资料,编制各种要素费用分配表,分配各要素费用并登账。对于直接计入费用,应按产品批别列示并直接计入各个批别的产品成本明细账;对于间接计入费用,应按生产地点归集,并按适当的方法分配计入各个批别的产品成本明细账。

(3)月末根据完工批别产品的完工通知单,将计入已完工的该批产品的成本明细账所归集的生产费用,按成本项目加以汇总,计算出该批完工产品的总成本和单位成本,并转账。分批法条件下,月末完工产品与在产品之间的费用分配有以下几种情况:

第一，如果是单件生产，产品完工以前，产品成本明细账所记的生产费用都是在产品成本；产品完工时，产品成本明细账所记的生产费用，就是完工产品成本，因而在月末计算成本时，不存在在完工产品与在产品之间分配费用的问题。

第二，如果是小批生产，批内产品一般都能同时完工，在月末计算成本时，或是全部已经完工，或是全部没有完工，因而一般也不存在在完工产品与在产品之间分配费用的问题。

第三，如果批内产品跨月陆续完工，这时就要在完工产品与在产品之间分配费用。具体可以采取简化的方法处理：如按计划单位成本、定额单位成本、最近一期相同产品的实际单位成本计算完工产品成本；从产品成本明细账中转出完工产品成本后，各项费用余额之和，即在产品成本。也可根据具体条件采用前述的分配方法。

四、分步法

（一）分步法的概念及特点

分步法是指按照生产过程中各个加工步骤（分品种）为成本核算对象，归集和分配生产成本，计算各步骤半成品和最后产成品成本的一种方法。这种方法适用于大量大批多步骤生产，如冶金、纺织、机械制造等。在这类企业中，产品生产可以分为若干个生产步骤的成本管理，通常不仅要求按照产品品种计算成本，而且还要求按照生产步骤计算成本，以便为考核和分析各种产品及各生产步骤的成本计划的执行情况提供资料。

分步法计算成本的主要特点包括：①成本核算对象是各种产品的生产步骤。②月末为计算完工产品成本，还需要将归集在生产成本明细账中的生产成本在完工产品和在产品之间进行分配。③除了按品种计算和结转产品成本，还需要计算和结转产品的各步骤成本。其成本核算对象是各种产品及其所经过的各个加工步骤。如果企业只生产一种产品，则成本核算对象就是该种产品及其所经过的各个生产步骤。其成本计算期是固定的，与产品的生产周期不一致。

（二）分步法成本核算的一般程序

在实际工作中，根据成本管理对各生产步骤成本资料的不同要求（如是否要求计算半成品成本）和简化核算的要求，各生产步骤成本的计算和结转，一般采用逐步结转和平行结转方式，分别称为逐步结转分步法和平行结转分步法。

1. 逐步结转分步法

1）成本核算对象和成本结转程序

逐步结转分步法又称计算半成品成本分步法，是为了分步计算半成品成本而采用的一种分步法。它是按照产品加工的顺序，逐步计算并结转半成品成本，直到最后加工步骤完成才能计算产成品成本的一种方法。它按照产品加工顺序先计算第一个加工步骤的半成品成本，然后结转给第二个加工步骤，第二个步骤根据第一个步骤结转来的半成品成本加上本步骤耗用的材料成本和加工成本，即可求得第二个加工步骤的半成品成本。这种方法适用于大量大批连续式复杂性生产的企业。这种类型的企业，有的不仅将产成品作为商品对外销售，而且生产步骤所产半成品也经常作为商品对外销售。例如，钢铁厂的生铁、钢锭，纺织厂的棉纱等，都需要计算半成品成本。

2) 逐步结转分步法的优缺点

逐步结转分步法需要在完工产品和在产品之间分配生产成本,即在各步骤完工产品和在产品之间进行分配。其优点为:①能提供各个生产步骤的半成品成本资料。②能为各生产步骤的在产品实物管理及资金管理提供资料。③能全面地反映各生产步骤的生产耗费水平,更好地满足各生产步骤成本管理的要求。

其缺点为:成本结转工作量较大,各生产步骤的半成品成本如果采用逐步综合结转方法,还要进行成本还原,增加了核算的工作量。

3) 综合结转法和分项结转法

逐步结转分步法按照成本在下一步骤成本计算单中的反映方式,还可以分为综合结转法和分项结转法。综合结转法是指上一步骤转入下一步骤的半成品成本,以"直接材料"或专设的"半成品"项目综合列入下一步骤的成本计算单中。如果半成品通过半成品库收发,各月所生产的半成品的单位成本不同,因而所耗半成品的单位成本可以如同材料核算一样,采用先进先出法或加权平均法计算。分项结转分步法是指按产品加工顺序,将上一步骤半成品成本按原始成本项目分别转入下一步骤成本计算单中相应的成本项目内,逐步计算并结转半成品成本,直到最后加工步骤计算出产成品成本的一种逐步结转分步法。

2. 平行结转分步法

平行结转分步法又称不计算半成品成本分步法,是指在计算各步骤成本时,不计算各步骤所产半成品的成本,也不计算各步骤所耗上一步骤的半成品成本,而只计算本步骤发生的各项其他成本,以及这些成本中应计入产成品的份额,将相同产品的各步骤成本明细账中的这些份额平行结转、汇总,即可计算出该种产品的产成品成本。

1) 成本核算对象和成本结转程序

采用平行结转分步法的成本核算对象是各种产成品及其经过的各生产步骤中的成本份额。而各步骤的产品生产成本并不伴随着半成品实物的转移而结转,各生产步骤均不计算本步骤的半成品成本,尽管半成品的实物转入下一生产步骤继续加工,但其成本并不结转到下一生产步骤的成本计算单中去,只是在产品最后完工入产成品库时,才将各步骤生产成本中应由完工产品负担的份额,从各步骤成本计算单中转出,平行汇总计算产成品的成本。

2) 产品生产成本在完工产品和在产品之间的分配

采用平行结转分步法,每一生产步骤的生产成本也要在其完工产品与月末在产品之间进行分配。但是完工产品是指企业最后完成的产成品;在产品是指各步骤尚未加工完成的在产品和各步骤已完工但尚未最终完成的产品。

3) 平行结转分步法的优缺点

平行结转分步法的优点为:①各步骤可以同时计算产品成本,平行汇总计入产成品成本,不必逐步结转半成品成本。②能够直接提供按原始成本项目反映的产成品成本资料,不必进行成本还原,因而能够简化和加速成本计算工作。

其缺点为:①不能提供各个步骤的半成品成本资料。②在产品的费用在产品最后完成以前,不随实物转出而转出,即不按其所在的地点登记,而按其发生的地点登记,因此不能为各个生产步骤在产品的实物和资金管理提供资料。③各生产步骤的产品成本不包括所耗半成品费用,因此不能全面地反映各步骤产品的生产耗费水平(第一步骤除外),不能更好地满足这些步骤成本管理的要求。

8-2 产品成本核算思维导图

实务案例

华为技术有限公司(以下简称华为)是全球知名的信息通信技术解决方案提供商。在成本控制方面,华为采取了一系列有效措施,如精细化管理、供应链优化、研发创新等。通过精细化管理,对各个环节的成本进行严格控制,确保产品具有竞争力。同时,华为还致力于研发创新,提高产品的附加值和利润空间。

阿里巴巴集团股份有限公司(以下简称阿里巴巴)是我国著名的电子商务企业,在成本控制方面,阿里巴巴通过大数据分析、云计算等技术手段,实现对供应链、物流等环节的实时监控和优化。此外,阿里巴巴还通过与供应商建立紧密合作关系,降低采购成本。

苹果公司(以下简称苹果)是全球知名的电子产品制造商。在成本控制方面,苹果注重产品设计和生产过程的优化。例如,苹果采用一体化设计理念,减少零部件数量;同时,通过自动化生产线提高生产效率,降低生产成本。

特斯拉股份有限公司(以下简称特斯拉)是一家专注于电动汽车和清洁能源领域的企业。在成本控制方面,特斯拉通过垂直整合产业链、优化生产流程等方式降低成本,此外,特斯拉还积极研发新技术和新材料。

这些公司在各自领域内都具有很高的知名度和影响力,为全球消费者提供了众多的优质产品和服务,其成本计算和控制无不是放在管理工作的重要位置。

资料来源:作者根据华为技术有限公司、阿里巴巴集团股份有限公司、苹果公司、特斯拉股份有限公司的官网资料整理所得。

问题与思考:假如你要创办公司,该如何开展成本工作呢?

课后练习:请扫描二维码,完成本项目的练习题。

8-3 项目八练习题

项目九
政府会计基础

学习目标

◇ **知识目标**
1. 掌握政府预算会计要素、财务会计要素的内涵。
2. 掌握政府单位资产要素的计量属性。
3. 掌握政府会计核算模式的特征。
4. 掌握政府决算报告包括的内容。
5. 掌握政府财务报告包括的内容。

◇ **能力目标**
1. 能对行政事业单位常见业务,如国库集中支付业务、非财政拨款收支业务、预算结转结余及分配业务、净资产业务、资产业务、负债业务进行账务处理。
2. 能准确地对政府单位固定资产折旧进行账务处理。

◇ **素养目标**
1. 培养爱国敬业精神,培育和践行社会主义核心价值观。
2. 培养遵纪守法意识,自觉遵守会计法律法规和会计职业道德规范。
3. 培养"坚持诚信,守法奉公;坚持准则,守责敬业;坚持学习,守正创新"的会计人员基本素养。
4. 培养团队协作意识、大数据思维意识、会计职业判断能力。

项目导读

某事业单位运用《政府会计制度》,预算会计实行收付实现制,财务会计实行权责发生制的平行记账。采用权责发生制核算后,事业单位的会计信息质量得到了明显提高,特别是按照权责发生制的核算方法计提固定资产折旧,资产负债表能更真实地反映单位的资产价值,使得会计信息更真实,为单位进行内部成本核算提供了会计数据支持,使单位负责人更加清晰准确地了解自己所管理的资产,能更好地重视和加强国有资产管理工作。本项目将带领大家走进"政府会计"的世界。

任务一 政府会计概述

学习导读：小李最近通过招考进入某事业单位成为一名政府会计人员，小李发现该单位实行预算会计与财务会计适度分离并相互衔接的模式。政府会计的岗位职责是负责本单位全流程会计业务的账务处理，包括国库集中支付业务、非财政拨款收支业务、预算结转结余及分配业务、净资产业务、资产业务、负债业务等，最终出具政府决算报告和财务报告。小李以前一直从事企业会计，现在要转型为政府会计，因此小李决定要认真地学习与研究，尽快提升会计专业能力。让我们跟小李一起学习政府会计的有关内容吧。

一、政府会计的概念

9-1 课程思政：世界之最，中国骄傲的港珠澳大桥

政府会计是会计体系的重要分支，它是运用会计专门方法对政府及其组成主体（包括政府所属的行政事业单位等）的财务状况、运行情况（含运行成本，下同）、现金流量、预算执行等情况进行全面核算、监督和报告。

2013年11月，中共十八届三中全会通过的《中共中央关于全面深化改革若干重大问题的决定》作出了"建立权责发生制的政府综合财务报告制度"的重要战略部署。2014年8月，新修正的《预算法》要求"各级政府财政部门应当按年度编制以权责发生制为基础的政府综合财务报告，报告政府整体财务状况、运行情况和财政中长期可持续性，报本级人民代表大会常务委员会备案"。2014年12月，国务院批转了财政部《权责发生制政府综合财务报告制度改革方案》（以下简称《改革方案》），正式确立了我国权责发生制政府综合财务报告制度改革的指导思想、总体目标、基本原则、主要任务、具体内容、配套措施、实施步骤和组织保障。《改革方案》提出，要加快推进政府会计改革，逐步建立以权责发生制政府会计核算为基础，以编制和报告政府资产负债表、收入费用表等报表为核心的权责发生制政府综合财务报告制度，提升政府财务管理水平，促进政府会计信息公开，推进国家治理体系和治理能力现代化。

我国政府会计标准体系主要由政府会计基本准则、具体准则及应用指南和政府会计制度等组成。政府会计主体应当根据政府会计准则规定的原则和政府会计制度及解释的要求，对其发生的各项经济业务和事项进行会计核算。

学习提示：军队、已纳入企业财务管理体系的单位、执行《民间非营利组织会计制度》的社会团体不适用《政府会计准则》。

二、政府会计要素

政府会计要素包括预算会计要素和财务会计要素。预算会计要素包括预算收入、预算支出和预算结余；财务会计要素包括资产、负债、净资产、收入和费用。

（一）政府预算会计要素

1. 预算收入

预算收入是指政府会计主体在预算年度内依法取得的并纳入预算管理的现金流入。预算收入一般在实际收到时予以确认,以实际收到的金额计量。

2. 预算支出

预算支出是指政府会计主体在预算年度内依法发生并纳入预算管理的现金流出。预算支出一般在实际支付时予以确认,以实际支付的金额计量。

3. 预算结余

预算结余是指政府会计主体预算年度内预算收入扣除预算支出后的资金余额,以及历年滚存的资金余额。

预算结余包括结余资金和结转资金。结余资金是指年度预算执行终了,预算收入实际完成数扣除预算支出和结转资金后剩余的资金。结转资金是指预算安排项目的支出年终尚未执行完毕或因故未执行,且下年需要按原用途继续使用的资金。

(二)政府财务会计要素

1. 资产

1) 资产的定义

资产是指政府会计主体过去的经济业务或事项形成的,由政府会计主体控制的,预期能够产生服务潜力或带来经济利益流入的经济资源。服务潜力是指政府会计主体利用资产提供公共产品和服务以履行政府职能的潜在能力。经济利益流入表现为现金及现金等价物的流入,或现金及现金等价物流出的减少。

2) 资产的类别

政府会计主体的资产按照流动性,分为流动资产和非流动资产。

流动资产是指预计在1年内(含1年)耗用或可以变现的资产,包括货币资金、短期投资、应收及预付款项、存货等。

非流动资产是指流动资产以外的资产,包括固定资产、在建工程、无形资产、长期投资、公共基础设施、政府储备资产、文物文化资产、保障性住房和自然资源资产等。

3) 资产的确认条件

符合政府资产定义的经济资源,在同时满足以下条件时,确认为资产:一是与该经济资源相关的服务潜力很可能实现,或经济利益很可能流入政府会计主体;二是该经济资源的成本或价值能够可靠地计量。

4) 资产的计量属性

政府资产的计量属性主要有历史成本、重置成本、现值、公允价值和名义金额。

在历史成本计量下,资产按照取得时支付的现金金额或支付对价的公允价值计量。在重置成本计量下,资产按照现在购买相同或相似资产所需支付的现金金额计量。在现值计量下,资产按照预计从其持续使用和最终处置中所产生的未来净现金流入量的折现金额计量。在公允价值计量下,资产按照市场参与者在计量日发生的有序交易中,出售资产所能收到的价格计量。无法采用历史成本、重置成本、现值和公允价值计量属性的,采用名义金额(即人民币1元)计量。

政府会计主体对资产进行计量,一般应当采用历史成本。采用重置成本、现值、公允价值计量的,应当保证所确定的资产金额能够持续、可靠地计量。

2. 负债

1) 负债的定义

负债是指政府会计主体过去的经济业务或事项形成的,预期会导致经济资源流出政府会计主体的现时义务。现时义务是指政府会计主体在现行条件下已承担的义务。未来发生的经济业务或事项形成的义务不属于现时义务，不应当确认为负债。

2）负债的分类

政府会计主体的负债按照流动性，分为流动负债和非流动负债。流动负债是指预计在1年内（含1年）偿还的负债，包括短期借款、应付短期政府债券、应付及预收款项、应缴款项等。非流动负债是指流动负债以外的负债，包括长期借款、长期应付款、应付长期政府债券等。

政府会计主体的负债分为偿还时间与金额基本确定的负债和由或有事项形成的预计负债。偿还时间与金额基本确定的负债按政府会计主体的业务性质及风险程度，分为融资活动形成的举借债务及其应付利息、运营活动形成的应付及预收款项和暂收性负债。政府举借的债务包括政府发行的政府债券，向外国政府、国际经济组织等借入的款项，以及向上级政府借入转贷资金形成的借入转贷款。应付及预收款项包括应付职工薪酬、应付账款、预收款项、应交税费、应付国库集中支付结余和其他应付未付款项。暂收性负债是指政府会计主体暂时收取，随后应做上缴、退回、转拨等处理的款项，主要包括应缴财政款和其他暂收款项。通常政府会计主体的或有事项主要有未决诉讼或未决仲裁、对外国政府或国际经济组织的贷款担保、承诺(补贴、代偿)、自然灾害或公共事件的救助等。

3）负债的确认条件

符合政府负债定义的义务，在同时满足以下条件时，确认为负债：一是履行该义务很可能导致含有服务潜力或经济利益的经济资源流出政府会计主体；二是该义务的金额能够可靠地计量。

4）负债的计量属性

政府负债的计量属性主要有历史成本、现值和公允价值。

在历史成本计量下，负债按照因承担现时义务而实际收到的款项或资产的金额，或者承担现时义务的合同金额，或者按照为偿还负债预期需要支付的现金计量。在现值计量下，负债按照预计期限内需要偿还的未来净现金流出量的折现金额计量。在公允价值计量下，负债按照市场参与者在计量日发生的有序交易中，转移负债所需支付的价格计量。

政府会计主体对负债进行计量，一般应当采用历史成本。采用现值、公允价值计量的，应当保证所确定的负债金额能够持续、可靠地计量。

3. 净资产

净资产是指政府会计主体资产扣除负债后的净额，其金额取决于资产和负债的计量。

4. 收入

收入是指报告期内导致政府会计主体净资产增加的、含有服务潜力或经济利益的经济资源的流入。

收入的确认应当同时满足以下条件：一是与收入相关的含有服务潜力或经济利益的经济资源很可能流入政府会计主体；二是含有服务潜力或经济利益的经济资源流入会导致政府会计主体资产增加或负债减少；三是流入金额能够可靠地计量。

5. 费用

费用是指报告期内导致政府会计主体净资产减少的、含有服务潜力或经济利益的经济资源的流出。

费用的确认应当同时满足以下条件：一是与费用相关的含有服务潜力或经济利益的经济资源很可能流出政府会计主体；二是含有服务潜力或经济利益的经济资源流出会导致政府会计主体资产减少或负债增加；三是流出金额能够可靠地计量。

三、政府会计核算模式

政府会计由预算会计和财务会计构成。政府会计核算模式应当实现预算会计与财务会计适度分离并相互衔接，全面、清晰反映政府财务信息和预算执行信息。这种核算模式，能够使公共资金管理中预算管理、财务管理和绩效管理相互联结、融合，全面提高管理水平和资金使用效率，对于规范政府会计行为，夯实政府会计主体预算和财务管理基础，强化政府绩效管理具有重要的影响。

（一）预算会计与财务会计适度分离

1."双功能"

政府会计应当实现预算会计和财务会计的双重功能。预算会计对政府会计主体预算执行过程中发生的全部预算收入和全部预算支出进行会计核算，主要反映和监督预算收支执行情况。财务会计对政府会计主体发生的各项经济业务或事项进行会计核算，主要反映和监督政府会计主体财务状况、运行情况和现金流量等。

2."双基础"

预算会计实行收付实现制，国务院另有规定的，从其规定；财务会计实行权责发生制。

3."双报告"

政府会计主体应当编制决算报告和财务报告。政府决算报告的编制主要以收付实现制为基础，以预算会计核算生成的数据为准。政府财务报告的编制主要以权责发生制为基础，以财务会计核算生成的数据为准。

（二）预算会计与财务会计相互衔接

政府预算会计和财务会计"适度分离"，并不是要求政府会计主体分别建立预算会计和财务会计两套账，对同一笔经济业务或事项进行会计核算，而是要求政府预算会计要素和财务会计要素相互协调，决算报告和财务报告相互补充，共同反映政府会计主体的预算执行信息和财务信息。

学习提示："相互衔接"体现"平行记账""相互补充"。平行记账的处理方式是指行政事业单位需要设置一个账套对预算会计和财务会计进行平行的账务处理，而不是要求政府会计主体分别建立预算会计和财务会计两套账。

任务二 行政事业单位常见业务的会计核算

行政事业单位（以下简称单位）是政府会计主体的重要组成部分。单位财务会计的原理和方法与企业会计基本一致，但与企业会计不同的是，单位会计核算应当具备财务会计与预算会计双重功能，实现财务会计与预算会计适度分离并相互衔接，全面、清晰地反映单位财务信息和预算执行信息。本项目主要以《政府会计制度》为基础，介绍单位会计核算的有关内容,与企业会计基本一致的内容不再重述。

一、单位会计核算概述

单位应当根据政府会计准则规定的原则和《政府会计制度》的要求,对其发生的各项经济业务或事项进行会计核算。

单位预算会计通过预算收入、预算支出和预算结余3个要素,全面反映单位预算收支执行情况。预算会计恒等式为"预算收入－预算支出＝预算结余"。为了保证单位预算会计要素单独循环,在日常核算时,单位应当设置"资金结存"科目,核算纳入年度部门预算管理的资金的流入、流出、调整和滚存等情况。根据资金支付方式及资金形态,"资金结存"科目应设置"零余额账户用款额度""货币资金""财政应返还额度"3个明细科目。年末预算收支结转后,"资金结存"科目借方余额与预算结转结余科目贷方余额相等。

单位财务会计通过资产、负债、净资产、收入、费用5个要素,全面反映单位财务状况、运行情况和现金流量情况。反映单位财务状况的等式为"资产－负债＝净资产",反映运行情况的等式为"收入－费用＝本期盈余",本期盈余经分配后最终转入净资产。收入类科目包括"财政拨款收入""事业收入""上级补助收入""附属单位上缴收入""经营收入""非同级财政拨款收入""投资收益""捐赠收入""利息收入""租金收入""其他收入"。费用科目包括"业务活动费用""单位管理费用""经营费用""上缴上级费用""对附属单位补助费用""所得税费用""其他费用"。

需要说明的是,"业务活动费用"科目核算单位为实现其职能目标、依法履职或开展专业业务活动及其辅助活动所发生的各项费用。"单位管理费用"科目核算事业单位本级行政及后勤管理部门开展管理活动发生的各项费用,包括单位行政及后勤管理部门发生的人员经费、公用经费、资产折旧(摊销)等费用,以及由单位统一负担的离退休人员经费、工会经费、诉讼费、中介费等。

单位对于纳入年度部门预算管理的现金收支业务,在采用财务会计核算的同时应当进行预算会计核算;对于其他业务,仅需进行财务会计核算。这里的"部门预算"是指部门综合预算,包括财政拨款收支和非财政拨款收支;未纳入年初批复的预算但纳入决算报表编制范围的非财政拨款收支,也应当进行预算会计核算。这里的"现金"是指单位的库存现金及其他可以随时用于支付的款项,包括库存现金、银行存款、其他货币资金、零余额账户用款额度、财政应返还额度,以及通过财政直接支付方式支付的款项。对于单位受托代理的现金、不属于本年度部门预算的现金,以及应上缴财政的、应转拨的、应退回的现金所涉及的收支业务,仅需要进行财务账务处理,不需要进行预算账务处理。

另外,单位会计核算的一个重要特点是关于明细科目的设置及运用。例如,为了满足决算报表的编制要求,单位应当在预算会计"行政支出""事业支出"科目下,分别按照"财政拨款支出""财政专项资金支出"和"其他资金支出","基本支出"和"项目支出"等进行明细核算,并按照《政府收支分类科目》中"支出功能分类科目"的项级科目进行明细核算;"基本支出"和"项目支出"明细科目下应当按照《政府收支分类科目》中"部门预算支出经济分类科目"的款级科目进行明细核算,同时在"项目支出"明细科目下按照具体项目进行明细核算。

又如,为了满足成本核算需要,单位应当在财务会计"业务活动费用"和"单位管理费用"科目下,按照"工资福利费用""商品和服务费用""对个人和家庭的补助费用""对企业补助费用"

"固定资产折旧费""无形资产摊销费""公共基础设施折旧(摊销)费""保障性住房折旧费""计提专用基金"等成本项目设置明细科目,归集能够直接计入业务活动或采用一定方法计算后计入业务活动的费用。

此外,单位财务会计核算中关于应交增值税的账务处理与企业会计基本相同,但是在预算账务处理中,预算收入和预算支出包含了销项税额和进项税额,实际缴纳增值税时计入预算支出。为了简化起见,本项目内容在账务处理介绍中一般不涉及增值税的账务处理。

二、国库集中支付业务

国库集中收付是指以国库单一账户体系为基础,将所有财政性资金都纳入国库单一账户体系管理,收入直接缴入国库和财政专户,支出通过国库单一账户体系支付到商品和劳务供应者或用款单位的一项国库管理制度。实行国库集中支付的单位,财政资金的支付方式包括财政直接支付和财政授权支付。

1. 财政直接支付业务

在财政直接支付方式下,对直接支付的支出,单位在收到"财政直接支付入账通知书"时,按照通知书中直接支付的金额,在预算会计中,借记"行政支出""事业支出"等科目,贷记"财政拨款预算收入"科目;同时,在财务会计中,借记"库存物品""固定资产""应付职工薪酬""业务活动费用""单位管理费用"等科目,贷记"财政拨款收入"科目。

【例题 9-1】 2024 年 4 月 9 日,某事业单位根据经过批准的部门预算和用款计划,向同级财政部门申请支付第一季度水费 135 000 元。4 月 18 日,财政部门经审核后,以财政直接支付方式向自来水公司支付该单位的水费 135 000 元。4 月 23 日,该事业单位收到"财政直接支付入账通知书"。

要求:编制该事业单位相关业务会计分录。

【解析】

编制预算会计分录如下:

借:事业支出　　　　　　　　　　　　　　　　　　　　　　　135 000
　　贷:财政拨款预算收入　　　　　　　　　　　　　　　　　　　　135 000

同时,编制会计分录如下:

借:单位管理费用　　　　　　　　　　　　　　　　　　　　　135 000
　　贷:财政拨款收入　　　　　　　　　　　　　　　　　　　　　　135 000

2. 财政授权支付业务

在财政授权支付方式下,单位收到代理银行盖章的"授权支付到账通知书"时,根据通知书所列数额,在预算会计中,借记"资金结存——零余额账户用款额度"科目,贷记"财政拨款预算收入"科目;同时,在财务会计中,借记"零余额账户用款额度"科目,贷记"财政拨款收入"科目。

按规定支用额度时,按照实际支用的额度,在预算会计中,借记"行政支出""事业支出"等科目,贷记"资金结存——零余额账户用款额度"科目;同时,在财务会计中,借记"库存物品""固定资产""应付职工薪酬""业务活动费用""单位管理费用"等科目,贷记"零余额账户用款额度"科目。

【例题9-2】 2024年3月,某科研所根据批准的部门预算和用款计划,向同级财政部门申请财政授权支付用款额度200 000元。4月6日,财政部门经审核后,以财政授权支付方式下达180 000元用款额度。4月8日,该科研所收到代理银行转来的"授权支付到账通知书"。

要求:编制该科研所相关业务会计分录。

【解析】

编制预算会计分录如下:

借:资金结存——零余额账户用款额度　　　　　　　　　　　　　　　180 000
　　贷:财政拨款预算收入　　　　　　　　　　　　　　　　　　　　　　180 000

同时,编制会计分录如下:

借:零余额账户用款额度　　　　　　　　　　　　　　　　　　　　　　180 000
　　贷:财政拨款收入　　　　　　　　　　　　　　　　　　　　　　　　180 000

学习提示: 财政直接支付,单位提出支付申请,由财政部门发出支付令,再由代理银行经办资金支付。财政授权支付业务,单位申请到的是用款限额而不是存入单位账户的实有资金,单位可以在用款限额内自行开具支付令,再由代理银行向收款人付款。

3. 预算管理一体化的相关账务处理

在实行预算管理一体化的地区和部门,国库集中支付不再区分财政直接支付和财政授权支付,单位的会计处理与财政直接支付方式下的账务处理类似,不再使用"零余额账户用款额度"科目,"财政应返还额度"科目和"资金结存——财政应返还额度"科目不再设置"财政直接支付""财政授权支付"明细科目。

单位应当根据收到的国库集中支付凭证及相关原始凭证,按照凭证上的国库集中支付入账金额,在财务会计中,借记"库存物品""固定资产""业务活动费用""单位管理费用""应付职工薪酬"等科目,贷记"财政拨款收入"科目(使用本年度预算指标)或"财政应返还额度"科目(使用以前年度预算指标);同时,在预算会计中,借记"行政支出""事业支出"等科目,贷记"财政拨款预算收入"科目(使用本年度预算指标)或"资金结存——财政应返还额度"科目(使用以前年度预算指标)。

年末,单位根据财政部门批准的本年度预算指标数大于当年实际支付数的差额中允许结转使用的金额,在财务会计中,借记"财政应返还额度"科目,贷记"财政拨款收入"科目;同时,在预算会计中,借记"资金结存——财政应返还额度"科目,贷记"财政拨款预算收入"科目。

三、非财政拨款收支业务

单位的收支业务除国库集中收付业务外,还包括事业活动、经营活动等形成的非财政拨款收支业务。以下主要以事业(预算)收入、捐赠(预算)收入和支出为例进行说明。

(一) 事业(预算)收入

事业收入是指事业单位开展专业业务活动及其辅助活动实现的收入,不包括从同级政府财政部门取得的各类财政拨款。

(1) 对采用财政专户返还方式管理的事业(预算)收入,实现应上缴财政专户的事业收入时,按照实际收到或应收的金额,在财务会计中,借记"银行存款""应收账款"等科目,贷记"应缴财政款"科目。向财政专户上缴款项时,按照实际上缴的款项金额,在财务会计中,借记"应缴财政款"科目,贷记"银行存款"等科目。收到从财政专户返还的事业收入时,按照实际收到的返还金额,在财务会计中,借记"银行存款"等科目,贷记"事业收入"科目;同时,在预算会计中,借记"资金结存——货币资金"科目,贷记"事业预算收入"科目。

【例题9-3】 某事业单位部分事业收入采用财政专户返还的方式管理。2023年9月5日,该单位收到应上缴财政专户的事业收入8 000 000元。9月15日,该单位将上述款项上缴财政专户。10月15日,该单位收到从财政专户返还的事业收入8 000 000元。

要求:编制该事业单位相关业务会计分录。

【解析】

(1) 9月5日,收到事业收入。

借:银行存款　　　　　　　　　　　　　　　　　　　　　8 000 000
　　贷:应缴财政款　　　　　　　　　　　　　　　　　　　　　　　　8 000 000

(2) 9月15日,向财政专户上缴款项。

借:应缴财政款　　　　　　　　　　　　　　　　　　　　　8 000 000
　　贷:银行存款　　　　　　　　　　　　　　　　　　　　　　　　　8 000 000

(3) 10月15日,收到从财政专户返还的事业收入。

借:银行存款　　　　　　　　　　　　　　　　　　　　　　8 000 000
　　贷:事业收入　　　　　　　　　　　　　　　　　　　　　　　　　8 000 000

同时,编制预算会计分录如下:

借:资金结存——货币资金　　　　　　　　　　　　　　　　8 000 000
　　贷:事业预算收入　　　　　　　　　　　　　　　　　　　　　　　8 000 000

(2) 对采用预收款方式确认的事业(预算)收入,实际收到预收款项时,按照收到的金额,在财务会计中,借记"银行存款"等科目,贷记"预收账款"科目;同时,在预算会计中,借记"资金结存——货币资金"科目,贷记"事业预算收入"科目。以合同完成进度确认事业收入时,按照基于合同完成进度计算的金额,财务会计中,借记"预收账款"科目,贷记"事业收入"科目。

(3) 对采用应收款方式确认的事业收入,根据合同完成进度计算本期应收的款项,在财务会计中,借记"应收账款"科目,贷记"事业收入"科目。实际收到款项时,在财务会计中,借记"银行存款"等科目,贷记"应收账款"科目;同时,在预算会计中,借记"资金结存——货币资金"科目,贷记"事业预算收入"科目。

单位以合同完成进度确认事业收入时,应当根据业务实质,按照累计实际发生的合同成本占合同预计总成本的比例、已经完成的合同工作量占合同预计总工作量的比例、已经完成的时间占合同期限的比例、实际测定的完工进度等,合理确定合同完成进度。

(二) 捐赠(预算)收入和支出

1. 捐赠(预算)收入

捐赠收入指单位接受其他单位或个人捐赠取得的收入,包括现金捐赠收入和非现金捐赠收入。捐赠预算收入是指单位接受捐赠的现金资产。

单位接受捐赠的货币资金,按照实际收到的金额,在财务会计中,借记"银行存款""库存现金"等科目,贷记"捐赠收入"科目;同时,在预算会计中,借记"资金结存——货币资金"科目,贷记"其他预算收入——捐赠预算收入"科目。

单位接受捐赠的存货、固定资产等非现金资产,按照确定的成本,在财务会计中,借记"库存物品""固定资产"等科目,按照发生的相关税费、运输费等,贷记"银行存款"等科目,按照其差额,贷记"捐赠收入"科目;同时,在预算会计中,按照发生的相关税费、运输费等支出金额,借记"其他支出"科目,贷记"资金结存——货币资金"科目。

【例题9-4】 2024年3月12日,某事业单位接受甲公司捐赠的一批实验材料,甲公司所提供的凭据表明其价值为50 000元,该事业单位以银行存款支付运输费1 000元。假设不考虑相关税费。

要求:编制该事业单位相关业务会计分录。

【解析】

应编制会计分录如下:

借:库存物品　　　　　　　　　　　　　　　　　　　　　　　51 000
　　贷:捐赠收入　　　　　　　　　　　　　　　　　　　　　　50 000
　　　　银行存款　　　　　　　　　　　　　　　　　　　　　　 1 000

同时,编制预算会计分录如下:

借:其他支出　　　　　　　　　　　　　　　　　　　　　　　 1 000
　　贷:资金结存——货币资金　　　　　　　　　　　　　　　　 1 000

2. 捐赠(支出)费用

单位对外捐赠现金资产的,按照实际捐赠的金额,在财务会计中,借记"其他费用"科目,贷记"银行存款""库存现金"等科目;同时,在预算会计中,借记"其他支出"科目,贷记"资金结存——货币资金"科目。

单位对外捐赠库存物品、固定资产等非现金资产的,在财务会计中,应当将资产的账面价值转入"资产处置费用"科目,如未支付相关费用,预算会计则不作账务处理。

四、预算结转结余及分配业务

单位在预算会计中应当严格区分财政拨款结转结余和非财政拨款结转结余。财政拨款结转结余不参与事业单位的结余分配,单独设置"财政拨款结转"和"财政拨款结余"科目核算。非财政拨款结转结余通过设置"非财政拨款结转""非财政拨款结余""专用结余""经营结余""非财政拨款结余分配"等科目核算。

(一)财政拨款结转结余的核算

1. 财政拨款结转的核算

"财政拨款结转"科目核算单位滚存的财政拨款结转资金。财政拨款结转的主要账务处理如下:

(1)年末,将财政拨款收入和对应的财政拨款支出结转入"财政拨款结转"科目。

(2) 按照规定从其他单位调入财政拨款结转资金的,按照实际调增的额度数额或调入的资金数额,在预算会计中借记"资金结存"科目,贷记"财政拨款结转——归集调入";同时在财务会计中借记"财政应返还额度"等科目,贷记"累计盈余"科目。

(3) 年末,冲销有关明细科目余额。将"财政拨款结转"科目下的"本年收支结转""年初余额调整""归集调入""归集调出""归集上缴""单位内部调剂"明细科目余额转入"财政拨款结转——累计结转"科目。

(4) 年末,完成上述财政拨款收支结转后,应当对财政拨款结转各明细项目执行情况进行分析,按照有关规定将符合财政拨款结余性质的项目余额转入财政拨款结余,借记"财政拨款结转——累计结转"科目,贷记"财政拨款结余——结转转入"科目。

2. 财政拨款结余的核算

"财政拨款结余"科目核算单位滚存的财政拨款项目支出结余资金。财政拨款结余的主要账务处理如下:

(1) 年末,对财政拨款结转各明细项目执行情况进行分析,按照有关规定将符合财政拨款结余性质的项目余额转入财政拨款结余。

(2) 经财政部门批准对财政拨款结余资金改变用途,调整用于本单位基本支出或其他未完成项目支出的,按照批准调剂的金额,借记"财政拨款结余——单位内部调剂"科目,贷记"财政拨款结转——单位内部调剂"科目。

(3) 年末,冲销有关明细科目余额。将"财政拨款结余"科目下的"年初余额调整""归集上缴""单位内部调剂""结转转入"明细科目余额转入"财政拨款结余——累计结余"科目。

【例题 9-5】 2023 年 6 月,财政部门拨付某事业单位基本支出补助 4 000 000 元、项目补助 1 000 000 元,"事业支出"科目下"财政拨款支出(基本支出)""财政拨款支出(项目支出)"明细科目的当期发生额分别为 4 000 000 元和 800 000 元。

要求:编制该事业单位 6 月月末结转财政拨款收入和支出的会计分录。

【解析】

(1) 结转财政拨款收入。

借:财政拨款预算收入——基本支出	4 000 000
——项目支出	1 000 000
贷:财政拨款结转——本年收支结转——基本支出结转	4 000 000
——项目支出结转	1 000 000

(2) 结转财政拨款支出。

借:财政拨款结转——本年收支结转——基本支出结转	4 000 000
——项目支出结转	800 000
贷:事业支出——财政拨款支出——基本支出	4 000 000
——财政拨款支出——项目支出	800 000

【例 9-6】 承[例 9-5],2023 年年末,该单位完成财政拨款收支结转后,对财政拨款各明细项目进行分析,按照有关规定将某项目结余资金 45 000 元转入财政拨款结余。

要求:编制该事业单位 2023 年年末结转的会计分录。

【解析】

借：财政拨款结转——累计结转——项目支出结转　　　　　　　　45 000
　　贷：财政拨款结余——结转转入　　　　　　　　　　　　　　　　45 000

学习提示：年末结转后，"财政拨款结转"科目除"累计结转"明细科目外，其他明细科目均无余额。"财政拨款结余"科目除"累计结余"明细科目外，其他明细科目应无余额。

（二）非财政拨款结转结余的核算

1. 非财政拨款结转的核算

非财政拨款结转资金是指事业单位除财政拨款收支、经营收支以外的各非同级财政拨款专项资金收入与其相关支出相抵后剩余滚存的、须按规定用途使用的结转资金。非财政拨款结转的主要账务处理如下：

（1）年末，将除财政拨款预算收入、经营预算收入以外的各类预算收入本年发生额中的专项资金收入转入"非财政拨款结转"科目，将行政支出、事业支出、其他支出本年发生额中的非财政拨款专项资金支出转入"非财政拨款结转"科目。

（2）按照规定从科研项目预算收入中提取项目管理费或间接费时，按照提取金额，在预算会计中，借记"非财政拨款结转——项目间接费用或管理费"科目，贷记"非财政拨款结余——项目间接费用或管理费"科目；同时，在财务会计中，借记"业务活动费用""单位管理费用"等科目，贷记"预提费用——项目间接费用或管理费"科目。

（3）年末，冲销有关明细科目余额。将"非财政拨款结转"科目下的"年初余额调整""项目间接费用或管理费""缴回资金""本年收支结转"明细科目余额转入"非财政拨款结转——累计结转"科目。结转后，"非财政拨款结转"科目除"累计结转"明细科目外，其他明细科目应无余额。

（4）年末，完成上述结转后，应当对非财政拨款专项结转资金各项目情况进行分析，将留归本单位使用的非财政拨款专项（项目已完成）剩余资金转入非财政拨款结余，借记"非财政拨款结转——累计结转"科目，贷记"非财政拨款结余——结转转入"科目。

【例9-7】 2023年1月，某事业单位启动一项科研项目。当年收到上级主管部门拨付的非财政专项资金5 000 000元，为该项目发生事业支出4 800 000元。2023年12月，项目结项，经上级主管部门批准，该项目的结余资金留归事业单位使用。不考虑其他因素。

要求：编制该事业单位相关业务会计分录。

【解析】

（1）收到上级主管部门拨付款项。

借：银行存款　　　　　　　　　　　　　　　　　　　　　　　　5 000 000
　　贷：上级补助收入　　　　　　　　　　　　　　　　　　　　　　5 000 000

同时，编制预算会计分录如下：

借：资金结存——货币资金　　　　　　　　　　　　　　　　　　5 000 000
　　贷：上级补助预算收入　　　　　　　　　　　　　　　　　　　　5 000 000

（2）发生业务活动费用（事业支出）。

借：业务活动费用　　　　　　　　　　　　　　　　　　　　　　4 800 000
　　贷：银行存款　　　　　　　　　　　　　　　　　　　　　　　　4 800 000

同时,编制预算会计分录如下:

借:事业支出——非财政专项资金支出　　　　　　　　　　4 800 000
　　贷:资金结存——货币资金　　　　　　　　　　　　　　　　　4 800 000

(3) 2023年年末,结转上级补助预算收入中该科研专项资金收入。

借:上级补助预算收入　　　　　　　　　　　　　　　　　5 000 000
　　贷:非财政拨款结转——本年收支结转　　　　　　　　　　　　5 000 000

(4) 2023年年末,结转事业支出中该科研专项支出。

借:非财政拨款结转——本年收支结转　　　　　　　　　　4 800 000
　　贷:事业支出——非财政专项资金支出　　　　　　　　　　　　4 800 000

(5) 经批准确定结余资金留归本单位使用。

借:非财政拨款结转——累计结转　　　　　　　　　　　　200 000
　　贷:非财政拨款结余——结转转入　　　　　　　　　　　　　　200 000

2. 非财政拨款结余的核算

非财政拨款结余是指单位历年滚存的非限定用途的非同级财政拨款结余资金,主要为非财政拨款结余扣除结余分配后滚存的金额。非财政拨款结余的主要账务处理如下:

(1) 年末,将留归本单位使用的非财政拨款专项(项目已完成)剩余资金转入"非财政拨款结余——结转转入"科目,借记"非财政拨款结转——累计结转"科目,贷记"非财政拨款结余——结转转入"科目。

(2) 有企业所得税缴纳义务的事业单位实际缴纳企业所得税时,按照缴纳金额,在预算会计中,借记"非财政拨款结余——累计结余"科目,贷记"资金结存——货币资金"科目;同时,在财务会计中,借记"其他应交税费——单位应交所得税"科目,贷记"银行存款"等科目。

(3) 年末,冲销有关明细科目余额。将"非财政拨款结余"科目下的"年初余额调整""项目间接费用或管理费""结转转入"科目余额结转入"非财政拨款结余——累计结余"科目。结转后,"非财政拨款结余"科目除"累计结余"明细科目外,其他明细科目应无余额。

(4) 年末,事业单位将"非财政拨款结余分配"科目余额转入非财政拨款结余。"非财政拨款结余分配"科目为借方余额的,借记"非财政拨款结余——累计结余"科目,贷记"非财政拨款结余分配"科目;"非财政拨款结余分配"科目为贷方余额的,借记"非财政拨款结余分配"科目,贷记"非财政拨款结余——累计结余"科目。

(5) 年末,行政单位将"其他结余"科目余额转入非财政拨款结余。"其他结余"科目为借方余额的,借记"非财政拨款结余——累计结余"科目,贷记"其他结余"科目;"其他结余"科目为贷方余额的,借记"其他结余"科目,贷记"非财政拨款结余——累计结余"科目。

五、净资产业务

单位财务会计净资产的来源主要包括累计实现的盈余和无偿调拨的净资产。在日常核算中,单位应当在财务会计中设置"累计盈余""专用基金""无偿调拨净资产""权益法调整""本期盈余""本年盈余分配""以前年度盈余调整"等科目。

（一）本期盈余及本年盈余分配

1. 本期盈余

"本期盈余"科目核算单位本期各项收入、费用相抵后的余额。期末，单位应当将各类收入科目和各类费用科目本期发生额转入"本期盈余"科目。年末，单位应当将"本期盈余"科目余额转入"本年盈余分配"科目。

2. 本年盈余分配

"本年盈余分配"科目核算单位本年度盈余分配的情况和结果。年末，单位应当将"本期盈余"科目余额转入该科目。根据有关规定从本年度非财政拨款结余或经营结余中提取专用基金的，按照预算会计下计算的提取金额，借记"本年盈余分配"科目，贷记"专用基金"科目。然后，将"本年盈余分配"科目余额转入"累计盈余"科目。

（二）累计盈余

"累计盈余"科目核算单位历年实现的盈余扣除盈余分配后滚存的金额，以及因无偿调入调出资产产生的净资产变动额。年末，将"本年盈余分配"科目的余额转入"累计盈余"科目，借记或贷记"本年盈余分配"科目，贷记或借记"累计盈余"科目；将"无偿调拨净资产"科目的余额转入"累计盈余"科目，借记或贷记"无偿调拨净资产"科目，贷记或借记"累计盈余"科目。

按照规定上缴、缴回、单位间调剂结转结余资金产生的净资产变动额，以及对以前年度盈余的调整金额，也通过"累计盈余"科目核算。

六、资产业务

资产业务是单位会计核算的重要内容。以下主要介绍资产业务的几个共性内容及固定资产的核算。

（一）资产业务的共性内容

1. 资产取得

单位资产取得的方式包括外购、自行加工或自行建造、接受捐赠、无偿调入、置换换入、租赁等。资产在取得时按照成本进行初始计量，并分别不同取得方式进行账务处理。

（1）外购的资产，其成本通常包括购买价款、相关税费（不包括按规定可抵扣的增值税进项税额），以及使得资产达到目前场所和状态或交付使用前所发生的归属于该项资产的其他费用。

（2）自行加工或自行建造的资产，其成本包括该项资产至验收入库或交付使用前所发生的全部必要支出。

（3）接受捐赠的非现金资产，对于存货、固定资产、无形资产而言，其成本按照有关凭据注明的金额加上相关税费等确定；没有相关凭据可供取得，但按规定经过资产评估的，其成本按照评估价值加上相关税费等确定；没有相关凭据可供取得，也未经资产评估的，其成本比照同类或类似资产的市场价格加上相关税费等确定；没有相关凭据且未经资产评估，同类或类似资产的市场价格也无法可靠取得的，按照名义金额（人民币1元）入账。对于投资和公共基础设施、政府储备物资、保障性住房、文物文化资产等经管资产而言，其初始成本只能按照前3个层次进行计量，不能采用名义金额计量。盘盈资产的入账成本参照上述办法确定。

单位对于接受捐赠的资产,其成本能够确定的,应当按照确定的成本减去相关税费后的净额计入捐赠收入。资产成本不能确定的,单独设置备查簿进行登记,相关税费等计入当期费用。

(4) 无偿调入的资产,其成本按照调出方账面价值加上相关税费等确定,根据确定的成本减去相关税费后的金额计入无偿调拨净资产。

(5) 置换取得的资产,其成本按照换出资产的评估价值,加上支付的补价或减去收到的补价,加上为换入资产发生的其他相关支出确定。

2. 资产处置

按照规定,资产处置的形式包括无偿调拨、出售、出让、转让、置换、对外捐赠、报废、毁损及货币性资产损失核销等。单位应当按规定报经批准后对资产进行处置。通常情况下,单位应当将被处置资产账面价值转销计入资产处置费用,并按照"收支两条线"将处置净收益上缴财政。如按规定将资产处置净收益纳入单位预算管理的,应将净收益计入当期收入。对于资产盘盈、盘亏、报废或毁损的,应当在报经批准前将相关资产账面价值转入"待处理财产损溢"科目,待报经批准后再进行资产处置。

对于无偿调出的资产,单位应当在转销被处置资产账面价值时冲减无偿调拨净资产。对于置换换出的资产,应当与换入资产一同进行相关会计处理。

(二) 固定资产

固定资产一般分为6类:房屋和构筑物、设备、文物和陈列品、图书和档案、家具和用具、特种动植物。单位价值虽未达到规定标准,但是使用年限超过1年(不含1年)的大批同类物资,如图书、家具、用具、装具等,应当确认为固定资产。

为了核算固定资产,单位应当设置"固定资产""固定资产累计折旧"等科目。购入需要安装的固定资产,应当先通过"在建工程"科目核算,安装完毕交付使用时再转入"固定资产"科目。

单位应当按月对固定资产计提折旧,下列固定资产除外:①文物和陈列品。②特种动植物。③图书和档案。④单独计价入账的土地。⑤以名义金额计量的固定资产。

单位应当根据相关规定及固定资产的性质和使用情况,合理确定固定资产的使用年限。因改建、扩建等原因而延长固定资产使用年限的,应当重新确定固定资产的折旧年限。单位盘盈、无偿调入、接受捐赠及置换的固定资产,应当考虑该项资产的新旧程度,按照其尚可使用的年限计提折旧。

固定资产应当按月计提折旧,当月增加的固定资产,当月开始计提折旧;当月减少的固定资产,当月不再计提折旧。固定资产提足折旧后,无论能否继续使用,均不再计提折旧;提前报废的固定资产,也不再补提折旧。已提足折旧的固定资产,可以继续使用的,应当继续使用,规范实物管理。

【例 9-8】 2024 年 3 月 18 日,某事业单位经批准购入一栋办公大楼,支付购买价款为 9 000 000 元,全部款项以银行存款支付。

要求:编制该事业单位购买固定资产的会计分录。

【解析】

3 月 18 日,购入办公大楼时,编制会计分录如下:

借：固定资产　　　　　　　　　　　　　　　　　　　　　　　　9 000 000
　　　贷：银行存款　　　　　　　　　　　　　　　　　　　　　　9 000 000

同时，编制预算会计分录如下：

借：事业支出　　　　　　　　　　　　　　　　　　　　　　　　9 000 000
　　　贷：资金结存——货币资金　　　　　　　　　　　　　　　　9 000 000

【例9-9】 2024年4月30日，某行政单位计提本月固定资产折旧60 000元。

要求：编制该事业单位计提折旧的会计分录。

【解析】

借：业务活动费用　　　　　　　　　　　　　　　　　　　　　　　60 000
　　　贷：固定资产累计折旧　　　　　　　　　　　　　　　　　　　60 000

七、负债业务

单位负债的财务会计核算与企业会计基本相同。以下主要介绍应缴财政款和应付职工薪酬的核算。

（一）应缴财政款

应缴财政款是指单位取得或应收的按照规定应当上缴财政的款项，包括应缴国库的款项和应缴财政专户的款项。为核算应缴财政的各类款项，单位应当设置"应缴财政款"科目。单位按照国家税法等有关规定应当缴纳的各种税费，通过"应交增值税""其他应交税费"科目核算，不通过"应缴财政款"科目核算。

单位取得或应收按照规定应缴财政的款项时，借记"银行存款""应收账款"等科目，贷记"应缴财政款"科目。单位上缴应缴财政的款项时，按照实际上缴的金额，借记"应缴财政款"科目，贷记"银行存款"科目。由于应缴财政的款项不属于纳入部门预算管理的现金收支，不进行预算账务处理。

（二）应付职工薪酬

应付职工薪酬是指按照有关规定应付给职工（含长期聘用人员）及为职工支付的各种薪酬，包括基本工资、国家统一规定的津贴补贴、规范津贴补贴（绩效工资）、改革性补贴、社会保险费（如职工基本养老保险费、职业年金、基本医疗保险费等）、住房公积金等。

为核算应付职工薪酬业务，单位应当设置"应付职工薪酬"科目。该科目应当根据国家有关规定按照"基本工资（含离退休费）""国家统一规定的津贴补贴""规范津贴补贴（绩效工资）""改革性补贴""社会保险费""住房公积金""其他个人收入"明细科目等进行明细核算。其中，"社会保险费""住房公积金"明细科目核算内容包括单位从职工工资中代扣代缴的社会保险费、住房公积金，以及单位为职工计算缴纳的社会保险费、住房公积金。

【例9-10】 2024年3月，某事业单位为开展专业业务活动及其辅助活动人员发放工资500 000元，津贴300 000元，奖金100 000元，按规定应代扣代缴个人所得税30 000元，该单位以财政直接支付方式支付薪酬并上缴代扣的个人所得税。

要求：编制该事业单位应付职工薪酬的会计分录。

【解析】

（1）计算应付职工薪酬。

借：业务活动费用　　　　　　　　　　　　　　　　　　　　　　　　900 000
　　贷：应付职工薪酬　　　　　　　　　　　　　　　　　　　　　　　　900 000

（2）代扣个人所得税。

借：应付职工薪酬　　　　　　　　　　　　　　　　　　　　　　　　　30 000
　　贷：其他应交税费——应交个人所得税　　　　　　　　　　　　　　　30 000

（3）实际支付职工薪酬。

借：应付职工薪酬　　　　　　　　　　　　　　　　　　　　　　　　　870 000
　　贷：财政拨款收入　　　　　　　　　　　　　　　　　　　　　　　　870 000

同时，编制预算会计分录如下：

借：事业支出　　　　　　　　　　　　　　　　　　　　　　　　　　　870 000
　　贷：财政拨款预算收入　　　　　　　　　　　　　　　　　　　　　　870 000

（4）上缴代扣的个人所得税。

借：其他应交税费——应交个人所得税　　　　　　　　　　　　　　　　30 000
　　贷：财政拨款收入　　　　　　　　　　　　　　　　　　　　　　　　30 000

同时，编制预算会计分录如下：

借：事业支出　　　　　　　　　　　　　　　　　　　　　　　　　　　30 000
　　贷：财政拨款预算收入　　　　　　　　　　　　　　　　　　　　　　30 000

任务三　政府决算报告和财务报告编制

一、政府决算报告

政府决算报告是综合反映政府会计主体年度预算收支执行结果的文件。政府决算报告的目标是向决算报告使用者提供与政府预算执行情况有关的信息，综合反映政府会计主体预算收支的年度执行结果，有助于决算报告使用者进行监督和管理，并为编制后续年度预算提供参考和依据。政府决算报告使用者包括各级人民代表大会及其常务委员会、各级政府及其有关部门、政府会计主体自身、社会公众和其他利益相关者。

政府决算报告应当包括决算报表和其他应当在决算报告中反映的相关信息和资料。预算会计报表是单位通过预算会计核算直接形成的报表，是决算报表的主要信息来源。根据《政府会计制度》规定，预算会计报表至少包括预算收入支出表、预算结转结余变动表和财政拨款预算收入支出表。

政府决算报告与政府综合财务报告的主要区别如表9-1所示。

表 9-1　　　　　　　政府决算报告与政府综合财务报告的主要区别

项目	政府决算报告	政府综合财务报告
编制主体	各级政府财政部门、各部门、各单位	各级政府财政部门、各部门、各单位
反映的对象	政府年度预算收支执行情况	政府整体财务状况、运行情况和财政中长期可持续性
编制基础	收付实现制	权责发生制
数据来源	以预算会计核算生成的数据为准	以财务会计核算生成的数据为准
编制方法	汇总	合并
报送要求	本级人民代表大会常务委员会审查和批准	本级人民代表大会常务委员会备案

二、政府财务报告

从内容和构成讲,政府财务报告是反映政府会计主体某一特定日期的财务状况和某一会计期间的运行情况和现金流量等信息的文件。政府财务报告的目标是向财务报告使用者提供与政府财务状况、运行情况和现金流量等有关的信息,反映政府会计主体公共受托责任履行情况,有助于财务报告使用者作出决策,或进行监督和管理。政府财务报告使用者包括各级人民代表大会常务委员会、债权人、各级政府及其有关部门、政府会计主体自身和其他利益相关者。

政府财务报告应当包括财务报表和其他应当在财务报告中披露的相关信息和资料。财务报表包括会计报表和附注。会计报表一般包括资产负债表、收入费用表和净资产变动表,单位可根据实际情况自行选择编制现金流量表。资产负债表是反映政府会计主体在某一特定日期的财务状况的报表。收入费用表是反映政府会计主体在一定会计期间运行情况的报表。净资产变动表是反映政府会计主体在某一年度内净资产项目变动情况的报表。现金流量表是反映政府会计主体在一定会计期间现金及现金等价物流入和流出情况的报表。附注是对在资产负债表、收入费用表、现金流量表等报表中列示项目所作的进一步说明,以及对未能在这些报表中列示项目的说明。

从编制主体讲,政府财务报告主要包括政府部门财务报告和政府综合财务报告。政府部门编制部门财务报告,反映本部门的财务状况和运行情况;财政部门编制政府综合财务报告,反映政府整体的财务状况、运行情况和财政中长期可持续性。

从编制程序讲,各单位应在政府会计标准体系和政府财务报告制度框架体系内,按时编制以资产负债表、收入费用表等财务报表为主要内容的财务报告。各部门应合并本部门所属单位的财务报表,编制部门财务报告。各级政府财政部门应合并各部门和其他纳入合并范围主体的财务报表,编制以资产负债表、收入费用表等财务报表为主要内容的本级政府综合财务报告。县级以上政府财政部门要合并汇总本级政府综合财务报告和下级政府综合财务报告,编制本行政区政府综合财务报告。

9-2　政府会计基础思维导图

实务案例

海南省大力推进政府会计改革,提升政府财政财务管理水平。海南省财政厅在财政部的指导下,率先开展预算单位权责发生制会计改革试点,并率先进行政府综合财务报告和部门财务报告试编的探索,为财政部全面推行权责发生制财务报告编制和制定政府会计改革相关政策提供了有益的参考。率先编出的全国第一份省级政府综合财务报告,被财政部推荐到中国财税博物馆收藏。

海南省一直致力于我国政府会计和政府财务报告制度改革,2005年以来,在会计集中核算和国库集中支付有机结合、整体推进的基础上,走出了一条财政财务大集中管理的路子,建成了一个涵盖部门预算编制、预算管理、国库集中支付、工资统发、非税收入、政府采购和会计核算等主要财政业务的一体化政府财政财务管理系统,实行会计人员集中管理、会计业务集中办理和银行账户集中监管的业务操作模式。财政财务大集中管理使海南在开展政府会计权责发生制改革试点上具有得天独厚的优势。海南省积极总结试点经验,为制定政府会计改革方案提供了参考。

资料来源:王惠平.海南:大力推进政府会计改革 提升政府财政财务管理水平[J].财务与会计,2017(11):6-8.有删节.

问题与思考: 您认为政府会计改革进程中面临的问题有哪些?

课后练习: 请扫描二维码,完成本项目的练习题。

9-3 项目九练习题

参考文献

[1] 财政部会计财务评价中心. 初级会计实务[M]. 北京:经济科学出版社,2024.

[2] 马小新,肖磊荣. 2024年会计专业技术资格考试应试指导及全真模拟测试初级会计实务轻松过关1(123册)[M]. 北京:北京科学技术出版社,2024.

[3] 企业会计准则编审委员会. 企业会计准则详解与实务[M]. 北京:人民邮电出版社,2024.

[4] 中华人民共和国财政部. 企业会计准则[M]. 上海:立信会计出版社,2024.

[5] 中华人民共和国财政部. 政府会计准则制度[M]. 上海:立信会计出版社,2024.

[6] 张清亮,梁文涛. 财经法规与会计职业道德[M]. 北京:高等教育出版社,2023.

[7] 政府会计制度编审委员会. 政府会计制度详解与实务[M]. 北京:人民邮电出版社,2021.

[8] 张敏,黎来芳,于富生. 成本会计学[M]. 北京:中国人民大学出版社.2021.

[9] 高翠莲. 企业财务会计[M]. 3版. 北京:高等教育出版社,2021.

[10] 毛华扬. 会计信息化原理与实务[M]. 北京:中国人民大学出版社,2020.

[11] 沈应仙. 财务会计[M]. 北京:中国人民大学出版社,2014.